환상의
콤비

다 가져라! 세상의 모든 프레젠테이션

프레지 &
& 키노트
파워포인트
2010

장경호 지음

YoungJin.com Y.
영진닷컴

다 가져라! 세상의 모든 프레젠테이션

프레지 & 키노트 & 파워포인트 2010

ISBN 978-89-314-4240-3

독자님의 의견을 받습니다
이 책을 구입한 독자님은 영진닷컴의 가장 중요한 비평가이자 조언가입니다. 저희 책의 장점과 문제점이 무엇인지, 어떤 책이 출판되기를 바라는지, 책을 더욱 알차게 꾸밀 수 있는 아이디어가 있으면 이메일, 또는 우편으로 연락주시기 바랍니다. 의견을 주실 때에는 책 제목 및 독자님의 성함과 연락처(전화번호나 이메일)를 꼭 남겨 주시기 바랍니다. 독자님의 의견에 대해 바로 답변을 드리고, 또 독자님의 의견을 다음 책에 충분히 반영하도록 늘 노력하겠습니다.

이메일 : support@youngjin.com
주 소 : (우)153-803 서울특별시 금천구 가산동 664번지 대륭테크노타운 13차 10층
대표전화 : 1588-0789
대표팩스 : (02) 2105-2200

STAFF
저자 장경호 | **기획** 기획1팀 | **총괄** 김태경 | **진행** 정미정
본문 디자인 지화경, 박상희 | **표지 디자인** 디자인허브

한쇼 2010은 지금까지 경험하지 못한 다양하면서도 멋진 디자인 서식을 제공합니다. 한쇼 2010을 이용해 슬라이드를 쉽게 만들고, 평소 사용하는 파워포인트로 가져와 슬라이드 쇼를 진행해 보신 적 있으신가요? ▶17페이지

파워포인트 2010에서는 구글 클라우드(Google Cloud)를 동기화할 수 있습니다. 슬라이드 파일을 따로 저장하지 않더라도 구글을 통해 실시간 연동 및 백업하고 여러 명이 공동 작업할 수 있는 방법을 아는지요? ▶46페이지

온라인을 통해 무료로 이용할 수 있는 프레젠테이션 도구는 생각보다 많습니다. 씽크프리, 오피스 웹 앱, 페이스북 독스(Docs), 구글 문서도구(Docs) 등 온라인 프레젠테이션 도구를 제대로 비교해 보고 활용해 본 적 있으신가요? ▶24, 30, 38, 42페이지

스마트워크 시대에 맞게 스마트 기기를 활용해 슬라이드 작업을 하거나 프레젠테이션을 할 수 있습니다. 여러 가지 파워포인트 리모컨 어플을 사용해 보거나 Google Docs 어플, Prezi Viewer 어플 등을 활용해 프레젠테이션 해 보신 적 있나요? ▶47, 56, 130, 134페이지

맥북에서만 사용 가능한 키노트가 아이폰과 아이패드에서 활용할 수 있는 애플리케이션(아이패드용 키노트)으로 개발되어 혁신적인 키노트의 기능을 길거리나 지하철에서도 사용할 수 있습니다. 아이패드용 키노트를 사용해 보셨나요? ▶2권 81페이지

위 내용들은 본 도서에서 소개하는 프레젠테이션 도구의 일부분에 지나지 않습니다.
프레젠테이션을 만들고 진행하는 방법이 급격하게 변하고 있지만 위 내용들이 생소하다면 지금 당장 본 도서를 펼치십시오. 단 한 권으로 세상의 모든 프레젠테이션 도구들의 제대로 된 사용 방법과 활용 방법을 제시해 드리겠습니다.

또한, 온라인 프레젠테이션 도구인 프레지, 스티브잡스가 사용하는 키노트, 그리고 말이 필요 없는 파워포인트를 단 한 권으로 마스터할 수 있도록 실무 예제를 바탕으로 추리고 추렸습니다. 부족한 부분은 본도서의 홈페이지(http://www.presentationtool.co.kr) 혹은 오피스 실무카페(http://cafe.naver.com/ppt)에서 보충하겠습니다.

감사하며..
흰싱의 곰비라는 이름으로 벌써 3번째 도서를 출간하게 되었습니다. 저자를 믿고 3권째 함께 해준 든든한 동반자 정미정 과장님과 영진닷컴 식구들.. 진심으로 감사드립니다. 또한, 첫 만남을 지속하는 사랑하는 아내와 소연, 소희에게 고마운 마음을 전합니다.

저자 장경호

Preview

이 책은 프레젠테이션을 위한 프레지, 키노트, 파워포인트를 각각 Part로 나누어 설명하고 있습니다. 각 Part의 시작 부분에는 Intro 코너를 마련하여 Part에서 다루는 전반적인 내용을 한눈에 파악할 수 있도록 하였고, 따라하기 단계에서 필요한 부연 설명이나 주의해야 할 사항은 'TIP', '꼭 알아두세요' 등의 요소로 구성하였습니다.

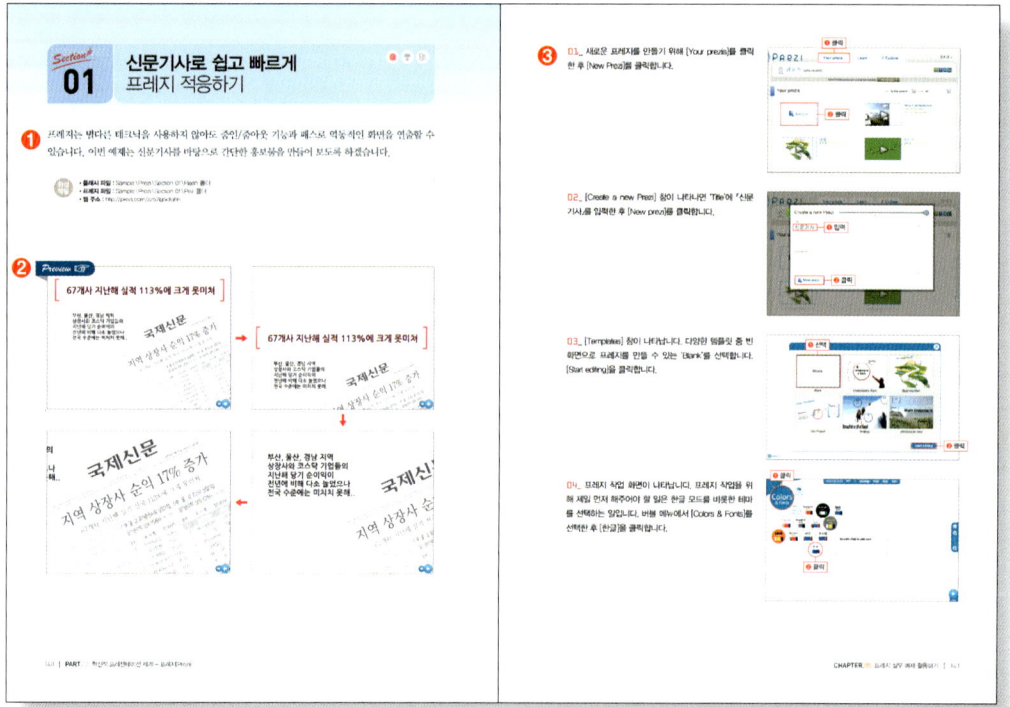

❶ **Intro**

각 섹션의 시작 부분에 배치하여 섹션 안에서 어떤 내용을 다루는지 한눈에 파악할 수 있도록 구성합니다.

❷ **Preview**

실무 예제를 통해 어떤 내용을 배우게 될지 미리 보여줍니다.

❸ **따라하기 과정**

하나하나 쉽게 따라할 수 있도록 자세히 설명합니다.

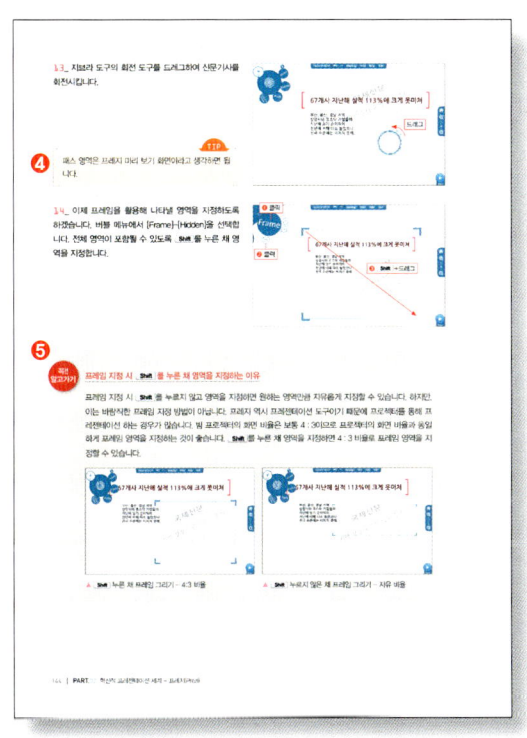

❹ TIP

따라하기 과정과 관련해 주의 또는 참고해야 할 사항을 알려주거나, 저자만의 알짜배기 노하우를 공개합니다.

❺ 꼭!! 알고가기

본문에 설명하지 않은 내용 중에서 중요하거나 알아두면 좋은 내용, 또는 본문 내용 중에서 상세한 설명이 필요한 경우 해당 설명 등을 정리한 부분입니다.

⬤ 부록 CD 살펴보기

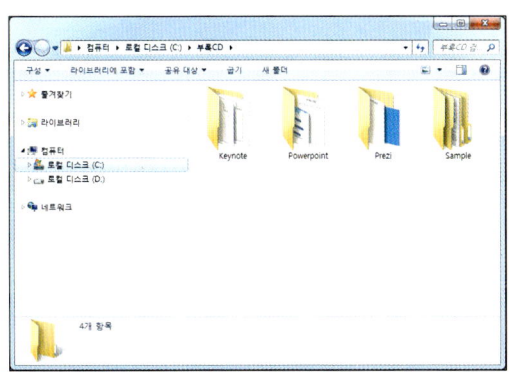

이 책의 부록 CD에는 본문에서 사용한 예제 파일과 완성 파일이 수록되어 있습니다. 부록 CD의 예제 파일들은 내 컴퓨터에 복사한 후 사용할 것을 권장합니다.

Preview-Part

이 책은 디지털프레젠테이션 도구 10인방과 프레지, 키노트, 파워포인트를 각각 Part로 나누어 분권 처리하였습니다. 각 Part는 기초부터 활용까지 난이도에 따라 챕터로 나누었으며, 마지막 챕터에서는 실무 예제를 바탕으로 각 프레젠테이션 도구를 사용하고 응용하는 방법을 수록하였습니다.

PART · 01

디지털프레젠테이션 도구 10인방

무료 프레젠테이션 공간이 매력적인 씽크프리(Think Free), 프레젠테이션 협업 기능이 우수한 오피스 웹 앱, 페이스북에서 즐기는 독스(Docs), 진정한 클라우드 서비스 구글 문서도구(Docs), 슬라이드 자료실 슬라이드쉐어(SlideShare) 등 국내에서 쉽게 접할 수 있고 효율적으로 사용할 수 있는 10개의 프레젠테이션 도구와 아이패드용 키노트, Prezi Viewer 어플, 파워포인트 리모컨 어플 HiQ 발표앱 등 스마트워크를 실현시켜줄 9개의 프레젠테이션 어플을 소개합니다.

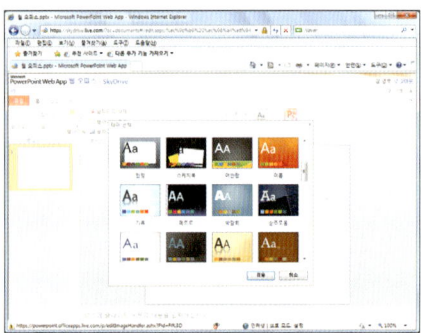

▲ 마이크로소프트 Office Web Apps

▲ 페이스북을 위한 독스(Dosc)

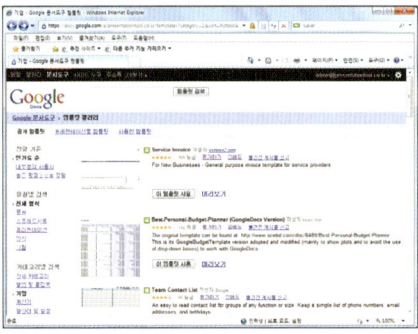

▲ 구글 문서도구(Docs)

▲ 슬라이드쉐어(SlideShare)

상상력과 아이디어로 완성하는 창조적 프레젠테이션 도구인 프레지를 설명합니다. 커다란 캔버스에 무한한 상상력과 아이디어로 지금까지 접하지 못한 색다른 프레젠테이션 세계를 경험하게 될 것입니다.

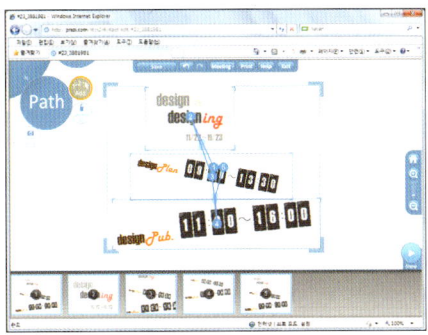 

최적의 화면 전환 효과와 스마트 빌드 등 세련된 기능을 포함한 프레젠테이션 도구 키노트를 설명합니다. 키노트는 매킨토시 기반의 프로그램이지만 다른 프레젠테이션 도구에 비해 사용법이 간편하고, 직관적인 사용자 인터페이스를 가지고 있습니다.

 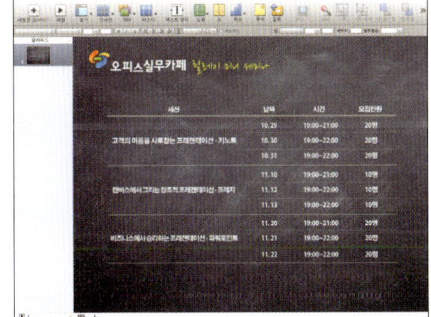

파워포인트는 국내에서 가장 광범위하게 사용되는 프레젠테이션 도구입니다. 도형, 스마트아트를 활용한 도해 작업 및 오디오/비디오를 활용한 청각/시각 기능, 차트와 표, 애니메이션 등을 활용한 멀티미디어 기능 등 다양한 기능이 제공됩니다.

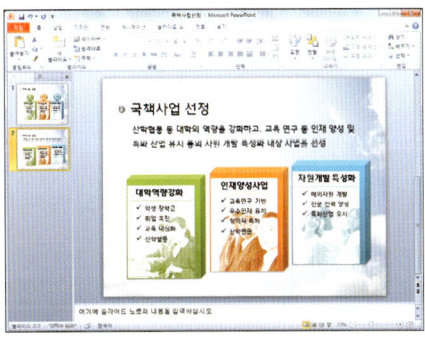 

Contents

환상의 콤비 : 1권

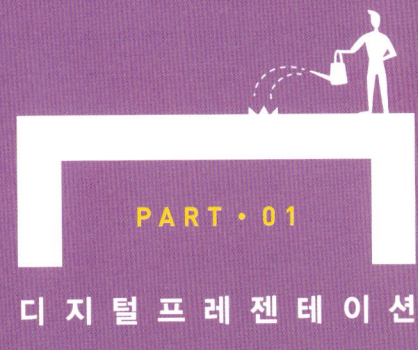

PART · 01

디 지 털 프 레 젠 테 이 션
도 구 · 1 0 인 방

프레젠테이션이란, 정해진 시간 내에 자신의 주장이나 정보를 전달하여 상대
방으로 하여금 판단과 의사결정을 내리도록 만드는 커뮤니케이션이라 할 수
있습니다. 이런 프레젠테이션을 가능하게 해 주는 도구는 파워포인트, 키노트,
프레지, 한쇼, 웹 오피스, 구글 독스, 씽크프리 등 생각보다 많습니다.

그 중 국내에서 쉽게 접할 수 있고 효율적으로 사용할 수 있는 10개의 도구를
추려보았습니다. 각각의 프레젠테이션 도구마다 특색과 장점이 있는데 여기서
소개하는 10개의 도구를 활용하여 성공적인 프레젠테이션하기를 바랍니다.

탄탄한 스토리로 남들과 차별화되는 **프레지**

프레지는 줌인, 줌아웃이라는 색다른 방법으로 진행되는 프레젠테이션 도구입니다. 무한히 확장할 수 있는 한 장의 캔버스에 프레젠테이션에 들어갈 내용을 모두 입력한 후 이동 경로를 설정해 상하좌우 모션을 주는 형식을 취하고 있습니다.

프레지에서 제공하는 모션은 단순한 모션이 아닌 줌인, 줌아웃을 통해 화면이 커지고 작아지는 형식입니다. 애니메이션이나 화면 전환 효과를 적용하지 않아도 마치 살아있는 듯 한 느낌의 프레젠테이션을 구성할 수 있다는 점이 가장 큰 특징입니다.

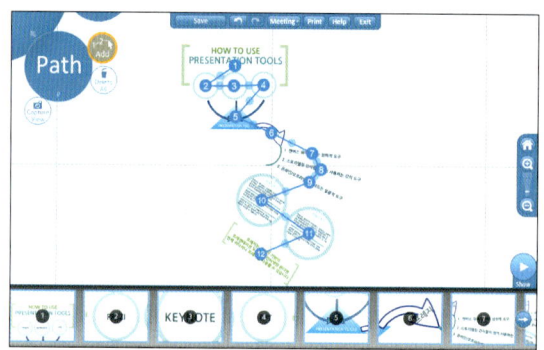

▲ 한 장의 캔버스에서 완성하는 프레지

특히, 파워포인트나 키노트와는 다르게 프레지는 한 장의 캔버스 안에서 여러 개체를 자연스럽게 이어서 흐름을 가져갈 수 있습니다. 즉, 연속적인 이야기 요소를 삽입한 스토리텔링이나 남들과 다른 참신한 기획이 있는 프레젠테이션을 할 때 효과적입니다.

청중의 연령대가 젊거나 참신한 아이디어와 스토리라인이 탄탄한 경우 프레지와 같은 지금까지 경험해 보지 못한 프레젠테이션 도구로 청중의 이목을 집중시킬 수도 있습니다. 프레지는 온라인에서 작업하는 프레젠테이션 도구이기 때문에 프레지 미팅이라는 기능으로 하나의 프레지 자료를 놓고도 여러 사람이 동시에 접속하여 편집할 수 있으며, 별도의 작업이나 공유 권한 없이 프레지 주소만 알아도 내용을 확인하고 의견을 남길 수 있습니다.

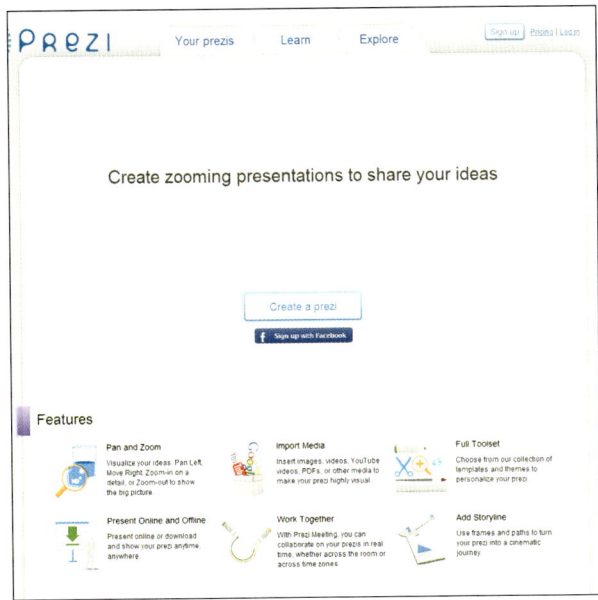

▲ 프레지 사이트(http://www.prezi.com)

또한, 전 세계 다른 사람들이 만든 프레지 파일을 내 계정으로 불러와 수정하거나 응용할 수 있어, 프레젠테이션 기획과 상상력을 무한대로 발전시킬 수 있습니다. 최근에는 중·고등학교에서도 프레지 교육이 진행되고 있으며, 대학생들 사이에서는 프레지 동호회가 개설되거나 관련 세미나도 심심찮게 볼 수 있습니다.

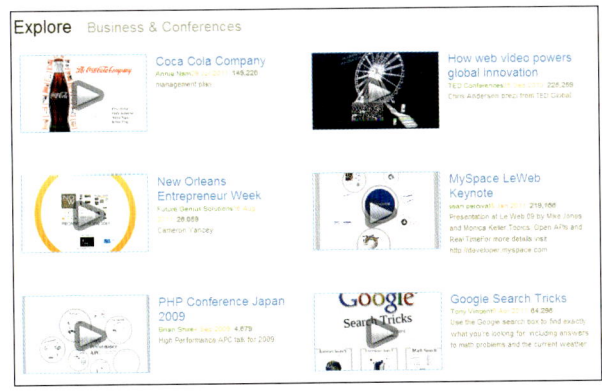

▲ 전 세계 사람들과 공유하는 프레지 파일

하지만, 프레지는 참신한 아이디어와 탄탄한 스토리라인이 없다면 단순히 움직임만 있고 내용은 없는 프레젠테이션이 될 수 있습니다. 또한, 역동적인 화면 때문에 프레지를 처음 접하는 청중이라면 눈의 피로나 어지러움을 호소할 수 있습니다. 그렇기에 패스와 줌인, 줌아웃 기능을 여러 차례 시행착오를 거쳐 적절히 조절해야 할 필요가 있습니다. 프레지는 Part 2에서 자세히 다루겠습니다.

Section#
02
돋보이는 아이디어로 승부하는
키노트 9.0

키노트는 차별화된 프레젠테이션을 가능하게 합니다. 여러 아이디어를 가지고 보다 참신하게 프레젠테이션을 하고자 할 때 사용하면 다른 프레젠테이션 도구보다 뛰어난 프레젠테이션을 진행할 수 있습니다.

키노트는 애플사에서 개발한 프레젠테이션 도구로 아이워크라는 오피스 프로그램 중 하나입니다. 현재까지 나온 최신 버전은 2009년에 출시된 프로그램이지만 최근 나온 다른 프로그램과 비교해도 탁월한 비주얼 효과와 기능을 자랑합니다.

스티브잡스는 신제품 발표회 때 언제나 자사의 프로그램인 키노트를 이용해 프레젠테이션을 하기로 유명합니다. 온라인상의 유명 카페나 블로그에는 그가 신제품 발표회 때 사용한 키노트 기능을 따라 만들어 보는 강좌가 인기를 끌만큼 키노트 프로그램의 기능과 활용성은 다른 프로그램의 추종을 불허합니다. 특히, 심플한 이미지와 내용으로 하나의 슬라이드에 한 가지 메시지 등 강력한 인상을 남기고 싶다면 키노트가 효과적입니다.

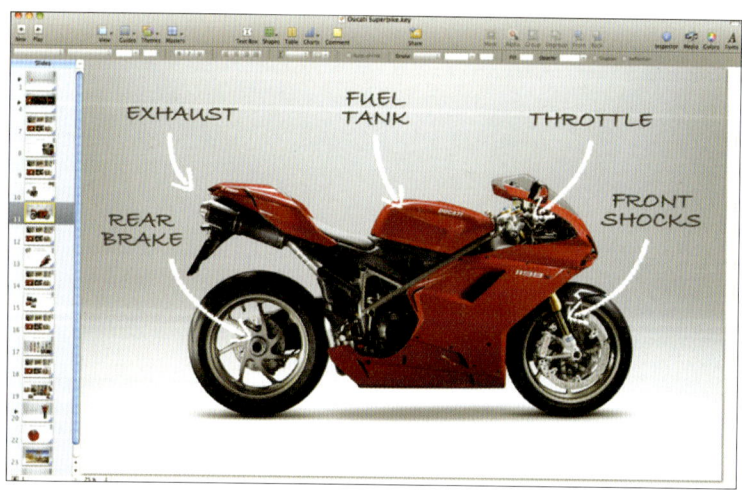

▲ 키노트로 만든 슬라이드

다만, 키노트는 우리가 흔히 사용하는 윈도우 XP, 혹은 윈도우 7이 설치되어 있는 일반 컴퓨터에서는 사용할 수 없다는 단점이 있습니다. 키노트는 애플사에서 개발한 매킨토시에서만 사용할 수 있는 프로그램입니다. 그만큼 접근성이 떨어져 사용하는 사람이 많지 않기 때문에 이 도구를 사용했을 때 프레젠테이션이 더욱 빛을 발하는 지도 모르겠습니다.

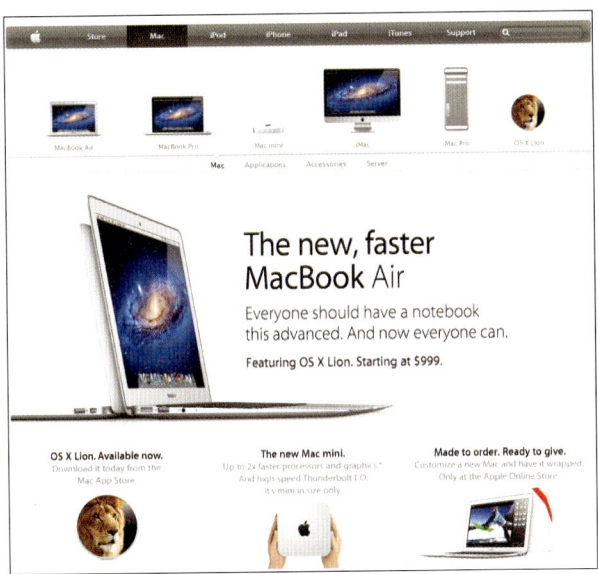

▲ 키노트 작업을 가능하게 하는 맥킨토시(http://www.apple.com)

파워포인트가 전달하려는 내용이 많고 표나 차트, 다양한 디자인 서식을 활용한 프레젠테이션을 하고자 할 때 효과적이라면, 키노트는 여러 아이디어를 가지고 보다 참신하게 프레젠테이션을 할 때 효과적입니다. 키노트는 Part 3에서 자세히 다루겠습니다.

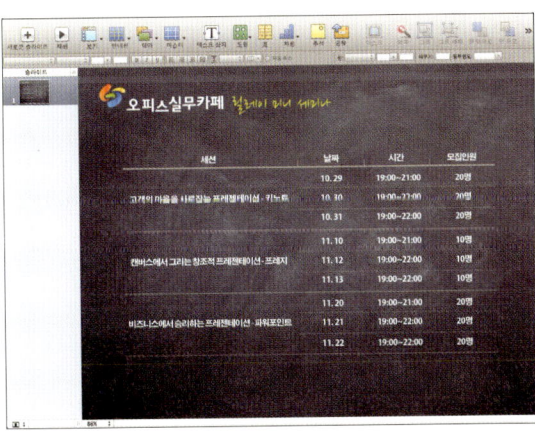

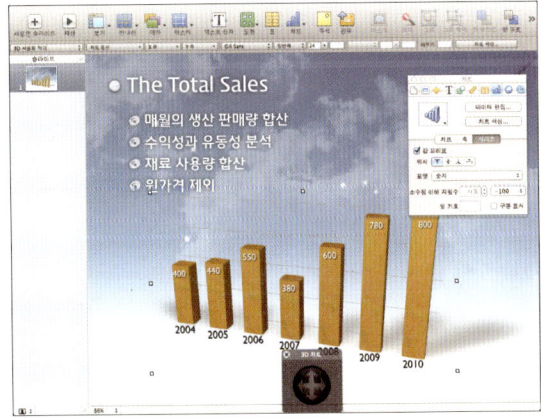

Section#
03
강력한 기능으로
확장성이 뛰어난 **파워포인트 2010**

국내에서 가장 많이 알려져 있고 가장 많은 사람들이 사용하는 프레젠테이션 도구는 파워포인트입니다. 가장 많은 사람들이 사용한다는 말은 그만큼 많은 사람과 공동 작업을 쉽게 할 수 있고, 어느 컴퓨터에서나 쉽게 호환되며, 공유되고 있는 서식 등이 많다는 의미일 것입니다.

파워포인트는 단순히 파워포인트만의 기능으로 작업을 할 때보다 포토샵 등 다른 디자인 프로그램의 힘을 빌리면 보다 멋진 디자인을 구상할 수 있습니다. 하지만 화려한 디자인이나 서식을 이용하는 것보다는 깔끔하고 정돈된 느낌의 디자인이나 서식을 이용하는 것이 현재의 추세입니다. 보통 형식이 정해진 제안서나 경쟁 프레젠테이션 그리고 배포 및 공동 작업이 많을 경우에 주로 사용하는 프레젠테이션 도구라고 할 수 있습니다.

특히, 파워포인트 2010은 기존의 컴퓨터에 설치하여 사용하는 설치형 파워포인트에서 벗어나 클라우드 서비스를 바탕으로 인터넷이 연결되어 있는 곳 어디서든지 파워포인트를 사용할 수 있다는 매우 큰 장점이 있습니다. 파워포인트는 Part 4에서 자세히 다루겠습니다.

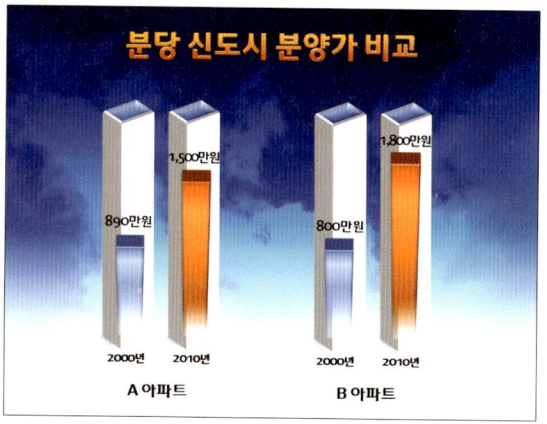

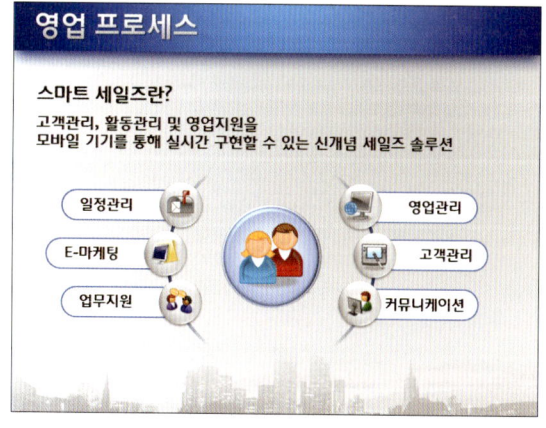

▲ 파워포인트로 만든 슬라이드

Section# 04
청중과 의사교환이 가능한 한컴의 **한쇼 2010**

한쇼 2010은 한글로 잘 알려진 한글과컴퓨터에서 만든 프레젠테이션 도구입니다. 대부분의 기업이 MS 오피스를 사용하고 있는 실정에서 한글과컴퓨터에서는 엑셀, 파워포인트, 워드와 호환성이 뛰어난 한컴오피스 2010을 내놓았습니다. 과거 한컴오피스와 다르게 한컴오피스 2010의 경우 MS 오피스 문서 불러오기, 저장하기뿐 아니라, 표준 문서 ODF 지원과 쉽고 빠른 PDF 변환까지 뛰어난 호환성을 자랑합니다. 여기서는 한쇼 2010에 대해서 자세히 살펴보겠습니다.

:: 한쇼에만 존재하는 고급 디자인 서식 150종

한쇼는 쉽고 빠르게 전문가 수준의 프레젠테이션을 만들어 주는 40여 종의 테마와 테마별 활용 슬라이드로 구성된 디자인마당, 그리고 150여 종의 디자인 서식을 제공하고 있습니다.

한쇼의 고급 디자인 서식을 활용하면 디자인적인 감각이 없거나 빠르게 슬라이드 작업을 해야 할 경우 유용하게 사용될 수 있습니다. 특히, 파워포인트와 호환이 되기 때문에 한쇼의 결과물을 파워포인트에 불러와 계속 작업할 수 있습니다.

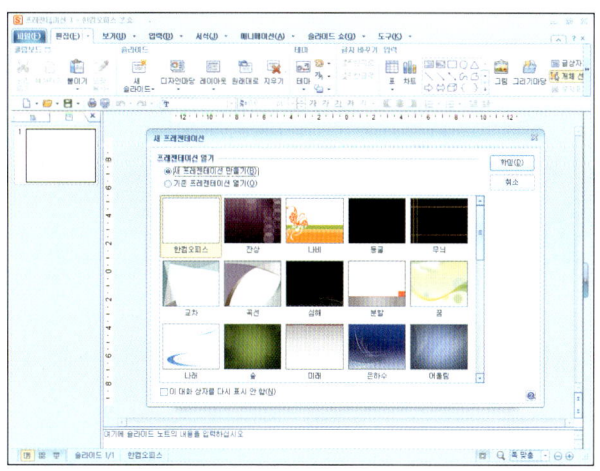

▲ 한쇼 2010 시작 화면

[보기] 탭-[작업 창]을 클릭한 후 [작업 창 메뉴]에서 [디자인]을 선택하면 150여 종의 다양한 디자인 서식을 선택할 수 있습니다. 전문가의 솜씨가 느껴지는 디자인이 모두 무료로 제공됩니다.

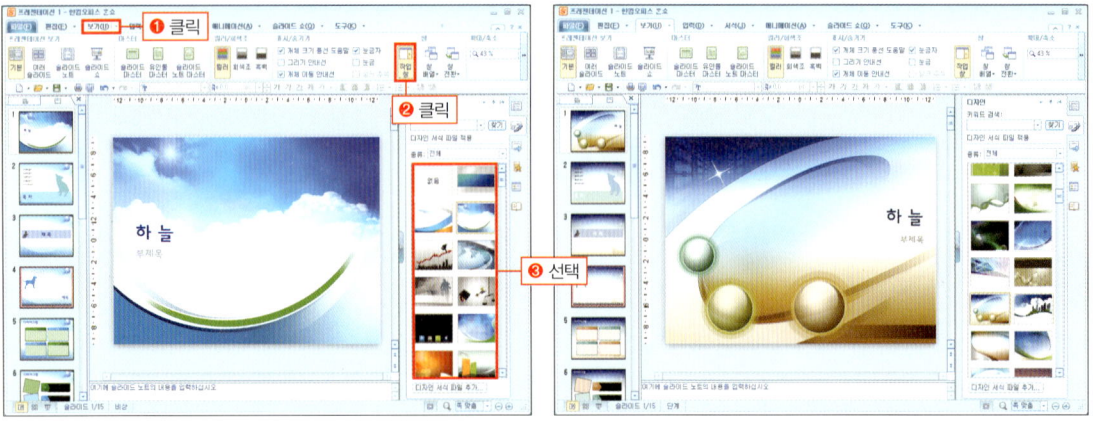

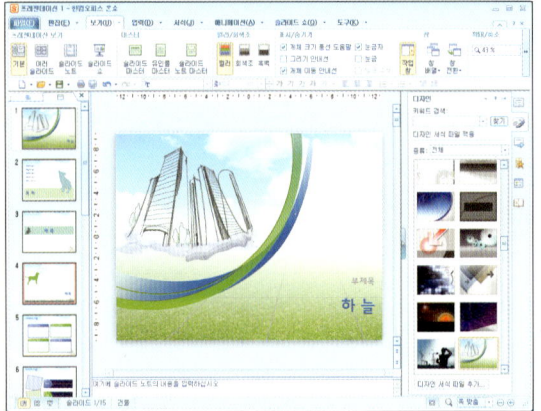 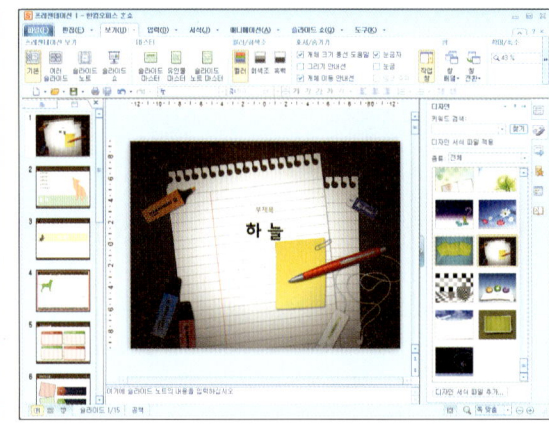

▲ 무료로 제공되는 한쇼의 디자인 서식

 꼭!! 알고가기

한컴오피스 2010

한쇼 2010은 워드프로세서로 유명한 한글 프로그램이 포함된 한컴오피스 2010의 프레젠테이션 프로그램입니다. 한컴오피스 2010은 워드프로세서인 한글 2010을 비롯하여 표 계산 전용 스프레드시트 프로그램인 한셀 2010, 그리고 전문가 수준의 발표용 문서를 작성할 수 있는 프레젠테이션 프로그램인 한쇼 2010으로 구성되어 있습니다. MS 오피스 2007, 2010 포맷(Office Open XML)과 ISO 국제표준포맷인 ODF(Open Document Format), 그리고 PDF 저장하기 기능을 통해 어떠한 환경에서도 문서 공유 및 배포가 가능합니다.

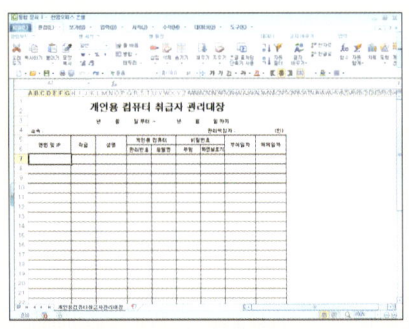

▲ 한셀 2010   ▲ 한글 2010

:: 한쇼 2010의 디자인 서식을 파워포인트에서 작업하기

선택한 디자인을 파워포인트에서 작업하고 싶다면 한쇼 2010에서 [파일] 탭−[다른 이름으로 저장]을 클릭합니다. [다른 이름으로 저장하기] 대화 상자가 나타나면 [파일 형식]에서 '파워포인트 문서(*.pptx)'를 선택하여 저장한 후 파워포인트 2010을 열어 파일을 불러오면 그대로 작업할 수 있습니다. 한쇼 2010은 호환성이 뛰어나기 때문에 파워포인트의 작업물을 가져오거나 한쇼 결과물을 파워포인트로 불러가도 작업을 그대로 이어갈 수 있습니다. 각 프레젠테이션 도구의 장점을 적절히 활용하여 최상의 결과물을 얻기 바랍니다.

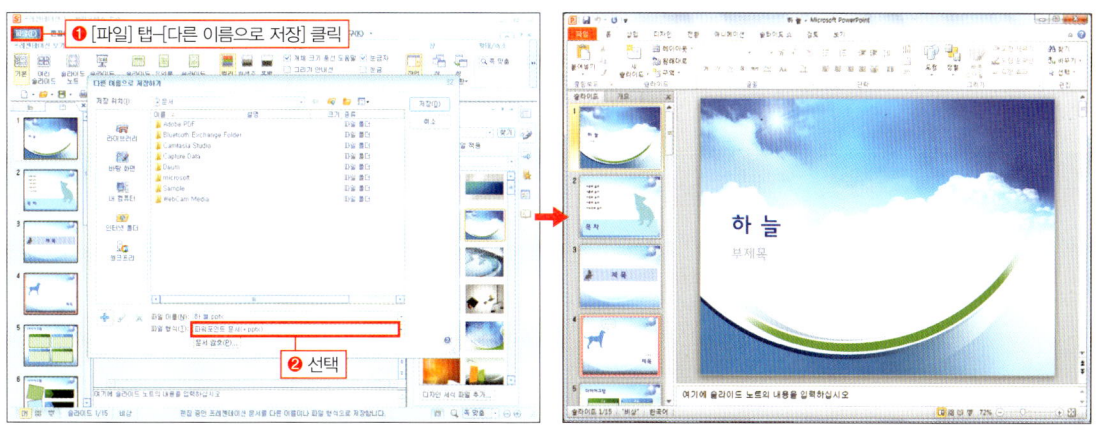

▲ 한쇼 2010에서 파워포인트 문서(*.pptx) 형식으로 저장　　　▲ 파워포인트 2010에서 불러온 한쇼의 모습

:: 테마별로 다르게 적용되는 다양한 종류의 디자인마당

한쇼 2010에는 테마별로 다양하게 적용할 수 있는 디자인마당이 있습니다. 여러 도해나 도형을 직접 제작할 필요가 없으며, 유료 서식이나 무료 서식을 다운로드 받아 적용할 필요도 없습니다. 모든게 한쇼 2010 안에 포함되어 있습니다. [편집] 탭−[디자인마당]을 클릭하면 15개 정도의 슬라이드 도해가 나타납니다. 필요한 디자인을 그대로 사용할 수 있으며, [모든 디자인을 새 슬라이드로 추가하기]를 클릭하여 한 번에 적용할 수도 있습니다.

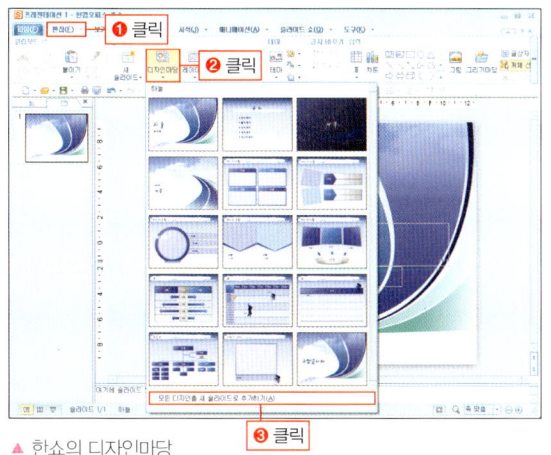

▲ 한쇼의 디자인마당　　　▲ 모든 디자인을 한 번에 적용

한쇼 2010 디자인마당은 선택한 테마별로 디자인이 다르게 적용됩니다. 예를 들어 [편집] 탭-[테마]에서 [여행]을 선택한 후 [디자인마당]을 클릭하면 여행과 관련된 도해와 아이콘으로 구성된 디자인 서식이 나타나며, [강아지]를 선택하면 이와 유사한 도해와 아이콘으로 구성된 디자인 서식이 나타납니다.

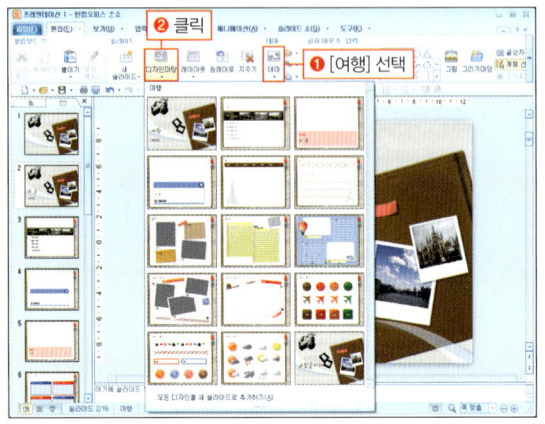

▲ [여행] 테마의 디자인마당   ▲ [강아지] 테마의 디자인마당

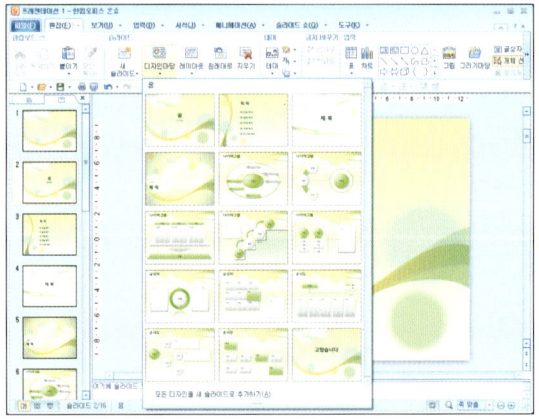

▲ [꿈] 테마의 디자인마당   ▲ [숲] 테마의 디자인마당

파워포인트 2010이 테마별로 모두 동일한 디자인 서식을 제공해 주는 것과 다르게 한쇼 2010은 테마별로 모두 다른 디자인 서식을 제공해 줌으로서 슬라이드 제작 시간을 획기적으로 단축시킬 수 있습니다.

:: 2D 및 3D 화면 전환 효과로 키노트 효과 적용하기

키노트의 미려한 화면 전환 효과는 매킨토시가 아니면 적용할 수 없다는 단점이 있습니다. 하지만 한쇼 2010만 있으면 일반 컴퓨터에서도 키노트의 미려한 화면 전환 효과를 사용할 수 있습니다.

[애니메이션] 탭-[화면 전환 효과]에서 원하는 효과를 선택할 수 있는데 다양한 화면 전환 효과 이외에도 화면 전환 효과 자체를 수정할 수 있어 다양하게 응용할 수 있습니다.

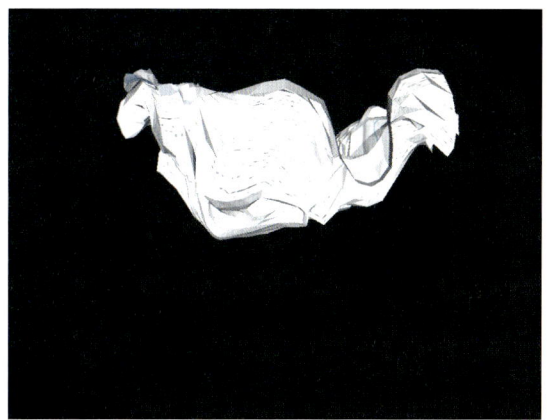
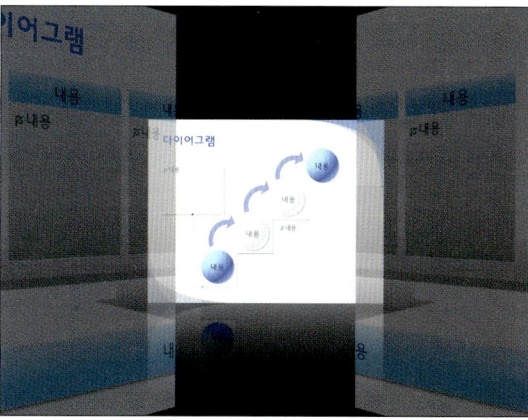
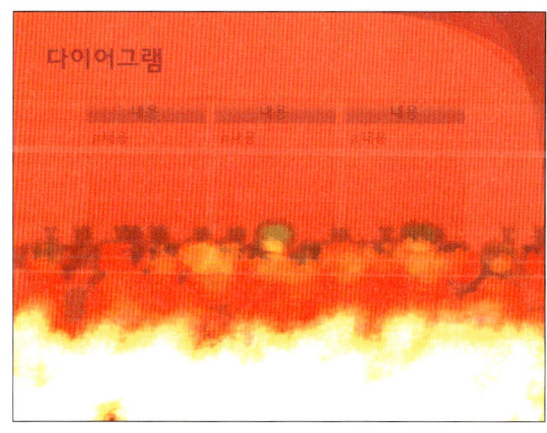
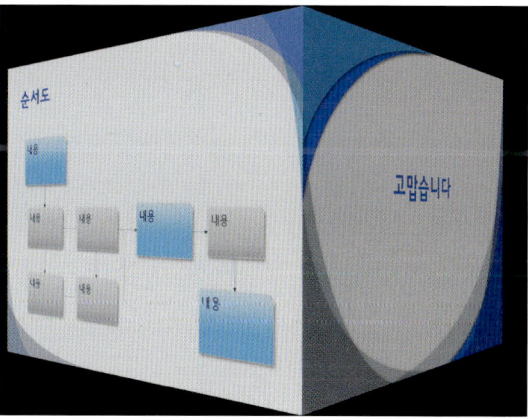

▲ 한쇼 2010의 다양한 화면 전환 효과

:: 파워포인트와 키노트보다 강력한 슬라이드 쇼

프레젠테이션 도구답게 슬라이드 쇼에서도 다양한 기능을 제공하고 있습니다. 특히, 한쇼 2010이 파워포인트나 키노트 등의 프레젠테이션 도구와 가장 많은 차별화를 가지고 있는 부분이 바로 슬라이드 쇼 기능입니다.

독특하면서도 인상 깊은 실시간 효과를 제공하는 한쇼 2010은 청중들에게 색다른 프레젠테이션을 제공합니다. F5를 눌러 슬라이드 쇼를 진행하다가 마우스를 오른쪽 모서리 부근으로 가져가면 슬라이드가 미리 보기 형식으로 나타나 원하는 슬라이드로 빠르게 이동할 수 있습니다.

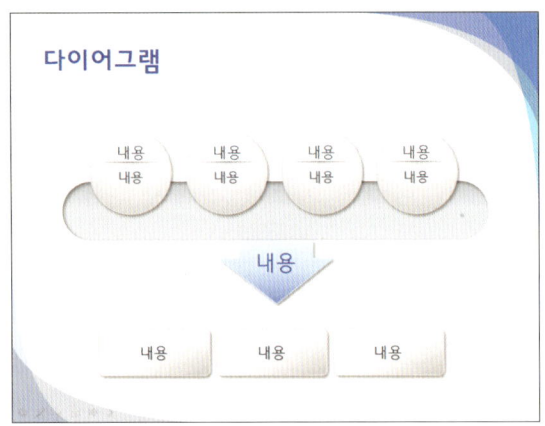 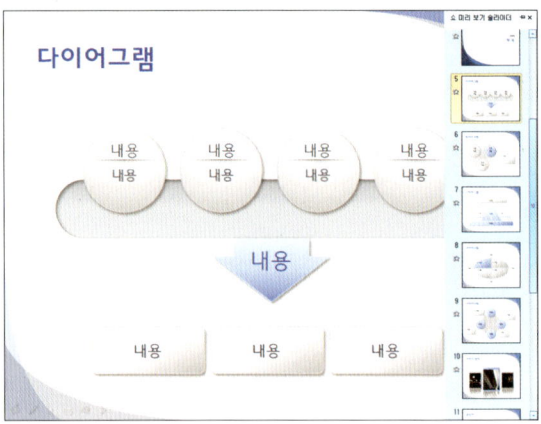

▲ 슬라이드 쇼와 쇼 미리 보기 슬라이더

슬라이드 쇼에서 마우스 오른쪽 버튼을 눌러 [실시간 효과]를 클릭하면 마우스 커서가 위치한 개체에 빨간색의 테두리를 그려집니다. 굳이 애니메이션 기능을 넣지 않더라도 그때 그때 청중의 반응에 따라 원하는 개체를 부각할 수 있습니다.

 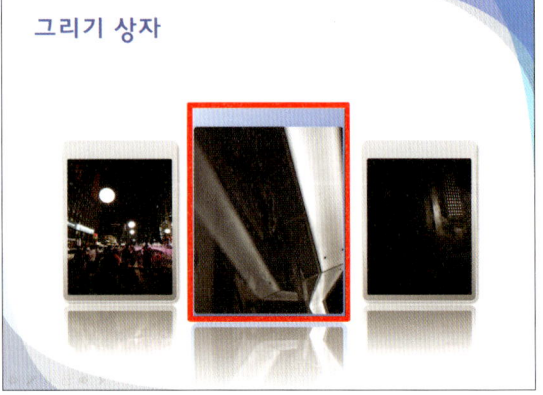

▲ 슬라이드 쇼와 실시간 효과

또한, [포인트 설정]-[스포트라이트 포인터]를 선택한 상태에서 원하는 개체에 마우스를 올리면 연극 무대에서 주연 배우만 비춰주는 스포트라이트를 프레젠테이션에서도 구현할 수 있습니다. 독특한 것은 스포트라이트가 진행된 상태에서 마우스를 클릭하면 선택한 개체가 확대되며 프레지의 줌인, 줌아웃 효과와 같은 기능을 실행할 수 있다는 점입니다.

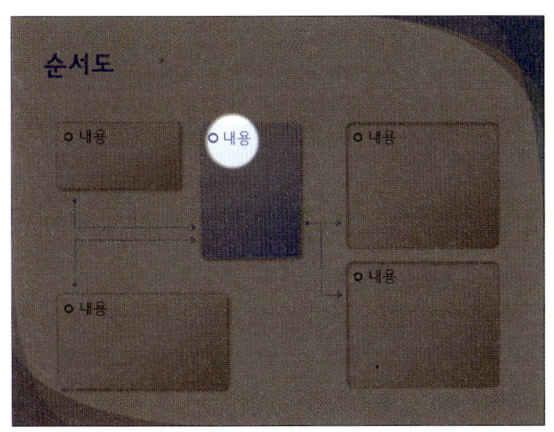 

▲ 스포트라이트와 줌인/줌아웃 효과

이 외에도 스탬프 기능을 통해 동그라미, 가위, 화살표 등 다양한 스탬프를 슬라이드 쇼 화면에 찍을 수 있습니다. 초등학교나 중학교 등에서 선생님들이 활용하면 좋을 것 같은 스탬프 기능은 [슬라이드 쇼] 탭-[쇼 설정]에서 높이와 너비 등을 설정하여 원하는 스탬프를 가져올 수 있습니다.

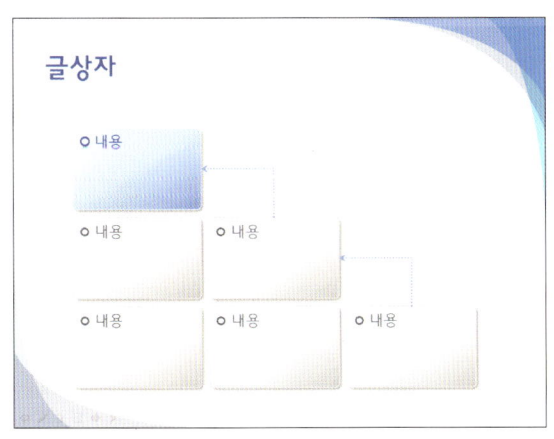 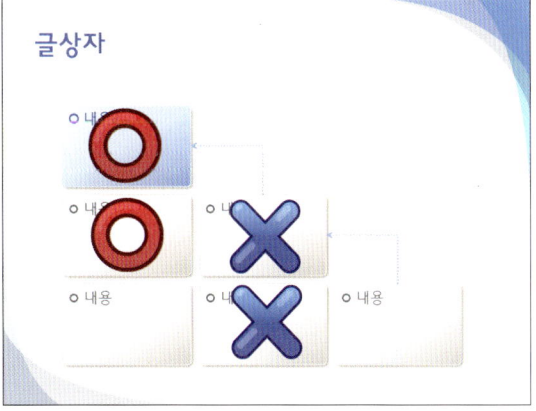

▲ 스탬프 효과

무료 프레젠테이션 공간이 매력적인 씽크프리(ThinkFree)

1GB의 무료 온라인 저장 공간인 마이오피스를 제공하는 씽크프리는 웹 브라우저에서 오피스 문서를 편집하며 공유할 수 있는 웹 오피스입니다. 한쇼는 물론 한글, 한셀과의 호환은 기본이며, MS 오피스의 파워포인트, 워드, 엑셀과도 완벽히 호환되어 온라인과 오프라인 모두에서 사용할 수 있습니다.

:: 웹 스토리지 서비스 '씽크프리'란?

보통 작업한 문서는 본인의 컴퓨터에 저장하거나 별도의 웹 스토리지에 저장합니다. 하지만 한글과컴퓨터에서 제공하는 웹 스토리지 서비스인 '씽크프리'를 이용하면 집, 회사 어디서든 문서 작업을 할 수 있습니다.

씽크프리는 평생 사용할 수 있는 안전한 무료 온라인 저장 공간을 1GB 제공하며, 내 컴퓨터에 오피스 프로그램이 설치되어 있지 않아도 MS 오피스 호환 문서를 작성할 수 있고, 뷰어 역시 설치되어 있지 않아도 내용을 확인할 수 있습니다. 또한, 문서 공유뿐 아니라 각종 스마트폰으로 문서를 관리할 수도 있습니다.

Home

My Office(Online)

Office

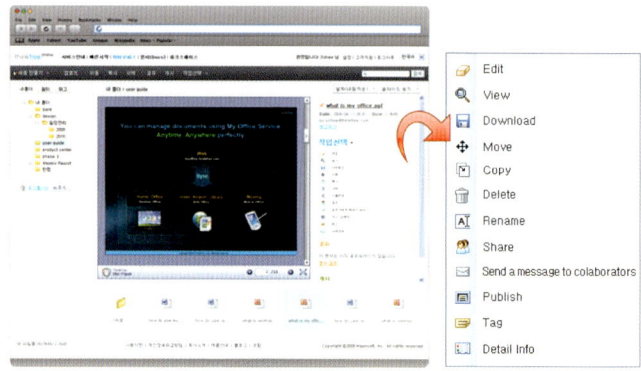

▲ 출처 : 씽크프리 홈페이지(http://www.thinkfree.com)

:: 한쇼 2010에서 슬라이드를 씽크프리로 보내기

한쇼 2010을 사용한다면 슬라이드 문서를 온라인 저장 및 모든 모바일 기기에서 확인할 수 있습니다. 한쇼 2010에서 씽크프리의 문서를 불러오거나, 씽크프리로 저장하여 문서 활용성을 높일 수 있습니다.

01_ 한쇼 2010에서 만든 프레젠테이션 파일을 씽크프리라는 웹 오피스 공간에 저장해 보겠습니다. [파일] 탭→[다른 이름으로 저장]을 클릭하여 [씽크프리]를 선택하면 씽크프리에 프레젠테이션 파일을 저장할 수 있습니다.

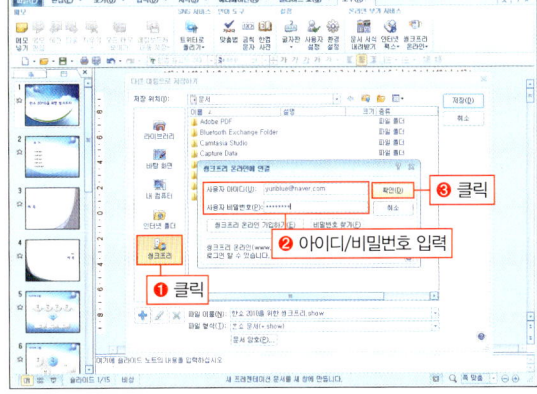

TIP

만일, 씽크프리 계정이 없다면 [씽크프리 온라인 가입하기]를 눌러 회원으로 가입합니다.

02_ 저장이 되면 제목 표시줄에 씽크프리에 저장되었다는 표시가 나타납니다.

03_ 씽크프리 웹 오피스에 저장이 되었는지 씽크프리(http://www.thinkfree.com)에 접속해 봅니다.

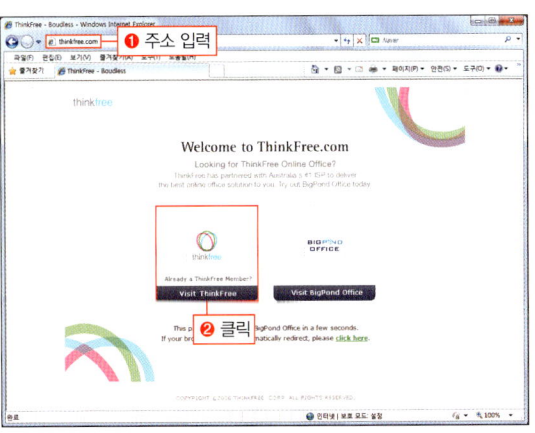

▲ 씽크프리 접속하기

04_ 본인 계정에 접속하기 위해 로그인하여 [설정]을 클릭하면 최근 저장한 문서가 표시되며, 다양한 설정을 변경할 수 있습니다. 또한 [마이오스피] 탭을 클릭하면 지금까지 작업한 오피스 문서를 확인할 수 있습니다.

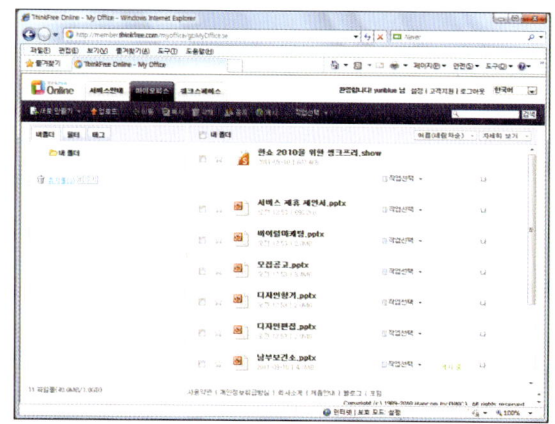

▲ 씽크프리 마이오피스

:: 마이오피스를 통한 파워포인트 슬라이드 저장하고 공유하기

씽크프리의 [마이오피스] 탭을 클릭하면 한쇼 파일뿐 아니라 한글, 워드, 엑셀, 파워포인트 등의 파일을 저장하고 공유할 수 있습니다.

01_ 파워포인트 슬라이드 파일을 마이오피스에 업로드해 보겠습니다. [마이오피스] 탭을 클릭한 후 [업로드]를 클릭하여 파워포인트 슬라이드 파일을 업로드합니다.

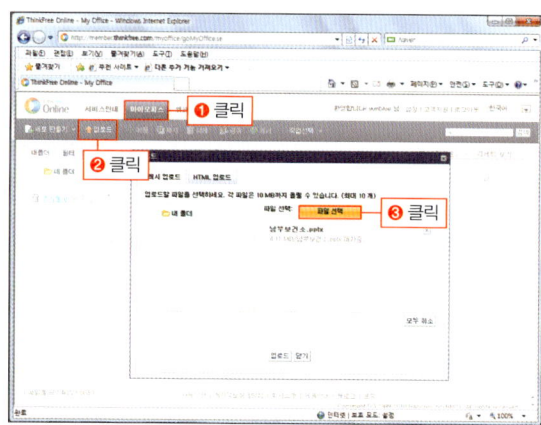

02_ 업로드한 파일은 [작업선택]을 통해 트위터에 보내거나 블로그 등으로 게시(임베딩) 혹은 공유하거나 편집, 다운로드할 수 있습니다.

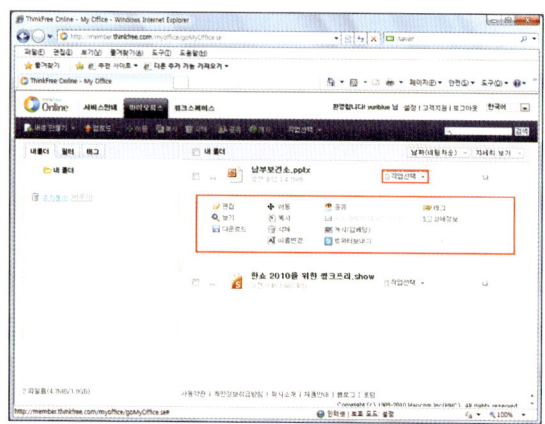

03_ [게시(임베딩)]를 선택했을 경우 ThinkFree Docs를 이용해 블로그나 구글 북마크, 야후 마이웹, Furl 등으로 문서를 공유할 수 있으며, 씽크프리의 고유한 주소(URL)를 할당받아 메신저나 메일로 보낼 수 있습니다.

04_ 또한, 공동 편집자를 지정하여 문서를 함께 편집하거나, 편집 권한 없이 문서를 볼 수 있는 권한도 지정할 수 있습니다.

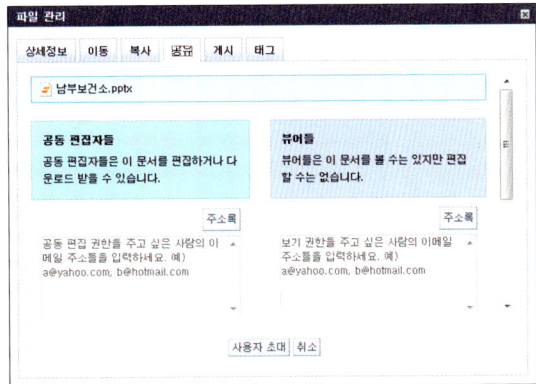

05_ [편집]을 선택했다면 파워포인트 프로그램이 컴퓨터에 설치되어 있지 않아도 슬라이드를 편집하거나 슬라이드 쇼를 진행할 수 있습니다.

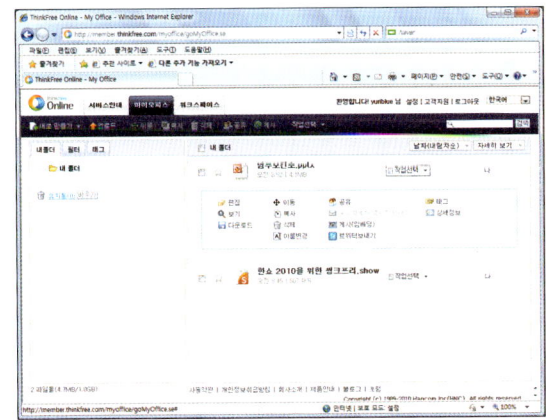

06_ 파워포인트 2010은 아직 완벽하게 호환은 되지 않지만 파워포인트 2003, 2007과는 거의 완벽하게 호환되며, 문서의 내용을 확인하고 공유하는데 매우 유용하게 사용됩니다. 원본 문서가 대용량 문서라 할지라도 Incremental Converting과 Stream Loading을 통해 빠른 뷰어가 가능하도록 합니다.

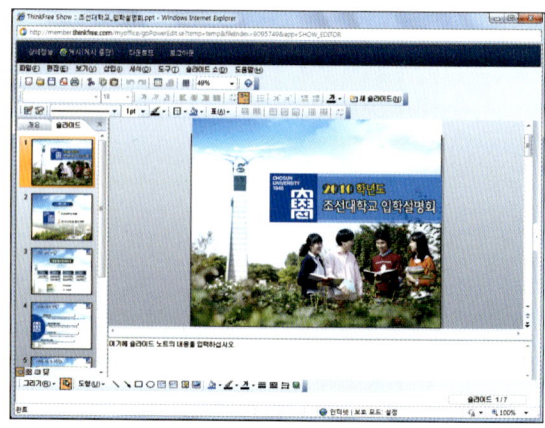

:: 모바일 앱(안드로이드/아이폰)으로 언제 어디서나 사용하기

씽크프리 오피스는 갤럭시 등의 안드로이드 폰이나 아이폰 등의 모바일 기기에서도 사용하실 수 있습니다. 씽크프리 모바일을 통해서 이동 중에도 문서 작업이 가능하며, 이메일의 첨부 파일을 실시간으로 확인하거나 보낼 수 있습니다.

모바일 웹(m.thinkfree.com)에 접속하여 사용하거나 전용 App을 설치하여 사용할 수도 있습니다. 모바일 기기에서 작성한 문서를 마이오피스에 업로드할 수 있으며, 마이오피스뿐만 아니라 구글 독스(Google Docs)를 이용해 문서를 관리할 수도 있습니다.

Google Docs   My Office

▲ 출처 : 씽크프리 홈페이지(http://www.thinkfree.com)

아이폰의 앱스토어에서 'ThinkFree'를 검색하여 어플을 설치하면 싱크프리와 연동되어 본인이 웹을 통해 올린 문서를 비롯해 ThinkFree에서 제공해 주는 다양한 문서를 다운로드 받거나 아이폰에서 내용을 확인할 수 있습니다. 물론 갤럭시 등의 안드로이드 기기에서도 지원됩니다.

▲ 아이폰용 thinkfree

▲ 안드로이드용 thinkfree

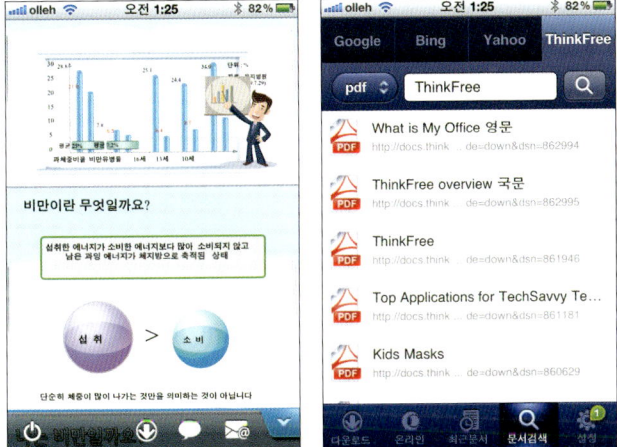

▲ 파워포인트 문서들 비롯하여 PDF 파일 등 바로 보기 및 검색 기능

▲ 슬라이드 삽입 등 문서 편집 기능

Section# 06

프레젠테이션 협업 기능이
우수한 Office Web Apps

마이크로소프트사에서 제공하는 무료 Office Web Apps을 활용하면 파워포인트가 설치되어 있지 않은 컴퓨터에서도 프레젠테이션을 위한 슬라이드를 제작하고 진행할 수 있습니다.

:: 윈도우 라이브 웹 오피스 사용 방법 익히기

웹 오피스를 활용하면 무려 25GB까지 파워포인트를 비롯하여 오피스 문서를 저장하고 공유할 수 있습니다. 프레젠테이션을 위한 슬라이드 파일만으로 25GB를 채울 수도 있고, 서식 파일이나 사진 이미지 등을 보관하는 장소로도 유용하게 사용할 수 있습니다.

웹 오피스를 사용하기 위해서는 Windows Live 아이디가 필요합니다. 'http://office.live.com'에 접속하여 Windows Live 아이디를 생성합니다. 만일 Hotmail, MSN, 혹은 Xbox LIVE 아이디가 있으면 Windows Live 아이디를 새로 만들 필요는 없습니다. 로그인하면 본인의 SkyDrive 계정이 열립니다. 지금까지 업로드하거나 작업한 내용을 비롯하여 다양한 메뉴가 열립니다. 상단의 파워포인트 단추를 클릭합니다.

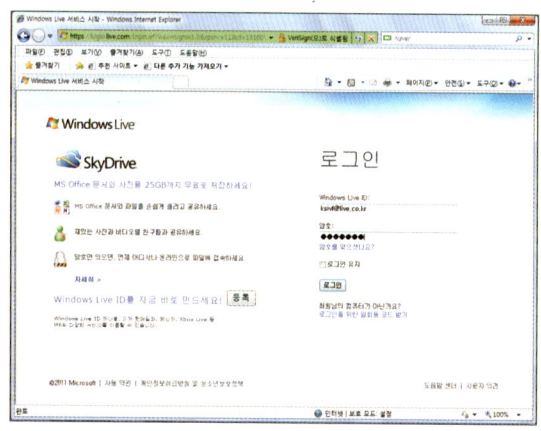

▲ Windows Live 접속하기

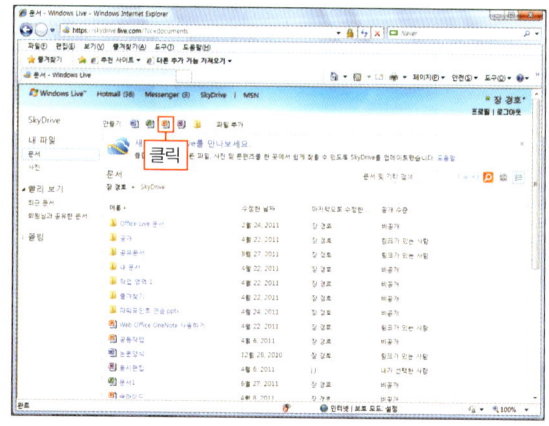

▲ SkyDrive 페이지

새 Microsoft PowerPoint 프레젠테이션 페이지가 열리면 이름과 공유 대상을 설정한 후 [저장]을 클릭합니다. 마치 파워포인트를 보는 것 같은 화면이 열리면서 테마를 선택할 수 있습니다.

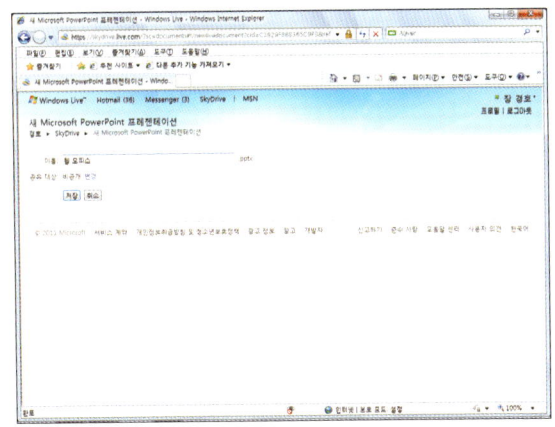

▲ 이름과 공유 대상 설정

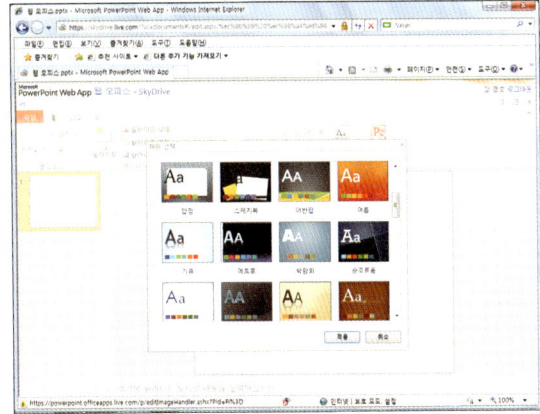

▲ 테마 선택

:: 슬라이드를 온라인으로 작성하고 편집하기

웹 오피스용 파워포인트는 설치형 파워포인트와 비슷한 모양의 화면 구성을 가지고 있습니다. 하지만 웹에서 실행되는 프로그램은 대부분이 그렇지만 인터넷 환경이라는 제약 조건 때문에 최대한 가볍게 제작되며, 이는 마이크로소프트 웹 오피스도 마찬가지입니다. 그렇기에 설치형 파워포인트에서 제공되는 기능 모두를 사용할 수는 없습니다.

웹 오피스용 파워포인트는 [파일], [홈], [삽입], [보기] 총 4개의 탭으로 구성되어 있습니다. 비록 화면 전환 효과 등 여러 고급 기능은 구현할 수 없지만 기본적인 파워포인트 기능은 제한 없이 사용할 수 있습니다. 테마를 선택하여 슬라이드를 만들거나 새 슬라이드를 추가하여 슬라이드 레이아웃을 선택할 수도 있습니다.

▲ 4개의 탭

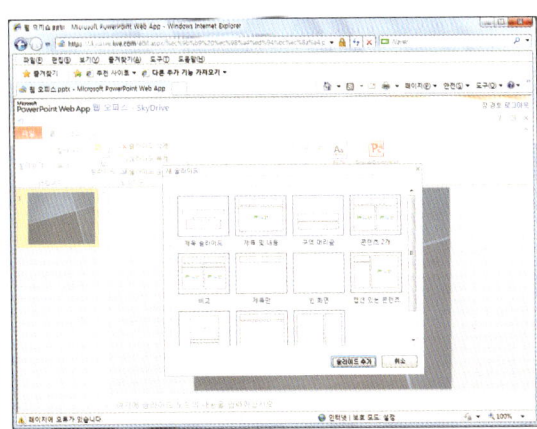

▲ 슬라이드 레이아웃 신택

또한, SmartArt 기능으로 다양한 도해를 손쉽게 만들거나 클립 아트를 통해 웹상에 존재하는 다양한 사진 등의 클립 아트를 손쉽게 추가할 수 있습니다.

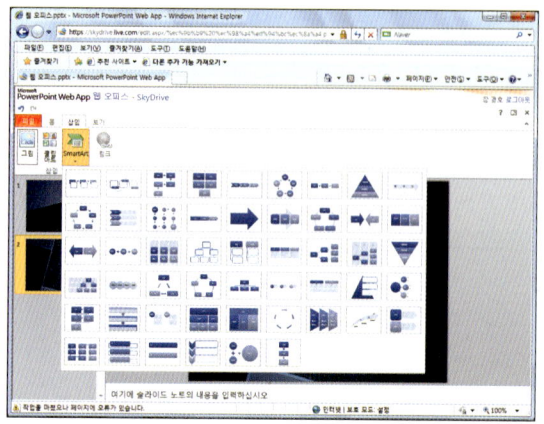
▲ Smart Art 선택

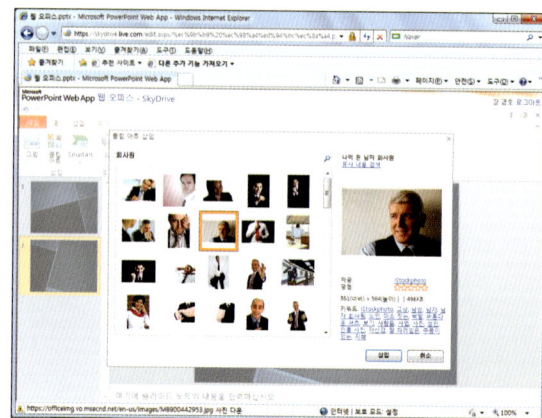
▲ 클립 아트 삽입

:: 웹상에 파워포인트 파일 저장하기

만일, 설치형 파워포인트를 사용 중이라면 웹 오피스용 파워포인트와 함께 사용하여 보다 다양한 작업을 할 수 있습니다. 파워포인트 파일을 SkyDrive에 저장하면 USB 이동식 디스크나 이메일을 통해 파일을 저장하지 않더라도 인터넷이 되는 어느 장소나 환경이라면 언제 어디서나 작업한 파워포인트 파일을 불러올 수 있습니다.

01_ 파워포인트 2010에서 [파일] 탭-[저장/보내기]-[웹에 저장]-[로그인]을 차례로 클릭합니다. [docs.live.net에 연결] 대화 상자가 나타나면 전자 메일 주소에 Windows Live ID와 암호를 입력한 다음 [확인]을 클릭합니다.

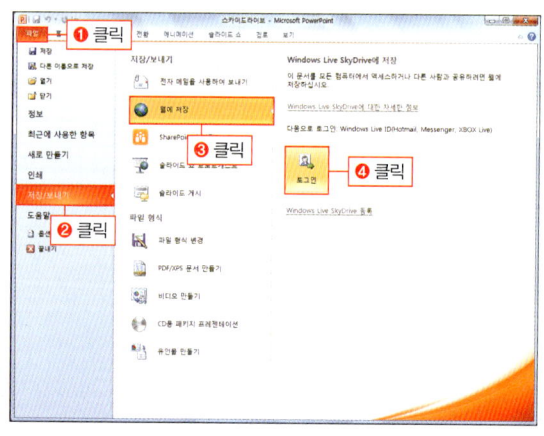

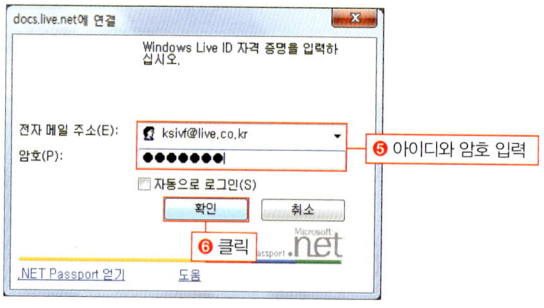

'Windows Live ID'가 없다면 [파일] 탭-[저장/보내기]-[웹에 저장]-[로그인] 아래에 있는 'Windows Live SkyDrive 등록'을 클릭하여 계정을 만듭니다.

02_ Windows Live에 로그인이 되면 본인의 Windows Live SkyDrive가 열립니다. 폴더를 하나 선택한 다음 [다른 이름으로 저장]을 클릭합니다.

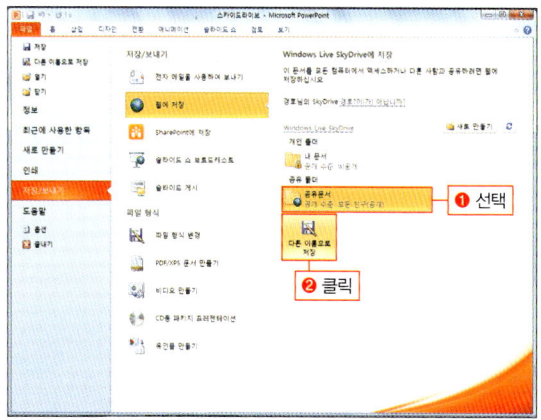

03_ [다른 이름으로 저장] 대화 상자가 나타나면 [파일 이름]을 입력한 후 [저장]을 클릭합니다.

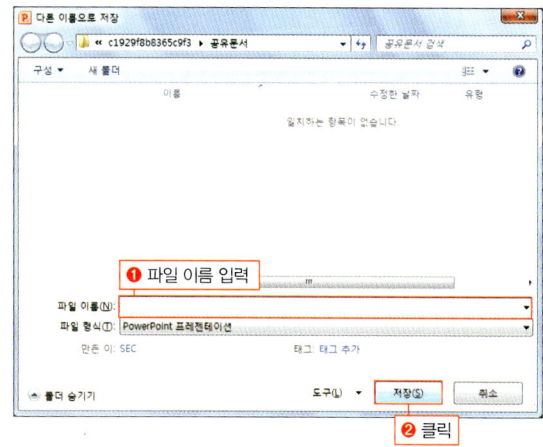

:: SkyDrive에서 문서 편집하기

SkyDrive에 저장한 파워포인드 파일은 Web App을 통해 웹상에서도 슬라이드를 주가하거나 수정할 수 있습니다. 기능은 다소 제한적이긴 하지만 파워포인트가 설치되어 있지 않은 컴퓨터에서도 사용할 수 있기 때문에 매력적입니다.

01_ 웹 브라우저에서 http://office.live.com으로 접속합니다. [Windows Live ID]와 [암호]에 본인의 Windows Live ID를 입력한 후 [로그인]을 클릭합니다.

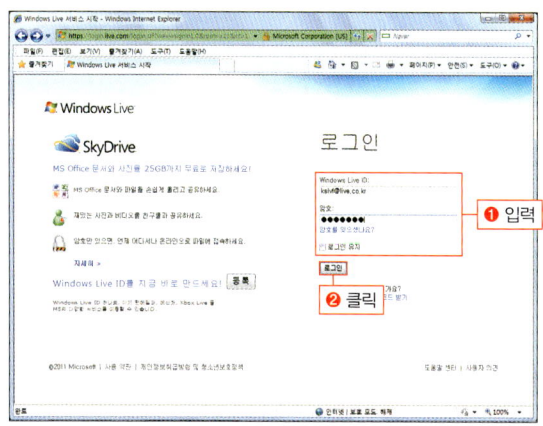

02_ 'Windows Live SkyDrive'에 접속됩니다. 파워포인트 파일을 업로드한 폴더 및 파일을 차례대로 클릭합니다.

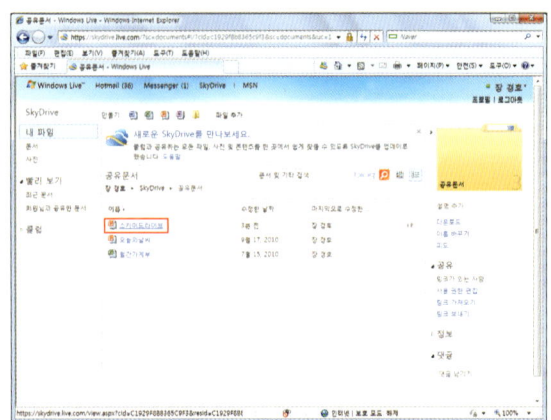

03_ 'PowerPoint Web App'이 열리며 웹상에서 슬라이드 파일을 수정할 수 있습니다. [브라우저에서 편집]을 클릭합니다.

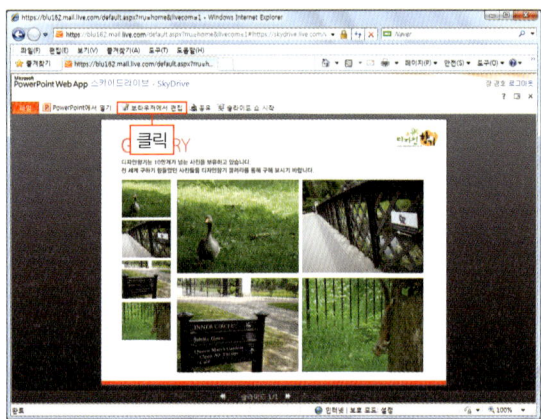

04_ 웹상에서 사용할 수 있는 리본 메뉴와 그룹이 나타납니다. 파워포인트를 다루는 것과 마찬가지로 여러 가지 기능들을 사용할 수 있습니다. [PowerPoint에서 열기]를 클릭하면 설치되어 있는 파워포인트 프로그램이 실행됩니다.

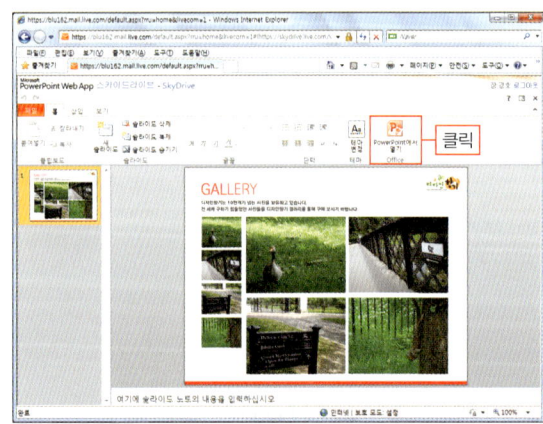

> **TIP**
> 웹상으로도 파워포인트 파일을 수정할 수 있습니다만 본인의 컴퓨터에 설치된 파워포인트 2010보다는 그 기능이 제한적입니다. [PowerPoint에서 열기]를 클릭하면 파워포인트 2010이 실행되며 전체 기능을 사용할 수 있습니다.

:: 문서 권한을 통한 공동 작업하기

SkyDrive에 올린 슬라이드 파일은 권한 변경을 통해 여러 사람들과 공유하거나 협업을 통한 공동 작업을 할 수 있습니다.

01_ 문서 권한을 통해 공동 작업을 하기 위해 [PowerPoint Web App]을 클릭합니다.

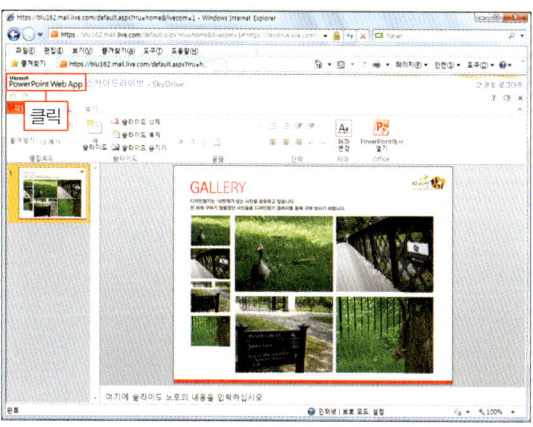

02_ 폴더 자체에 대한 사용 권한을 변경하기 위해 오른쪽 메뉴 중 [사용 권한 편집]을 클릭합니다.

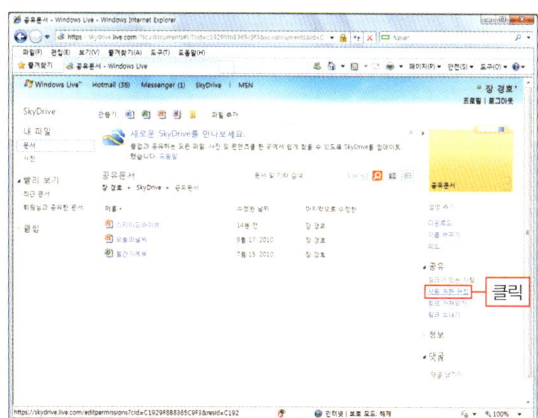

03_ [이 항목을 볼 수 있는 사람]에서 마우스로 드래그하여 권한을 변경합니다. [모든 사람]까지 드래그하면 Windows Live에 접속이 가능한 모든 사용자들에게 공유됩니다.

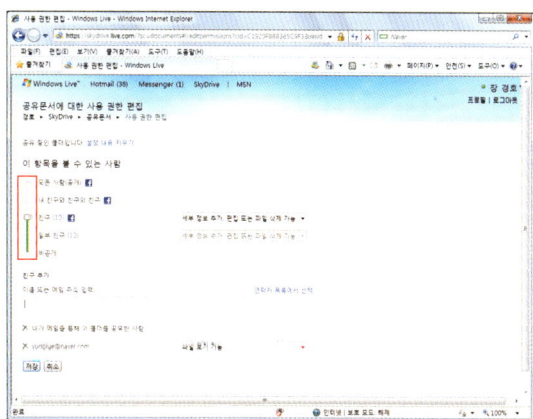

[친구 추가]-[이름 또는 메일 주소 입력] 입력란에 알고 있는 이름이나 메일 주소를 입력하여도 현재 폴더에 대해서 사용 권한을 줄 수 있습니다.

:: 링크 공유로 MSN이나 네이트온으로 공유하기

스카이드라이브에 저장된 문서는 Windows Live ID가 있는 사용자라면 누구에게나 사용 권한을 줘 공동 작업을 진행할 수 있지만 MSN이나 네이트온과 같은 메신저로 스카이드라이브 링크를 공유하여 동시에 공동 작업을 진행할 수도 있습니다.

01_ 공유할 폴더를 연 다음 오른쪽 메뉴의 [공유]-[링크 가져오기]를 클릭합니다.

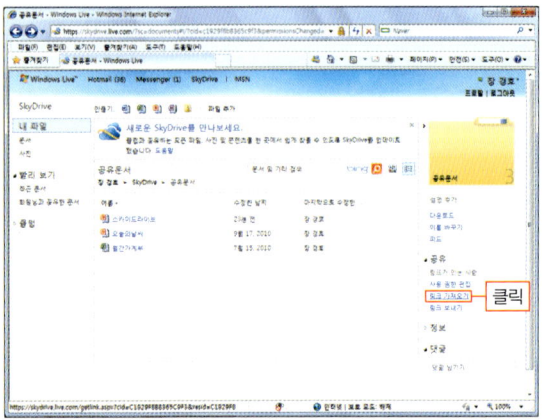

02_ 친구와 공유할 링크와 친구가 아니더라도 누구와도 공유할 수 있는 링크가 나타납니다. 원하는 링크를 복사하여 MSN이나 네이트온과 같은 메신저 등으로 붙여넣기하여 폴더를 공유합니다.

:: 링크 보내기로 메일로 공유하기

다른 나라에 있어 시간차로 인해 메신저로 협업을 하지 못하거나 외부 출장 등으로 함께 공동 작업을 하지 못할 경우에는 링크 보내기 기능을 이용해 메일로 파워포인트 문서를 공유할 수 있습니다.

01_ [공유]-[링크 보내기]를 클릭하면 메일로 SkyDrive 에 저장된 문서를 공유할 수 있습니다. [링크 보내기]를 클릭합니다.

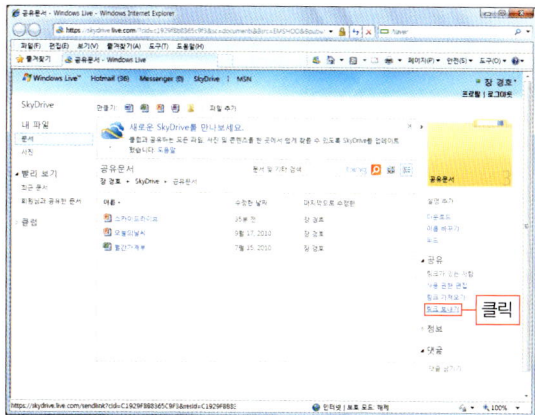

02_ [받는 사람] 입력란에 공동 작업을 할 사람의 이메일 주소를 입력한 후 [보내기]를 클릭합니다.

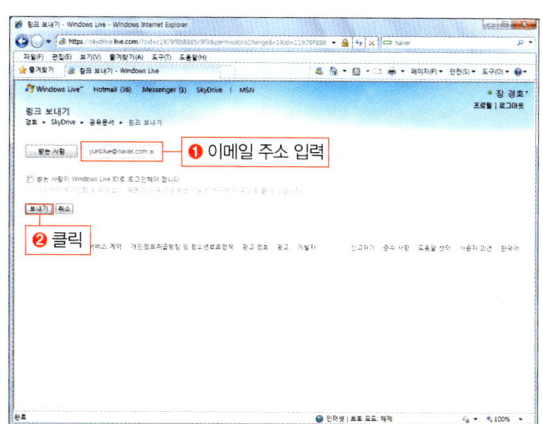

03_ 받는 사람이 메일을 열어보면 다음과 같이 공유 문서의 폴더가 공유되어진 것을 확인할 수 있습니다. [폴더 보기]를 클릭하면 공유된 폴더의 파워포인트 파일을 열어볼 수 있습니다.

Section# 07
페이스북에서 즐기는
프레젠테이션 도구 **독스(Docs)**

웹에서 프레젠테이션을 만들기 위해 선택할 수 있는 프레젠테이션 도구는 생각보다 많습니다. 우리가 생각하는 설치형 프레젠테이션 도구는 파워포인트, 키노트, 한쇼 정도이지만, 웹에서 제작할 경우 마이크로소프트에서 제공하는 웹 오피스를 비롯하여 프레지, 씽크프리, 구글 독스, 그리고 지금 소개할 페이스북을 위한 독스(Docs) 등 다양한 프레젠테이션 도구를 사용할 수 있습니다. 참고로, 독스(Docs)는 페이스북 아이디만 있으면 접속할 수 있습니다.

:: MS와 페이스북이 만드는 문서 공유 사이트 Docs.com

마이크로소프트사와 페이스북이 손을 잡고 온라인 문서 공유 서비스 사이트인 Docs.com을 런칭했습니다. 이 사이트는 페이스북 사용자가 마이크로소프트 오피스 제품군을 무료로 사용하고 문서를 편집하거나 공유할 수 있는 서비스로, 앞으로 펼쳐질 클라우드 컴퓨팅의 미래를 미리 볼 수 있다는 점에서 한번 살펴보고 가겠습니다.

Docs.com에서 제공하는 프로그램은 마이크로소프트사에서 제공하는 웹 오피스와 거의 비슷합니다. 하지만 페이스북에 가입한 전 세계 7억 명이 넘는 누구와도 오피스 파일을 편집하고 공유할 수 있다는 큰 장점이 있습니다. 'Docs.com'에 접속한 후 [Sign In]을 눌러 페이스북 아이디와 패스워드를 입력하면 접속이 가능합니다.

▲ 독스(http://www.Docs.com) 사이트

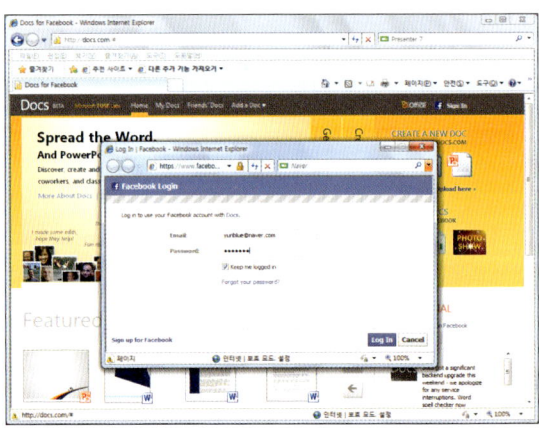

▲ 페이스북(http://www.facebook.com) 아이디로 접속

> **TIP**
>
> 독스를 제대로 사용하기 위해서는 마이크로소프트사의 실버라이트(Microsoft Silverlight)가 설치되어 있어야 합니다. 실버라이트가 설치되어 있지 않으면 자동으로 설치 화면이 나타나므로 반드시 설치하도록 합니다.

:: 독스(Docs)에서 슬라이드 문서 작성하기

웹 오피스와 Docs.com 모두 MS 오피스 2010을 기반으로 하고 있기에 별다른 어려움 없이 슬라이드 문서를 작성하거나 페이스북 사용자가 작성한 프레젠테이션 파일을 확인할 수 있습니다.

다른 사용자가 만든 프레젠테이션 파일을 선택한 후 [Open in Powerpoint]를 눌러 설치형 파워포인트를 통해 파일을 열거나, [Start Slide Show]를 눌러 슬라이드 쇼 화면으로 불러올 수 있습니다. 또한, 파워포인트 아이콘을 클릭하여 새 문서를 만들 수도 있습니다.

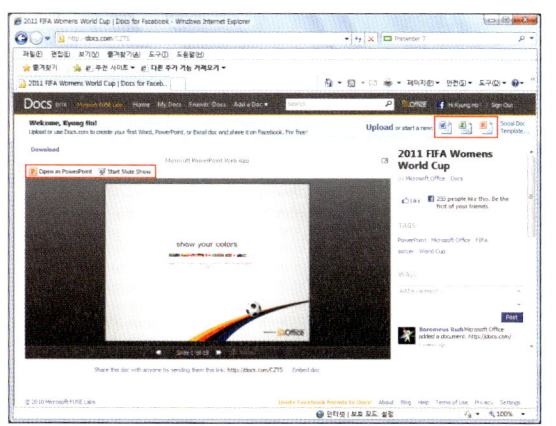 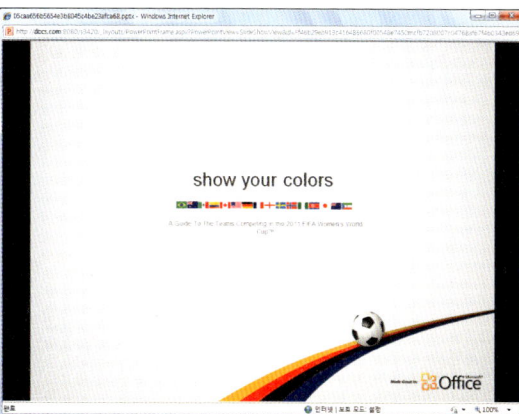

상단의 My Docs, Friends' Docs, Add a Doc을 통해 내가 만든 문서나 페이스북 사용자가 만든 문서, 그리고 Docs의 부가적인 기능을 사용할 수 있습니다.

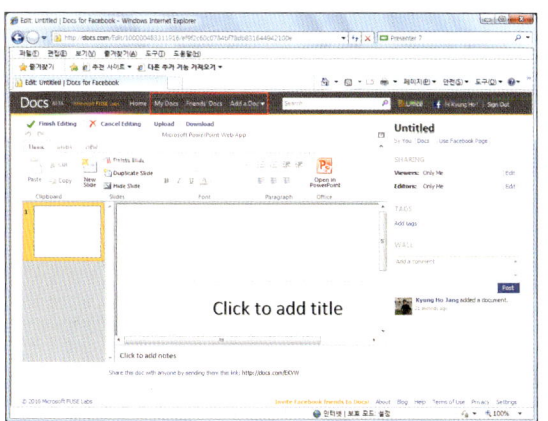 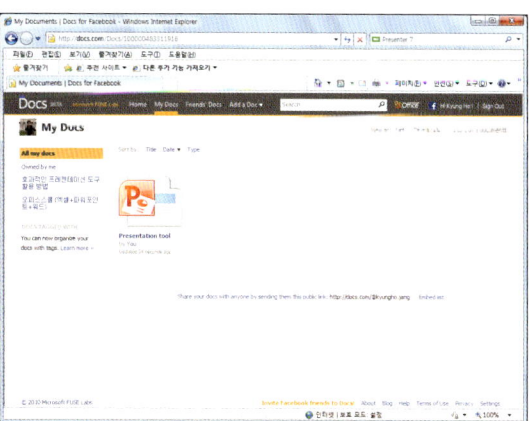

:: 페이스북 계정에 독스(Docs) 설치하기

페이스북은 소셜 네트워크 서비스(Social Network Service, SNS) 중 하나로서 2008년 세계 최대의 SNS 서비스인 마이스페이스(MySpace)를 따돌리고 SNS 분야 선두주자로 자리매김했습니다. 페이스북의 계정에 독스를 설치하면 굳이 독스(Docs) 사이트에 접속하지 않더라도 페이스북의 내 계정에서 보다 손쉽게 독스를 사용할 수 있습니다.

01_ 페이스북에 로그인한 후 검색 창에 『Docs』를 입력하면 페이지를 비롯한 여러 항목이 나타납니다. 그 중 'Docs'를 찾아 클릭합니다. Docs 페이지에 접속되면 [앱으로 가기]를 클릭합니다.

02_ '허가 요청' 페이지가 나타나면 [허가]를 클릭합니다. 잠시 후 페이스북에서 Docs 앱이 실행됩니다. 'http://www.docs.com'에서 사용했던 내용 그대로 사용할 수 있으며, 여러 페이스북 친구들과 프레젠테이션 자료나 오피스 문서들을 공유할 수 있습니다. [Add a Doc]을 클릭한 후 [PowerPoint Presentation]을 선택하면 페이스북에서 프레젠테이션 문서를 만들 수 있습니다.

:: Doc Gallery로 문서 참조하기

독스의 특징은 페이스북을 통해 7억 명이 넘는 사람들과 문서를 공유할 수 있고, Doc Gallery를 통해 공유된 문서를 참조할 수 있다는 점입니다.

페이스북 독스의 첫 페이지에서 [View the Doc Gallery]를 클릭하면 공유된 다양한 문서를 접하고 활용할 수 있습니다. 아직은 많은 문서가 공유되고 있지는 않지만 문서를 페이스북의 담벼락으로 가져오거나 다운로드 받아 편집할 수도 있기에 앞으로 많은 활용도가 있을 것으로 예상됩니다.

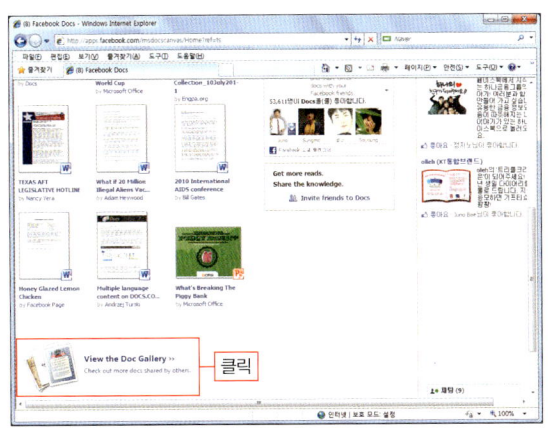 

:: 독스(Docs)에서 문서 공유하기

페이스북 독스를 통해 인터넷이 되는 곳이면 언제 어디에서든 프레젠테이션 문서를 만들고, 페이스북 사용자들과 공유할 수 있습니다.

우선 공유하고 싶은 문서를 엽니다. 오른쪽 항목을 살펴보면 'Viewers: Only Me', 'Editors: Only Me'라고 적혀 있는 것을 확인할 수 있습니다. [Edit]를 클릭하여 문서를 볼 수 있는 사람의 권한(Viewers)과 문서를 편집할 수 있는 사람(Editors)의 권한을 지정할 수 있습니다. 이를 통해 원하는 권한을 지정하여 문서를 공유하거나 공동 작업을 진행할 수 있습니다.

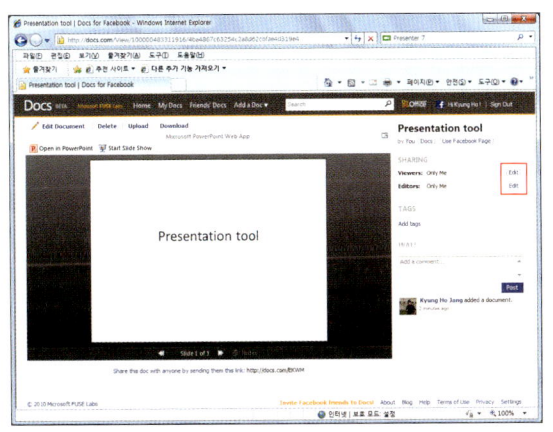 

Section# 08

진정한 클라우드
서비스 구글 문서도구(Docs)

구글 문서도구(Google Docs)는 구글의 웹 기반 오피스 도구로서 워드프로세서, 스프레드시트, 프레젠테이션 작업 등을 웹상에서 할 수 있습니다. 마이크로소프트가 페이스북과 손을 잡고 자사의 오피스를 페이스북 독스에 제공하고 있지만 구글은 오래전부터 문서도구(Docs)를 통해 마이크로소프트의 엑셀이나, 파워포인트, 워드 문서뿐 아니라 PDF, HTML, CSV, RTF 파일 등을 읽거나 저장하는 서비스를 제공하고 있습니다.

:: Google 문서도구 독스로 슬라이드 작성하기

클라우드 환경이 점차 강조되면서 구글에서도 오피스 프로그램을 구글 웹 페이지에서 편집하고 저장하며, 웹하드 기능까지 가능한 기능을 제공하고 있습니다. 특히, 남들과 공유하거나 협업하는 경우가 많은 프레젠테이션 파일의 경우 구글 독스를 통해 유용하게 사용할 수 있습니다.

안드로이드 계열의 스마트 기기를 가지고 있는 사용자라면 대부분 구글 계정을 만들게 됩니다. G메일이나 구글 캘린더 등을 사용하기 위해 구글 계정을 하나씩은 가지고 있기 때문에 별도의 회원가입 없이 구글의 아이디와 패스워드 만으로도 프레젠테이션 파일을 저장하고 관리할 수 있어 편리합니다. 먼저, 구글(http://www.google.com)에 접속하여 로그인합니다. [더보기]의 [문서도구]를 클릭합니다.

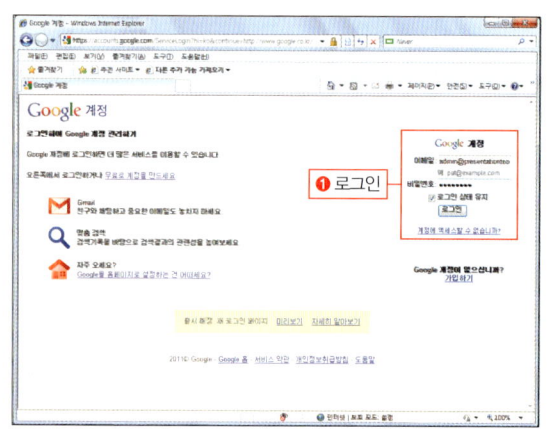

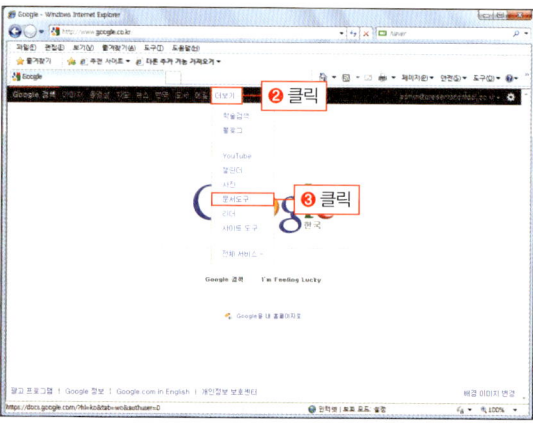

TIP

구글 계정이 없다면 [가입하기]를 통해 구글 계정을 먼저 생성하여야 합니다.

문서도구 페이지가 열리면 [새로 만들기]를 클릭하여 [프리젠테이션]을 선택합니다. 구글 독스도 마이크로소프트의 웹 오피스나 페이스북의 독스처럼 프레젠테이션을 만들기 위한 다양한 기능을 제공합니다. [서식] 메뉴를 선택하여 테마를 변경할 수도 있으며, [슬라이드] 메뉴를 선택하여 슬라이드를 추가하거나 복제하고, [표] 메뉴를 선택하여 표를 추가 및 편집할 수 있습니다.

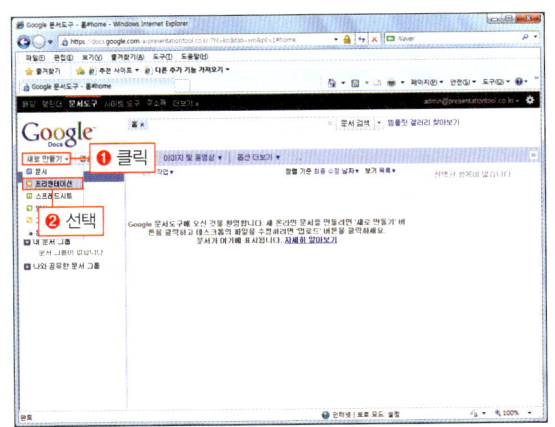 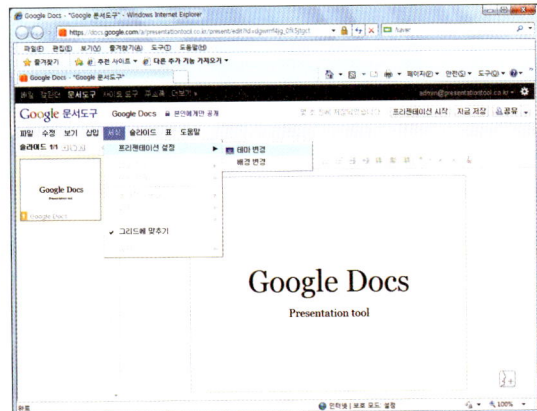

또한, [공유 설정]을 통해 원하는 사용자의 이름과 이메일을 입력하여 공유하거나 [이메일에 첨부하기]를 통해 메일로 문서를 첨부할 수도 있습니다. 비록 파워포인트로 만든 파일이 아니지만 파워포인트로 변환 후 메일로 보낼 수 있으며, PDF 파일로 변환 후 메일로 보낼 수도 있습니다.

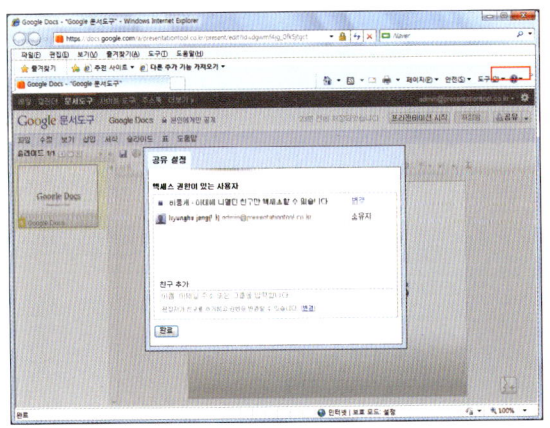 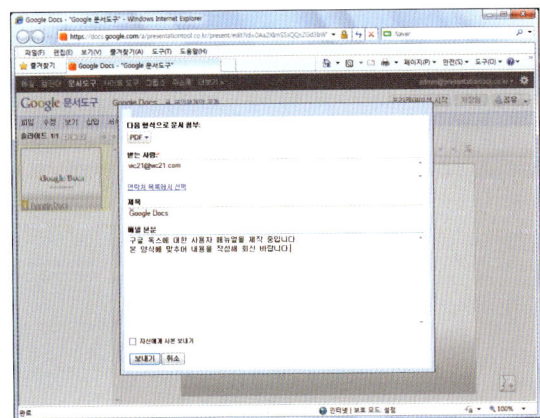

:: 데스크톱에서 작성한 슬라이드 업로드하기

내 컴퓨터에서 작성한 파워포인트 파일을 구글 문서도구로 업로드하여 웹하드로 사용하거나 여러 사람들과 공유 및 공동 작업을 위해 사용할 수 있습니다.

[업로드]를 클릭한 후 파워포인트 파일을 선택하면 구글 문서도구에 자동 저장됩니다. 업로드된 파일은 언제 어디서나 다운로드 받거나 더블 클릭하여 수정할 수 있습니다.

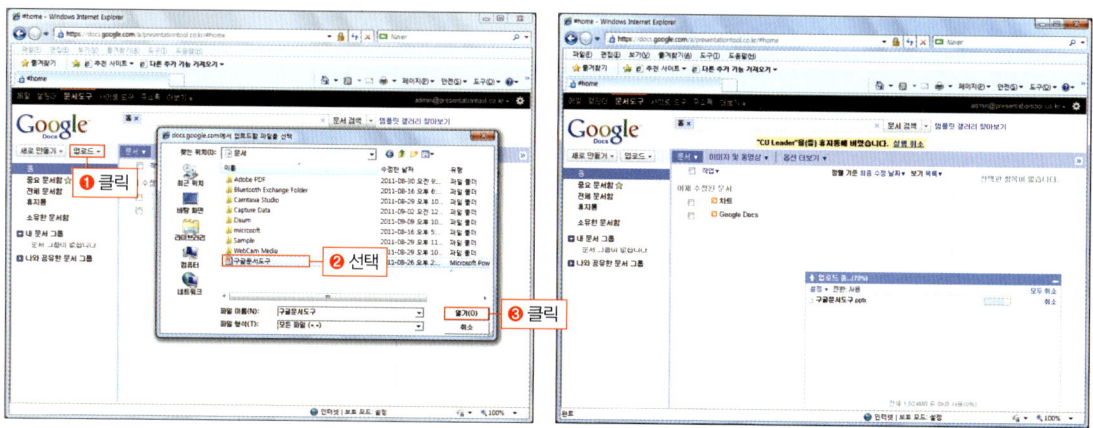

구글 문서도구를 활용해 파워포인트 파일을 열면 [파일], [수정], [보기], [삽입], [서식], [슬라이드], [표], [도움말] 등의 메뉴를 통해 슬라이드를 수정하거나, [프레젠테이션 시작]을 클릭해 슬라이드 쇼를 진행할 수 있습니다.

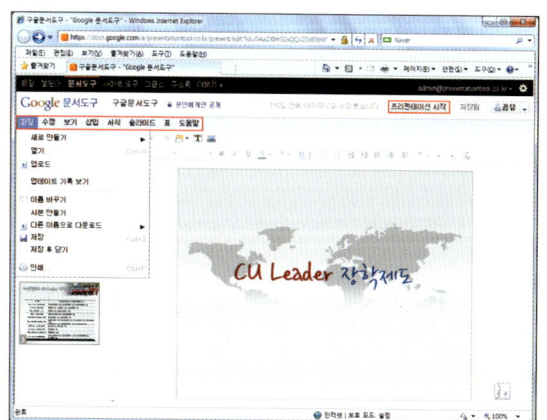
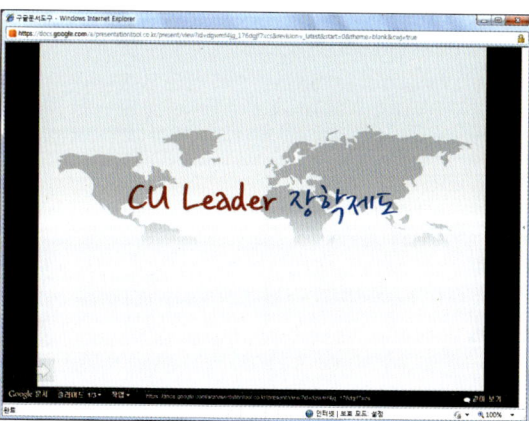

:: Google 템플릿 갤러리로 프레젠테이션 양식 만들기

Google의 템플릿 갤러리를 사용하여 문서나 스프레드시트, 프레젠테이션 양식을 만들 수 있습니다. 이력서나 회사 소개서 등 필요한 템플릿이 있다면 Google 갤러리를 이용해 쉽게 만들 수 있습니다.

구글 문서도구에서 [템플릿 갤러리 찾아보기]를 클릭한 후 [공개 탬플릿]을 선택합니다. 전 세계 구글 이용자들이 만든 다양한 템플릿 갤러리가 나타나면 [프리젠테이션] 항목을 선택합니다.

 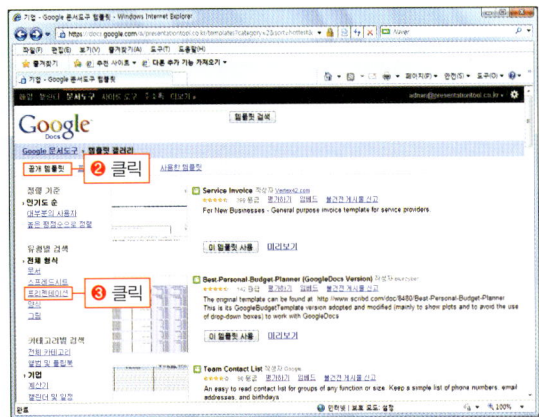

원하는 스타일의 프레젠테이션 양식이 있으면 [이 템플릿 사용]을 클릭하여 구글 문서도구로 불러옵니다. 내용을 수정하여 프레젠테이션 문서를 완성하거나 PDF, 파워포인트 파일 등으로 변환한 후 다운로드 받을 수도 있습니다.

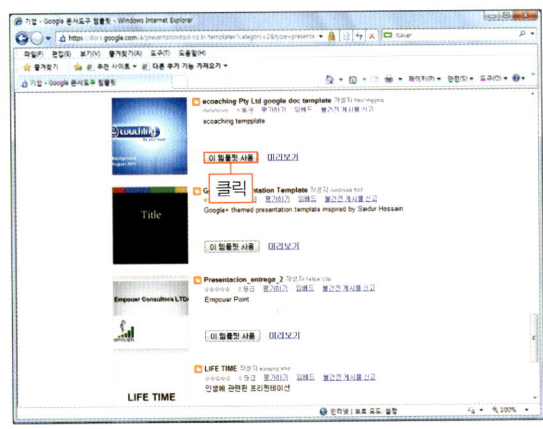 

:: 파워포인트에 Google Cloud 동기화하기

Google Cloud Connect는 구글에서 제공하는 애플리케이션입니다. 파워포인트에 Google Cloud를 설치하여 프레젠테이션 파일을 여러 명이 공동 작업할 수 있으며, 실시간 연동 및 백업 등 여러 가지 기능을 활용할 수 있습니다.

먼저 'http://tools.google.com' 에 접속한 후 [Cloud Connect for Microsoft Office]를 선택합니다. Cloud Connect for Microsoft Office 페이지에 접속되면 [Google Cloud Connect 다운로드]를 클릭하여 내 컴퓨터에 Google Cloud를 설치합니다.

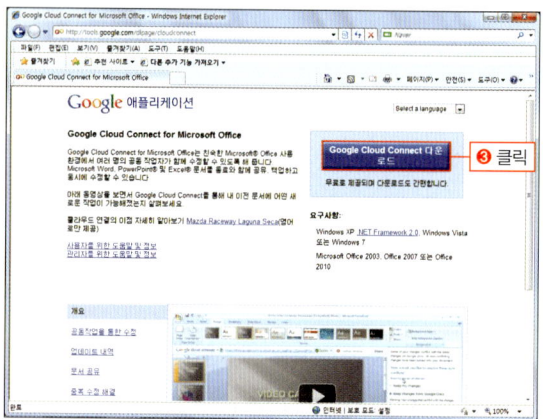

서비스 약관에 동의한 후 설치가 완료되면 파워포인트를 실행해 봅니다. Google Cloud Connec가 설치된 것을 확인할 수 있습니다. [로그인]을 눌러 구글과 연동합니다. [Google 계정에 대한 액세스 승인] 창과 [전체 설정] 창이 나타나면 액세스 허용과 원하는 옵션을 선택합니다.

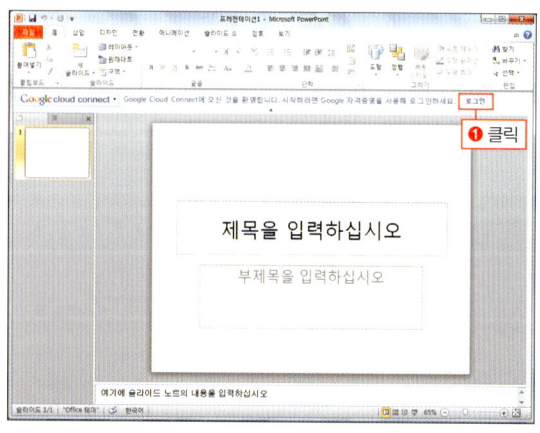
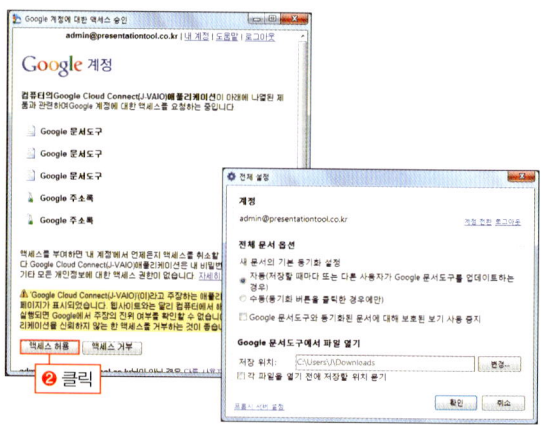

파워포인트 파일을 불러오거나 파워포인트로 프레젠테이션 문서를 만든 후 [동기화]를 클릭하면 실시간으로 구글 문서도구와 연동이 되며 구글 문서도구에서 파일을 불러오더라도 동일한 작업 화면을 만날 수 있습니다. 또한, 업데이트 내역을 통해 문서의 수정 사항이 자동 저장되기 때문에 작업 프로세스를 쉽게 찾을 수 있으며 이전 버전으로도 쉽게 되돌아 갈 수 있습니다.

 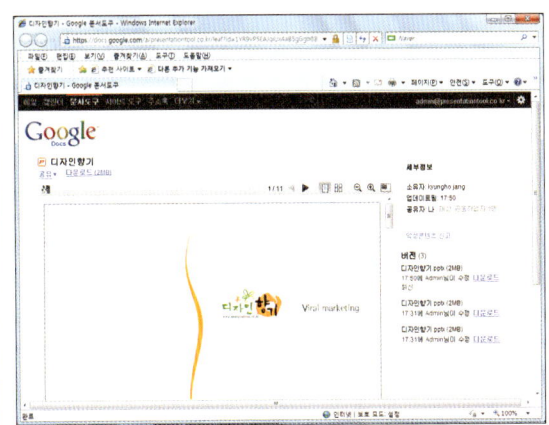

TIP

Google Cloud Connect는 문서의 모든 변경 및 수정 사항을 하나의 업데이트된 버전으로 추적, 관리하며 동기화합니다. 동기화된 문서는 고유한 URL 주소를 가지기에 이 주소를 이용해 메신저나 이메일을 통해 공유할 수 있으며, 권한을 부여하여 공동 작업 등을 진행할 수 있습니다.

:: 스마트 기기에서 독스(Docs) 활용하기

구글 독스는 아이폰 계열을 비롯하여 안드로이드 계열에서도 사용할 수 있습니다. 참고로, 아이폰 계열에서는 'Google' 로 검색하여 어플을 다운로드 받고, 안드로이드 계열에서는 'Google Docs' 어플을 다운로드 받습니다.

구글 독스에 업로드한 프레젠테이션(PPT) 파일을 비롯하여 PDF, DOC 등 여러 문서를 다운로드 받거나 편집할 수 있습니다. 또한, 웹하드 역할도 하기 때문에 슬라이드 작성을 위한 이미지 파일 등을 보관할 때에도 유용하게 사용할 수 있습니다.

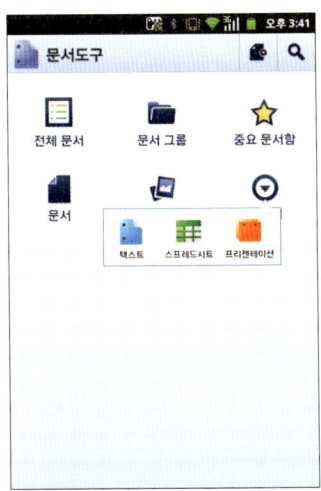 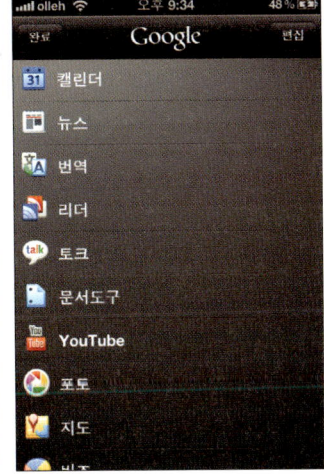 

▲ 안드로이드 계열 구글 어플　　　▲ 아이폰 계열 구글 어플　　　▲ 어플을 활용한 프레젠테이션 화면

Section# 09

최강의 슬라이드 자료실
슬라이드쉐어(SlideShare)

슬라이드쉐어(SildeShare)는 다양한 주제의 프레젠테이션 슬라이드 문서를 공유할 수 있는 사이트로 프레젠테이션 파일이나 PDF, Word 등 다양한 문서가 공유되는 전 세계에서 가장 인기가 많은 슬라이드 자료실 중 하나입니다. 매일 다양한 주제의 슬라이드 문서가 업로드 되고 있으며, 카테고리별로 체계적으로 정리되어 있는 것이 특징 중 하나입니다.

또한, 기존의 어도비(Adobe)의 플래시 형식에서 탈피해 HTML5 형식으로 슬라이드 문서를 제공함으로서 플래시가 지원되지 않는 애플의 아이폰이나 아이패드에서도 슬라이드쉐어를 사용할 수 있게 되었습니다.

:: 슬라이드쉐어에서 원하는 프레젠테이션 자료 찾기

슬라이드쉐어 메인 페이지에서는 오늘의 우수 프레젠테이션을 소개하기도 하고 매일 매일 유저들에게 가장 많은 표를 받은 슬라이드를 소개하기도 합니다. 특히, 슬라이드쉐어는 다양한 슬라이드 소스를 얻거나 디자인 색감, 스타일 등을 공부하는 데에도 많은 도움을 받을 수 있는 몇 안 되는 사이트 중 하나입니다.

01_ 먼저, 슬라이드쉐어(http://www.slideshare.net) 홈페이지에 접속합니다. 회원가입이 되어 있지 않다면 오른쪽 상단의 [Signup]을 눌러 회원가입을 합니다.

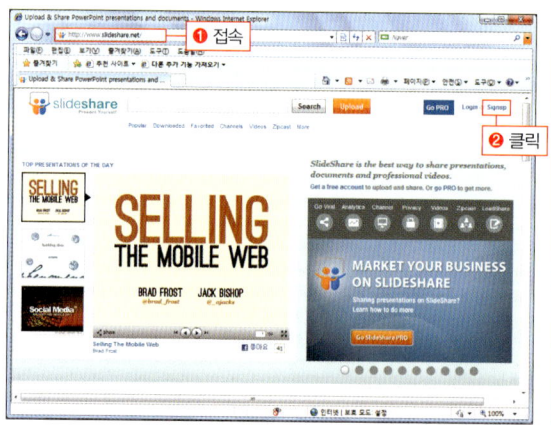 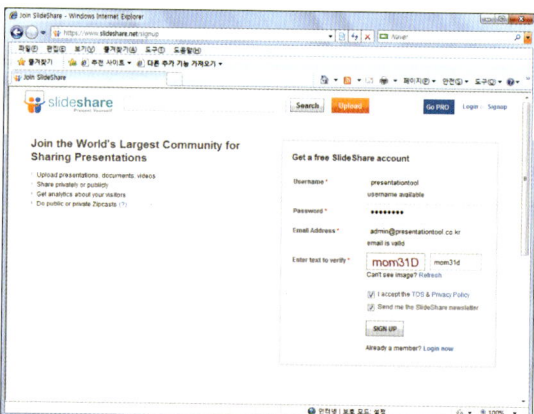

02_ 만일, 페이스북 친구들과 연결을 원한다면 [Connect with Facebook]을 눌러 연동을 하고, 필요 없다면 슬라이드쉐어 로고를 클릭하여 메인 페이지로 넘어갑니다.

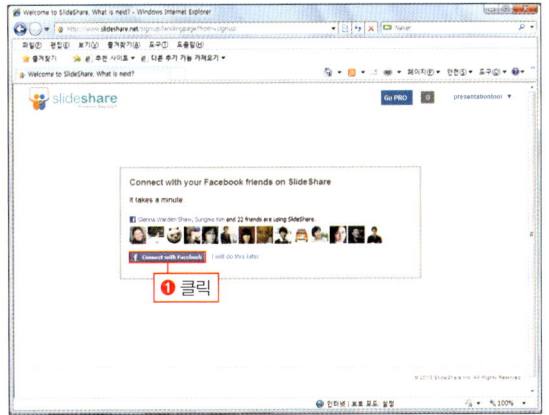 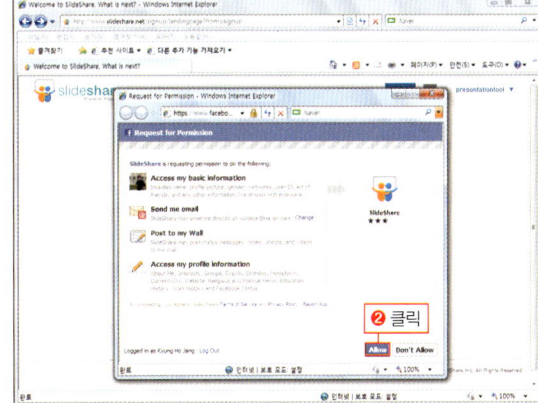

03_ 슬라이드쉐어 홈페이지에서 원하는 자료를 찾아 클릭합니다.

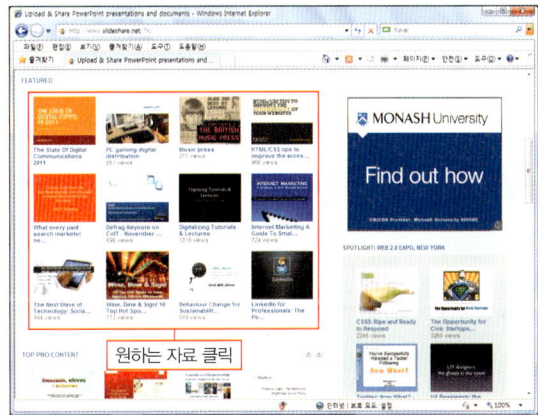

04_ [View Fullscreen]을 눌러 큰 화면으로 슬라이드 쇼를 웹상에서 진행하거나, [Download]를 눌러 내 컴퓨터에 파일을 다운로드 받아 파워포인트 혹은 PDF 파일로 변환하여 실행할 수도 있습니다.

:: 내가 만든 자료 업로드하고 공유하기

슬라이드쉐어에 내가 만든 슬라이드 파일을 업로드하여 공유할 수 있습니다.

01_ [Upload]를 클릭한 후 [UPLOAD publicly]를 선택합니다.

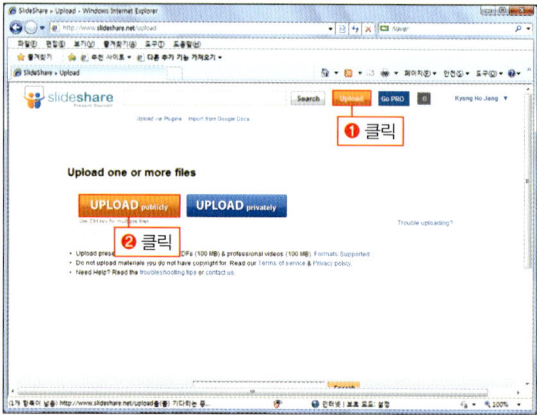

02_ 파일을 선택하여 업로드합니다.

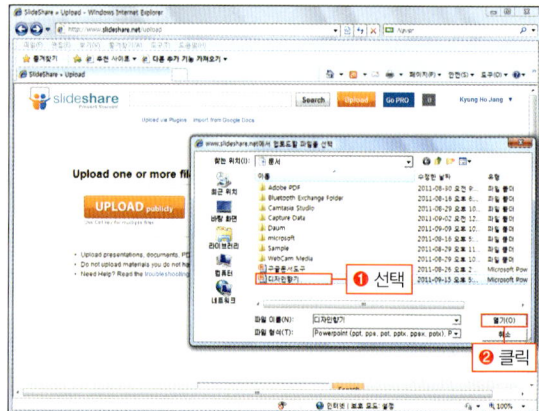

> **TIP**
>
> 업로드 항목 중 [UPLOAD privately]를 선택하면 비공개로 업로드할 수 있습니다. 단, 비공개 업로드의 경우 유료로 제공됩니다.

:: 블로그, 페이스북 등으로 슬라이드 공유하기

본인이 업로드한 파일이든 슬라이드쉐어를 통해 공유되고 있는 파일이든 블로그나 페이스북 등을 통해 공유할 수 있습니다. 페이스북을 통해 공유하려면 페이스북에 슬라이드쉐어 앱을 설치하여야 합니다.

01_ 먼저 블로그에 슬라이드를 공유해 보겠습니다. 슬라이드를 공유하기 위해 [My Uploads]를 클릭하여 내 계정으로 접속한 후 블로그에 공유할 파일을 선택합니다.

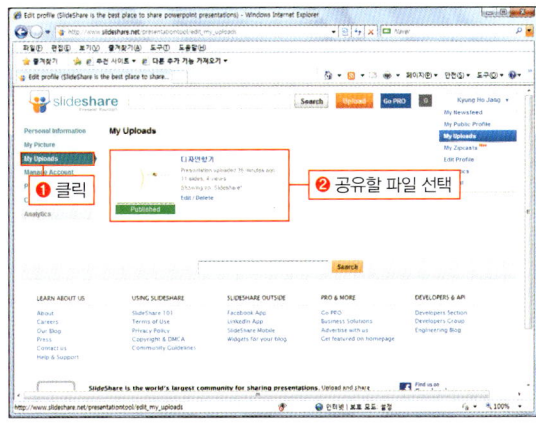

02_ [Embed]를 클릭한 후 [COPY]를 클릭하여 복사합니다.

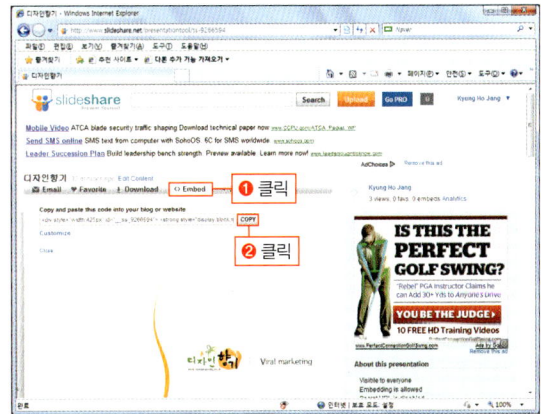

03_ 본인이 관리하는 블로그에서 html/css 편집 화면을 불러와 소스를 붙여넣기합니다. HTML 태그로 사용되는 Embed 소스는 Editor이나 일반 모드에서는 제대로 보여지지 않습니다. 그렇기에 html/css 편집 화면에 소스를 붙여넣기해야 합니다.

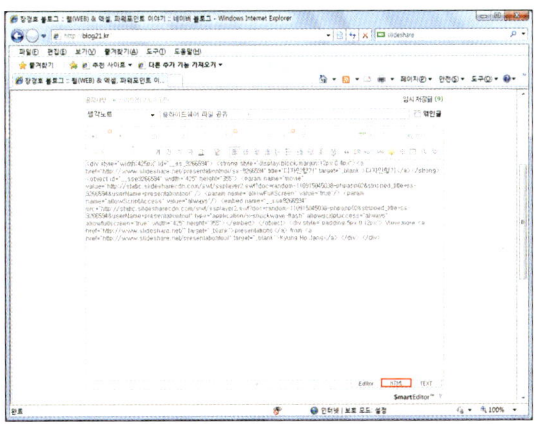

04_ 슬라이드쉐어에 공유된 파일이 블로그를 통해 공유
됩니다.

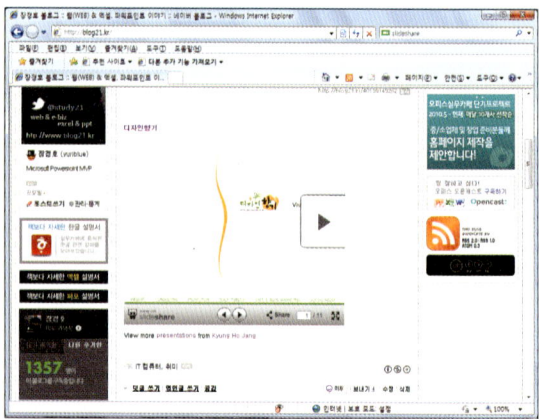

05_ 이번에는 페이스북을 통해 슬라이드쉐어 슬라이드
를 공유해 보겠습니다. 페이스북의 검색 창에 『SlideShare』
를 입력한 후 앱을 설치합니다.

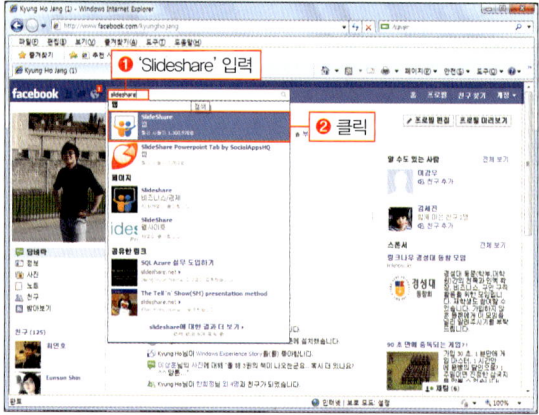

06_ 슬라이드쉐어 계정을 연결하기 위해 [Sync Slide-
Share.net Account]를 클릭합니다. 아이디와 패스워드를
입력한 후 [Link to SlideShare]를 클릭합니다.

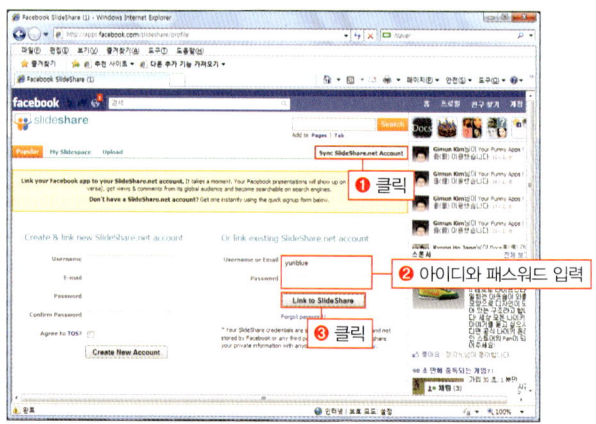

07_ 페이스북에 슬라이드쉐어가 연결됩니다. 슬라이드쉐어 홈페이지에서 사용하던 것처럼 다양한 슬라이드를 검색할 수 있습니다.

08_ 또한, 본인이 만든 슬라이드나 검색한 슬라이드를 [Post to wall]을 통해 페이스북 담벼락에 공유할 수 있습니다.

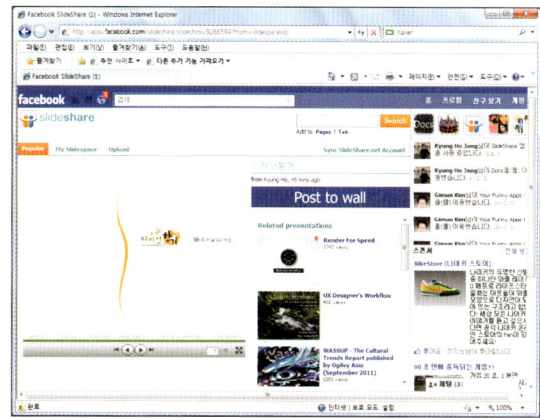

:: 더욱 편하게 검색할 수 있는 모바일용 슬라이드쉐어

슬라이드쉐어는 'http://m.slideshare.net'라는 홈페이지와 차별화된 모바일 웹을 제공하고 있습니다. 홈페이지와 마찬가지로 인기 있는 프레젠테이션을 선별하여 보여준다거나 심플하면서도 꼭 필요한 메뉴로만 구성되어 더욱 편리하게 슬라이드를 검색할 수 있습니다.

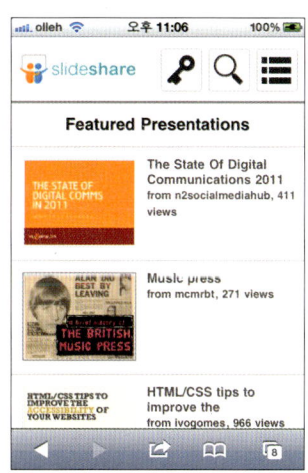

◀ 슬라이드쉐어 모바일 웹

아이패드, 갤럭시 탭 등
스마트 기기를 위한 **프레젠테이션 도구**

스마트워크나 클라우드 환경에 대한 관심이 높아지면서 프레젠테이션을 진행하는 방법도 많이 달라지고 있습니다. 불과 1~2년 전만 해도 넓은 대강당에서 수십 혹은 수백 명의 청중을 모아놓고 빔 프로젝트에 의지한 프레젠테이션 밖에 상상할 수 없었지만 최근에는 아이패드나 갤럭시 탭 등의 스마트 기기를 활용하여 슬라이드를 만들고, 당사자와 일대일 프레젠테이션을 진행하는 모습을 많이 볼 수 있게 되었습니다. 특히, 영업사원이나 보험회사 직원, 상담사나 국회의원들까지 이런 모습은 흔하게 볼 수 있습니다. 여기서는 최근 부각되고 있는 프레젠테이션 기법인 스마트 기기용 프레젠테이션 도구들을 활용하는 방법들에 대해서 알아보겠습니다.

:: 단조롭지만 강력한 키노트 for 아이패드(아이폰, 아이패드용)

많은 분들이 사용하고 활용성이 돋보이는 스마트 기기를 위한 프레젠테이션 도구는 당연 아이패드용 키노트입니다. 아이패드용 키노트는 매킨토시용 키노트와는 또 다른 재미와 색다른 기능을 가지고 있습니다.

아이패드용 키노트는 회사나 집이 아닌 길거리나 지하철, 버스 공간을 프레젠테이션 작업 공간, 즉 스마트워크가 가능한 공간으로 만들어 주는 매우 유용한 애플리케이션입니다. 휴대가 용이하고 이메일이나 iWork.com, 아이튠즈 등으로 공유하는 등 빠르고 편리한 사용 방법으로 많은 인기를 끌고 있습니다. 키노트 for 아이패드의 자세한 사용 방법은 Part 3의 81페이지에서 다루도록 하겠습니다.

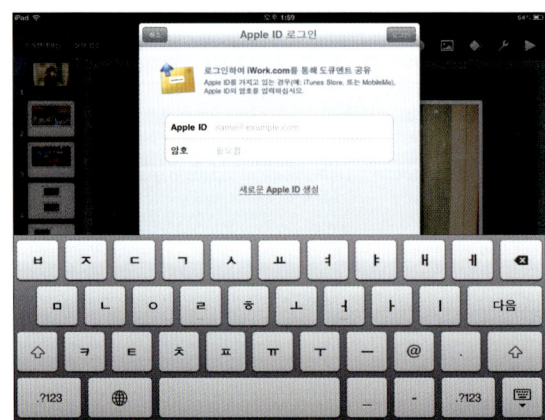

▲ 키노트 for 아이패드

:: 프레지의 또 다른 세상 Prezi Viewer for 아이패드(아이패드용)

프레지의 장점은 플래시를 기반으로 빠르고 역동적인 줌인/줌아웃 모션 작업이 가능하다는 점입니다. 하지만 플래시의 단점이 바로 아이폰과 아이패드에서는 열리지 않는다는 점이기 때문에 프레지에서 만든 파일은 이런 기기에서는 볼 수 없었습니다.

이런 문제점을 잘 알고 있는 프레지에서는 Prezi Viewer라는 별도의 애플리케이션을 만들어 아이패드에서도 프레지 파일을 볼 수 있도록 제공하고 있습니다. Prezi Viewer를 이용하면 프레지에서 만든 여러 프레젠테이션을 아이패드에서 확인하고 프레젠테이션할 수 있습니다.

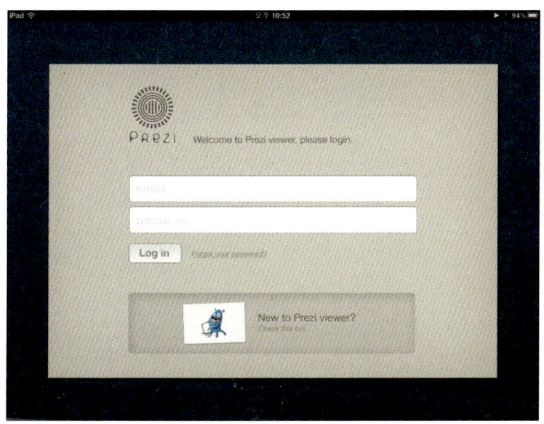
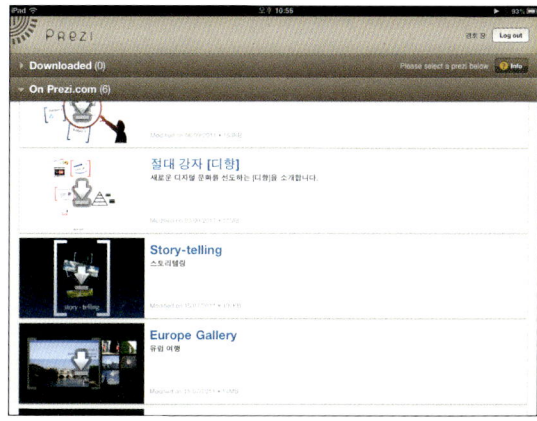

▲ 아이패드에서 진행하는 프레지

물론, Puffin과 같은 플래시 지원 브라우저 어플을 이용하면 아이패드에서도 웹상의 프레지와 동일하게 프레지를 활용할 수 있지만 유료 어플인데다가 플래시가 완벽하게 지원되는 것이 아니기에 프레젠테이션을 위한 활용도 면에서는 그리 추천할 방법은 아닙니다. 따라서 아이패드에서 프레지로 프레젠테이션을 하려면 Prezi Viewer를 설치하는 것이 좋습니다.(아이패드에서 'Prezi viewer'로 검색하여 설치합니다.) Prezi Viewer for 아이패드에 대한 자세한 사용법은 Part 2의 134페이지에서 살펴보도록 하겠습니다.

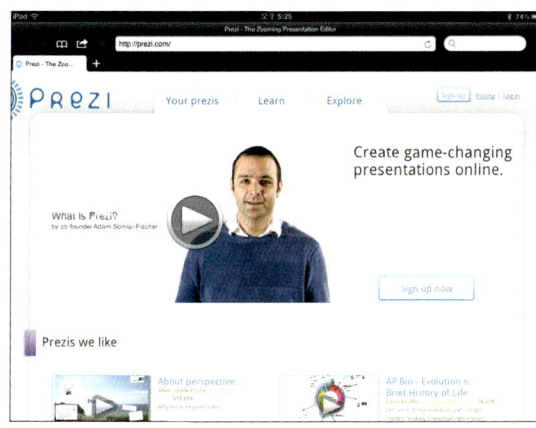
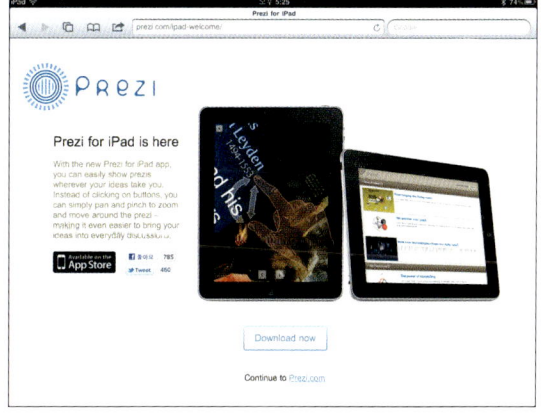

▲ Puffin을 통한 프레지 접속　　　　　　　　▲ 사파리를 통한 프레지 접속

:: 아이폰을 위한 파워포인트 리모컨 어플 – MyPoint PowerPoint Remote

이번에 소개할 스마트 기기를 위한 프레젠테이션 도구는 프레젠테이션을 도와주는 유용한 리모컨 어플입니다. 먼저 아이폰을 위한 파워포인트 리모컨 어플인 MyPoint를 소개합니다. 본 어플을 사용하기 위해서는 먼저 http://didonai.com/download.html에서 리모컨 컨트롤 설치 프로그램을 설치해야 합니다. 설치 후 상태 표시줄의 아이콘을 마우스 오른쪽 버튼으로 클릭한 후 IP 주소를 설치한 아이폰 어플에 입력만 해주면 됩니다.

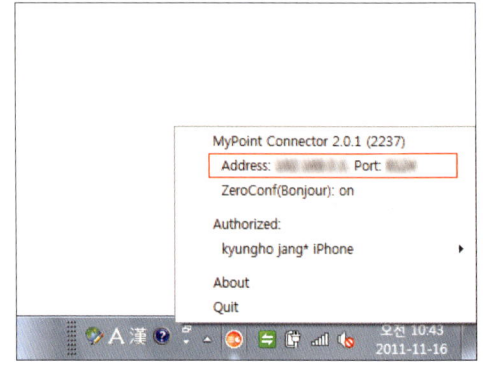

만일 이전에 슬라이드 쇼를 진행했다면 슬라이드 쇼를 다시 진행하지 않더라도 MyPoint PowerPoint Remote 앱이 슬라이드 쇼를 자동 진행하기 때문에 슬라이드 쇼는 미리 실행해 두는 것이 좋습니다. 이 앱의 장점은 아이폰으로 리모컨을 대신 사용할 수 있는 점보다도 전, 후 화면을 미리 볼 수 있다는 점일 것입니다. 파워포인트나 키노트의 발표자 노트에서나 만날 수 있는 전, 후 화면 미리 보기를 본 어플을 실행한 아이폰에서 볼 수 있습니다.

▲ MyPoint 실행 화면

 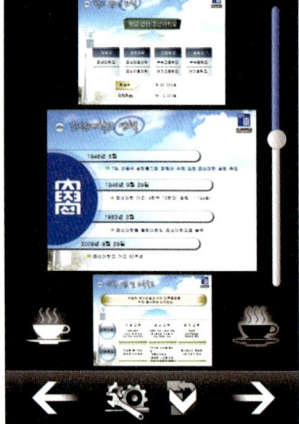

▲ 아이폰으로 전, 후 슬라이드를 보면서 진행 가능

또한, 슬라이드 노트를 본다거나 여러 슬라이드를 동시에 볼 수 있는 기능도 지원하고 있으며, 흰색 커피 잔과 검은색 커피 잔으로 구성된 아이콘을 클릭하면 파워포인트의 유용한 슬라이드 쇼 단축키인 W, B와 같은 흰 스크린, 검은 스크린을 슬라이드 쇼를 진행하면서 실행할 수 있습니다.

비록 무료 어플이지만 유료보다 더 뛰어나고 안정적이기 때문에 프레젠테이션을 진행할 때 한 번쯤 사용해 보는 것도 좋습니다.

:: 안드로이드를 위한 파워포인트 리모컨 어플 – HiQ 발표 앱

이번에 소개할 어플은 안드로이드용 파워포인트 리모컨 어플인 발표 앱입니다. 발표 앱이라고 불리는 HiQ 어플은 스마트 폰으로 파워포인트 파일을 원격 제어하는 어플입니다. 슬라이드 노트 내용을 출력이나 마우스 제어, 그리고 타이머 기능도 제공하고 있습니다.

본 어플을 제대로 사용하기 위해서는 원격 제어 프로그램을 http://hiiq.tistory.com에서 다운로드 받아야 합니다.

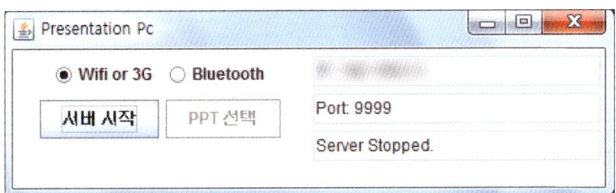

다운로드 받은 'Presentation Pc' 프로그램을 실행한 후 컴퓨터상의 IP 주소와 안드로이드 폰의 IP 주소를 맞춰주면 바로 사용이 가능한 매우 간편한 애플리케이션이라고 할 수 있습니다.

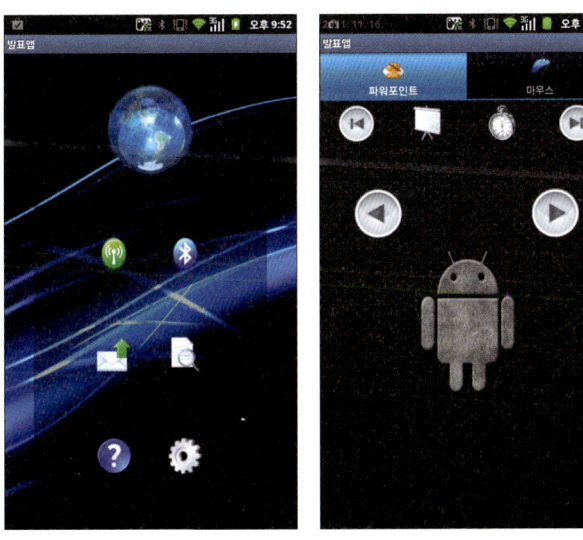

▲ HiQ 발표 앱 실행 화면

특히, 마우스 대용으로 사용할 수 있는 특이한 기능이 존재하는데 마우스 없이 스마트 기기를 마우스로 사용할 수도 있습니다. 다양한 프레젠테이션 도구가 있다고는 하지만 국내에서 보편적으로 사용되는 프레젠테이션 도구는 파워포인트이기 때문에 안드로이드 계열의 폰을 가지고 있다면 본 어플로 프레젠테이션을 진행해 보기 바랍니다.

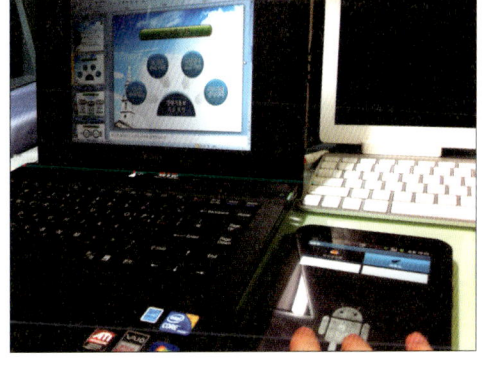

▲ 마우스 대용으로 스마트 기기를 활용할 수 있는 HiQ 발표 앱

:: 아이폰을 위한 프레지 리모컨 어플 – HelloPrezi

HelloPrezi는 아이폰 혹은 아이팟으로 프레지 파일을 컨트롤할 수 있는 리모컨 어플입니다. 웹상의 프레지 파일뿐만 아니라 다운로드 받은 프레지 파일까지 모두 컨트롤 할 수 있습니다.

HelloPrezi를 사용하기 위해서는 서버 프로그램이 본인의 컴퓨터에 설치되어 있어야 합니다. 'http://www.jnkstudio.net' 에 접속한 후 [HelloPrezi] 메뉴를 선택하여 프로그램을 설치합니다.

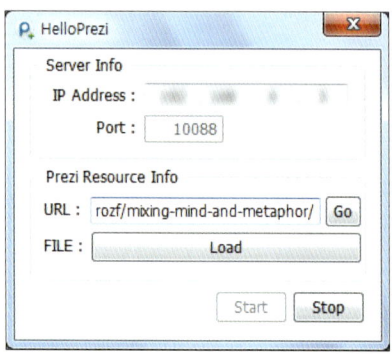

서버를 자동 탐색하거나 줌인/줌아웃, 그리고 풀스크린 기능까지 지원하고 있으며 타이머 기능으로 시간 제어까지 가능한 어플입니다. 즉, 프레지로 가능한 모든 프레젠테이션 기능을 구현할 수 있습니다.

특히 HelloPrezi 어플은 친절하게도 본 어플의 사용 방법을 한글 매뉴얼 형식으로 제공하고 있습니다. 화면 구성부터 접속 방법, 프레젠테이션 컨트롤까지 제공하니 반드시 숙지하고 어플을 사용하시기 바랍니다.

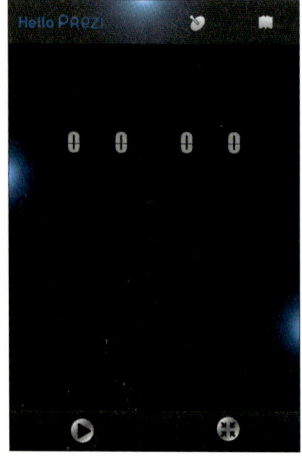

▲ HelloPrezi 실행 화면

▲ HelloPrezi 어플로 프레지를 작동시키는 모습

HelloPrezi의 자세한 사용법은 Part 2의 130페이지에서 살펴보도록 하겠습니다.

PREZI

프 · 레 · 지

프레지는 하나하나 나열해서 작업을 완성하는 일반적인 프레젠테이션 도구가 아니라 상상력과 아이디어로 완성하는 창조적 프레젠테이션 도구입니다. 무한히 뻗어나갈 수 있는 커다란 캔버스(canvas) 위에 본인의 상상력과 무한한 아이디어로 작업을 완료하기 위해 전체적인 밑그림과 내용이 어느 정도 완성이 되어 있어야 프레지를 제대로 사용할 수 있습니나.

혁신적 프레젠테이션 세계

프레지는 슬라이드 작업이라고 불리는 보통의 프레젠테이션 도구가 아닙니다. 파워포인트 등 많은 프레젠테이션 도구에서 20~30장 정도로 작업하는 슬라이드 내용도 프레지에서는 단 1장으로 완성됩니다. 무한한 상상력과 아이디어로 1장의 캔버스 안에서 얼마든지 다양한 생각과 내용을 기술할 수 있습니다. 혁신적인 프레젠테이션 도구! 프레지에 대해 알아봅니다.

프레지 시작하기

Section#
01

프레지
접속하기

프레지는 온라인 기반의 프레젠테이션 도구로 본인의 컴퓨터에 프로그램이 설치되어 있지 않아도 인 터넷만 된다면 언제 어디서나 사용할 수 있습니다. 다만, 온라인 기반의 프레젠테이션 도구이기 때문 에 프레지를 사용하기 위해서는 온라인 회원가입과 로그인 과정이 필요합니다.

01_ 프레지 홈페이지(http://www.prezi.com)에 접속 합니다.

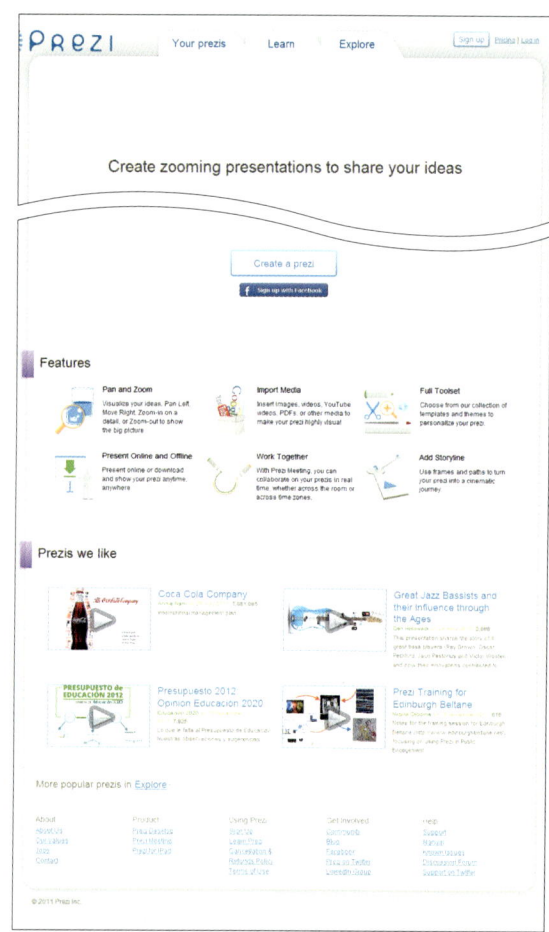

02_ 프레지에 회원가입을 하기 위해 홈페이지 우측 상 단의 [Sign up]을 클릭합니다.

TIP

프레지는 국내 사이트처럼 주민등록번호나 개인 인적 사항을 많이 요구하지 않습니다. 다만, 아이디는 본인이 주로 사용하 는 이메일 주소로 지정하여야 합니다.

Section# 02 프레지 계정 종류

프레지는 Public, Enjoy, Pro 등 일반용 계정과 Edu Enjoy, Edu Pro 등 교육용 계정으로 나누어집니다. 아래 내용을 참조하여 본인에게 맞는 계정을 선택하도록 합니다.

▲ 일반용 계정

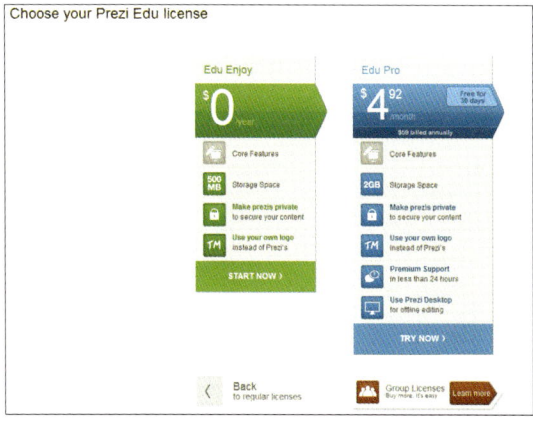

▲ 교육용 계정

:: 일반용 계정

일반용은 무료로 사용할 수 있는 Public 계정과 유료로 사용할 수 있는 Enjoy, Pro 계정으로 구성되어 있습니다.

● Public

무료 계정으로 총 100MB까지 용량을 사용할 수 있습니다. Public 계정의 경우 자료를 비공개로 설정할 수 없고 프레지 워터마크(Watermark)가 좌측 하단에 표시됩니다. 물론 온라인에서 프레지는 얼마든지 만들 수 있고, 오프라인상으로 프레젠테이션이 가능하도록 플래시 파일로 다운로드 받을 수 있습니다.

● Enjoy

1년에 59달러(6~7만원)를 지불하는 유료 계정으로 총 500MB까지 용량을 사용할 수 있습니다. Enjoy 계정의 경우 자료를 비공개로 설정할 수 있고, 워터마크는 표시되지 않습니다. 물론 Enjoy 계정은 30일 무료 체험판을 통해 경험 후 결제할 수 있습니다.

● Pro

1년에 159달러(16~17만원)를 지불하는 유료 계정으로 총 2,000MB(2GB)의 용량이 제공됩니다. 기능은 Enjoy 계정과 동일하나 온라인뿐만 아니라 오프라인에서도 프레지를 사용할 수 있는 프레지 데스크톱(Prezi Desktop)을 사용할 수 있습니다. Enjoy 계정과 마찬가지로 30일 무료 체험판을 통해 경험 후 결제할 수 있습니다.

> **TIP**
> 유료 계정을 사용하다 무료 계정으로 변경하더라도 기존에 작업한 프레지 파일이 삭제되지는 않습니다. 다만 편집하거나 추가할 수는 없습니다.

:: 교육용 계정

Public, Enjoy, Pro 등의 일반용 계정 외에 학생과 교사를 위한 교육용 계정도 마련되어 있습니다. 교육용 계정은 학생이나 교사를 대상으로 보다 저렴하게 프레지를 사용할 수 있도록 제공됩니다.

● Edu Enjoy

일반용 Enjoy 계정과 동일하지만 무료로 사용할 수 있습니다.

● Edu Pro

가장 비싼 일반용 Pro 계정과 용량 및 기능은 동일하지만 일반용 Pro 계정보다 100달러 저렴한 59달러에 제공되는 계정입니다.

> **TIP**
> 교육용 계정을 사용하기 위해서는 ***@***.ac.kr 등의 교육기관의 이름을 가지는 이메일 ID가 필요합니다. 또한, 교육용 계정으로 프레지를 실행하면 프레지 시작 화면에 학사모가 표시되어 교육용 계정으로 만든 프레지라는 점을 표시해 줍니다.

일반용 계정
가입하기

Public, Enjoy, Pro 등 일반용 계정 중에서 무료로 프레지를 사용할 수 있는 Public 계정에 가입하는 방법에 대해서 살펴보도록 하겠습니다. 어려운 절차 없이 아이디로 쓸 이메일 주소와 패스워드, 본인의 이름 정도만 입력하면 간단히 회원가입을 할 수 있습니다.

01_ Public 계정의 하단에 있는 [START NOW]를 클릭입니다.

TIP

교육용 계정으로 가입하기 위해서는 Enjoy 계정 하단의 구성된 [Students & Teachers]를 클릭합니다.

02_ Registration 화면에서 이름과 이메일, 패스워드, 인증 문자를 차례대로 입력합니다.

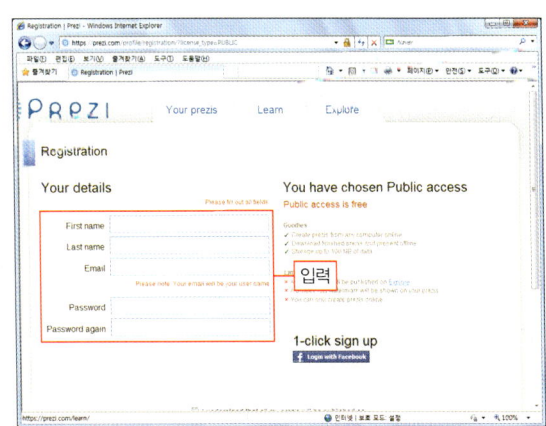

TIP

- **First name** : 이름을 입력합니다. 한글로 입력 가능합니다.
- **Last name** : 성을 입력합니다. 한글로 입력 가능합니다.
- **Email** : 아이디로 사용할 이메일 주소를 입력합니다.
- **Password** : 비밀번호를 입력합니다.
- **Password again** : 비밀번호를 다시 한 번 입력합니다.
- **Login with Facebook** : 페이스북 아이디가 있다면 회원가입할 필요 없이 프레지를 사용할 수 있습니다.

03_ 가입 약관에 체크 표시를 한 후 [Register and Continue]를 클릭합니다.

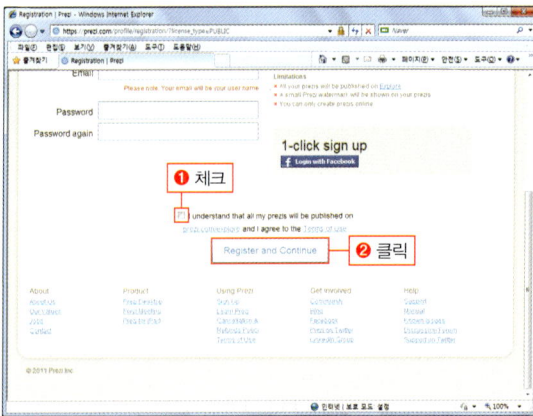

04_ 가입이 완료되었습니다.

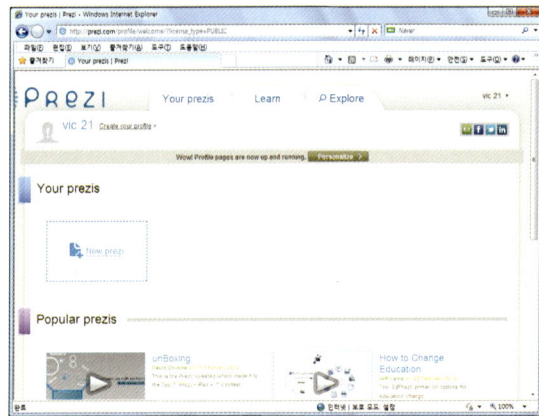

프레지는 온라인 프레젠테이션 도구이다 보니 업데이트가 잦은 편입니다. 업데이트된 사항은 저자가 운영하는 프레젠테이션 도구 사이트(http://www.presentationtool.co.kr)의 프레지 파트에서 확인하실 수 있습니다.

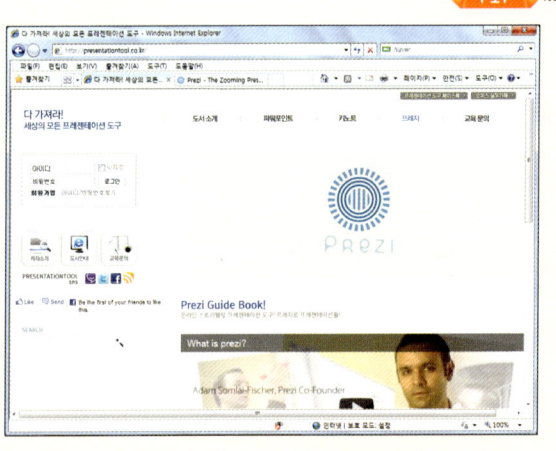

Section#
04
교육용 계정
가입하기

교육용 계정을 사용하기 위해서는 ***@***.ac.kr 등과 같은 교육기관의 이름을 가지는 이메일 ID 가 필요합니다. 교육용 계정은 학생이나 교사를 대상으로 보다 저렴하게 프레지를 사용할 수 있도록 제공됩니다.

01_ 본인이 학생이나 교사라면 교육용 계정을 이용하는 것이 유리합니다. [Students & Teachers]를 클릭하여 교육용 계정 페이지로 이동합니다.

02_ Edu Enjoy 혹은 Edu Pro 계정 중 원하는 계정을 선택합니다. 여기서는 무료 계정인 Edu Enjoy 계정의 [START NOW]를 클릭합니다.

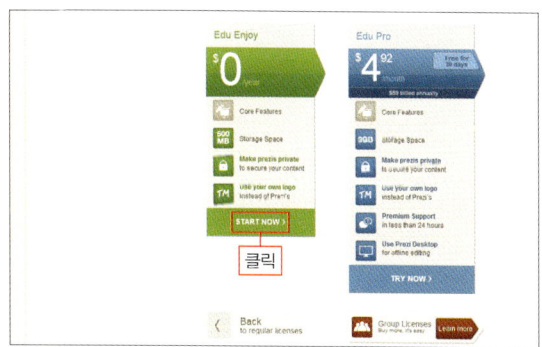

03_ 학교 이메일 주소를 입력한 후 [Continue]를 클릭합니다.

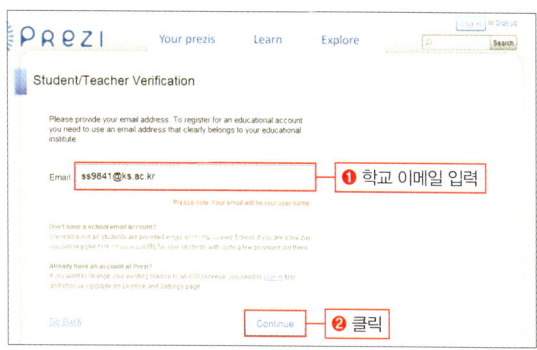

04_ 학교 정보를 입력합니다. 하단 부분의 약관에 체크 표시를 한 후 [Continue]를 클릭합니다.

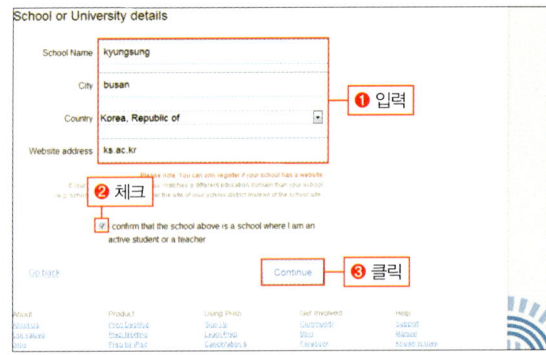

05_ 교육용 계정을 등록하였다는 메시지가 나타납니다. [Close]를 클릭합니다.

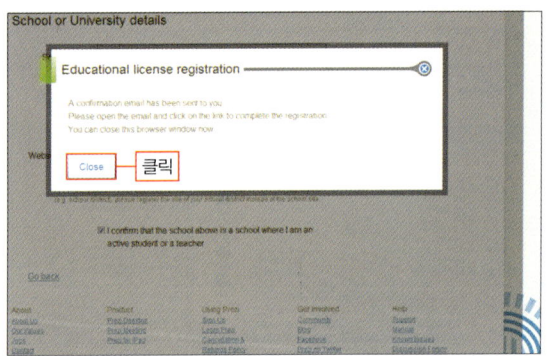

06_ 교육용 계정은 기입한 이메일 계정에 접속하여 인증을 해야 가입이 완료됩니다. 학교 이메일 계정으로 접속하여 'Prezi Team'으로부터 온 메일을 열어 인증 주소를 클릭하거나 복사하여 인터넷 창에 붙여넣기합니다.

인증은 반드시 4일 이내에 마쳐야 합니다. 4일이 지나면 인증 주소는 사용할 수 없습니다.

07_ 인증이 되면 사용자 정보를 입력하는 창이 활성화 됩니다. 이름과 비밀번호를 입력하고 가입 약관에 체크 표시를 한 후 [Register and Continue]를 클릭합니다.

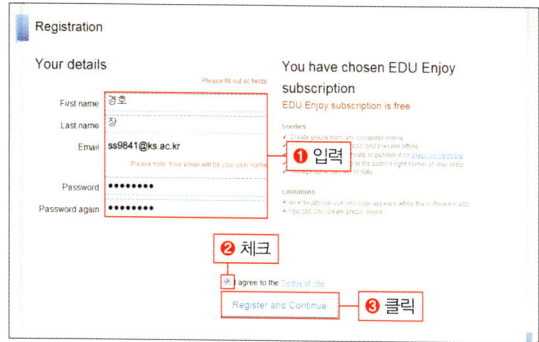

08_ 가입이 완료되었습니다.

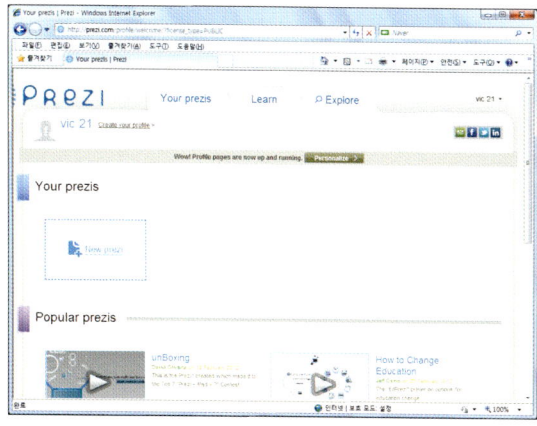

프레지
로그인/로그아웃하기

원하는 계정으로 회원가입을 마쳤다면 이제 본격적으로 프레지를 사용해 보겠습니다. 먼저 로그인/로그아웃 하는 방법과 세부 설정을 변경하는 방법을 차례대로 알아봅니다.

:: 프레지 로그인하기

프레지는 온라인상에서 이루어지는 프레젠테이션 도구이기에 반드시 로그인 과정이 필요합니다.

01_ 프레지 홈페이지에서 우측 상단에 [Log in]을 클릭합니다.

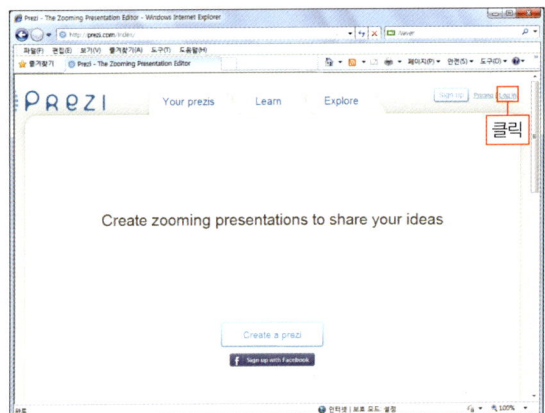

02_ 로그인 페이지가 나타나면 회원가입 시 작성하였던 이메일과 비밀번호를 입력한 후 [Log in]을 클릭합니다.

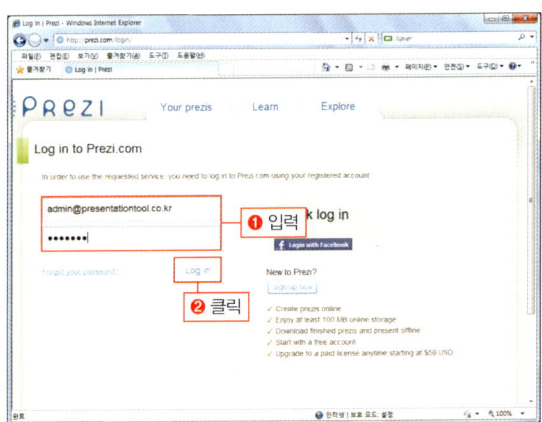

:: 프레지 세부 설정 변경하기

본인의 아이디가 되는 이메일 주소를 비롯하여 계정의 종류 등을 프레지 세부 설정에서 변경할 수 있습니다.

03_ 로그인하면 우측 상단에 회원가입 시 작성한 본인의 이름과 성이 나타나는 것을 확인할 수 있습니다. 목록 단추를 클릭합니다. 세부 설정을 변경하기 위해 [Settings & License]를 클릭합니다.

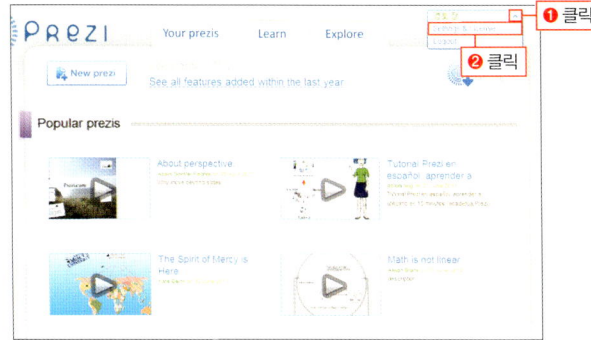

04_ 회원가입 당시에 설정하였던 여러 정보가 나타납니다.

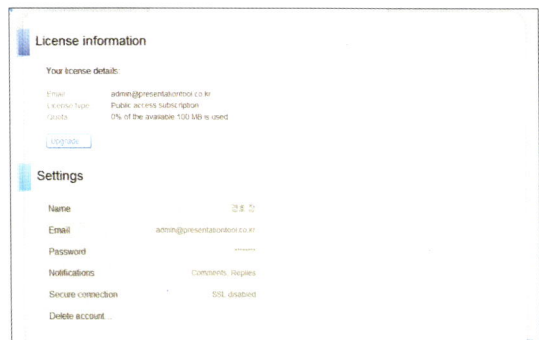

- **Email** : 프레지 아이디로 사용되는 본인의 이메일 주소가 나타납니다.
- **License type** : 계정의 종류가 표시됩니다. 계정을 보다 높은 단계로 입그레이드를 위해서는 [Upgrade]를 클릭합니다.
- **Quota** : 사용한 용량이 계정의 최대 용량과 함께 표시됩니다.
- **Upgrade** : 계정을 보다 높은 단계로 업그레이드할 수 있습니다.
- **Settings** : 회원가입 시 입력하였던 사용자 정보를 변경할 수 있습니다.

05_ [Settings]의 항목 중 원하는 항목을 클릭하면 본인의 정보를 변경할 수 있습니다.

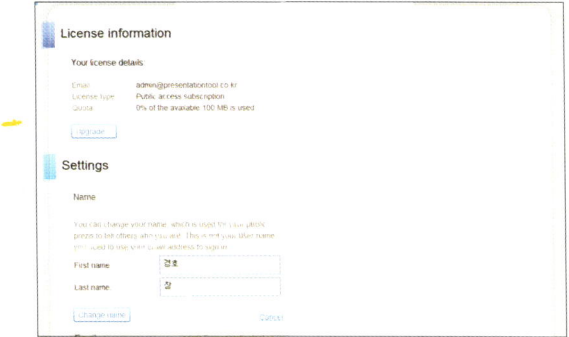

:: 프레지 로그아웃하기

프레지는 로그아웃을 하지 않으면 계속 로그인 상태를 유지하게 됩니다. 본인의 컴퓨터가 아닌 공공 장소에서 프레지를 사용했다면 반드시 로그아웃을 해야 합니다.

06_ 우측 상단의 목록 단추를 클릭하여 [Logout]을 클릭 합니다.

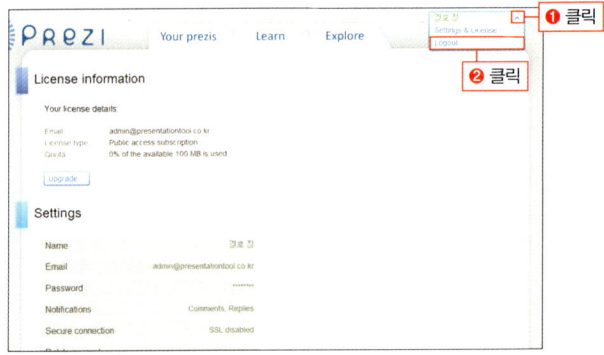

 계정 설정하기

[Settings & License]를 클릭하면 [Settings] 항목을 통해 계정 정보를 변경할 수 있습니다. 일반용 계정과 교육용 계정의 설정 항목이 조금 다르게 나타납니다.

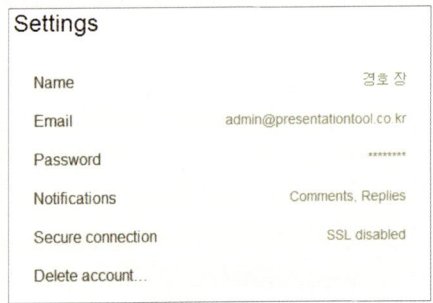

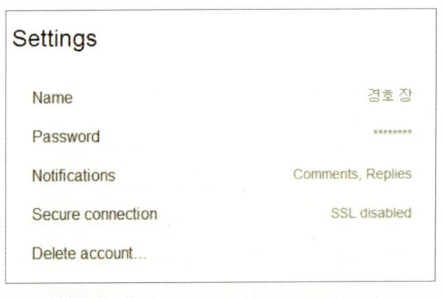

▲ 일반용 계정(Email을 변경할 수 있습니다.)   ▲ 교육용 계정(Email은 변경할 수 없습니다.)

- **Name** : 계정의 이름을 변경할 수 있습니다. 이름은 영어나 한글 모두 가능합니다.
- **Email** : 아이디로 사용되는 이메일 주소를 변경할 수 있습니다. 다만, 교육용 계정에서는 이메일 주소를 변경할 수 없습니다.
- **Password** : 비밀번호를 변경할 수 있습니다.
- **Notifications** : 프레지 결과물에 comment(덧글)와 reply(답글)을 달 수 있는데 본인의 프레지 결과물에 덧글이나 답글이 남겨졌을 때 응답을 받을 것인지를 설정할 수 있습니다. 체크 표시를 하면 응답을 받을 수 있습니다.
- **Secure connection** : 프레지 결과물의 공개 여부를 설정할 수 있습니다. 체크 표시를 하면 프레지 결과물이 비공개됩니다. 다만, Public 계정에서는 공개 여부를 설정할 수 없습니다.
- **Delete accout** : 생성한 계정을 삭제할 수 있습니다.

새 프레지 작성을 위한
[Your prezis]

Section# 06

프레지는 [Your prezis], [Learn], [Explore] 탭으로 구성되어 있습니다. 먼저 [Your prezis] 탭의 기능에 대해 알아보도록 하겠습니다.

01_ [Your prezis] 탭을 클릭하면 새로운 프레지 파일을 작성하거나 지금까지 작업한 프레지 파일을 확인할 수 있습니다. 새로운 프레지를 작성하기 위해 [New prezi]를 클릭합니다.

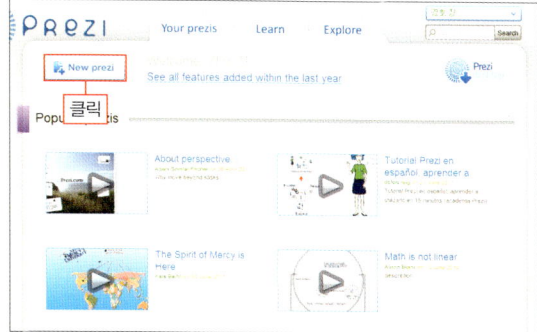

TIP

본인이 만든 프레지 파일은 [Your prezis] 탭에 모두 저장되는데 만든 프레지 파일이 없다면 [Popular prezis] 항목이 나타나면서 다른 사용자가 만든 프레지 파일을 확인할 수 있습니다.

TIP

[See all features added within the last year] 혹은 [New feature : Play button] 등 매번 변경되는 문구를 통해 프레지에서 새로 추가된 기능들을 확인할 수 있습니다.

02_ [Create a new Prezi]가 나타납니다. [Title]과 [Description]에 각각 텍스트를 입력합니다. 즉, 프레지로 만들 파일의 제목과 설명을 입력한 후 [New prezi]를 클릭합니다.

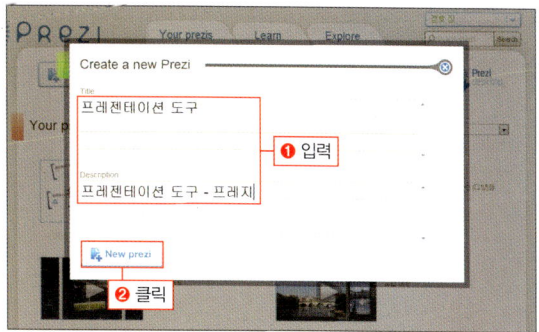

TIP

프레지 제목과 설명은 추후 변경할 수 있으며 우측 상단의 닫기(⊗)를 클릭하면 새 프레지 만들기가 취소됩니다.

03_ [Templates] 창이 나타납니다. 프레지는 현재 6가지 템플릿을 제공하고 있습니다. 이는 앞으로 더 늘어날 것이라 예상됩니다. 각각의 템플릿에 마우스를 올려놓으면 캔버스 모습을 미리 볼 수 있습니다. 원하는 템플릿을 선택한 후 [Start editing]을 클릭합니다.

TIP

[Templates] 창은 파워포인트의 서식 파일이나 키노트의 테마와 유사한 기능으로 처음 프레지를 접하는 사용자나 프레지가 익숙하지 않는 사용자들에게 일종의 길잡이 역할을 제공합니다. Templates를 이용해 빠르게 프레지를 완성할 수 있습니다.

04_ 템플릿이 미리 보기 형식으로 나타납니다. 템플릿을 사용하려면 [Start editing]을 클릭합니다.

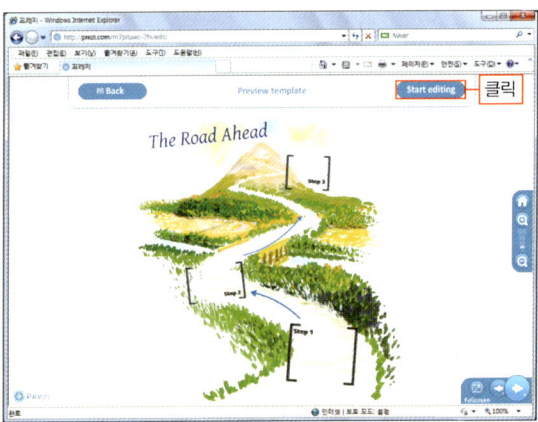

05_ 프레지 작업 화면이 나타납니다.

프레지 화면 구성 살펴보기

프레지 화면은 크게 캔버스, 버블 메뉴, 작업 메뉴, 줌 메뉴 등으로 나눠볼 수 있습니다.

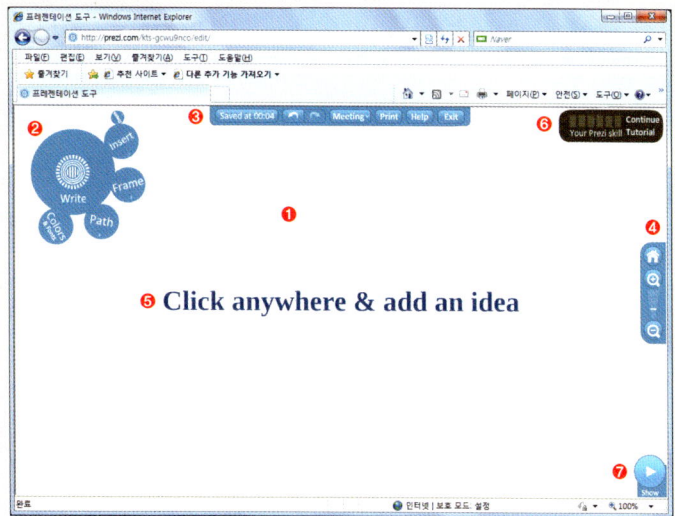

❶ **작업 화면(캔버스)** : 프레지 작업이 이루어지는 공간으로 프레지에서는 캔버스라고 부릅니다. 캔버스의 크기는 무한히 확장할 수 있습니다.

❷ **버블 메뉴** : Write, Insert, Frame 등 다양한 기능들을 수행하는 프레지의 핵심 도구로 각각의 버블 메뉴를 클릭하면 서브 메뉴가 나타납니다.

❸ **작업 메뉴** : Save, Meeting, Print, Help 등 상단에 나타나는 메뉴로 프레지를 저장하거나 협업, PDF 출판, 도움말 메뉴 등을 실행할 수 있습니다.

❹ **줌 메뉴** : 현재 작업 중인 내용을 한 화면에 보여주거나 화면을 확대/축소할 수 있습니다.

❺ **기본 글상자** : 글상자에 텍스트를 입력하여 다양한 효과를 줄 수 있습니다.

❻ **동영상 매뉴얼 단추** : 프레지를 생성하면 동영상 매뉴얼이 나타나는데 매뉴얼을 모두 확인하지 않았을 때 작업 화면에 동영상 매뉴얼 단추가 나타납니다. [Skip this step]을 클릭하면 매뉴얼 단추를 표시하지 않습니다.

❼ **프레지 쇼** : 프레지 쇼를 진행할 수 있으며, 4초, 10초, 20초로 프레지를 자동으로 진행할 수도 있습니다.

프레지를 배울 수 있는 [Learn]

[Learn] 탭에서는 프레지를 배울 수 있는 다양한 매뉴얼 및 동영상을 제공합니다. 아직 한글화는 진행되지 않았지만 구글(Google)에서 만든 웹 브라우저인 크롬 등을 이용하면 한글로 실시간 번역하여 확인할 수 있습니다.

:: Learn Prezi

Learn Prezi는 Get Started, Go to the Next Level, Share your Prezi로 구성되어 있습니다.

01_ [Learn] 탭을 클릭합니다. 프레지 기능에서부터 팁과 테크닉까지 매뉴얼 및 동영상으로 제공하고 있으며 Basic, Advanced, Expert로 구성되어 있습니다. 여기서는 [Get Started]를 선택합니다.

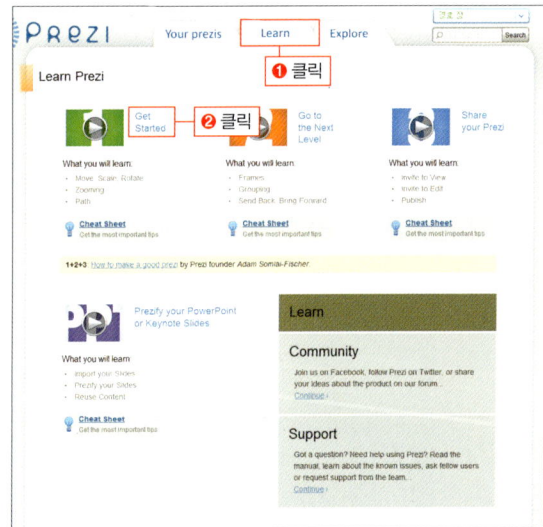

02_ 레이어 팝업이 나타나면서 보고 배울 수 있는 동영상이 재생됩니다.

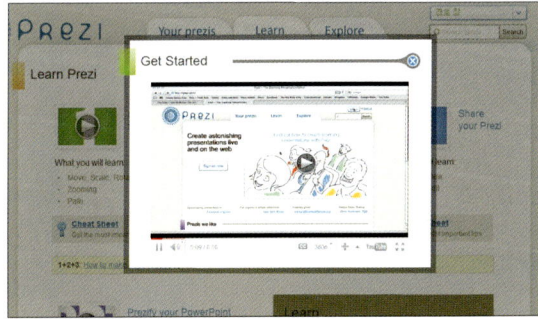

:: Manual

[Learn] 탭 하단 부분에 위치한 [Manual]을 클릭하면 보다 많은 프레지 관련 매뉴얼을 확인할 수 있습니다.

03_ [Learn] 탭 하단 부분의 사이트맵에 위치한 [Manual]을 클릭합니다.

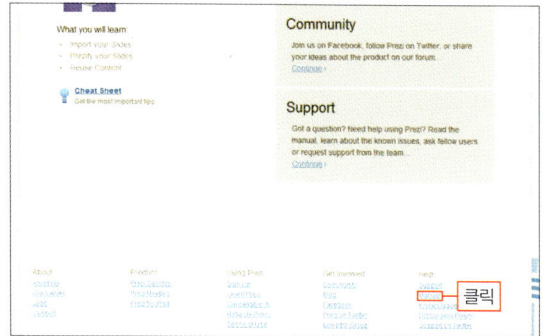

04_ Getting started, Editing your prezi, Presenting & Managing, Knowledge Base 등 다양한 매뉴얼을 항목별로 확인할 수 있습니다.

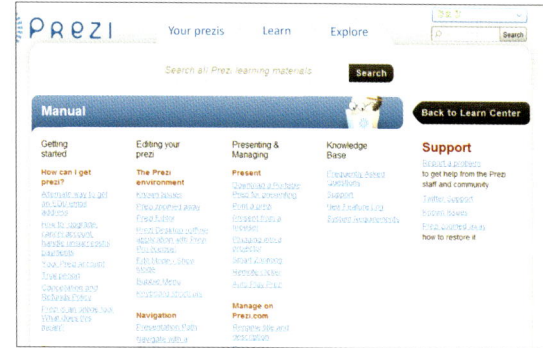

 구글 크롬()을 통해 실시간 번역하기

구글에서 만든 크롬 웹 브라우저는 'http://www.google.com/chrome'에서 다운로드 받을 수 있습니다. 크롬을 사용하면 번역 기능을 통해 한글로 실시간 번역하여 내용을 확인할 수 있습니다.

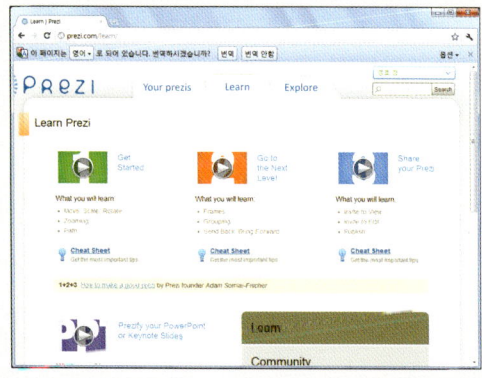

▲ 영어로 구성된 프레지

▲ 한글로 번역된 프레지

Section# 08

프레지 파일을 탐색할 수 있는 [Explore]

[Explore] 탭을 클릭하면 다양한 분야의 여러 사람들이 만든 프레지 파일을 열람할 수 있습니다. 프레지의 경우 같은 내용이더라도 캔버스 위에서 다양한 아이디어가 나올 수 있기 때문에 다른 사람들이 만든 프레지 파일을 열람하면 많은 영감을 얻을 수 있습니다.

:: 프레지 파일 검색하기

[Explore] 탭을 클릭하면 각 카테고리별로 다양한 프레지 파일이 검색됩니다. 프레지는 본인이 직접 프레지 파일을 만들 수도 있지만 [Explore] 탭을 통해 다른 사람이 만든 프레지 파일을 가져와 재편집하여 사용할 수도 있습니다.

01_ [Explore] 탭을 클릭합니다. 각 카테고리별로 다양한 프레지 파일이 검색됩니다. 더 많은 프레지 파일을 검색하기 위해 하단에 위치하고 있는 [all popular prezis]를 클릭합니다.

02_ 오른쪽 상단의 [Show only reusable]에 체크를 하면 다른 사람이 만든 프레지 파일 중에서 복사하여 재활용이 가능한 프레지 파일만을 검색할 수 있습니다.

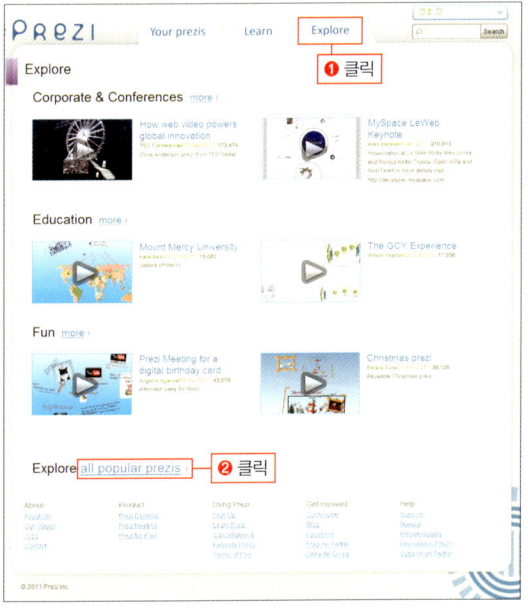

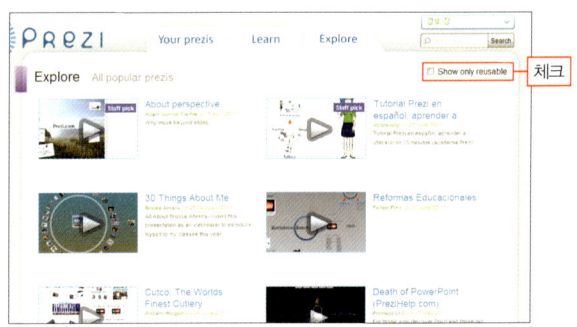

:: 재사용 가능한 프레지 파일 불러오기

다른 사람이 만든 프레지 파일이라도 본인의 계정에 불러와 재사용이 가능합니다. 프레지와 다른 프레젠테이션 도구와의 차이점 중 하나가 바로 공유 및 재사용입니다.

03_ 썸네일 그림과 제목 그리고 내용을 확인한 후 원하는 프레지 파일을 클릭합니다.

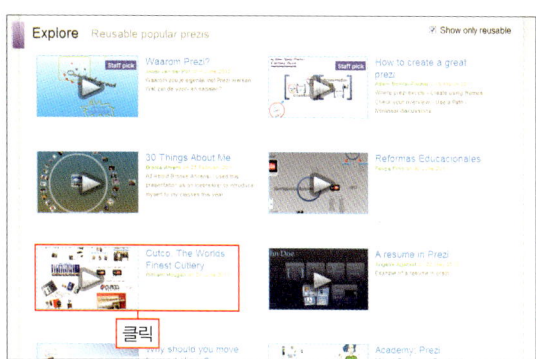

> **TIP**
> 재사용이 가능한 프레지 파일만 검색하기 위해서는 [Show only reusable]에 체크 표시를 해야 합니다.

04_ 프레지 파일이 열립니다. 화살표(▶)를 클릭하여 프레지 내용을 확인한 후 [Make a copy]를 클릭합니다.

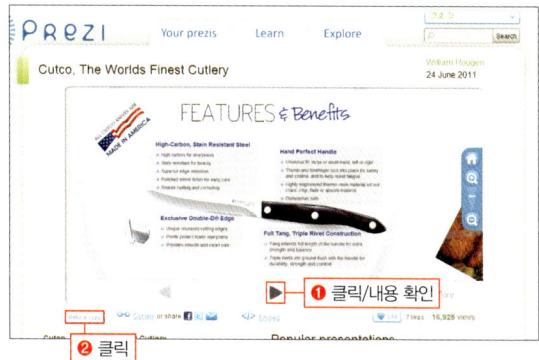

05_ [Your prezis] 탭을 클릭합니다. 프레지 파일이 [Your prezis] 탭의 [Your prezis]에 수정 및 편집이 가능한 파일로 저장됩니다.

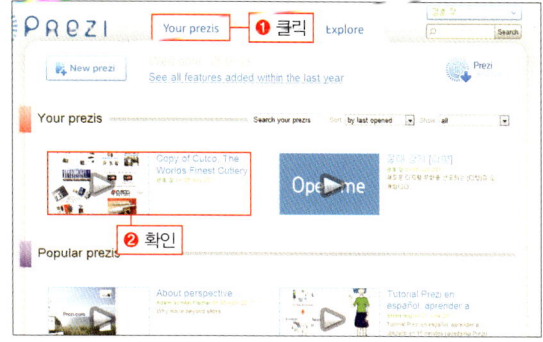

> **TIP**
> 다른 사람이 [Public & allow copy]로 설정해 놓은 프레지 파일의 경우 나의 계정에 불러와 다운로드 받거나 재사용이 가능합니다. 다른 사람이 만들어 놓은 프레지 파일을 통해 패스(Path)나 프레임(Frame) 설정 노하우 및 여러 창의적인 아이디어도 배울 수 있습니다.

Quick Help로
기능 찾아보기

프레지의 독특한 메뉴 구성과 사용 방법은 처음 프레지를 접하는 사람들을 혼란스럽게 만듭니다. 프레지에서는 캔버스 위에서 작업을 하다가도 기능을 재빠르게 확인할 수 있도록 Quick Help 기능을 제공하고 있습니다.

01_ 프레지 편집 화면에서 상단의 [Help]를 클릭합니다. [Quick Help] 창이 뜨며 간단한 도움말을 확인할 수 있습니다. [Prezi Basics Game]을 클릭합니다.

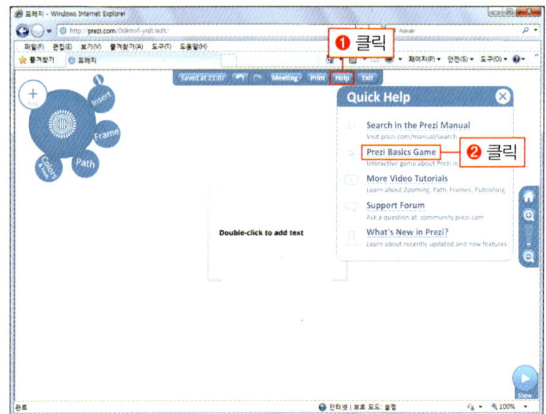

02_ 프레지 사용법에 대한 동영상이 레이어 팝업 형식으로 나타납니다.

Section#

10

데스크톱용
프레지 다운로드하기

프레지는 온라인으로 여러 가지 작업을 할 수 있는 프레젠테이션 도구입니다. 하지만 오프라인에서도 프레지를 사용할 수 있게끔 데스크톱용 프레지를 제공하고 있습니다. 특히, 외부 출장이나 인터넷이 연결되지 않는 곳에서 프레지를 사용할 수 있기에 미리 데스크톱용 프레지를 본인의 컴퓨터에 설치해 놓는 것이 좋습니다.

데스크톱용 프레지의 경우 30일 무료 체험판으로 경험할 수 있으며, Pro나 Edu Pro 계정으로 가입했을 경우 제대로 사용할 수 있습니다.

01_ [Your prezis] 탭을 클릭한 후 페이지 하단의 [Prezi Desktop]을 클릭합니다.

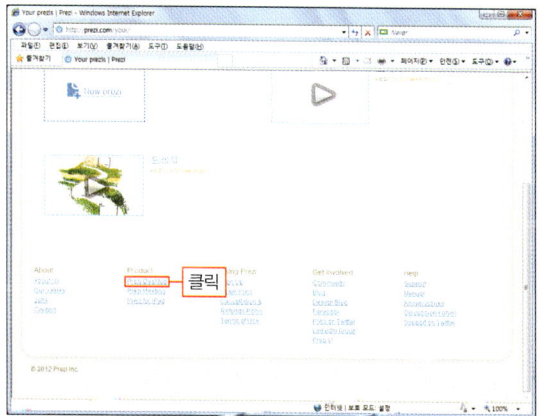

02_ [Install Now]를 클릭합니다.

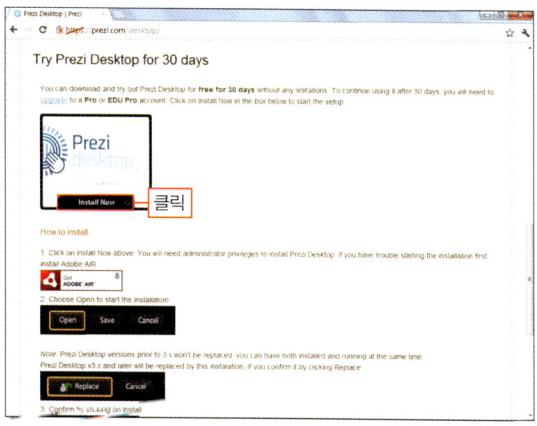

03_ 잠시 후 [응용 프로그램 설치] 창이 나타나면서 다운로드가 진행됩니다.

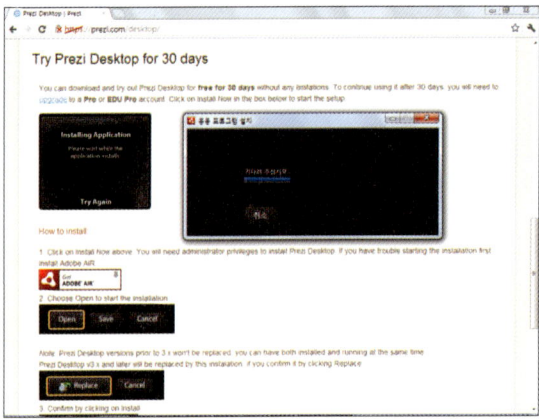

04_ 이 파일을 열거나 저장하시겠습니까? 경고 창이 나타나면 [열기]를 클릭하여 응용 프로그램을 설치합니다.

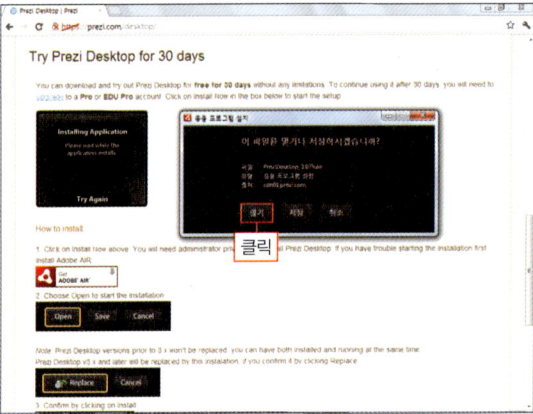

Prezi Desktop 동영상으로 배우기

'http://prezi.com/desktop/'에 접속하거나 [Your prezis] 탭을 클릭한 후 페이지 하단의 [Prezi Desktop]을 클릭하면 Prezi Desktop의 사용 방법을 동영상으로 확인할 수 있습니다.

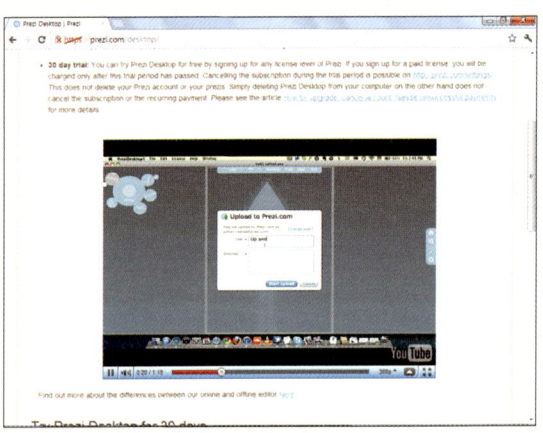

Section# 11
데스크톱용
프레지 사용하기

데스크톱용 프레지는 현재 3.079 버전까지 업데이트가 되어 있습니다. 온라인상에서 만드는 프레지는 실시간으로 버전이 업데이트되지만 데스크톱용 프레지는 새로운 버전이 나오면 Section 10의 과정을 반복하여 본인이 직접 업데이트를 진행해야 합니다.

01_ 데스크톱용 프레지는 [Open] 창과 함께 실행됩니다. 기존에 작업했던 프레지를 불러올 수 있는데 데스크톱용 프레지에서 새로운 프레지를 만들기 위해서 [닫기]를 클릭합니다.

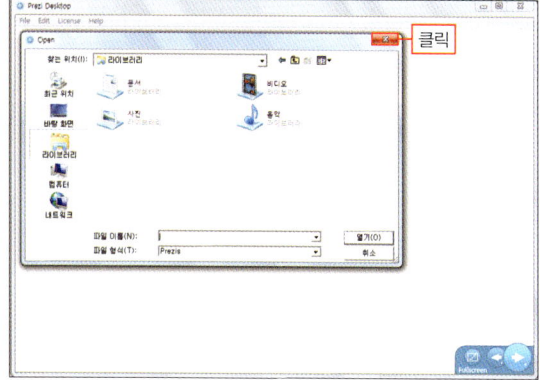

02_ 데스크톱용 프레지는 기능이 온라인용 프레지와 동일하지만 [File], [Edit], [License], [Help] 메뉴를 제공하고 있습니다.

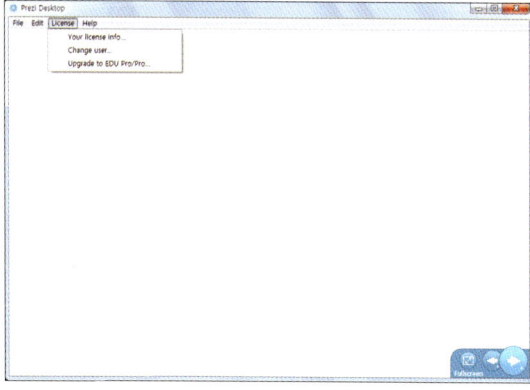

내 컴퓨터의
프레지 파일 불러오기

데스크톱용 프레지는 다른 프레젠테이션 도구처럼 프레지 확장자를 가진 파일을 자유롭게 불러와 수정할 수 있습니다.

01_ '.pez' 확장자를 가진 프레지 파일을 데스크톱용 프레지로 불러와 보겠습니다. [File] 메뉴에서 [Open]을 클릭합니다.

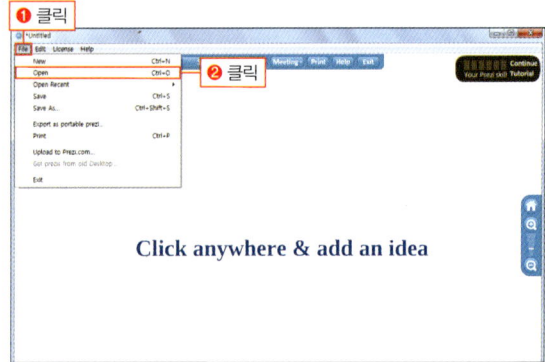

02_ [Open] 대화 상자가 나타나면 프레지 파일을 선택한 후 [열기]를 클릭합니다.

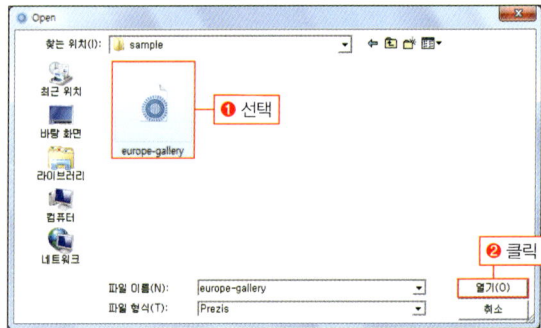

03_ 이제 데스크톱용 프레지에서 프레지를 수정하고 프레젠테이션할 수 있습니다.

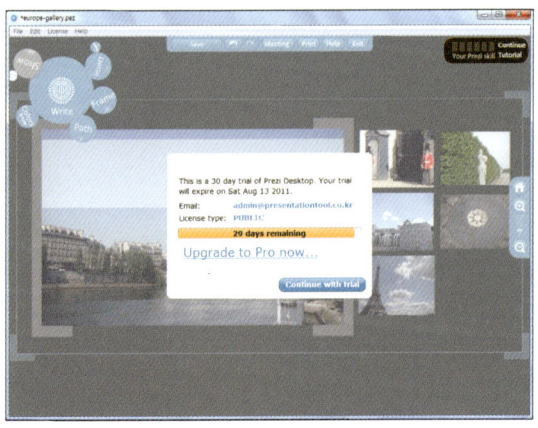
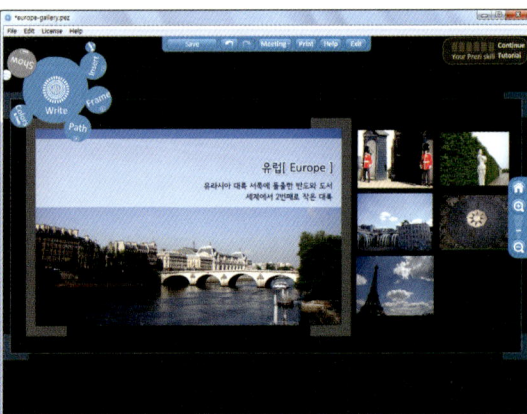

Prezi.com에
업로드하기

데스크톱용으로 작업한 프레지 파일은 Prezi.com에 업로드하여 온라인에서 수정 및 공유할 수 있습니다.

01_ 이번에는 데스크톱용 프레지에서 작업한 파일을 Prezi.com에 업로드해 보겠습니다. [File] 메뉴에서 [Upload to Prezi.com]을 클릭하여 작업한 프레지 파일을 온라인용 프레지에 업로드합니다.

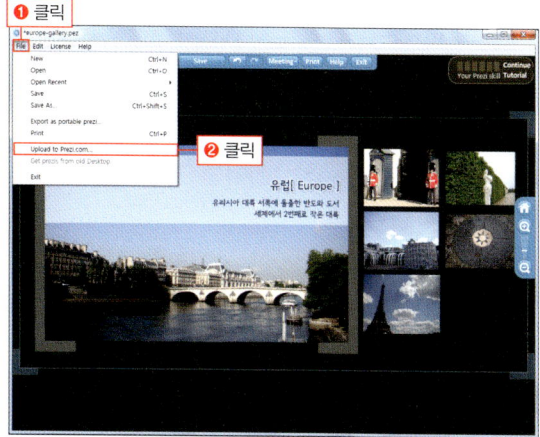

02_ 잠시 후 [Upload successful] 레이어 팝업 창이 나타나며 온라인 프레지에 저장됩니다.

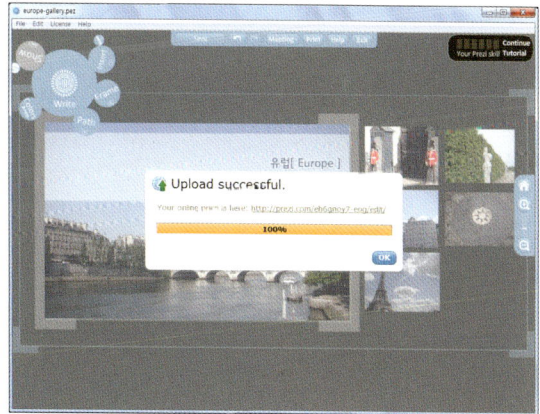

프레지로 프레젠테이션을 진행할 때에는 인터넷 환경이 불안정할 수 있기에 데스크톱용으로 프레지 파일을 다운로드 받아 진행하는 것이 좋습니다.

혁신적
프레젠테이션
세계

다른 프레젠테이션 도구와 프레지의 가장 큰 차이점은 버블이라는 독특한 메뉴에 있습니다. 버블 메뉴는 간단하지만 매우 강력한 기능을 하는데 프레지의 거의 모든 기능이 여기에 포함되어 있다고 해도 과언이 아닙니다. 이번 챕터에서는 버블 메뉴를 직접 다루어보며 프레지에 대한 전반적인 활용 방법에 대해 살펴보겠습니다.

CHAPTER
02

프레지 익히기

01 프레지 모드

프레지는 Edit 모드와 Show 모드 이렇게 2가지 모드를 제공하고 있습니다.

:: Edit 모드

Edit 모드일 때에 다음과 같이 Write, Insert, Frame, Path, Colors & Fonts 5개의 메뉴로 구성된 버블 메뉴가 나타납니다. 각각의 메뉴를 클릭하면 세부 메뉴가 나타나 여러 작업을 진행할 수 있습니다.

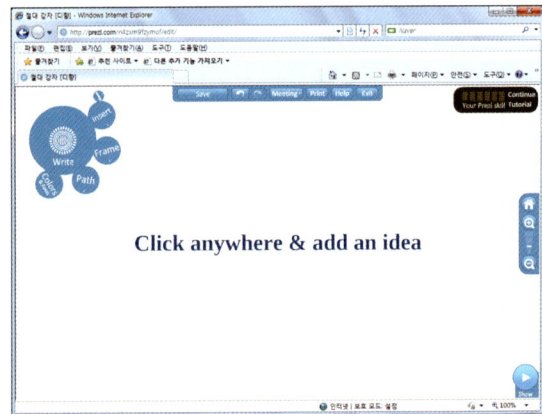

:: Show 모드

Show 모드는 캔버스를 확대하거나 축소, 시간 간격 조정 등 실제 프레젠테이션을 진행하기 위한 기능으로 구성되어 있습니다. 프레지의 Edit 모드와 Show 모드는 Space Bar 를 눌러 간단하게 전환할 수 있습니다.

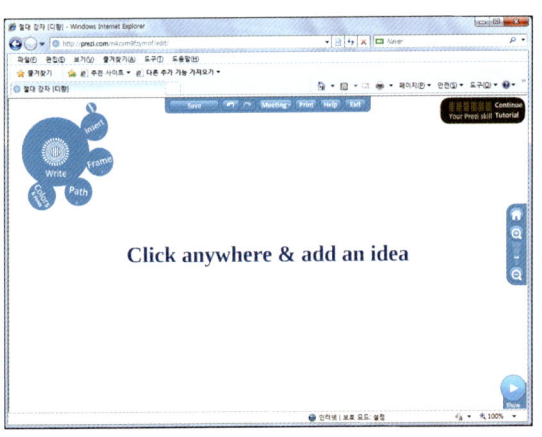 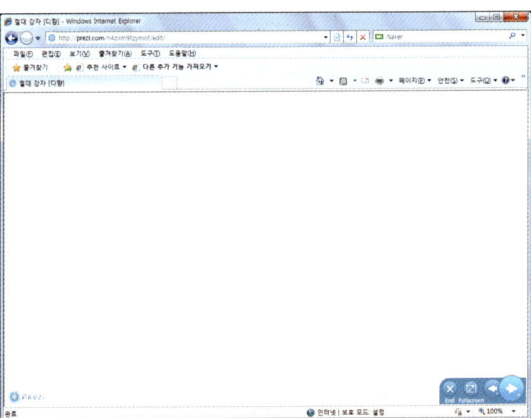

TIP

Show 모드에서는 Full Screen 모드로 전환하거나 자동으로 프레지가 진행될 수 있도록 시간 간격을 설정할 수 있습니다.

Edit 모드의 5가지 버블 메뉴

Edit 모드는 프레지의 전부라고 해도 과언이 아닐 정도로 대부분의 프레지 작업이 이루어지는 공간입니다. 버블 메뉴는 Edit 모드의 5가지 버블 메뉴(Write, Insert, Frame, Path, Colors & Fonts 메뉴)와 Show 모드의 1가지 버블 메뉴(Show 메뉴)로 구성되어 있습니다.

▲ Write 메뉴 : 텍스트를 입력하거나 확대, 축소, 회전 등을 할 수 있습니다.

  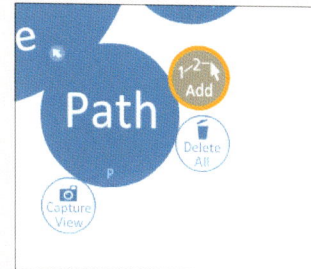

▲ Insert 메뉴 : 내 컴퓨터의 파일이나 이미지, 유튜브 동영상 등을 불러올 수 있습니다.

▲ Frame 메뉴 : 각각의 개체를 그룹으로 지정하거나 대괄호, 원형, 사각형, 히든 프레임으로 묶어 액션을 줄 수 있습니다.

▲ Path 메뉴 : 지정한 순서대로 특정 화면을 보여주는 역할을 하며, 프레지의 핵심 기능이라고 볼 수 있습니다.

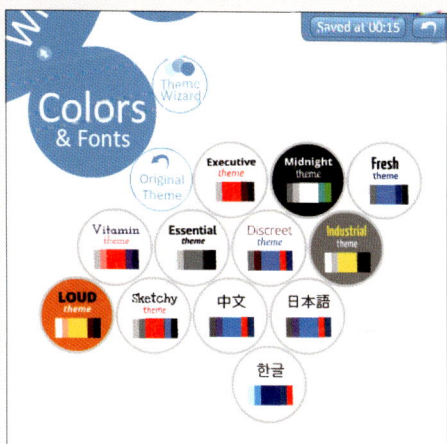

▲ Colors & Fonts 메뉴 : 다양한 스타일과 폰트로 구성된 테마를 신택할 수 있습니다.

Section# 02 Colors & Fonts 메뉴

프레지의 버블 메뉴는 텍스트를 입력하는 Write 메뉴, 이미지나 비디오, 유튜브 동영상 등을 삽입하는 Insert 메뉴, 사각형 등의 프레임을 구성해 주는 Frame 메뉴, 해당 개체를 연결해 주는 Path 메뉴, 그리고 해당 프레지의 색상과 폰트를 결정해 주는 Colors & Fonts 메뉴 등으로 구성되어 있습니다. 먼저, Colors & Fonts 메뉴부터 하나하나 살펴보겠습니다.

Colors & Fonts 메뉴의 한글 테마는 한글날을 기념해 2010년 10월 8일부터 프레지에서 공식 지원해 주고 있습니다. 폰트 색상은 태극기의 삼색을 활용하였으며, 폰트 종류는 네이버의 나눔고딕이 사용되었습니다.

한글 테마 ▶

테마 마법사는 배경 색상이나 폰트, 색상 등을 원하는 스타일로 변경할 수 있습니다. 한글 테마 등 테마가 마음에 들지 않을 경우 테마 마법사를 통해 원하는 스타일을 직접 만들어 보기 바랍니다.

테마 마법사 ▶

01_ 프레지 작업을 하기 전에 먼저 Colors & Fonts 메뉴를 이용하여 프레지의 색상과 폰트를 결정해 주는 것이 좋습니다. [Colors & Fonts] 메뉴를 클릭한 후 [한글] 스타일을 선택합니다.

한글을 입력하기 위해서는 [Colors & Fonts] 메뉴에서 [한글] 스타일을 선택해야 합니다. 아쉽게도 한글의 폰트 변경은 따로 할 수 없습니다.

TIP
프레지 버블 메뉴의 [Colors & Fonts] 명칭이 업데이트 되면서 [Theme]로 변경되었습니다. 메뉴 이름만 변경되고 기능은 동일합니다.

Theme Wizard

[Theme Wizard]를 클릭하면 기본으로 제공하는 10개의 스타일 이외에 본인이 원하는 스타일로 변경할 수 있습니다. 실시간 반영되는 화면을 보면서 직접 원하는 스타일을 만들어 보세요.

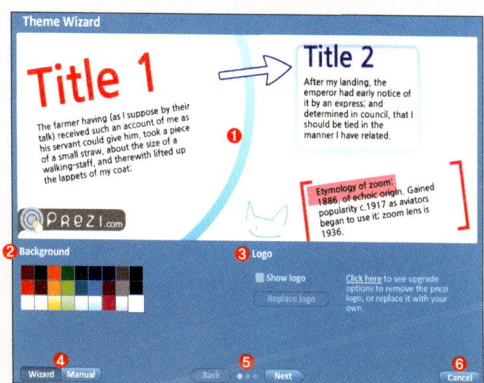

❶ **미리 보기 창 :** 선택한 배경이나 폰트, 도형 색상 등이 어떻게 표현되는지 미리 볼 수 있습니다.

❷ **Background :** 캔버스의 배경을 선택할 수 있습니다.

❸ **Logo :** 캔버스에 로고를 삽입할 수 있습니다.

❹ **Wizard/Manual :** 테마 마법사로 테마를 구성하거나 RGB 색상으로 테마를 구성할지 선택할 수 있습니다.

❺ **Back/Next :** 이전, 다음 항목으로 이동할 수 있습니다.

❻ **Cancel :** 테마 마법사를 취소합니다.

TIP

[Theme Wizard] 창의 [Wizard/Manual] 명칭이 [Wizard/Advanced]로 변경되었습니다. 3D Background 기능만 추가되고 다른 기능은 동일합니다.

Write 메뉴

빈 캔버스 위에서 마우스를 클릭하면 텍스트를 입력할 수 있는 텍스트 박스가 나타납니다. 텍스트 박스에서는 텍스트를 입력할 뿐만 아니라 온라인 프레젠테이션 도구답게 웹 링크를 입력하여 편리하게 웹 사이트로 자유롭게 이동할 수도 있습니다.

각 테마마다 기본적으로 3가지 타입의 폰트를 제공하고 있으며, 한글의 경우는 Title1, Title2, Body로 이루어진 빨간색, 파란색, 검정색의 세 가지 색상에 한 가지 폰트를 제공하고 있습니다. 기본적으로 제공되는 나눔고딕 이외에 다른 폰트를 가져오고 싶다면 포토샵이나 다른 프로그램을 이용해 이미지로 제작해서 가져와야 합니다.

❶ **텍스트 입력란** : 텍스트를 입력하는 공간입니다.
❷ **크기 조절 단추** : 조절 단추를 드래그하여 텍스트 박스의 크기를 조절할 수 있습니다.
❸ **폰트 타입과 색상** : Title1, Title2, Body로 텍스트를 변경할 수 있습니다.
❹ **텍스트 정렬** : 입력한 텍스트를 왼쪽, 가운데, 오른쪽 정렬 혹은 양쪽 맞춤할 수 있습니다.
❺ **글머리 기호** : 글머리 기호를 삽입할 수 있습니다.
❻ **색상표** : 텍스트의 색상을 변경할 수 있습니다.

:: 텍스트 입력하기

01_ 마우스를 캔버스 위에 놓고 클릭하면 텍스트를 입력할 수 있는 텍스트 박스가 나타납니다. 텍스트를 입력합니다.

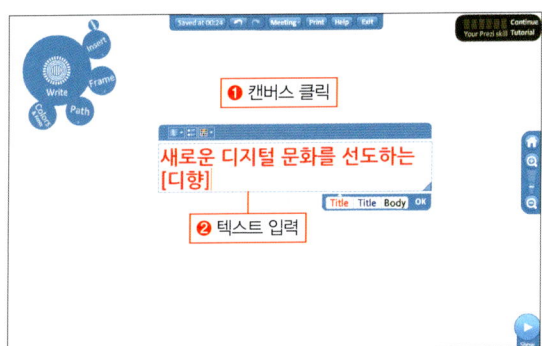

02_ 입력을 완료하였으면 크기 조절 단추를 이용해 텍스트 박스의 크기를 조절한 후 [OK]를 클릭합니다.

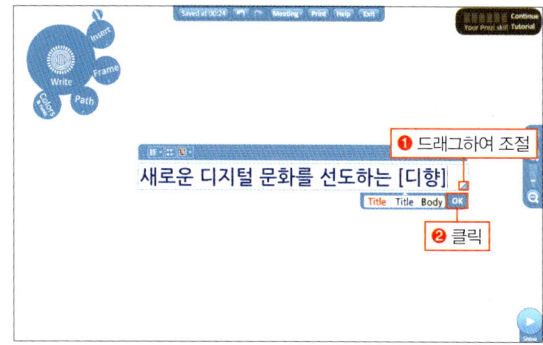

TIP

입력을 완료한 후 텍스트를 수정하기 위해서는 입력한 텍스트를 더블 클릭합니다. 텍스트를 수정할 수 있는 텍스트 박스가 다시 나타납니다. 텍스트를 삭제하기 위해서는 개체를 선택한 상태에서 **Delete** 를 누릅니다.

TIP

여러 개체를 캔버스 위에 입력한 후 앞, 뒤로 우선순위를 조절하기 위해서는 마우스 오른쪽 버튼을 클릭하여 [Send to Back]~[Bring Forward]를 선택합니다. 또한, 잘라내기, 복사, 삭제 등도 마우스 오른쪽 버튼을 클릭하여 설정할 수 있습니다.

:: 웹 링크 추가하기

텍스트 박스에 홈페이지 주소 등 웹 링크를 입력하는 것만으로 하이퍼링크 기능을 프레지에서 구현할 수 있습니다.

03_ 캔버스를 클릭하여 텍스트 박스를 불러옵니다. 웹 사이트 주소를 입력한 후 [OK]를 클릭합니다. 웹 링크를 프레지가 인식하게 하기 위해 상단에 위치한 [Exit]를 클릭한 후 다시 프레지 파일을 불러옵니다.

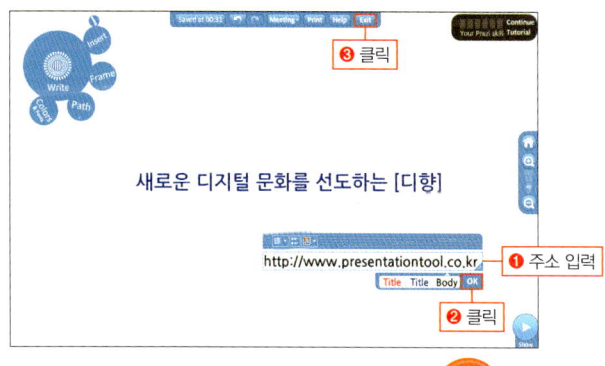

TIP

프레지에서 웹 링크를 입력하기 위해서는 반드시 'http://'로 시작해야 합니다. 'www.presentationtool.co.kr' 혹은 'presentationtool.co.kr'과 같은 링크는 단순 텍스트로 인식합니다.

04_ **Space Bar** 를 눌러 [Show] 모드로 이동한 후 링크를 클릭합니다. 해당 웹 사이트로 빠르게 이동됩니다.

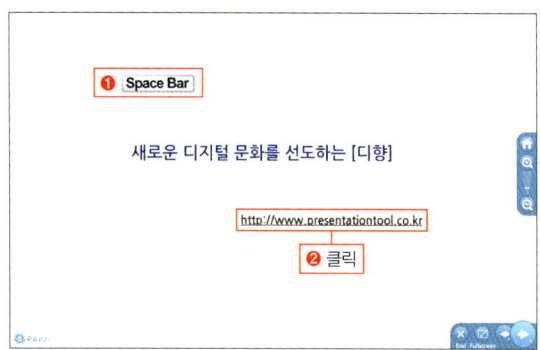

Zebra(지브라) 도구

텍스트를 입력하면 나타나는 Zebra(지브라) 도구를 이용하여 텍스트의 크기를 조절하거나 회전, 혹은 위치를 이동할 수 있습니다. Zebra(지브라) 도구는 총 3개의 원형으로 구성되어 있습니다. 여기서는 프레지의 필수 기능인 Zebra(지브라) 도구에 대해서 살펴보겠습니다.

개체가 선택되면 Zebra(지브라) 도구가 생성됩니다. Zebra(지브라) 도구는 개체의 위치를 이동하거나 확대, 축소, 회전 등의 역할을 담당합니다. Zebra(지브라) 도구의 각 영역을 마우스로 클릭하거나 드래그하여 사용할 수 있습니다.

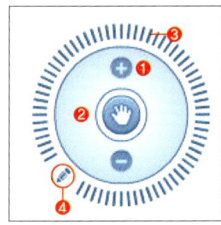

❶ **확대/축소** : 개체를 확대하거나 축소할 때 사용합니다.
❷ **이동** : 손 모양을 드래그하여 위치를 이동합니다.
❸ **회전** : 원하는 회전 수만큼 드래그하여 위치를 회전합니다.
❹ **텍스트 입력** : 텍스트를 입력하는 개체 틀이 나타납니다.

01_ Space Bar 를 눌러 다시 [Edit] 모드로 이동한 후 입력한 텍스트를 마우스로 클릭하면 Zebra(지브라) 도구가 나타납니다.

02_ 원형 모양의 회전 핸들을 드래그하면 입력한 텍스트가 회전합니다.

Zebra(지브라) 기능 살펴보기

입력한 글자를 클릭하면 Zebra(지브라) 도구가 글자 위에 나타나는데 총 3개의 원형으로 구성되어 있습니다. 가장 안쪽의 손가락 표시가 있는 원형은 이동, 중간의 +, − 표시가 있는 원은 크기 조절, 가장 바깥 원은 텍스트를 회전하거나 수정할 때 사용됩니다.

◀ **Zebra(지브라)** : 입력한 글자를 클릭하면 나타나는 Zebra(지브라) 도구

◀ **이동** : 손가락 표시가 있는 가장 안쪽 원을 드래그

◀ **크기 조절** : +, − 표시가 있는 중간 원을 클릭하거나 드래그

◀ **회전** : 가장 바깥 원을 위, 아래로 드래그

◀ **텍스트 수정** : 왼쪽 아래에 위치한 연필 표시를 클릭

Section# 05 Insert 메뉴

Insert 메뉴에서는 내 컴퓨터에 저장된 이미지나 비디오 혹은 PDF 파일을 프레지로 불러올 수 있습니다. 또한 구글이나 유튜브에 올려진 이미지나 동영상을 간단한 검색 후 바로 불러올 수 있고, 프레지에서 직접 그려넣어야 했던 여러 모션을 Drawing 기능을 통해 직접 불러올 수도 있습니다.

:: 이미지, 비디오, PDF 파일 삽입하기

[Insert] 메뉴를 통해 이미지, 비디오, PDF 파일 등을 삽입할 수 있습니다.

01_ [Insert] 메뉴를 클릭하여 [File]을 클릭합니다.

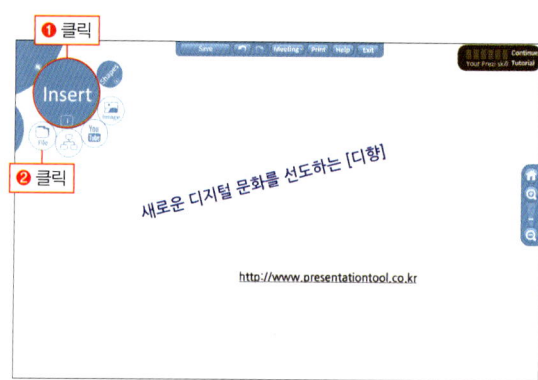

> **TIP**
> [File] 뿐만이 아니라 [Image]를 클릭하여도 이미지나 비디오, PDF 파일을 삽입할 수 있습니다.

02_ 대화 상자가 나타나면 삽입을 원하는 이미지 혹은 비디오, PDF 파일을 선택하고 [열기]를 클릭합니다.

> **TIP**
> 프레지에 삽입하는 이미지 파일은 2,880×2,880 해상도 이하의 파일이며, 최대 업로드할 수 있는 크기는 50MB입니다. 물론 데스크톱용 프레지의 경우 파일 크기에 제한이 없습니다.

03_ 캔버스에 파일이 삽입됩니다. 이미지 삽입 후 필요 없는 부분을 자르고 싶다면 이미지를 더블 클릭합니다. 모서리에 이미지를 자를 수 있는 조절 단추가 나타나면 조절 단추를 드래그하면 이미지를 자를 수 있습니다.

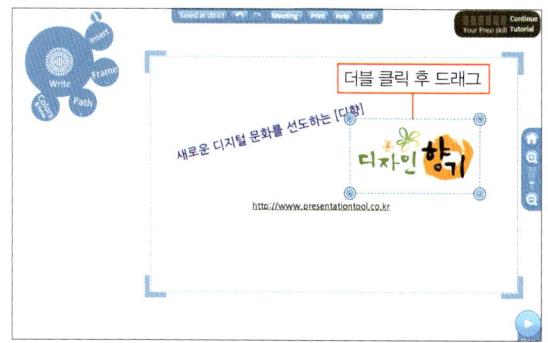

> **TIP**
> 이미지뿐 아니라 오디오나 비디오 파일, 혹은 PDF 파일도 자유롭게 업로드할 수 있으며, 프레지에서 제공하지 않는 폰트나 색상 등을 포토샵이나 파워포인트 등을 활용하여 이미지로 제작 후 [File]을 이용해 삽입할 수도 있습니다.

:: 구글 검색하여 이미지 업로드하기

[Insert]-[Image] 메뉴를 통해 Google을 이용한 웹상의 다양한 이미지를 한 번에 프레지 캔버스로 불러올 수 있습니다.

04_ [Insert]-[Image]를 클릭합니다. [From web] 입력란에 『PREZI』라고 입력한 후 [Search]를 클릭합니다.

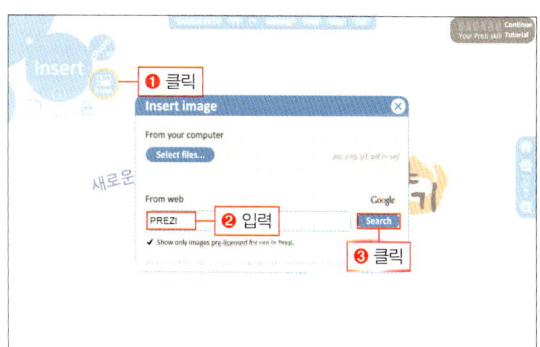

> **TIP**
> [Image]를 클릭하면 [Insert image] 창이 뜨는데 내 컴퓨터 안에 저장된 이미지를 삽입하거나 구글에서 이미지를 검색하여 삽입할 수 있습니다. 참고로 프레지에서 삽입할 수 있는 이미지는 jpg, png, gif, swf 확장자를 가진 이미지 혹은 플래시 파일입니다.

05_ 구글에서 검색한 다양한 이미지가 캔버스 위에서 검색됩니다. 원하는 이미지를 클릭하면 프레지로 가져올 수 있습니다.

:: 유튜브 검색하여 동영상 업로드하기

유튜브 홈페이지에 접속하여 공유되어 있는 동영상 주소만으로 프레지에서 동영상을 재생할 수 있습니다.

06_ 유튜브 홈페이지에서 동영상 주소를 가져와 프레지로 불러올 수 있습니다. 먼저 유튜브 홈페이지(http://www.youtube.com)에 접속합니다. 원하는 동영상을 선택한 후 [공유]를 클릭합니다. 해당하는 동영상 주소가 나타나면 [Ctrl] + [C]를 눌러 복사합니다.

07_ 프레지에서 [Insert] 메뉴의 [YouTube]를 클릭합니다. 복사한 동영상 주소를 입력란에 [Ctrl] + [V]를 눌러 붙여넣기한 후 [Insert]를 클릭합니다.

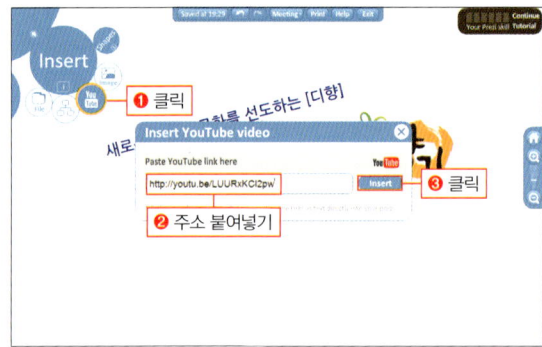

> **TIP**
> 유튜브 동영상이 프레지에 제대로 삽입되지 않는다면 유튜브의 URL 창의 전체 주소를 복사하여 [Insert] 메뉴의 [YouTube]에 삽입하시기 바랍니다.

08_ 유튜브 동영상이 프레지에 삽입됩니다. 동영상의 위치를 이동합니다.

꼭!! 알고가기 텍스트 박스에서 유튜브 동영상 재생하기

[Insert] 메뉴의 [YouTube]에서 유튜브 동영상 주소를 입력하여 동영상을 재생할 수 있지만 텍스트 박스에도 유튜브 동영상 주소를 입력하여 동영상을 재생할 수 있습니다. 텍스트 박스에 유튜브 동영상 주소를 입력한 후 [OK]를 클릭합니다.

:: drawing 갤러리 삽입하기

drawing 갤러리를 활용하면 보다 완성도 높은 프레지를 만들 수 있습니다. 삽입한 drawing 갤러리의 경우 이미 완성된 프레지 형태로 삽입되기 때문에 텍스트 및 이미지 등을 적절하게 수정하여 사용할 수 있습니다.

09_ [Insert] 메뉴에서 [drawing]을 클릭합니다. 다양한 drawing 갤러리가 나타나면 원하는 갤러리를 선택합니다. 여기서는 [Process]를 선택한 후 [Choose]를 클릭합니다.

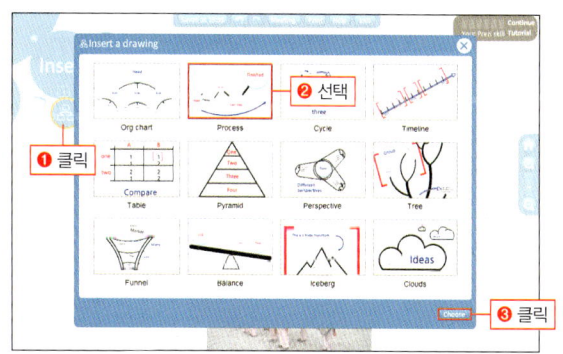

10_ drawing 갤러리가 삽입됩니다. 적절한 위치로 이동합니다.

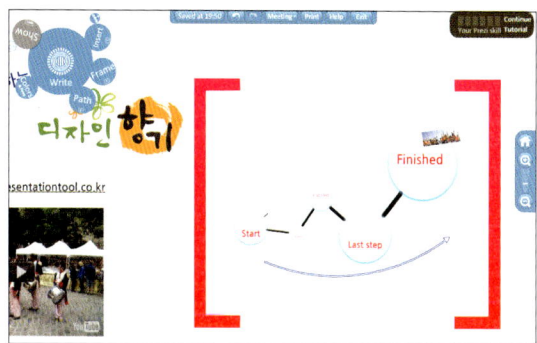

:: Shapes 삽입하기

[Insert] 메뉴의 [Shapes]를 클릭하면 프레지에 화살표, 직선, 자유선, 형광펜 도구를 사용하여 선을 그릴 수 있습니다.

11_ [Insert] 메뉴의 [Shapes]를 클릭한 후 [화살표]를 선택합니다. 캔버스 위에서 드래그하여 화살표를 그려넣습니다.

12_ 이번에는 형광펜을 이용해 보겠습니다. 캔버스의 위치를 이동한 후 형광펜을 클릭, 드래그하여 그려넣습니다.

> **TIP**
>
> [Shapes] 도구가 선택된 상태에서는 캔버스의 위치를 자유롭게 이동할 수 없습니다. [Insert] 메뉴 등 다른 메뉴로 잠시 이동한 후 마우스를 드래그하여 캔버스 위치를 이동합니다.

Frame 메뉴

프레지의 쇼 모드에서는 모니터나 프로젝트의 해상도에 따라 꽉 찬 화면으로 각각의 개체들을 줌인, 줌아웃하여 반복적으로 보여줍니다. 하지만 프레임을 이용하면 여러 개체들을 묶어 한 화면으로 보여주거나 꽉찬 화면이 아닌 원하는 위치에서 프레지 쇼를 진행할 수 있습니다.

:: 프레임 그려넣기

프레임에는 괄호 프레임, 원 프레임, 사각형 프레임, 히든 프레임 등 총 4개의 프레임이 있습니다.

01_ [Frame] 메뉴를 클릭하거나 키보드에서 F 를 누릅니다. 원하는 프레임을 선택합니다. 여기서는 사각형 프레임을 선택합니다.

TIP
괄호 프레임, 원 프레임, 사각형 프레임의 사용 방법은 거의 동일합니다. 개체들의 위치나 모양에 따라 적절한 프레임을 선택합니다.

02_ 캔버스에서 작성한 개체들 중 그룹으로 묶을 개체의 가장자리부터 드래그하여 선택합니다.

TIP
Shift 를 누른 채 드래그하면 빔 프로젝트 화면에 적합한 4:3 비율로 프레임이 그려집니다.

03_ 프레임 또한 Zebra(지브라)를 통해 위치나, 크기, 회전을 할 수 있습니다. 삽입한 프레임을 마우스로 클릭하면 Zebra(지브라) 도구가 나타납니다. 원형 모양의 회전 핸들을 드래그합니다.

TIP

프레임을 지정하면 프레임 안에 포함된 모든 개체는 하나의 개체로 인식하여 움직이게 됩니다. 그렇기에 Zebra(지브라)를 통한 위치나 크기, 회전도 함께 이루어지며, 패스도 한 번에 진행됩니다.

04_ 프레임에 또 다른 프레임을 삽입할 수도 있습니다. [Frame] 메뉴를 클릭하여 이번에는 괄호 프레임을 선택한 후 드래그하여 프레임을 적용합니다.

꼭!! 알고가기

프레임 크기 조절하기

삽입한 프레임도 위치나 크기를 조절하고 싶을 때가 있습니다. 프레임을 한 번 클릭하면 Zebra(지브라) 도구가 나타나 위치 등을 조절할 수 있지만 더블 클릭하면 크기 조절 핸들이 나타나 프레임의 크기를 조절할 수 있습니다.

:: 히든 프레임 그려넣기

히든 프레임은 쇼 모드에서는 보여지지 않는 프레임입니다. 히든 프레임을 적용한 개체와 적용하지 않은 개체의 경우 쇼 모드에서 표현되는 모양이 다른데 보통 히든 프레임은 특정 영역을 보여주고자 할 때 사용합니다.

05_ 히든 프레임을 삽입하기 위해 [Hidden Frame]을 선택한 후 개체를 드래그하여 지정합니다.

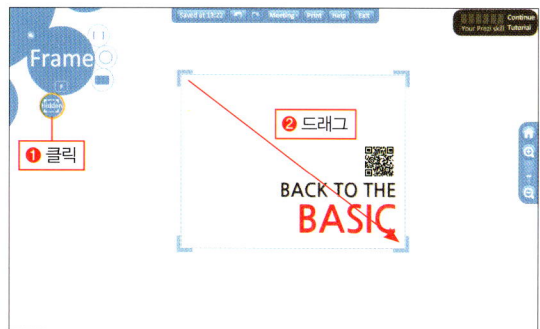

 히든 프레임 적용 전과 후

히든 프레임은 쇼 모드에서는 보이지 않는 프레임입니다. 그렇기에 히든 프레임을 적용한 개체와 적용하지 않은 개체의 경우 쇼 모드에서 표현되는 모양이 다릅니다. 쇼 모드에서는 모든 개체가 화면에 꽉 찬 상태에서 표현되는데 히든 프레임을 사용하면 프레임 표시 없이 개체를 원하는 위치에 표현할 수 있습니다.

▲ 히든 프레임 적용 전 – 전체 해상도로 지정한 개체가 표현됩니다.

▲ 히든 프레임 적용 후 – 원하는 해상도로 지정한 개체가 표현됩니다.

Section# 07
Path 메뉴

프레지를 이용하여 프레젠테이션을 하기 위해서는 어떤 순서로 내용을 보여줄 것인지 결정을 해야합니다. 파워포인트나 키노트의 경우 슬라이드 화면을 이용해 보여줄 내용의 순서를 지정할 수 있지만 프레지는 이런 기능이 없습니다. 이 때 사용하는 것이 바로 Path 설정입니다.

:: 1-2-Add로 Path 그려넣기

프레지는 여러 장으로 구성된 슬라이드 페이지가 존재하지 않습니다. 각각의 경로는 1-2-Add로 Path를 그려넣어 지정합니다.

01_ [Path] 메뉴를 클릭하거나 키보드의 [P]를 누릅니다. 자동으로 [1-2-Add]가 선택됩니다. [Path] 메뉴의 [1-2-Add]를 선택된 상태에서 개체에 마우스를 올려놓습니다. 음영이 생기는 것을 확인할 수 있습니다.

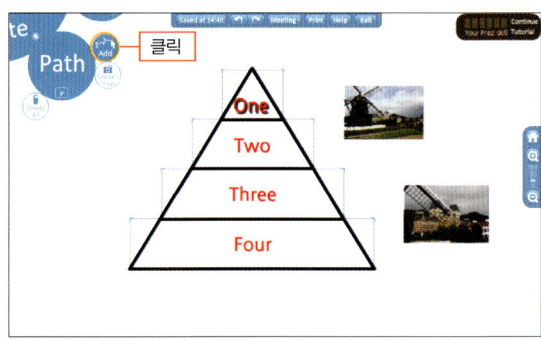

02_ 프레젠테이션할 순서대로 각각의 개체를 클릭합니다. ❶, ❷, ❸, ❹, ❺ 등으로 순서가 표시됩니다.

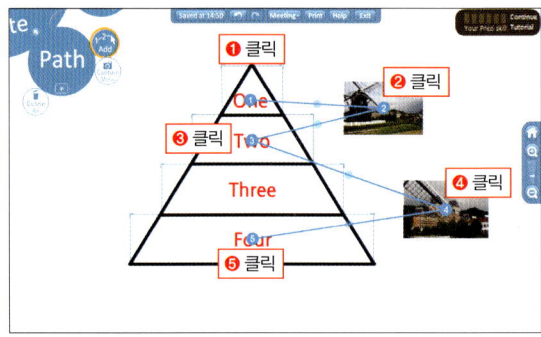

:: Path 순서 변경하고 추가 및 삭제하기

한번 설정된 Path는 드래그만으로 순서를 변경할 수 있으며, Path 경로를 추가하거나 삭제도 간단히 할 수 있습니다.

03_ 이번에는 설정한 Path를 변경해 보겠습니다. Path 숫자를 다른 개체로 드래그합니다. Path 순서가 변경됩니다.

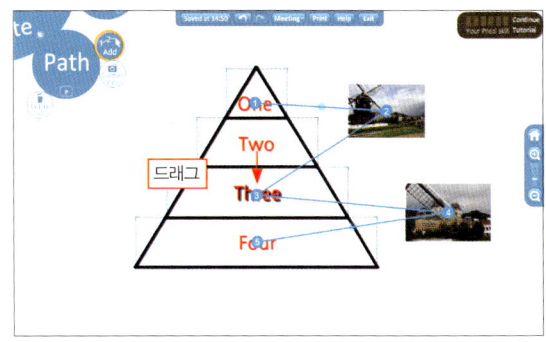

04_ 중간에 새로운 Path를 추가해 보겠습니다. 각 Path 사이에 있는 작은 원을 드래그하여 추가할 개체로 이동합니다.

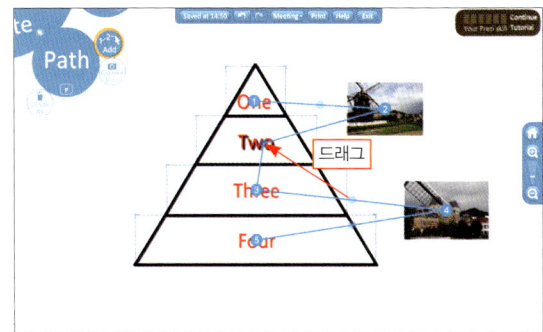

05_ Path가 추가되면서 ❶부터 ❻까지 Path가 만들어졌습니다.

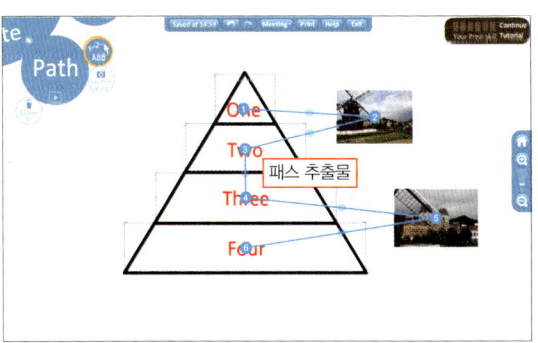

06_ 이번에는 Path를 삭제해 보겠습니다. Path를 삭제할 개체에 해당하는 숫자를 빈 캔버스로 드래그합니다.

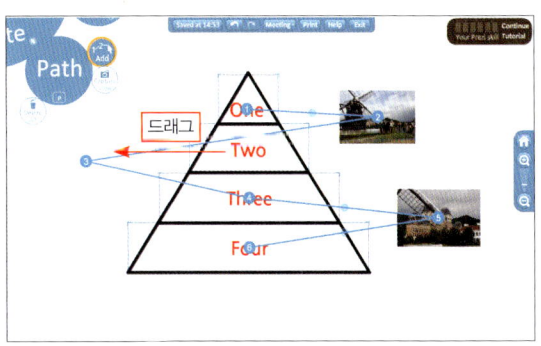

07_ Path가 삭제됩니다.

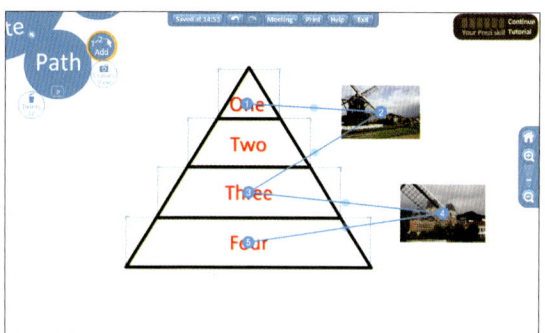

 [Delete All]로 Path 한 번에 삭제하기

버블 메뉴에서 [Delete All]을 선택하면 설정된 Path를 한 번에 삭제할 수 있습니다. 처음 프레지로 작업하다보면 생각보다 자주 [Delete All]을 눌러 작업을 취소하게 됩니다. [Delete All] 보다는 위에서 언급한 Path 순서 변경 및 추가, 삭제를 통해 Path를 자유롭게 활용해 보는 것이 좋습니다.

:: Capture View로 개체 묶기

[Capture View]는 [1-2-Path]로 지정한 개체를 한 번에 보여줄 때 사용하는 기능입니다.

08_ [Path] 메뉴의 [Capture View]를 클릭합니다. Path 번호가 추가됩니다.

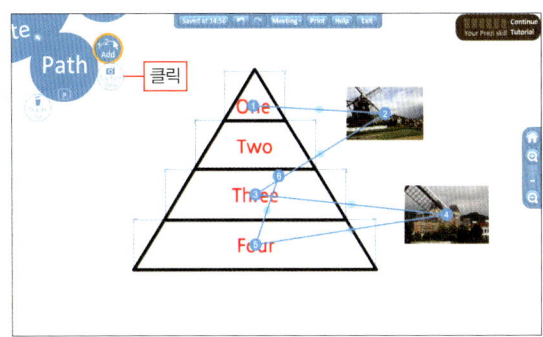

> **TIP**
>
> [Capter View]는 현재 화면 전체가 프레임으로 자동 설정됩니다. 개체를 히든 프레임으로 묶어 모든 개체를 한 번에 보여줄 때 사용하는 기능으로 Path가 자동 설정되는데 Path를 연결하여 각각의 개체를 보여주다가 화면을 축소해 모든 개체를 한 번에 보여줄 때 사용합니다.

09_ [줌아웃]을 클릭하면 현재 화면 전체가 히든 프레임으로 자동 설정됩니다.

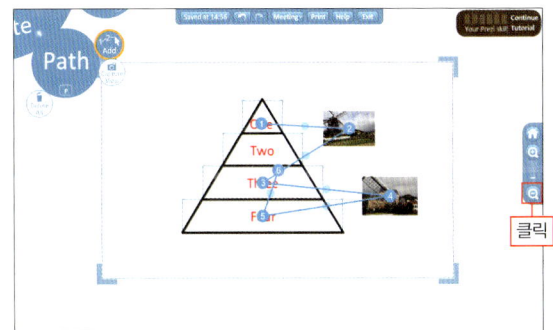

10_ Path 설정이 끝났으면 Space Bar 를 누른 후 [Show]를 클릭하여 Path 설정이 제대로 되었는지 확인합니다.

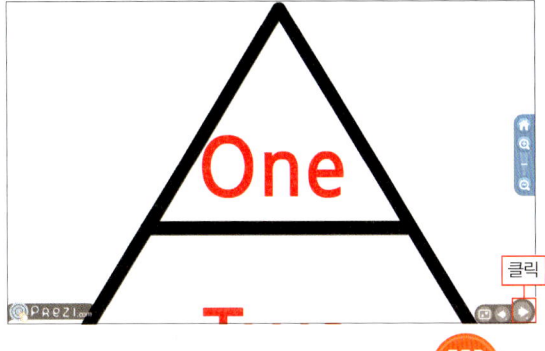

> **TIP**
>
> 갠버스 위에 많은 개체들과 내봉이 있다 보면 Path 설정이 복잡해질 수 있습니다. 따라서 Path 설정은 될 수 있으면 프레지의 내용 구성이 모두 마무리된 마지막에 설정하는 것이 좋습니다.

Show 모드

Show 모드는 실제 프레젠테이션을 진행하거나 작업 결과물을 미리 볼 수 있는 모드입니다. Show 모드에서는 전체 화면으로 쇼를 진행할 수 있으며, 여러 메뉴를 사용하여 프레지를 편리하게 다룰 수도 있습니다.

Show 모드로 전환하면 Edit 모드에서는 볼 수 없었던 쇼 메뉴가 나타납니다. 쇼 메뉴는 쇼 모드가 실행되면 잠시 후 화면에서 사라지지만 있던 영역 위로 마우스 포인터를 다시 가져가면 나타납니다. 줌인이나 줌아웃은 기본이고, 패스로 설정된 다음 페이지로 이동하거나, 자동으로 프레지 쇼를 진행할 수 있도록 시간 간격을 설정할 수 있습니다. 참고로, [이전으로] 단추나 [다음으로] 단추를 길게 누르고 있으면 서브 메뉴가 나타납니다.

 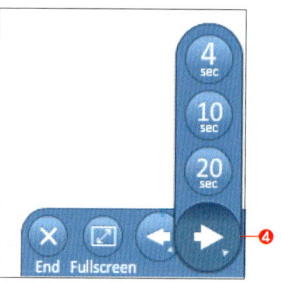

❶ **End** : Show 모드를 중지하고 Edit 모드로 돌아갑니다.

❷ **Fullscreen** : 전체 크기로 프레지 쇼를 진행합니다.

❸ **이전으로** : 설정된 패스 이전으로 되돌아갑니다. [이전으로] 단추를 길게 누르면 프레지 쇼를 처음으로 되돌릴 수 있습니다.

❹ **다음으로** : 설정된 패스 다음으로 넘어갑니다. [다음으로] 단추를 길게 누르면 자동으로 프레지 쇼를 진행할 수 있는 시간 간격이 나타납니다. 4초, 10초, 20초 간격으로 설정할 수 있습니다.

01_ 버블 메뉴에서 [Show]를 클릭하거나 [Space Bar]를 누릅니다. 오른쪽 하단에 위치한 이동 도구 중 [다음으로]를 클릭합니다. 같은 방법으로 프레지에서 프레젠테이션을 진행할 수 있습니다.

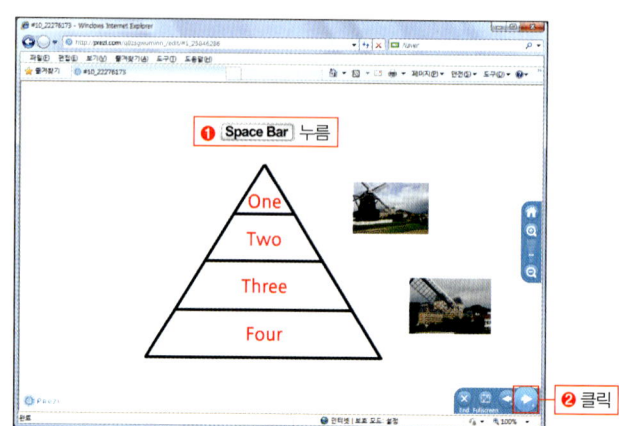

02_ [Show] 메뉴 중에서 [Fullscreen]을 클릭하면 프레지가 모니터 혹은 프로젝트 전체 화면으로 나타납니다. 마우스를 클릭하거나 키보드의 ←, →를 눌러 프레지 쇼를 진행합니다.

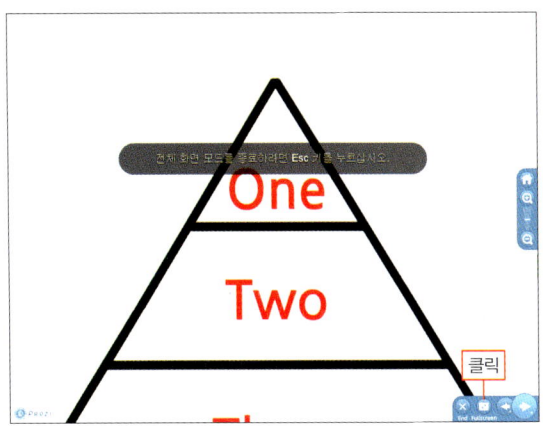

03_ 원래 화면 크기로 복귀하기 위해 Esc 를 누릅니다. 편집 모드로 복귀됩니다.

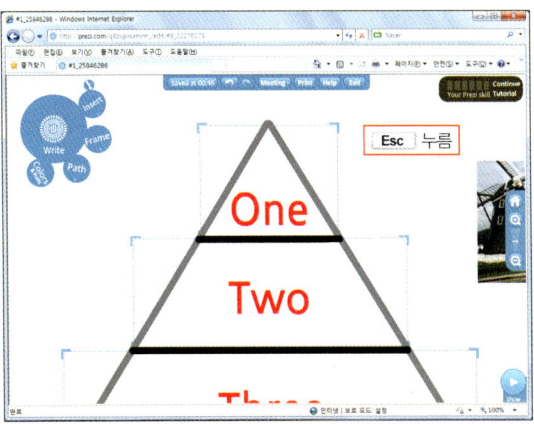

혁신적 프레젠테이션 세계

프레지는 온라인 프레젠테이션 도구이다 보니 다른 프레젠테이션 도구보다 온라인 기능에 강력한 면모를 보이고 있습니다. 특히 이메일이나 블로그, 페이스북 등에 바로 올릴 수 있는 링크를 제공하며, 여러 사람들과 공동 작업을 진행하고 온라인으로 미팅을 할 수 있는 기능 또한 제공하고 있습니다. 여기서는 프레지로 만든 프레젠테이션을 여러 사람들과 공유해 보고 프레지로 쇼를 하는 방법에 대해서 살펴보도록 하겠습니다.

CHAPTER
03

프레지
공유하고 쇼하기

PDF로
변환하여 인쇄하기

프레지에는 프린트로 인쇄하는 기능이 존재하지 않습니다. 하지만 PDF 파일로 변환이 가능하기 때문에 PDF 프로그램에서 인쇄를 할 수 있습니다. 참고로 PDF 파일로 변환할 때 패스(Path)가 지정된 개체의 경우 패스(Path)를 각각 한 페이지로 인식하여 저장됩니다. 패스(Path)를 지정하지 않았다면 모든 내용을 한 화면으로 인식하여 저장됩니다.

01_ 프레지 캔버스 상단에 있는 메뉴 중 [Print]를 클릭합니다. 잠시 후 캔버스에 지정된 패스(Path)를 기준으로 인쇄될 페이지 수가 나타납니다.

02_ [Click to save as PDF]를 클릭합니다.

03_ [prezi.com에 의해 다운로드 할 위치 선택] 대화 상자가 나타나면 저장할 위치를 선택한 후 [저장]을 클릭합니다.

> **TIP**
>
> 프레지에서는 바로 인쇄할 수 있는 방법은 없습니다. PDF 파일로 변환 후 PDF 프로그램에서 인쇄를 진행할 수 있습니다.

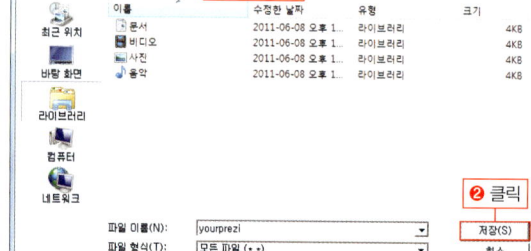

Section#
02

블로그나 카페 등에
프레지 삽입하기

프레지로 만든 파일을 본인의 블로그나 카페에 포스팅할 수 있습니다. 다만, 사진이나 동영상처럼 바로 삽입되지는 않으며 'Embed'라는 html 태그를 이용해 삽입해야 합니다.

01_ [Your prezis] 탭에서 블로그나 카페로 가져갈 프레지 파일을 선택한 후 [Share]를 클릭합니다.

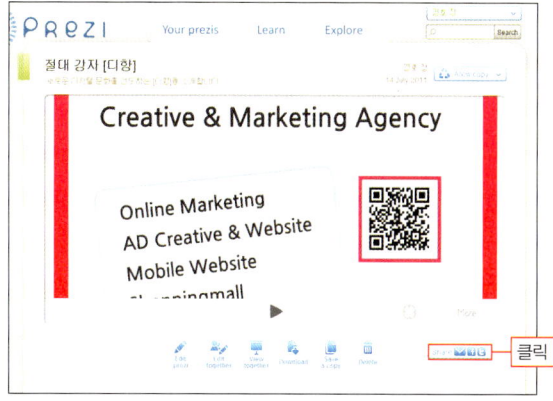

02_ [Share this prezi] 레이어 팝업 창이 나타나면 [Viewing] 탭을 클릭한 후 [Embed]를 클릭합니다. 가로(Width) 픽셀 크기와 세로(Height) 픽셀 크기를 지정한 후 [Copy code to Clipboard]를 클릭합니다.

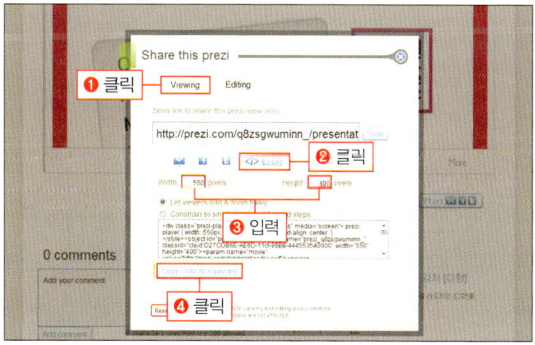

> **TIP**
>
> [Constrain to simple back and forward steps]는 삽입한 프레지 파일에서 마우스를 통한 이동과 줌을 막고 단순하게 앞, 뒤만 클릭하도록 설정합니다.

03_ 본인의 블로그나 카페로 이동합니다. 글쓰기 창의 [HTML]을 클릭한 후 글쓰기 입력란에 복사한 Embed 태그를 붙여넣습니다.

04_ 프레지 파일이 블로그에 포스팅됩니다.

TIP

블로그나 카페를 제공해 주는 업체마다 약간씩 방법이 다를 수 있습니다. 다만, Embed는 html 환경에서만 삽입할 수 있습니다.

Embed 태그

Embed는 mp3 등의 음원이나 wmv, swf 등의 동영상 및 플래시 파일을 홈페이지나 게시판 등에 삽입하고 싶을 때 사용하는 html 태그 중 하나입니다. 유튜브와 마찬가지로 프레지에서도 Embed 태그를 기본으로 제공하고 있기에 Embed 태그에 대해서 간단히 살펴보겠습니다.

기본 형태는 〈embed src="http://www.presentationtool.co.kr/vod/skillup.swf"〉〈/embed〉이며, 아래와 같은 width, height 등의 태그를 추가하여 완성됩니다.

❶ src="**홈페이지 주소**" : mp3 등의 음원이나 wmv, swf 등의 동영상 및 플래시 파일의 주소를 절대 경로로 입력합니다.

❷ height = "**숫자**" : 높이를 지정합니다.

❸ width ="**숫자**" : 너비를 지정합니다.

❹ autostart="**true/false**" : 접속 시 자동으로 재생할 것인가를 결정합니다.

❺ loop="**true/false**" : 자동 반복 기능을 결정합니다.

❻ volume ="**숫자**" : 소리 크기를 설정합니다.

❼ pluginspage="**주소**" : 플러그인이 설치되어 있지 않은 사용자를 위해 해당 플러그인을 제공하는 회사의 주소를 적습니다.

Section#
03

이메일, 페이스북, 트위터로 공유하기

작업한 프레지 파일은 이메일을 통해 주소를 공유하거나 페이스북, 트위터를 통해 전 세계 사람들과 도 공유할 수 있습니다. 물론 본 서비스를 사용하기 위해서는 페이스북이나 트위터 등에 가입되어 있 어야 합니다.

01_ [Your prezis] 탭에서 이메일이나 페이스북, 트위터로 공유할 프레지 파일을 선택한 후 [Share]를 클릭합니다. [Share this prezi] 레이어 팝업 창이 나타나면 [Viewing] 탭에서 이메일이나 페이스북, 트위터 단추를 클릭합니다. 여기서는 트위터 단추를 클릭합니다.

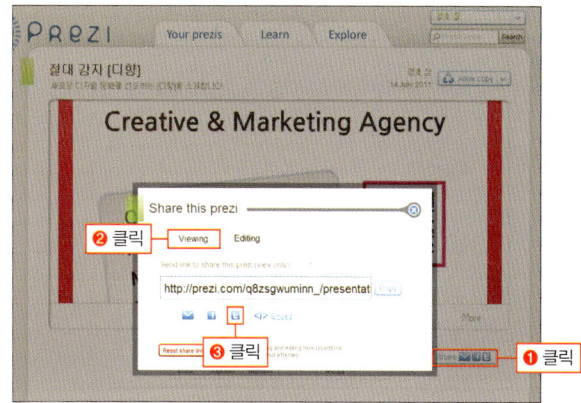

02_ [트위터에 로그인 하세요] 인터넷 창이 나타나면 트위터 아이디와 패스워드를 입력한 후 [로그인]을 클릭합니다. 트위터 맨션을 남길 수 있는 창이 나타납니다. [트윗하기]를 클릭합니다.

> **TIP**
> 트위터에 공유되는 링크가 프레지 주소에서 "http://t.co"로 전환됩니다

프레지로
공동 작업하기

프레지 파일의 링크를 공유하면 여러 사람이 협업하여 공동 작업을 할 수 있습니다. 한 번에 최대 10명까지 공동으로 작업을 할 수 있는데 멀리 떨어져 있는 협업 대상자도 온라인으로 인터넷만 연결되어 있으면 언제 어디서나 함께 작업이 가능합니다.

:: Editing 기능으로 공유하기

프레지는 온라인 프레젠테이션 도구다보니 다른 프레젠테이션 도구보다 온라인으로 공동 작업이나 협업 기능이 강화되어 있습니다. Editing 기능으로 프레지 파일을 공유해 보겠습니다.

01_ [Share]를 클릭한 후 [Share this prezi] 레이어 팝업 창이 나타나면 [Editing] 탭을 클릭합니다. [To] 입력란에 공동 작업할 사람의 이메일 주소를 입력하고 [Add a personal note] 입력란에 간단한 메시지를 입력한 후 [Send email]을 클릭하여 프레지에서 바로 메일을 보냅니다.

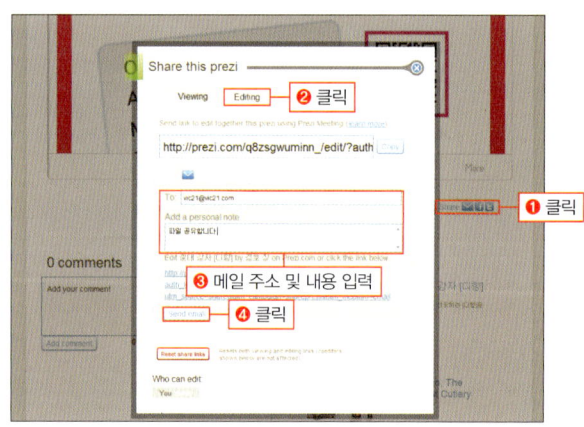

> **TIP**
> 프레지 주소 옆에 있는 [Copy]를 클릭하여 본인이 사용하는 메일 사이트로 상대방에게 직접 보낼 수도 있습니다.

02_ 공동 작업할 사람에게 이메일이 보내집니다.

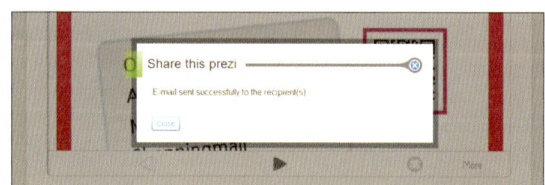

> **TIP**
> [Viewing] 탭에도 프레지 파일의 링크를 공유할 수 있습니다. 다만, [Viewing] 탭의 링크를 공유하면 프레지 파일의 편집은 불가능하며 단지 볼 수만 있습니다.

03_ 상대방의 메일을 열어보겠습니다. 프레지 파일의 주소가 링크되어 있는 것을 확인할 수 있습니다. 링크를 클릭합니다.

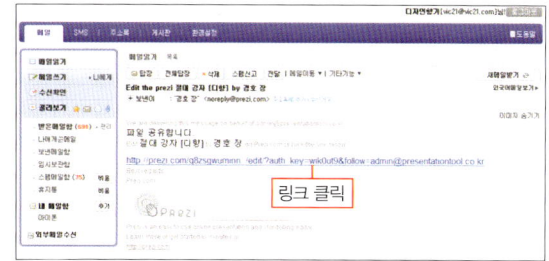

04_ 상대방이 상대방의 프레지 아이디와 패스워드로 접속하면 [Show] 모드로 공동 작업할 프레지가 열립니다. 공동 작업을 위해 [Edit] 모드로 변경하면 함께 공동 작업이 가능합니다. 상대방 프레지에는 본 파일을 공유한 원 제작자는 붉은 색의 사람 모양의 아바타가 표시되어 나타납니다. 캔버스에 텍스트를 삽입해 봅니다.

공동 작업자 화면 ▶

05_ 원 제작자 프레지 파일에도 거의 동시에 캔버스에 텍스트가 삽입되는 것을 확인할 수 있습니다. 원 제작자 프레지 파일에는 상대방이 다른 색의 사람 모양의 아바타가 아이콘으로 표시되어 나타나며 어디서 작업을 하고 있는지 아이콘의 위치로 확인할 수 있습니다. 공동 작업이 끝났다면 [Exit]를 눌러 작업을 종료합니다.

원 제작자 화면 ▶

06_ [Edit together]를 클릭하면 [Who can edit]란에 공동 작업자의 이름이 함께 나타납니다. 공동 작업을 중단하고 싶을 때에는 공동 작업자 이름을 제거하면 됩니다.

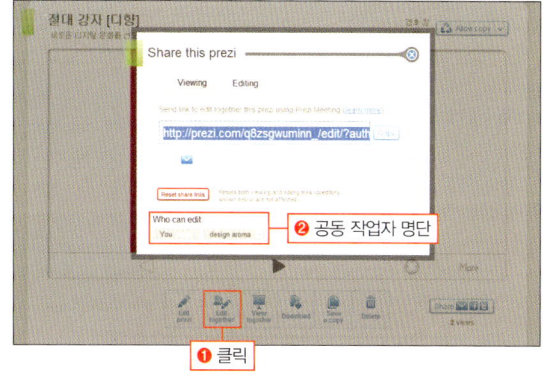

:: Meeting 기능으로 공유하기

Meeting 기능으로 여러 사람과 함께 온라인 프레젠테이션이 가능합니다. 비록 몸은 멀리 떨어져 있지만 Meeting 기능으로 실시간 온라인 프레젠테이션을 함께 해보기 바랍니다.

07_ Edit 모드에서 상단 메뉴의 [Meeting]을 클릭합니다. 여러 사람과 온라인 프레젠테이션을 가능하게 해주는 [Start online presentation]과 함께 공동 작업을 가능하게 해 주는 [Invite to edit]가 나타납니다. [Invite to edit]를 클릭하면 'Editing 기능으로 공유하기'와 동일하게 함께 공동 작업이 가능합니다.

[Start online presentation] vs [Invite to edit]

[Start online presentation]을 통해 메일을 수신한 사람은 원 제작자의 프레젠테이션을 볼 수는 있지만 프레지를 편집할 수는 없습니다. [Invite to edit]을 통해 메일을 수신한 사람은 프레지를 함께 편집할 수 있습니다.

▲ Start online presentation

▲ Invite to edit

Reset share links

프레지 파일의 링크를 공유했지만 때에 따라서 공유를 해제하고 싶은 경우가 발생합니다. 이럴 경우 [Reset share links]를 클릭합니다. [Reset share links]는 공유한 프레지 파일의 링크를 변경하여 공유했던 링크를 사용할 수 없게 만들어 줍니다.

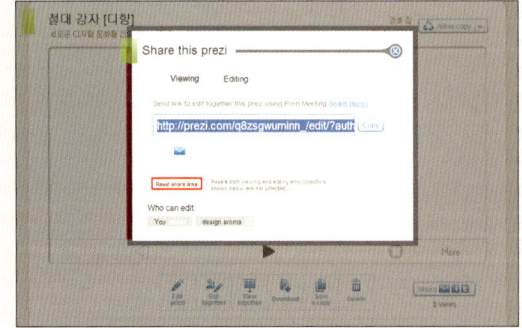

Section# 05 프레지 공유하기

프레지에서 만든 파일은 프레지를 이용하는 모든 사람에게 공유됩니다. 하지만 필요에 따라 중요한 프레지 파일은 비공개해야 하는 경우도 발생합니다. 다만, Public 계정에서는 비공개할 수 없으며, Enjoy 계정 이상에서만 가능합니다.

01_ [Your Prezis] 탭을 클릭한 후 공유 설정을 할 파일을 선택한 후 [Allow copy]를 클릭합니다. [Public & allow copy], [Public], [Private] 중에서 원하는 항목을 선택합니다.

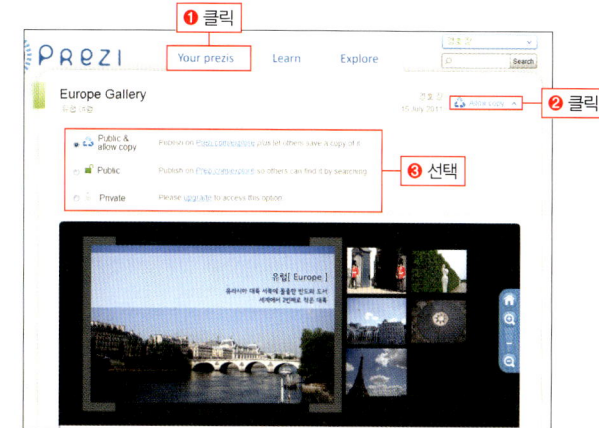

프레지 공유 설정하기

프레지 파일은 언제든지 다른 사람들과 공유하거나 비공개할 수 있습니다. 다만, 비공개의 경우 Enjoy 계정이나 Pro 계정을 가진 사람들만 가능하며, 무료 계정인 Public 계정을 가진 사람은 불가능합니다.

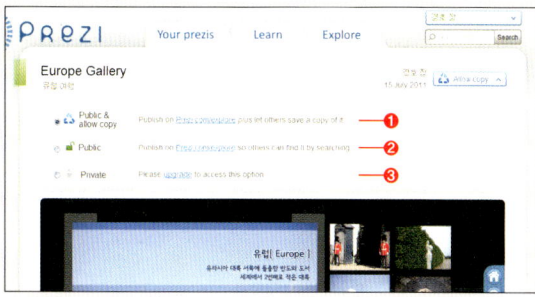

❶ Public & allow copy : 누구나 검색하고 재사용할 수 있습니다.
❷ Public : 검색은 가능하지만 재사용은 불가능합니다.
❸ Private : 프레지 파일이 비공개됩니다. 단 Section 4. 프레지 공동 작업하기에서 배운 초대 등을 통해 공동 작업 등은 가능합니다.

Section
06
프레지
복사본 만들기

프레지는 본인의 아이디어나 공동 작업 등을 통해 다양한 창의적인 발상이 나올 수 있습니다. 파워포인트나 키노트의 경우 슬라이드 작업 방식으로 재편집된 슬라이드는 다른 파일로 저장하거나 슬라이드를 복사해 다시 사용할 수 있지만 프레지는 내용을 수정하면 다시 불러올 방법이 없습니다. 그렇기에 복사본 만들기를 통해 필요에 따라 백업 파일을 만들어 놓을 필요가 있습니다.

01_ [Your prezis] 탭에서 복사본을 만들 파일을 선택한 후 [Save a copy]을 클릭합니다.

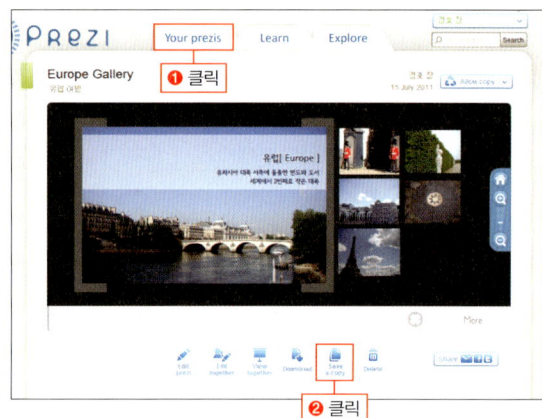

02_ [Your prezis] 항목에 복사본이 생성됩니다.

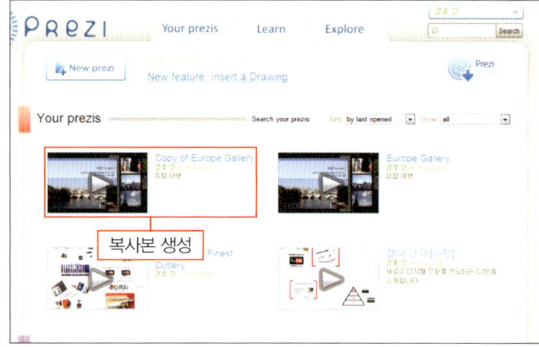

 복사본 삭제하기

복사본뿐만 아니라 프레지 원본 파일도 **Delete** 를 클릭하여 간단하게 삭제할 수 있습니다. 다만, 한 번 삭제한 파일은 복구가 불가능하니 주의할 필요가 있습니다.

Section# 07 프레지 평가하기

[Explore] 탭을 클릭하면 여러 사람들이 공유해 놓은 프레지 파일을 확인할 수 있습니다. 이렇게 올려진 프레지 파일은 사용자가 직접 평가를 할 수 있으며 간단하게 댓글을 남길 수도 있습니다.

01_ [Explore] 탭을 눌러 다른 사람이 만든 프레지 파일을 클릭합니다. 프레지 화면 하단에 [Like] 단추가 있습니다. 인기가 많은 프레지 파일은 [Like]를 받은 숫자가 높고 검색 빈도도 높습니다.

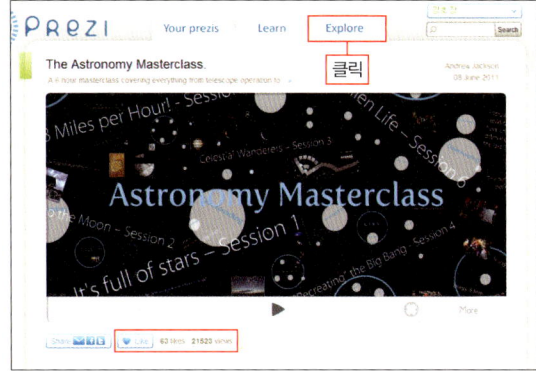

> **TIP**
>
> 상대방이 만든 프레지 파일도 메일이나 페이스북, 트위터 등을 통해 링크를 공유할 수 있습니다.

02_ 프레지 파일에 댓글을 남길 수도 있습니다. [Add your commnet] 입력란에 메시지를 입력한 후 [Add comment]를 클릭합니다.

> **TIP**
>
> [Reply]을 눌러 다른 사람의 댓글에 댓글을 추가할 수 있습니다.

Section#
08
플래시나 데스크톱용으로
다운로드 받기

인터넷 회선이 불안정한 장소에서 보다 안정적으로 프레젠테이션을 진행하려면 프레지 파일을 플래시 파일로 다운로드 받거나 데스크톱용 프레지 파일로 다운로드 받아 진행하는 것이 좋습니다. 다운로드 받은 파일은 데스크톱용 프레지에서 수정 작업을 진행할 수 있으며, 데스크톱용에서 온라인 프레지로 바로 업로드할 수도 있습니다.

:: 플래시 파일로 다운로드 받기

온라인 프레젠테이션은 인터넷 회선에 따라 영향을 많이 받기 때문에 불안정한 인터넷 회선이 걱정된다면 플래시 파일로 다운로드 받아 프레젠테이션을 진행하는 것이 좋습니다.

01_ 다운로드 받을 프레지 파일을 선택한 후 [Download]를 클릭합니다. [Choose a format to download] 레이어 팝업 창이 나타나면 [Export to Portable prezi]를 선택한 후 [Download]를 클릭합니다.

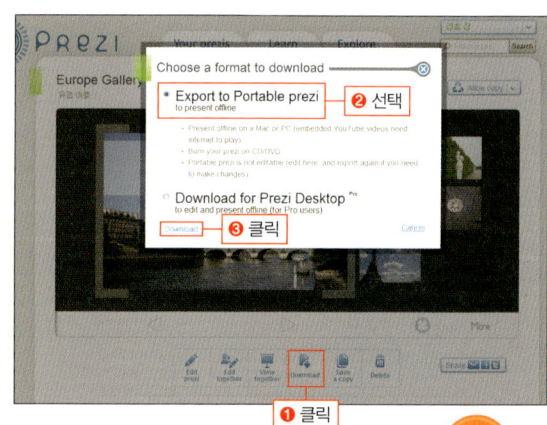

> TIP
>
> [Export to Portable prezi]를 선택하면 플래시 파일로 다운로드할 수 있습니다.

02_ [click this llink to download]를 클릭합니다.

03_ 프레지 파일이 압축되어 다운로드 됩니다. 압축을 풀면 다음과 같이 여러 파일이 나타납니다. 이 중 'prezi. exe'을 더블 클릭합니다.

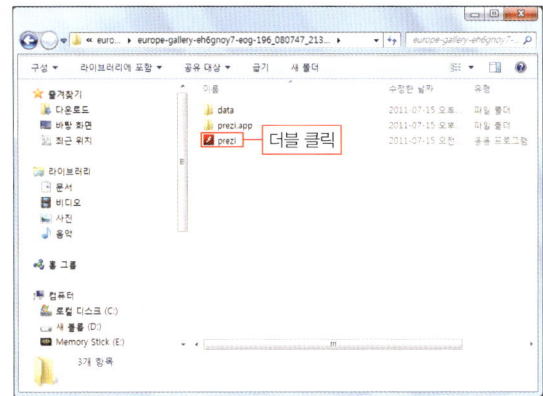

04_ 프레지가 플래시 파일로 실행됩니다. Ctrl + F 를 눌러 전체 화면으로 실행합니다.

:: 데스크톱용 프레지 파일로 다운로드 받기

플래시 파일로 다운로드 받는 방법 이외에도 데스크톱용 프레지 파일로 다운로드 받아 프레젠테이션을 진행할 수도 있습니다.

05_ 다운로드 받을 프레지 파일을 선택한 후 [Download]를 클릭합니다. [Choose a format to download] 레이어 팝업 창이 나타나면 [Download for Prezi Desktop]를 선택한 후 [Download]를 클릭합니다.

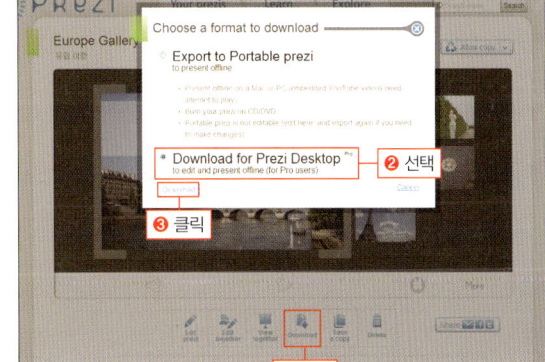

TIP

[Download for Prezi Desktop]을 선택하면 데스크톱용 프레지 파일을 다운로드할 수 있습니다.

06_ [click this llink to download]를 클릭합니다.

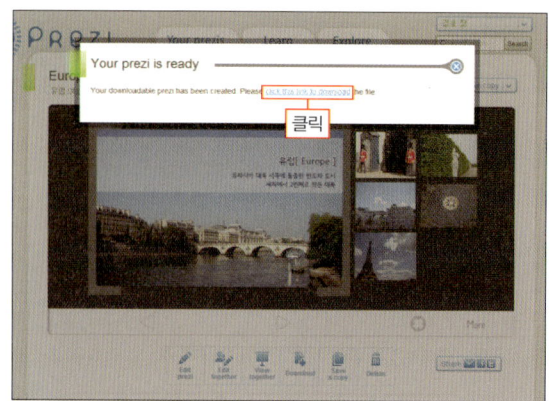

07_ 데스크톱용 프레지 파일로 다운로드 받으면 확장자가 '.pez'인 프레지 파일로 다운로드 됩니다.

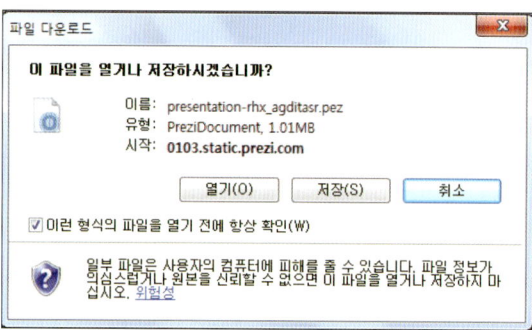

08_ 데스크톱용 프레지를 열어 파일을 불러옵니다.

데스크톱용 프레지는 내 컴퓨터에 별도로 설치해야 합니다. 자세한 사항은 Part 02의 81페이지를 참조하기 바랍니다.

Section# 09

프레지로 **쇼하기**

프레지, 파워포인트, 키노트 등 모든 프레젠테이션 도구는 결국 프레젠테이션을 잘하기 위해 만들어 졌고, 지금도 지속적으로 발전하고 있습니다. 프레지는 온라인 도구이기 때문에 프레지 공유하기나 공동 작업하기를 통해 전 세계 누구와도 온라인 프레젠테이션이 가능합니다. 여기서는 프레지로 실 제 프레젠테이션하는 방법에 대해서 살펴보겠습니다.

:: Prezi.com에서 쇼하기

인터넷이 가능한 곳이라면 Prezi.com에 접속하여 언제 어디서나 프레지 쇼가 가능합니다.

01_ [Your prezis] 탭에서 원하는 프레지를 선택합니다. [More]–[Fullscreen]을 클릭합니다.

TIP

[Autoplay]를 클릭하면 프레지 쇼가 자동으로 진행됩니다. 프레지 편집 모드에서 버블 메뉴의 [Show]를 클릭 해도 프레지 쇼를 진행할 수 있습니다.

02_ 파워포인트나 키노트처럼 전체 화면으로 프레지 쇼 를 진행할 수 있습니다. 다음(▶) 단추를 눌러 쇼를 진행 합니다.

TIP

프레지는 온라인 프레젠테이션 도구이기 때문에 언제 어디서나 프레지 쇼를 진행할 수 있다는 장점이 있지만 인터넷 회선 이 느리거나 불안정하면 쇼를 제대로 진행할 수 없습니다. 실제 프레젠테이션을 진행한다면 플래시나 데스크톱용으로 다 운로드 받아 진행하는 것이 좋습니다.

:: [줌인/줌아웃] 단추로 쇼하기

Path(패스)를 통해 프레지 쇼의 순서를 지정할 수 있지만 능숙하게 프레지 쇼를 진행하려면 마우스로 각각의 개체를 클릭하거나 [줌인/줌아웃] 단추를 이용해 프레지 쇼를 진행하는 것이 좋습니다.

03_ [줌인/줌아웃] 단추로 쇼를 진행해 보겠습니다. 프레지 쇼를 진행하면서 설명할 원하는 개체를 클릭합니다. Path(패스)가 지정되어 있지 않아도 클릭한 위치로 화면이 이동하면서 자연스럽게 프레지 쇼가 진행됩니다.

04_ 클릭뿐 아니라 원하는 개체를 마우스로 드래그하면 프레지 화면이 함께 움직입니다. 원하는 개체를 드래그한 후 오른쪽 [줌인/줌아웃] 단추를 이용해 개체를 확대하거나 축소하여 프레지 쇼를 진행합니다.

TIP

Path(패스)가 지정되어 있지 않은 상태에서 프레지 쇼를 진행하면 순서가 뒤죽박죽되어 때에 따라서는 번잡한 프레지 쇼가 될 수 있습니다. 철저한 스토리와 탄탄한 구성이 머릿속에 인지되어 있을 때 진행하도록 합시다.

TIP

프레지 쇼를 진행하기 위해서는 Path(패스)와 Frame(프레임)을 활용하여 순서 및 보여질 화면을 그룹으로 지정하는 것이 좋습니다.

:: 시간 간격 설정하여 자동으로 쇼하기

시간 간격을 설정해 4초, 10초, 혹은 20초 간격으로 자동으로 프레지 쇼를 진행할 수 있습니다.

05_ 오른쪽 하단에 위치한 [다음으로] 단추를 길게 누르면 프레지 쇼를 진행할 수 있는 시간 간격이 나타납니다. 4초, 10초, 20초 간격으로 설정할 수 있습니다. [10]을 클릭합니다. 10초마다 프레지 화면이 변경됩니다.

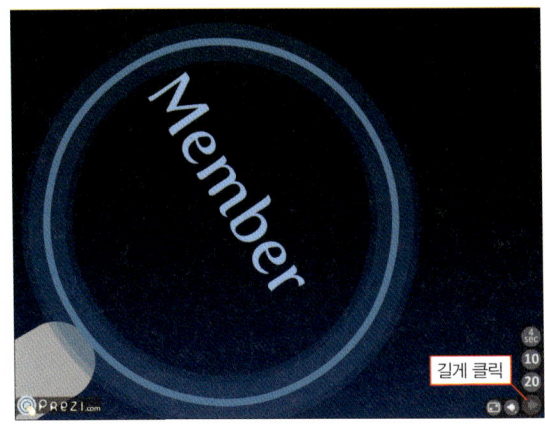

시간 간격의 경우 반드시 Path(패스) 설정이 되어 있어야 합니다. Path(패스)가 지정되어 있지 않으면 자동으로 프레지 쇼가 진행되지 않습니다.

 무선 리모컨 사용하기

넓은 프레젠테이션 장소에서 마우스를 활용하여 프레지 쇼를 진행하기는 쉽지 않습니다. 이럴 때에는 무선 리모컨을 이용하여 프레지 쇼를 진행하는 것이 좋습니다. 보통의 무선 리모컨은 다음과 같은 기능으로 프레지에서 작동하게 됩니다.

프레지	무선 리모컨
다음 순서로 이동	오른쪽 화살표 클릭
이전 순서로 이동	왼쪽 화살표 클릭
개체를 확대	위쪽 화살표 클릭
개체를 축소	아래쪽 화살표 클릭

혁신적
프레젠테이션
세계

프레지는 스마트 기기를 만나면 더욱 다양한 기능을 구현할 수 있습니다. 특히, 아이폰이나 아이패드를 활용해 보다 멋진 프레지 쇼를 진행할 수 있습니다. 본인이 가지고 있는 무선 리모컨이 프레지에서 작동을 하지 않을 때 HelloPrezi 애플리케이션을 이용해 아이폰이나 아이팟을 무선 리모컨으로 대신 사용하거나, Prezi Viewer 애플리케이션을 이용해 아이패드로 프레지 쇼를 진행할 수 있습니다.

CHAPTER

04

스마트 기기로 프레지하기

아이폰 HelloPrezi 어플로
프레지 컨트롤하기

Section# 01

HelloPrezi는 아이폰 혹은 아이팟으로 프레지 파일을 컨트롤할 수 있는 리모컨 어플입니다. HelloPrezi 는 앱스토어에서 유료로 구매해야 하는 애플리케이션이지만 웹상에서 작성한 프레지 파일뿐만 아니라 다운로드 받은 플래시 프레지 파일 모두 컨트롤할 수 있어 매우 유용한 애플리케이션입니다.

:: HelloPrezi 서버 프로그램 설치하기

HelloPrezi로 서버를 자동 탐색하거나 프레지 슬라이드를 컨트롤할 수 있으며, 줌인/줌아웃, 풀스크린 기능, 그리고 타이머 기능까지 다양한 컨트롤을 진행할 수 있습니다. 다만, 본 애플리케이션은 윈도우에 서버 프로그램이 설치되어 있어야 작동하며, 서버 프로그램은 제작사인 jnkstudio 홈페이지에서 다운로드가 가능합니다.

01_ 먼저 아이폰의 App Store에서 'HelloPrezi'를 다운로드 받습니다.

> **TIP**
>
> HelloPrezi는 아이폰, 아이팟에서 무선 리모컨으로 사용할 수 있지만 아이패드에서 도 사용이 가능합니다. 다만, HelloPrezi는 아쉽게도 안드로이드용 스마트 폰에서는 아직까지는 사용할 수 없습니다.

02_ HelloPrezi를 사용하기 위해서는 서버 프로그램이 본인의 컴퓨터에 설치되어 있어야 합니다. 'http://www. jnkstudio.net'에 접속한 후 [HelloPrezi] 메뉴를 클릭합니다.

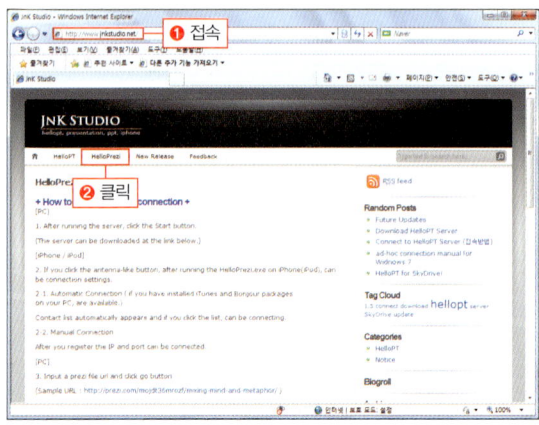

03_ 'HelloPrezi._server_1.0.1.9_for_Windows.zip' 링크를 클릭하여 파일을 다운로드 받은 후 압축을 풉니다.

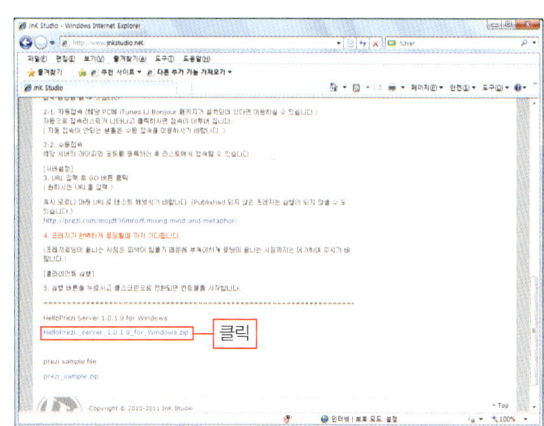

TIP

다운로드 받는 'HelloPrezi._server_1.0.1.9_for_Windows.zip' 파일은 버전이 업그레이드 됨에 따라 달라질 수 있습니다.

:: 서버 접속하기

HelloPrezi 프로그램을 실행하여 내 컴퓨터의 IP 주소를 통해 서버 접속을 시도합니다. 이 때 HelloPrezi 프로그램에 컨트롤할 프레지 슬라이드 주소를 입력해야 합니다.

04_ HelloPrezi 프로그램을 실행시킨 후 내 컴퓨터의 IP 주소를 확인합니다. IP 주소가 이상 없다면 [Start]를 클릭합니다. URL에 프레지 슬라이드 주소를 입력합니다. 여기서는 예제 파일로 만든 'http://prezi.com/q8zsgwuminn_/presentation'를 입력한 후 [Go]를 클릭합니다.

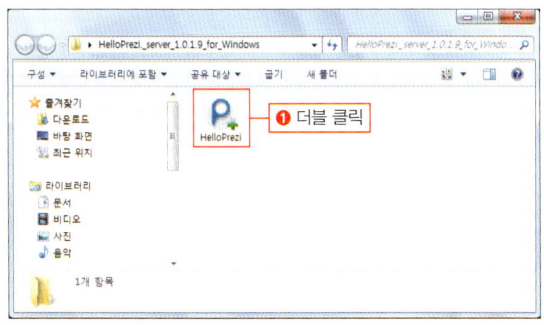
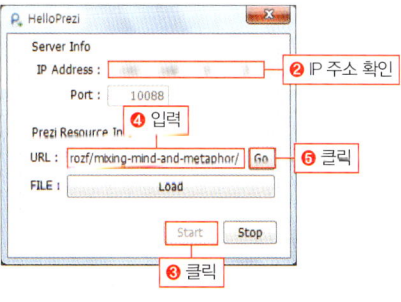

TIP

URL에는 HelloPrezi 어플로 컨트롤할 본인이 만든 프레지 경로를 입력해 줍니다.

05_ 웹 브라우저가 실행되며 프레지 경로로 접속됩니다. 프레지가 모두 로딩될 때까지 기다려줍니다.

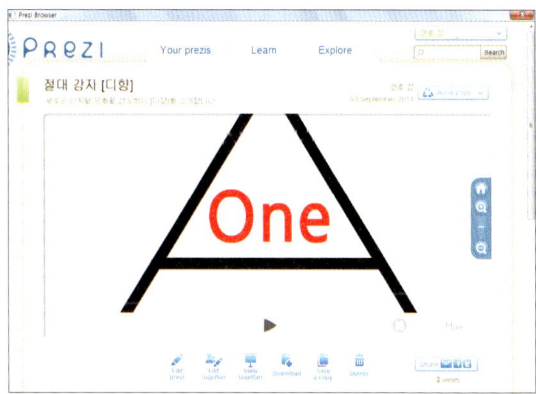

:: HelloPrezi 어플로 프레지 컨트롤하기

이제 아이폰의 HelloPrezi 어플로 프레지를 컨트롤해 보겠습니다. 서버 회선이 불안정하거나 방화벽 설정 등으로 정상적인 접속이 되지 않을 수도 있으므로 본 어플에서 제공하는 매뉴얼을 반드시 숙지하도록 합니다.

06_ HelloPrezi 어플로 프레지를 컨트롤하기 위해 아이폰에서 HelloPrezi 어플을 실행합니다. [접속] 버튼을 터치합니다.

 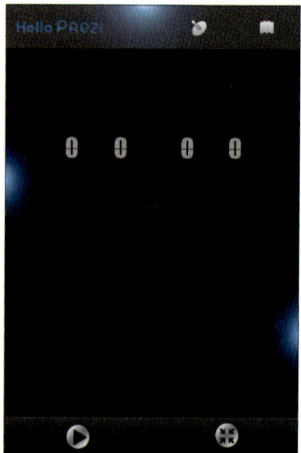

07_ [auto] 탭은 자동으로 서버의 접속 정보를 표시해 줍니다. 서버의 접속 정보를 확인한 후 터치합니다. 서버와 정상적으로 접속이 되면 성공하였다는 메시지 창이 나타납니다. [OK]를 터치합니다.

TIP

서버와 클라이언트가 같은 공유기에 접속하지 않았거나, 서버의 방화벽 설정으로 인해 포트 번호가 막혀 있는 경우 등 여러 문제로 서버의 접속 정보가 표시되지 않을 수 있습니다. 본 어플의 매뉴얼이나 서버 프로그램을 다운로드한 사이트를 통해 해결 방안을 찾아보기 바랍니다.

08_ 프레지 파일을 컨트롤해 봅니다. [실행] 버튼을 터치하여 프레지를 전체 화면으로 실행합니다. 아이폰 화면에서 좌측으로 터치하면 다음 패스로 화면이 넘어가고 우측으로 터치하면 이전 패스로 화면이 넘어갑니다.

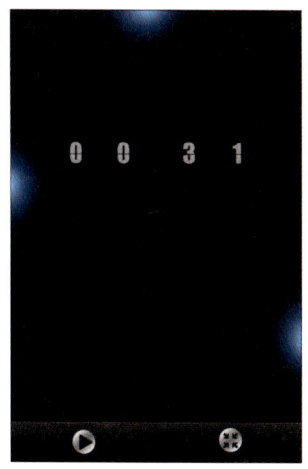

 ### HelloPrezi 어플의 매뉴얼

HelloPrezi 어플은 친절하게도 사용 방법을 매뉴얼 형식으로 제공하고 있습니다. 화면 구성부터 접속 방법, 프레젠테이션 컨트롤까지 제공하니 반드시 숙지하고 어플을 사용하시기 바랍니다.

Section# 02
아이패드 Prezi Viewer 어플로
프레지 쇼하기

아이패드가 있다면 Prezi Viewer 애플리케이션으로 프레지를 사용할 수 있습니다. 지금까지 Prezi Viewer는 편집 기능이 지원되지 않는 단순한 뷰어로서 프레지 내용을 확인하거나 아이패드로 프레젠테이션 하는 용도로만 사용되었지만 이번에 업데이트된 Prezi Viewer는 간단한 편집 기능도 지원하고 있습니다.

아이패드의 기본 어플인 'Safari'에서 Prezi.com에 접속하면 프레지 홈페이지에 접속되지 않습니다. 프레지가 플래시를 기반으로 하는 프레젠테이션 도구이기 때문에 플래시를 지원하지 않는 아이패드에서는 프레지 파일을 보는 것조차 불가능합니다. 이런 문제점을 잘 알고 있는 프레지 본사에서는 Prezi Viewer라는 별도의 애플리케이션을 만들어 아이패드에서도 프레지 파일을 볼 수 있도록 제공하고 있습니다.

물론 애플사의 아이폰이나 아이패드를 제외한 갤럭시나 갤럭시 탭 등의 안드로이드용 스마트 기기에서는 플래시 파일을 볼 수 있으므로 웹과 동일한 모습의 프레지 시트에 접속할 수 있습니다.

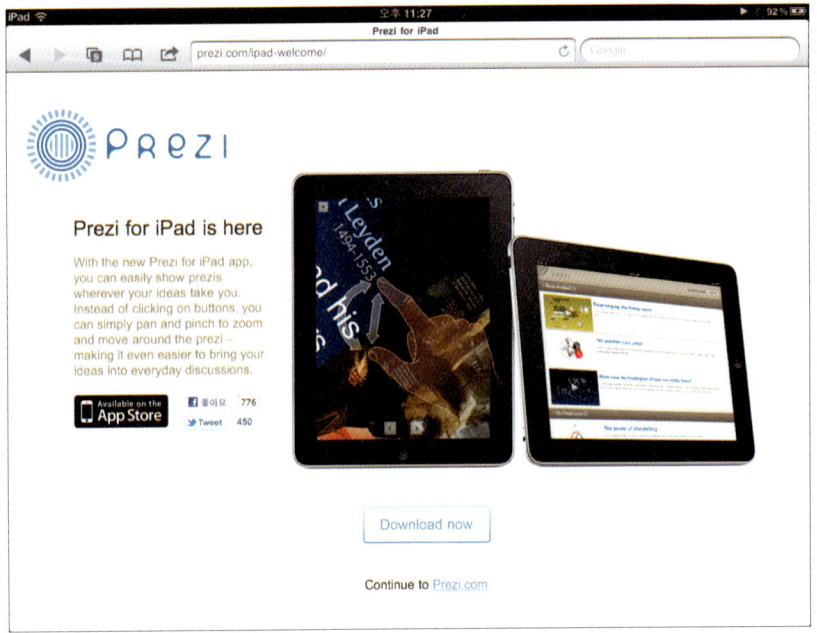

▲ 아이패드의 Prezi.com 화면

01_ 아이패드용 Prezi Viewer 어플은 아이패드의 앱스토 어에서 다운로드 받을 수 있습니다. 검색 입력란에 『Prezi Viewer』를 입력한 후 'Prezi Viewer' 어플을 다운로드 받습니다. 참고로 본 어플은 무료로 제공됩니다.

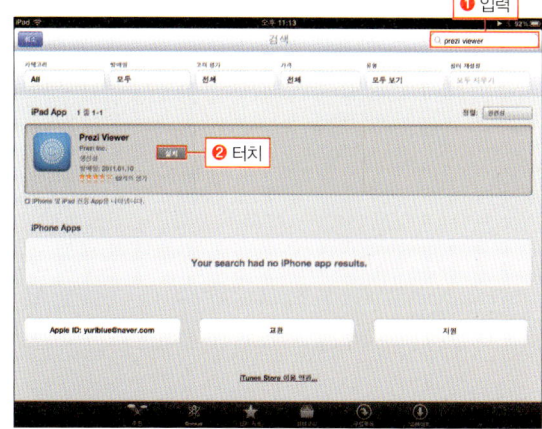

02_ 다운로드가 완료되면 [Prezi Viewer] 어플 아이콘을 터치하여 Prezi Viewer를 실행합니다.

03_ 프레지 아이디로 사용하는 이메일 주소와 패스워드를 입력한 후 [Log in]을 더치합니다.

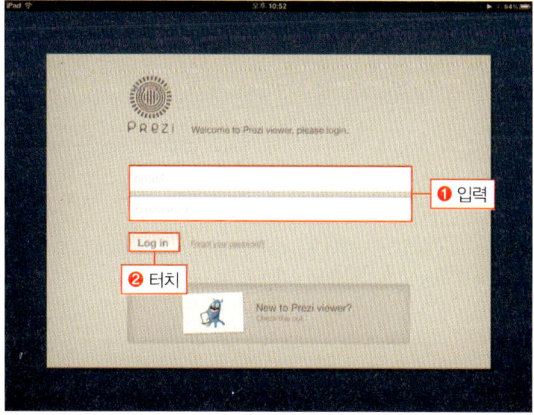

04_ 본인 계정에 있는 프레지 파일이 아이패드에 나타
납니다. 그 중 프레지 쇼 파일을 터치합니다.

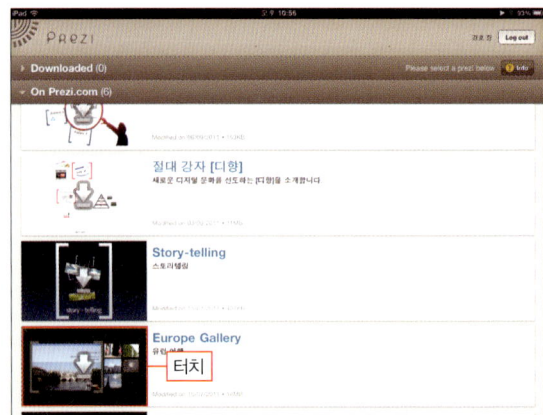

05_ 파일이 아이패드로 다운로드됩니다.

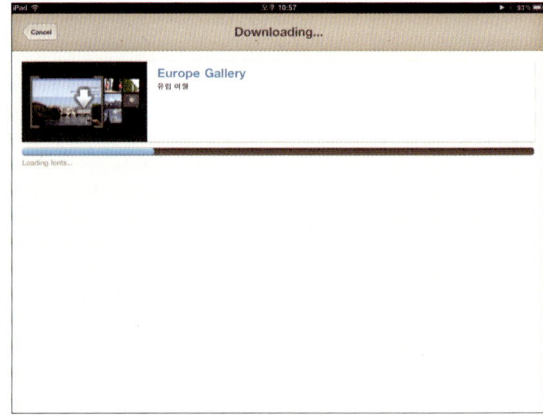

06_ 잠시 후 프레지 쇼가 진행됩니다. 손으로 터치하여 프레지 쇼를 진행할 수 있습니다.

Prezi Viewer 에디터 기능

Prezi Viewer는 단순히 뷰어 기능에서 벗어나 약간의 에디터 기능을 제공하고 있습니다. 캔버스에 그려넣은 이미지나 개체를 이동하거나 삭제하는 등 간단한 편집 기능을 사용할 수 있습니다. 이동하거나 삭제를 원하는 개체를 길게 터치하면 Delete 메뉴가 나타나 삭제하거나 개체의 위치를 이동할 수 있습니다.

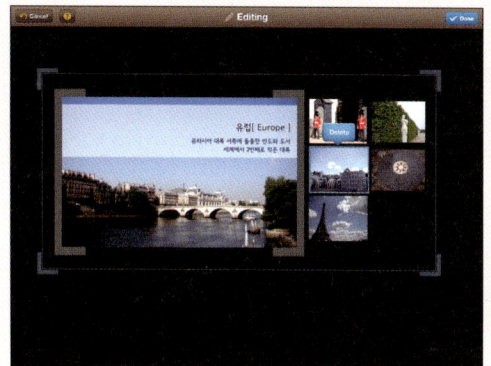 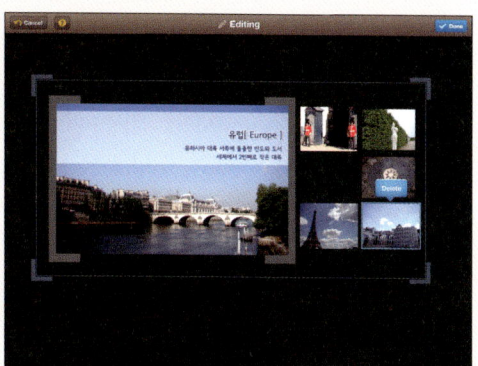

혁신적
프레젠테이션
세계

캔버스 위에서 버블 메뉴를 활용해 직접 작성해 보고 부딪혀 보는 방법이 가장 빠르게 프레지를 배울 수 있는 방법입니다. 여기서는 실무 예제를 바탕으로 프레지를 사용하고 응용하는 방법과 실제 프레젠테이션을 할 수 있는 노하우를 배워보도록 하겠습니다.

CHAPTER 05

프레지 실무
예제 활용하기

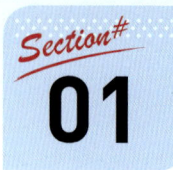

Section# 01

신문기사로 쉽고 빠르게 프레지 적용하기

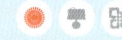

프레지는 별다른 테크닉을 사용하지 않아도 줌인/줌아웃 기능과 패스로 역동적인 화면을 연출할 수 있습니다. 이번 예제는 신문기사를 바탕으로 간단한 홍보물을 만들어 보도록 하겠습니다.

완성 파일

- **플래시 파일 :** Sample\Prezi\Section 01\Flash 폴더
- **프레지 파일 :** Sample\Prezi\Section 01\Pez 폴더
- **웹 주소 :** http://prezi.com/zz57ig5cfq6n

Preview

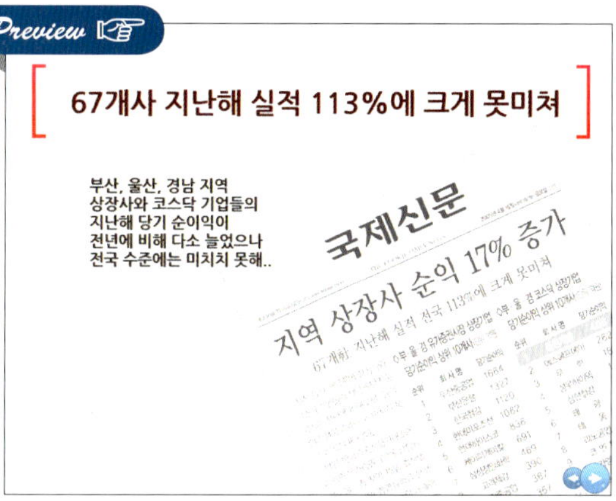

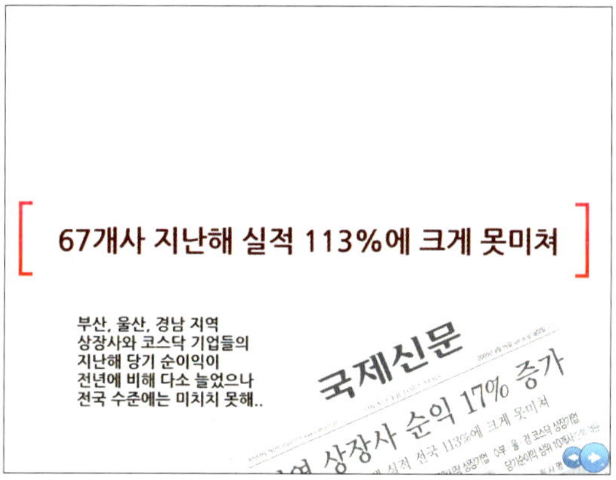

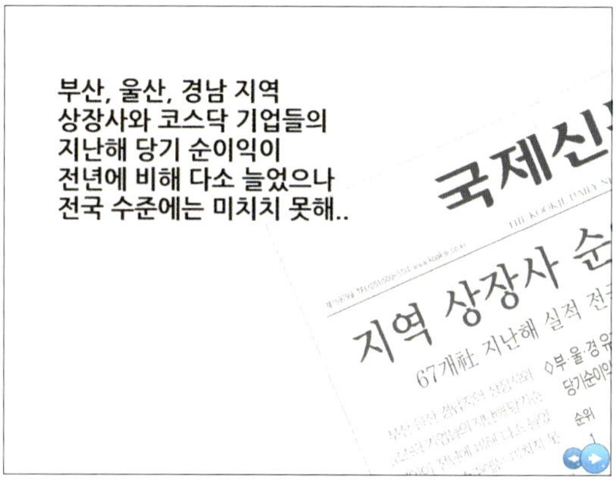

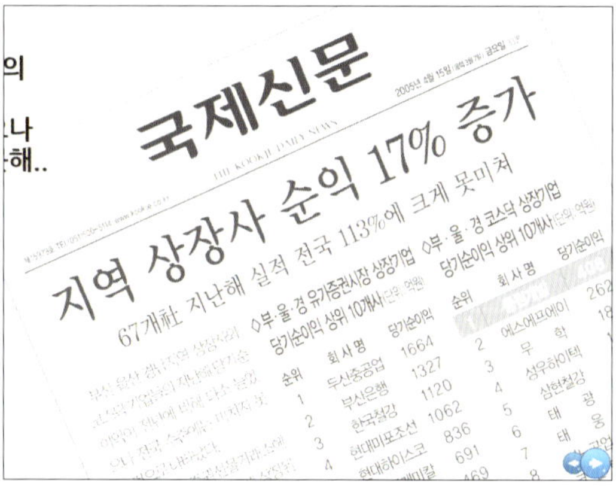

01_ 새로운 프레지를 만들기 위해 [Your prezis]를 클릭한 후 [New Prezi]를 클릭합니다.

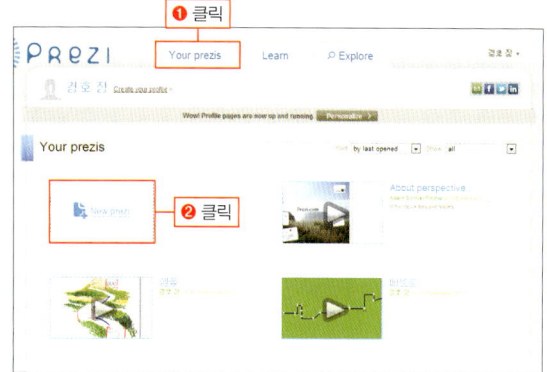

02_ [Create a new Prezi] 창이 나타나면 'Title'에 『신문기사』를 입력한 후 [New prezi]를 클릭합니다.

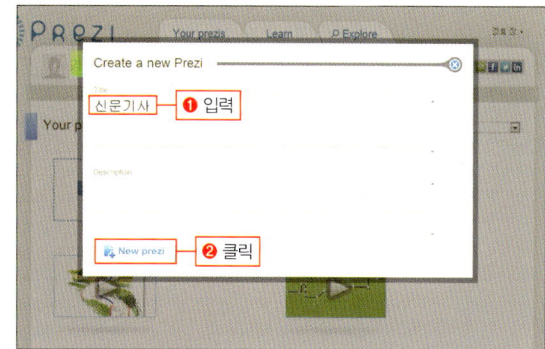

03_ [Templates] 창이 나타납니다. 다양한 템플릿 중 빈 화면으로 프레지를 만들 수 있는 'Blank'를 선택합니다. [Start editing]을 클릭합니다.

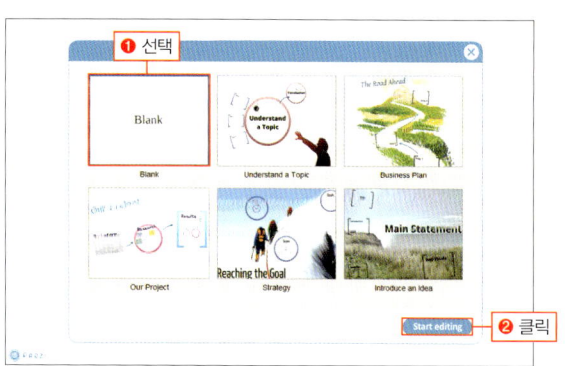

04_ 프레지 작업 화면이 나타납니다. 프레지 작업을 위해 제일 먼저 해주어야 할 일은 한글 모드를 비롯한 테마를 선택하는 일입니다. 버블 메뉴에서 [Colors & Fonts]를 선택한 후 [한글]을 클릭합니다.

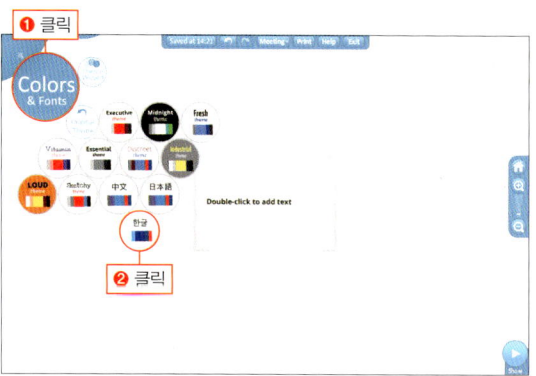

05_ 'Double-click to add text' 입력란을 더블 클릭해 텍스트를 입력합니다. 색상을 변경하기 위해 텍스트를 드래그하여 선택한 후 폰트 색상을 클릭하여 원하는 색상을 선택하고 [OK]를 클릭합니다.

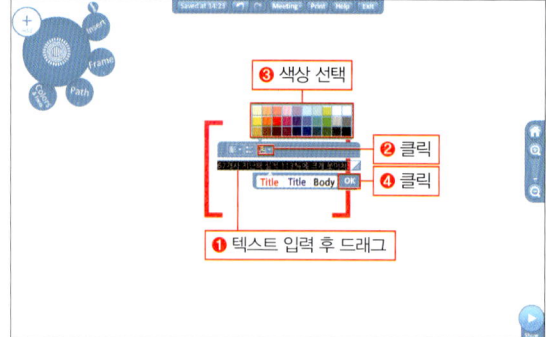

TIP

텍스트 박스의 크기 조절 단추(◢)를 드래그하면 텍스트 박스의 크기를 조절할 수 있습니다.

06_ 괄호 프레임을 더블 클릭하여 크기와 위치를 조절합니다.

TIP

프레임을 이용하면 여러 개체들을 묶어 한 화면으로 보여주거나 개체들의 크기나 위치를 조절할 수 있습니다.

07_ 빈 캔버스에 마우스를 클릭하면 텍스트를 입력할 수 있는 텍스트 박스가 나타납니다. 텍스트를 입력한 후 [OK]를 클릭합니다.

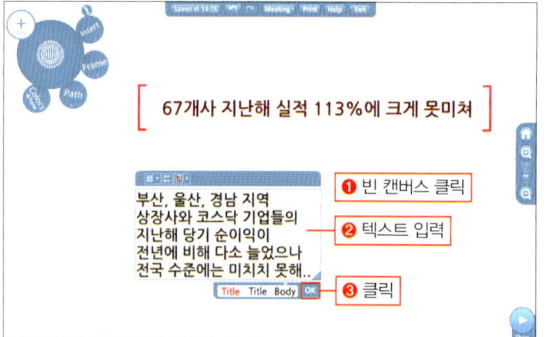

08_ 입력한 텍스트를 클릭하면 Zebra(지브라) 도구가 나타납니다. 축소 단추를 클릭해 크기를 조절합니다.

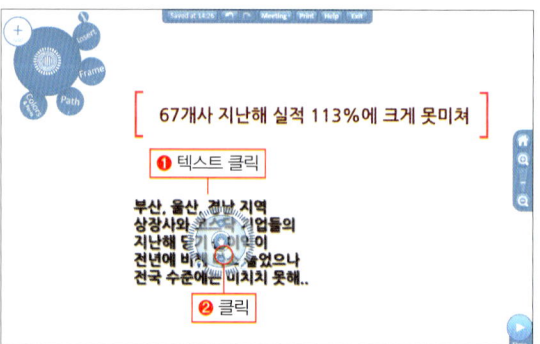

TIP

텍스트 혹은 이미지 등의 개체를 선택하면 Zebra(지브라) 도구가 나타납니다. Zebra(지브라) 도구는 개체의 위치를 이동하거나 확대, 축소, 회전, 삭제 등의 역할을 담당합니다.

09_ Zebra(지브라) 도구에서 손 모양의 이동 도구를 클릭하여 텍스트를 이동합니다. 괄호 프레임에서 작성한 텍스트 라인까지 위치를 이동하면 점선 표시가 나타나 텍스트를 쉽게 정렬할 수 있습니다.

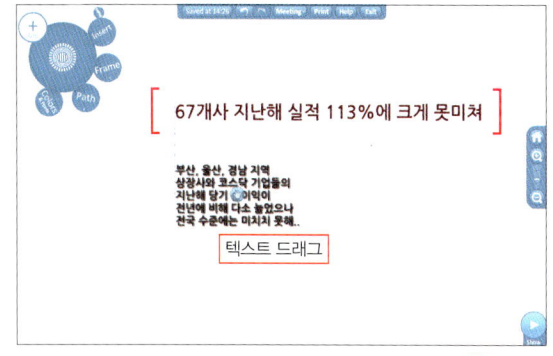

TIP

텍스트 등의 개체를 드래그하면 각 개체끼리 점선의 정렬 가이드라인이 표시되어 쉽게 개체를 정렬할 수 있습니다.

10_ 신문기사를 가져오기 위해 버블 메뉴 중 [Insert]– [Image]를 클릭합니다. [Insert image] 창이 나타나면 [Select files]를 클릭합니다.

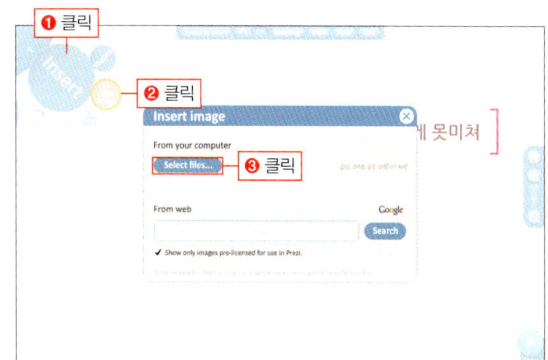

11_ [prezi.com에서 업로드할 파일을 선택] 대화 상자가 나타나면 부록 CD의 [Prezi] 폴더에서 'news.png' 파일을 선택한 후 [열기]를 클릭합니다.

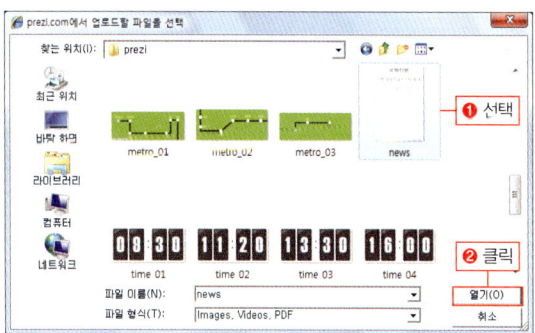

12_ 캔버스에 신문기사가 삽입됩니다. 신문기사의 위치 및 크기를 지브라 도구를 이용해 적절히 조절합니다.

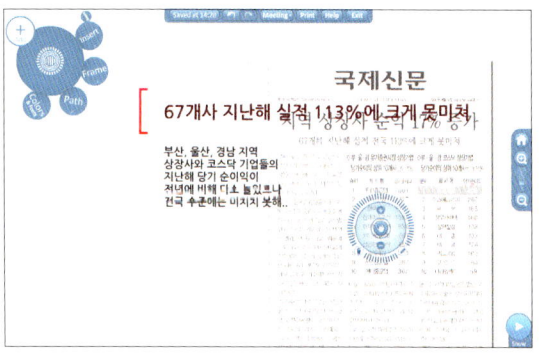

13_ 지브라 도구의 회전 도구를 드래그하여 신문기사를 회전시킵니다.

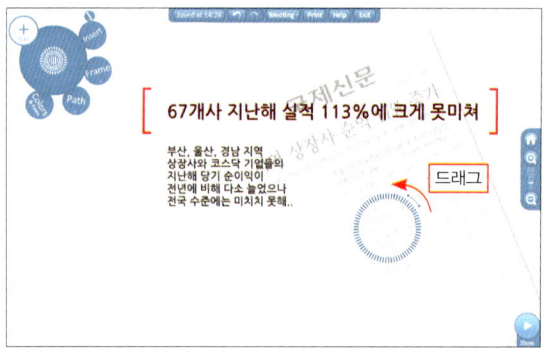

14_ 이제 프레임을 활용해 나타낼 영역을 지정하도록 하겠습니다. 버블 메뉴에서 [Frame]-[Hidden]을 선택합니다. 전체 영역이 포함될 수 있도록 **Shift**를 누른 채 영역을 지정합니다.

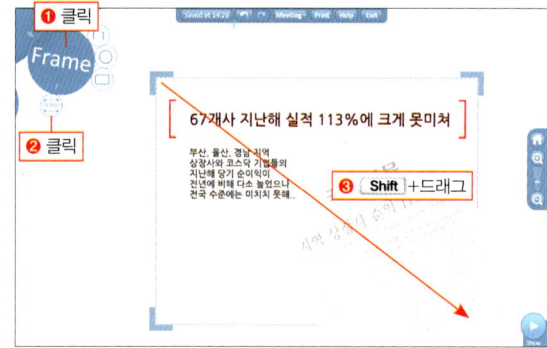

꼭!! 알고가기

프레임 지정 시 Shift 를 누른 채 영역을 지정하는 이유

프레임 지정 시 **Shift**를 누르지 않고 영역을 지정하면 원하는 영역만큼 자유롭게 지정할 수 있습니다. 하지만, 이는 바람직한 프레임 지정 방법이 아닙니다. 프레지 역시 프레젠테이션 도구이기 때문에 프로젝터를 통해 프레젠테이션 하는 경우가 많습니다. 빔 프로젝터의 화면 비율은 보통 4 : 3이므로 프로젝터의 화면 비율과 동일하게 프레임 영역을 지정하는 것이 좋습니다. **Shift**를 누른 채 영역을 지정하면 4 : 3 비율로 프레임 영역을 지정할 수 있습니다.

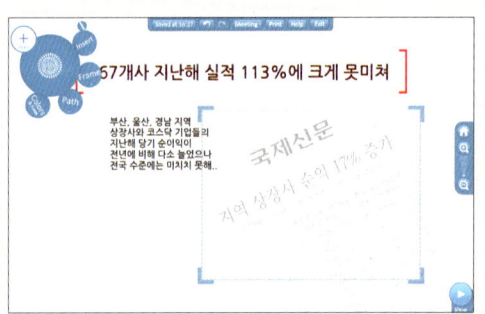
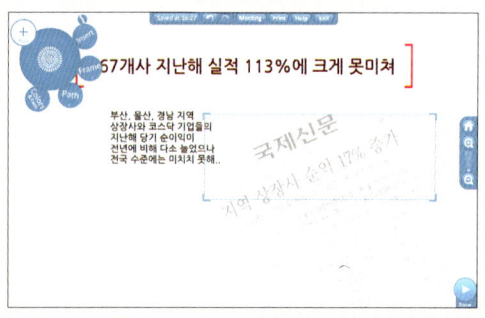

▲ **Shift** 누른 채 프레임 그리기 – 4:3 비율 　　　▲ **Shift** 누르지 않은 채 프레임 그리기 – 자유 비율

15_ 나머지 영역에도 프레임을 지정하도록 하겠습니다. 버블 메뉴에서 [Frame]-[Hidden]을 선택해 Shift 를 누른 채 영역을 지정합니다.

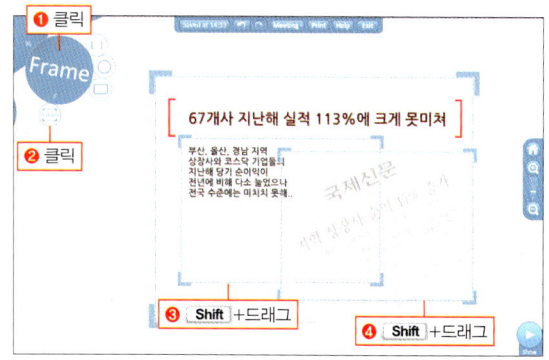

16_ 패스를 지정하면 원하는 순서대로 프레젠테이션을 진행할 수 있습니다. 버블 메뉴에서 [Path]-[1-2-Add]를 선택합니다. 화면 아랫부분에 패스 영역이 나타납니다.

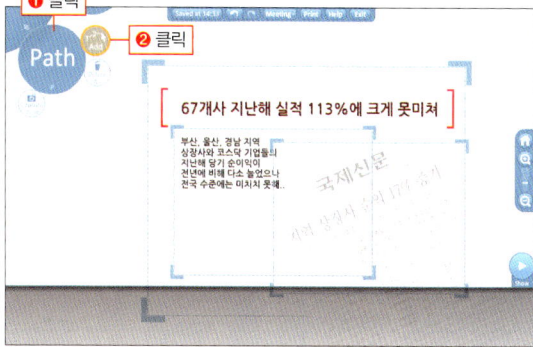

> **TIP**
> 패스 영역은 프레지 미리 보기 화면이라고 생각하면 됩니다.

17_ 가장 큰 프레임을 선택합니다. ❶이라는 숫자가 표시되며 패스 영역에 미리 보기 화면이 나타납니다.

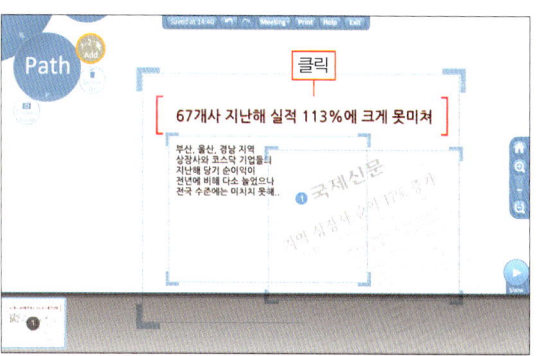

18_ 동일한 방법으로 원하는 경로를 설정해 줍니다.

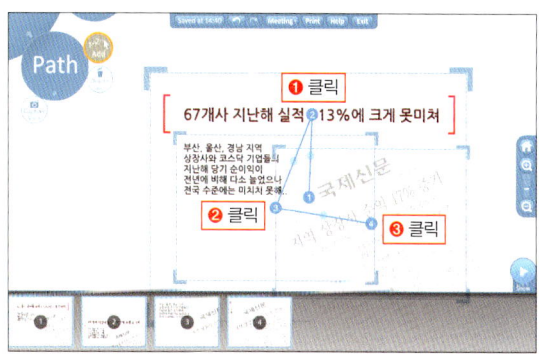

19_ 이제 경로에 따라 어떻게 프레지 쇼가 진행되는지 확인해 보도록 하겠습니다. Space Bar 를 눌러 프레지 쇼를 실행합니다.

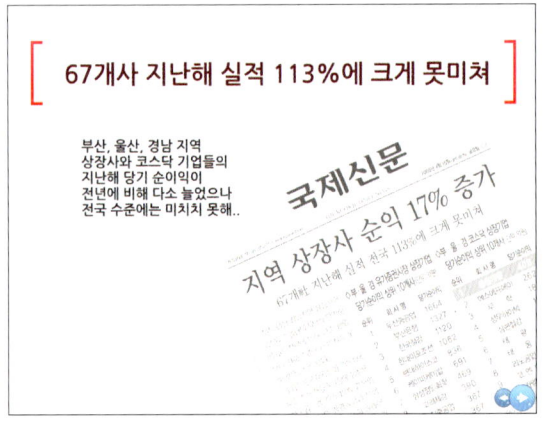 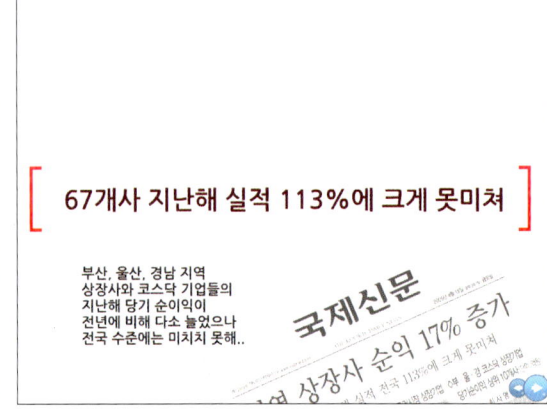

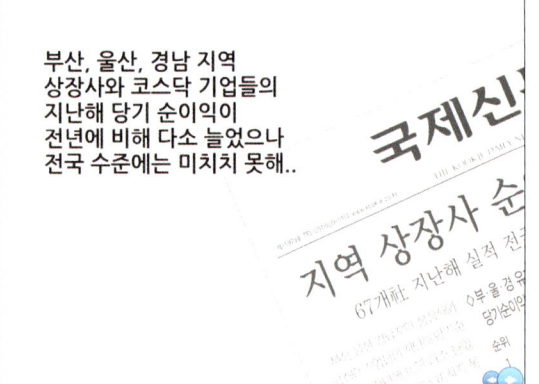 

TIP

프레지 쇼는 Space Bar 를 누르거나 화면 하단의 [Show] 단추를 눌러 진행할 수 있습니다. Space Bar 를 다시 한 번 누르면 편집 모드로 되돌아갑니다.

20_ [다음] 단추를 눌러 프레지 쇼를 계속 진행해 봅니다.

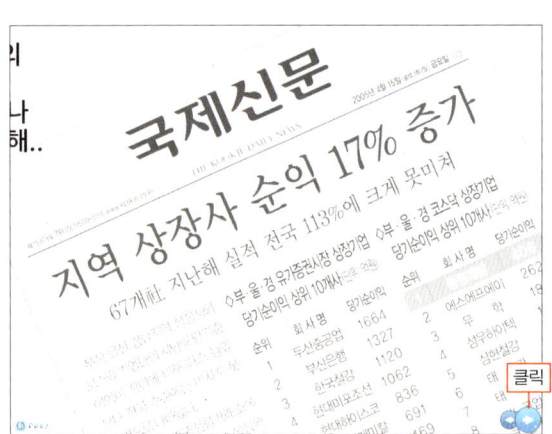

TIP

[이전] 단추는 키보드의 ←를 눌러도 동일하게 작동되며, [다음] 단추는 키보드의 →를 눌러도 동일하게 작동됩니다.

21_ 프레지 쇼가 끝나면 Space Bar 를 눌러 편집 모드로 되돌아옵니다. [Exit]를 클릭하여 편집 모드를 종료합니다.

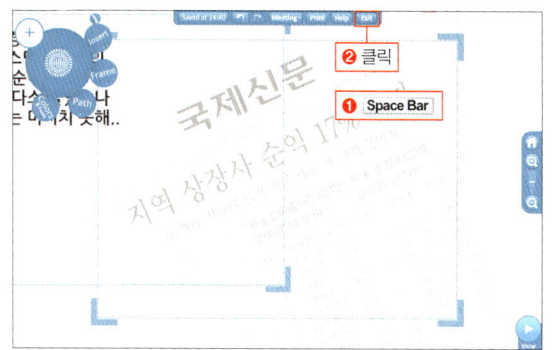

22_ 프레지가 종료되면 미리 보기 화면이 표시됩니다. 미리 보기 화면에서도 프레지 쇼를 진행하는 등 여러 가지 기능을 사용할 수 있습니다. 그 중 다른 사람들이 내가 만든 프레지를 복사하여 재사용하지 못하게 막거나 비공개로 설정할 수 있는 기능에 대해서 살펴보겠습니다. 다른 사람들이 볼 수는 있지만 편집은 할 수 없도록 하기 위해 오른쪽 상단의 [Allow copy]의 드롭다운 단추를 클릭해 [Public]을 선택합니다.

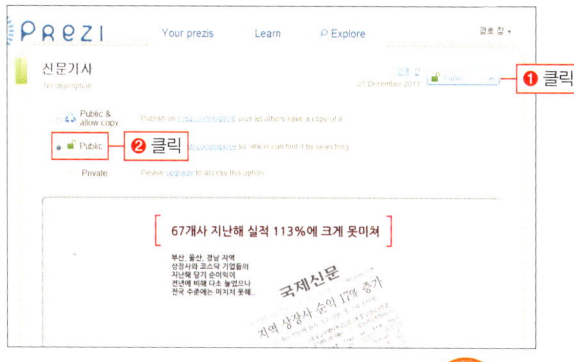

TIP

[Private] 옵션은 Pro와 같은 유료 사용자만 선택할 수 있는 메뉴입니다. [Private]를 선택하면 다른 사람들이 내가 만든 프레지를 볼 수 없습니다.

23_ [Your prezis]를 클릭하면 이번 예제를 통해 만들었던 프레지가 저장되어 있는 것을 확인할 수 있습니다. 프레지는 따로 저장하지 않더라도 실시간으로 [Your prezis]에 저장되기 때문에 파일을 분실하거나 컴퓨터의 예기치 않은 종료에도 프레젠테이션 파일을 안전하게 사용하고 보관할 수 있습니다.

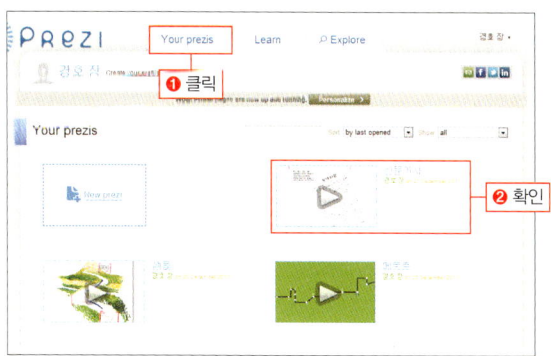

이미지를 활용해
디자인 컨퍼런스 안내문 만들기

프레지는 온라인 프레젠테이션 도구이다 보니 도형을 꾸미거나 응용할 수 있는 범위가 제한적입니다. 포토샵이나 일러스트레이터 등을 활용해 이미지나 배경을 만들어 프레지에서 활용하면 보다 멋지고 다양한 프레지를 구성할 수 있으며, 실제로 이런 방법으로 다양한 프레지 쇼가 공유되기도 합니다. 여기서는 이미지를 활용해 디자인 컨퍼런스 안내문을 만들어 보도록 하겠습니다.

완성
파일

- **플래시 파일** : Sample\Prezi\Section 02\Flash 폴더
- **프레지 파일** : Sample\Prezi\Section 02\Pez 폴더
- **웹 주소** : http://prezi.com/l6cs2r6y6zqt

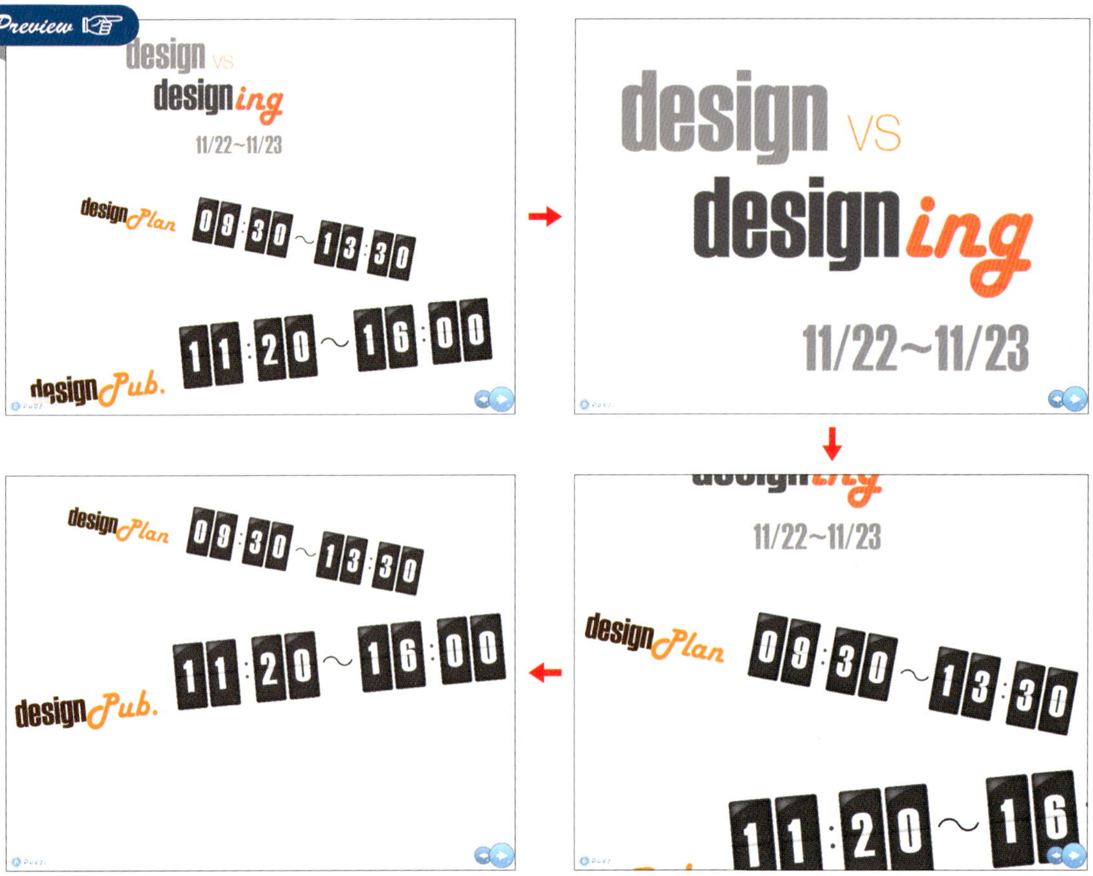

01_ 안내문에 들어갈 이미지를 삽입하기 위해 [Insert]–[Image]를 클릭합니다. [Insert image] 창이 나타나면 [Select files]를 클릭합니다.

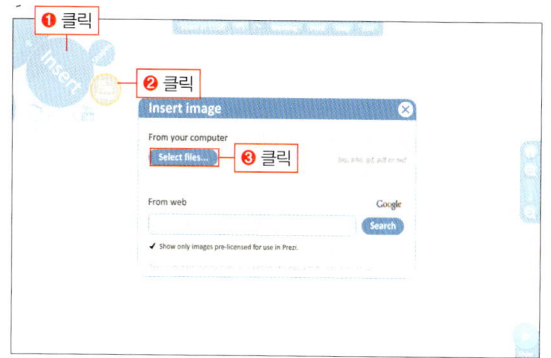

02_ [prezi.com에서 업로드할 파일을 선택] 대화 상자가 나타나면 부록 CD의 [Prezi] 폴더에서 'design.png' 파일을 선택한 후 [열기]를 클릭합니다.

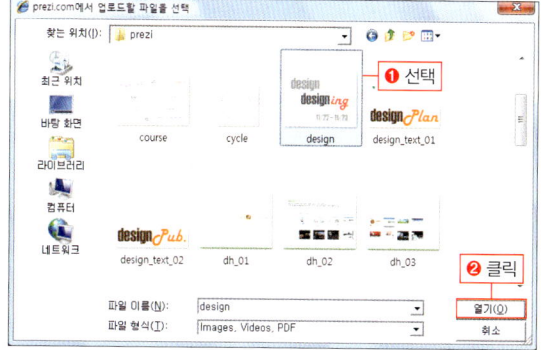

03_ 캔버스에 이미지가 삽입됩니다. 이미지의 위치 및 크기를 적절히 조정한 후 다시 [Insert]–[Image]를 클릭합니다.

04_ [Insert image] 창이 나타나면 [Select files]를 클릭합니다.

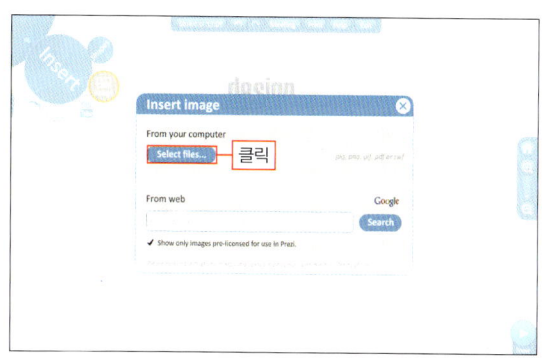

05_ [Prezi.com에서 업로드할 파일을 선택] 대화 상자가 나타나면 'design_text_01.png', 'design_text_02.png' 파일을 `Ctrl`을 누른 채 선택하고 [열기]를 클릭합니다.

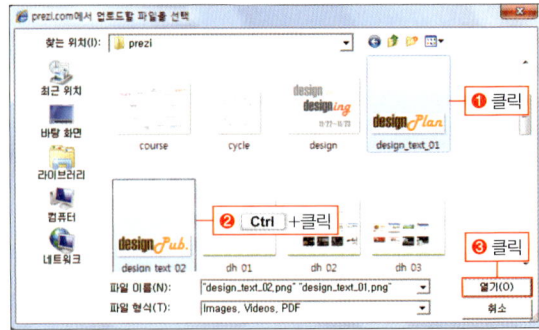

`Ctrl`을 누른 상태에서 원하는 이미지를 모두 선택하면 한 번에 이미지를 캔버스로 불러올 수 있습니다.

06_ 이미지가 삽입되면 지브라 도구를 활용해 원하는 위치로 이동하고 크기를 조절합니다.

07_ 동일한 방법으로 'time_01.png', 'time_02.png', 'time_03.png', 'time_04.png' 파일을 선택한 후 캔버스로 불러옵니다.

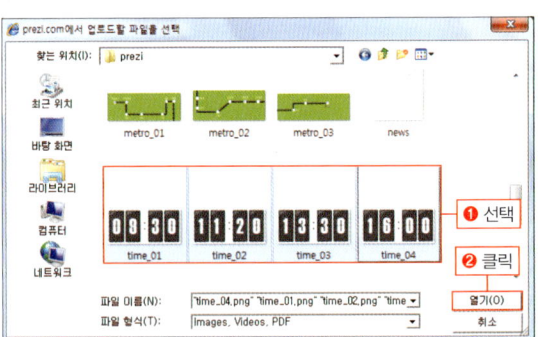

08_ 이미지를 정렬한 후 시간과 시간 사이에 물결무늬를 만들기 위해 [Insert]-[Shapes]-[직선]을 차례대로 클릭한 후 직선을 그려넣습니다.

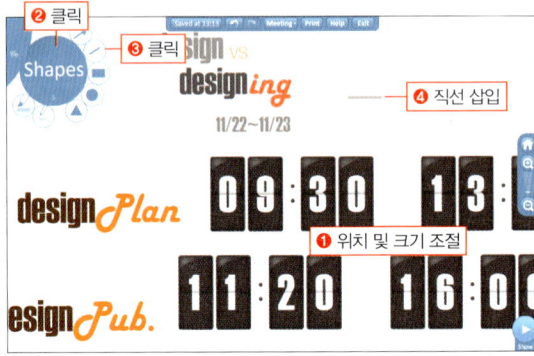

09_ 직선을 더블 클릭하면 3개의 모양 조정 핸들(◉)이 나타납니다. 이 중 중앙의 모양 수정 핸들(◉)을 드래그하여 모양을 변형합니다.

모양 조정 핸들(◉)로 모양 변경하기

[Shapes] 항목 중 직선이나 화살표, 직사각형 등을 캔버스로 불러오면 원하는 모양으로 변형할 수 있는 모양 조정 핸들(◉)이 나타납니다. 색상이나 모양을 변경할 수 있으므로 잘 활용하면 프레지를 보다 유용하게 활용할 수 있습니다.

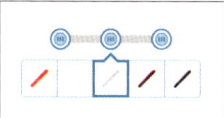 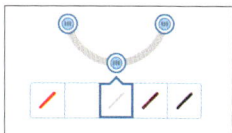 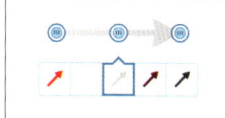 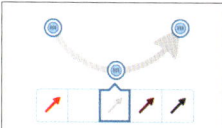

10_ 변형한 직사각형을 Ctrl + C 를 눌러 복사한 다음 Ctrl + V 를 눌러 붙여넣기합니다. 지브라 도구의 원형 모양의 회전 핸들을 드래그하여 180° 회전시킵니다.

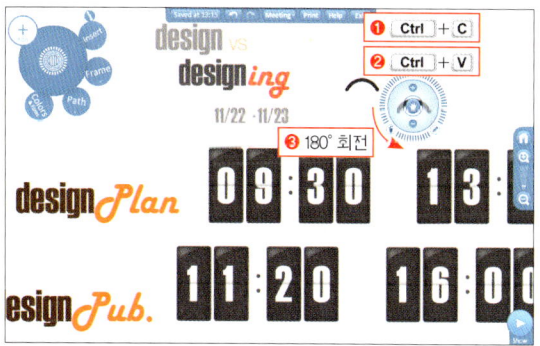

11_ 물결 모양이 되도록 180° 회전시킨 변형된 직사각형을 기존의 변형된 직사각형에 연결합니다. Shift 를 누른 채 두 개의 변형된 직사각형을 클릭하면 그룹으로 묶여집니다.

TIP

원하는 개체를 Shift 를 누른 채 선택하면 그룹으로 지정되어 한 번에 크기를 확대/축소하거나 이동, 회전 등을 실행할 수 있습니다.

12_ 그룹으로 묶여진 물결 모양의 도형을 지브라 도구의 이동 핸들을 이용하여 위치를 조정합니다.

13_ 그룹으로 묶여진 물결 모양의 도형을 Ctrl + C, Ctrl + V 하여 다음과 같이 복사한 후 위치를 이동합니다.

14_ 이번에는 design Plan 영역의 이미지를 모두 선택해 그룹으로 지정한 다음 지브라 도구의 축소 단추를 클릭해 크기를 조정합니다.

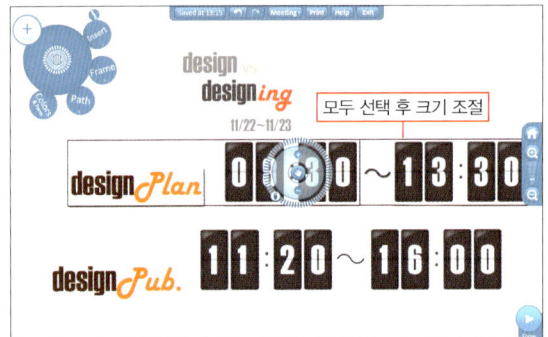

15_ 회전 핸들을 드래그하여 기울기를 조정합니다.

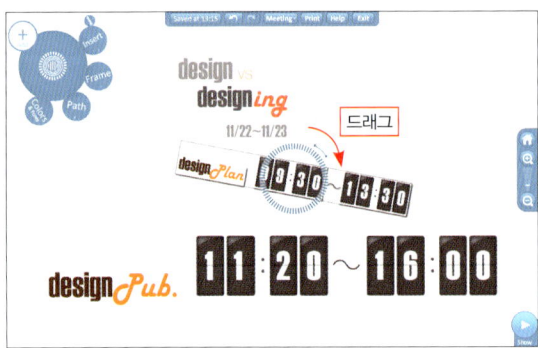

16_ 마찬가지 방법으로 design Pub. 영역 역시 크기를 조정한 후 회전 핸들을 드래그하여 기울기를 조정합니다.

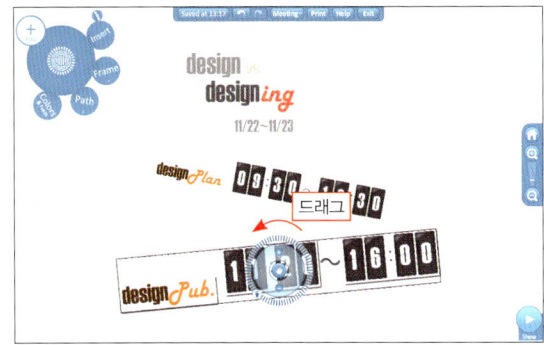

17_ 이제 프레임을 활용해 영역을 지정하도록 하겠습니다. [Frame]–[Hidden]을 클릭한 후 전체 영역이 포함될수 있도록 영역을 지정합니다.

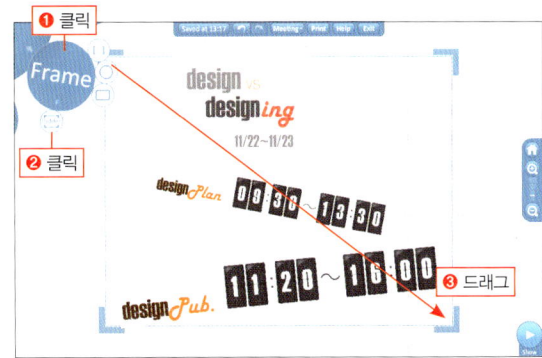

18_ 나머지 영역에도 [Frame]–[Hidden]을 이용해 영역을 지정합니다.

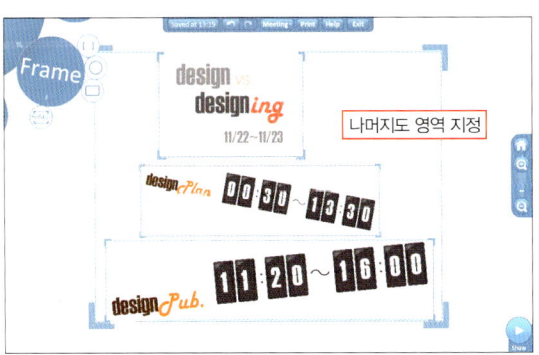

19_ 마지막으로 순서를 지정해 보겠습니다. [Path]–[1-2-Add]를 클릭합니다. 프레지 쇼를 진행할 때 보여질 순서대로 클릭하여 순서를 지정합니다.

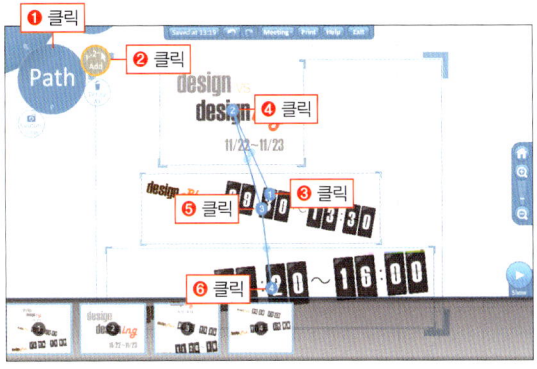

20_ 최종적으로 원하는 형태와 순서대로 지정되었는지 확인하기 위해 `Space Bar` 를 눌러 프레지 쇼를 진행합니다.

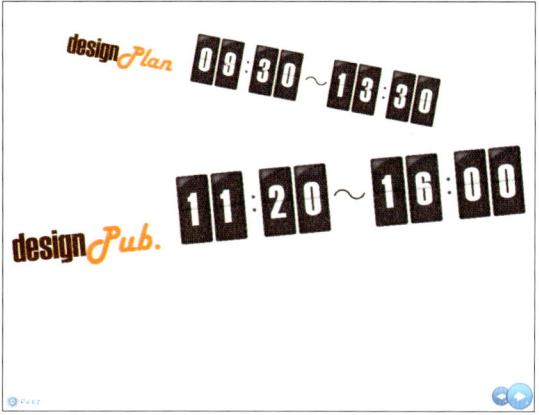

꼭!! 알고가기 | 포토샵에서 이미지 만들기

프레지는 아쉽게도 한글 폰트를 변경하거나 도형을 3차원으로 만드는
등 이미지를 화려하게 변형해 주는 기능이 없습니다. 따라서 파워포인
트에서 만든 도형이나 차트를 가져오거나, 포토샵이나 일러스트레이터
에서 이미지를 만든 후 가져와야 합니다. 여기서는 포토샵에서 이미지
를 만드는 방법에 대해 간단히 살펴보도록 하겠습니다.

❶ 포토샵을 실행한 후 [Ctrl]+[N]을 눌러 [New] 대화
상자를 불러옵니다. [Width]에 『600 pixcels』을 입력
하고 [Height]에 『300 pixcels』을 입력한 후 [OK]를
클릭합니다.

❷ [Rounded Rectangle Tool]을 선택한 후 모서리가
둥근 직사각형을 그려줍니다.

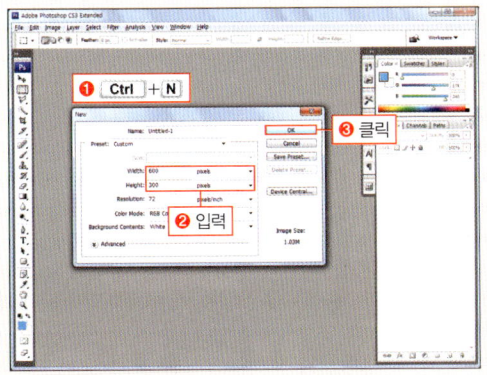

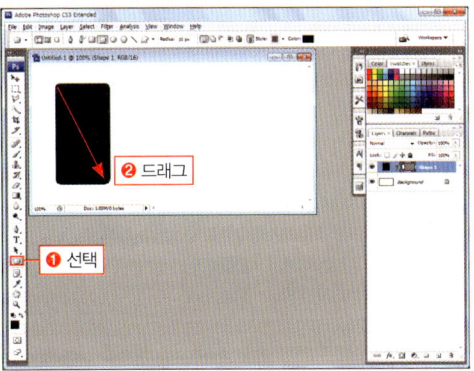

❸ 레이어의 색상 영역을 더블 클릭합니다. [Pick a solid
color] 대화 상자가 나타나면 # 입력란에 『959595』를
입력한 후 [OK]를 클릭합니다.

❹ 레이어를 더블 클릭합니다. [Layer Style] 대화 상자
가 나타나면 [Inner Shadow] 항목에서 다음과 같이
레이어 스타일 값을 입력합니다.

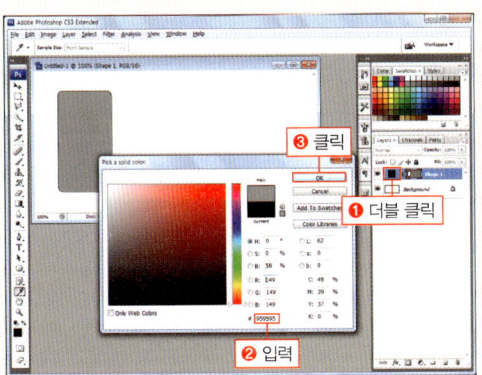

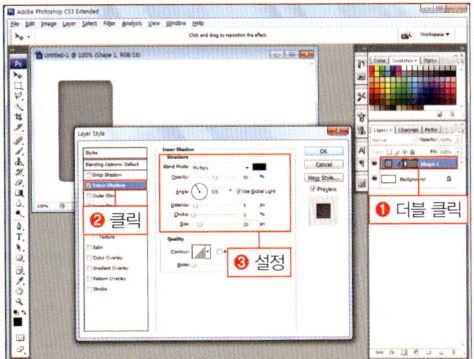

❺ [Stroke] 항목을 선택한 후 [Color]를 클릭합니다. [Select stroke color] 대화 상자가 나타나면 # 입력란에 『707070』을 입력한 후 [OK]를 클릭합니다. [Layer Style] 대화 상자의 [OK]를 클릭해 닫습니다.

❻ [Horizontal Type Tool]를 선택한 후 숫자 『0』을 입력합니다.

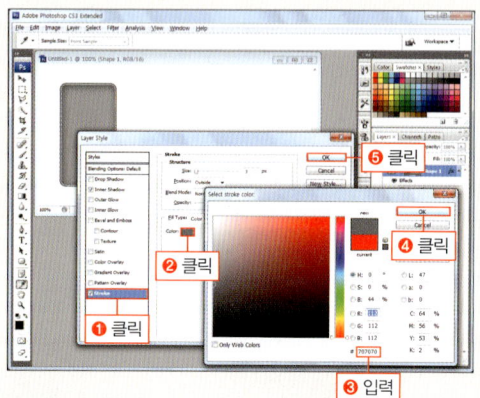

❼ [Shape1] 레이어를 Ctrl + J 를 눌러 복사합니다.

❽ 마우스 오른쪽 버튼을 눌러 [Convert to Smart Object]를 선택합니다. 다시 마우스 오른쪽 버튼을 눌러 [Rasterize Layer]를 선택합니다.

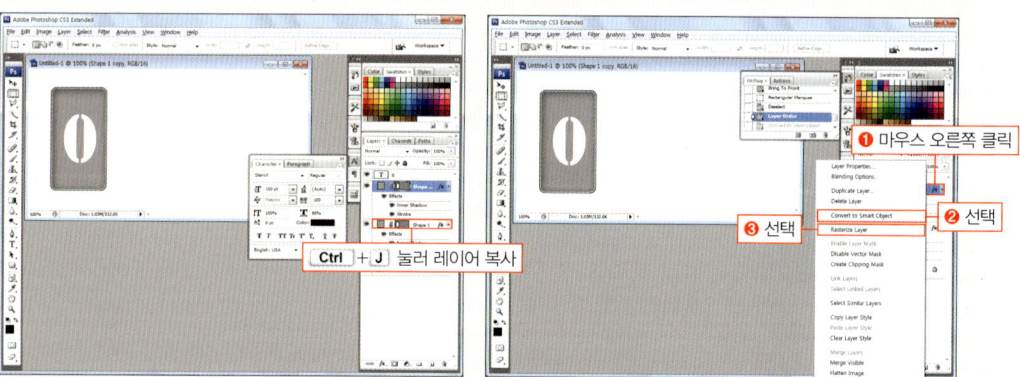

❾ [Rectangular Marquee Tool]을 선택한 후 적당한 영역을 선택하고 Delete 를 누릅니다.

❿ [Opacity] 값에 『50』을 입력해 투명도를 조절합니다.

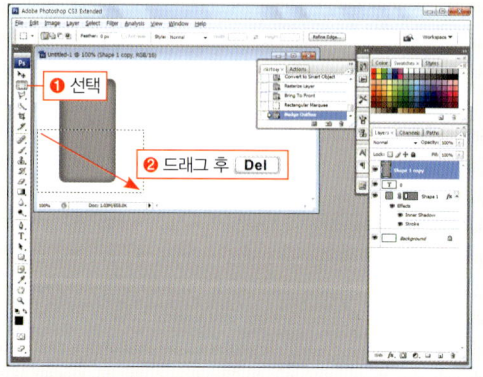
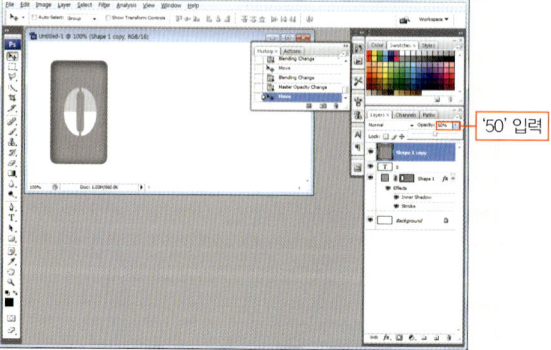

⓫ [Shape 1 copy] 레이어를 더블 클릭합니다. [Layer Style] 대화 상자가 나타나면 [Inner Shadow]를 선택한 후 다음과 같이 레이어 스타일 값을 입력합니다.

⓬ [Shape 1 copy] 레이어를 Ctrl + J 를 눌러 복사합니다. 복사한 [Shape 1 copy 2] 레이어를 선택한 상태에서 [Elliptical Marquee Tool]을 선택합니다. 영역을 지정한 후 Delete 를 누릅니다.

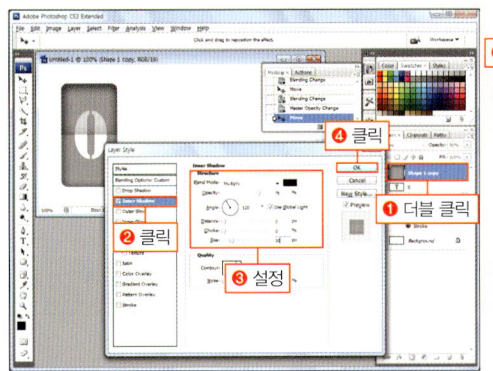

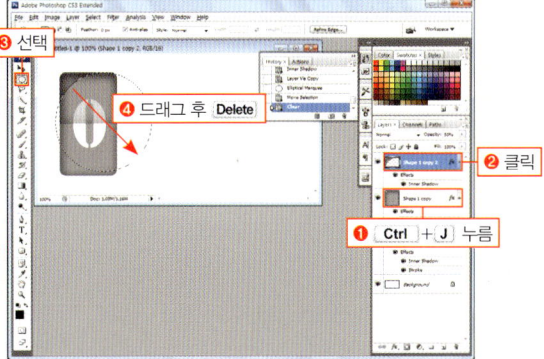

⓭ 다음과 같이 이미지가 완성됩니다.

⓮ 조금씩 응용해 보면 다양한 이미지를 만들 수 있습니다. 이를 저장하여 프레지로 불러오면 보다 다양한 프레지 쇼를 진행할 수 있습니다.

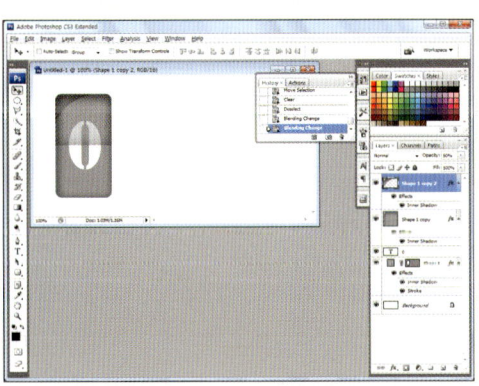

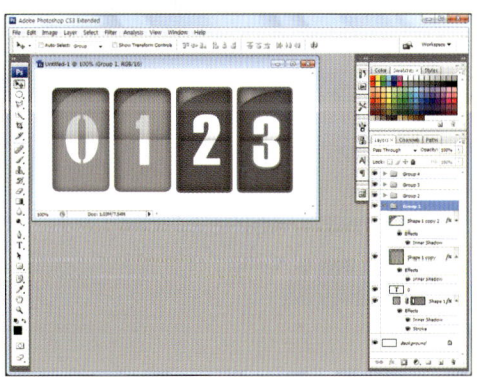

테마 위저드 설정을 변경하여
색다른 프레지 만들기

프레지에서 한글을 적용하기 위해서는 버블 메뉴의 [Colors & Fonts]에서 [한글] 테마를 선택해야 합니다. 하지만, 한글 테마의 배경이나 색상을 그대로 사용하기 보다는 [Theme Wizard]를 활용해 배경이나 색상을 변경하여 사용하는 것이 좋습니다.

완성
파일
- **플래시 파일** : Sample\Prezi\Section 03\Flash 폴더
- **프레지 파일** : Sample\Prezi\Section 03\Pez 폴더
- **웹 주소** : http://prezi.com/rhx_agditasr

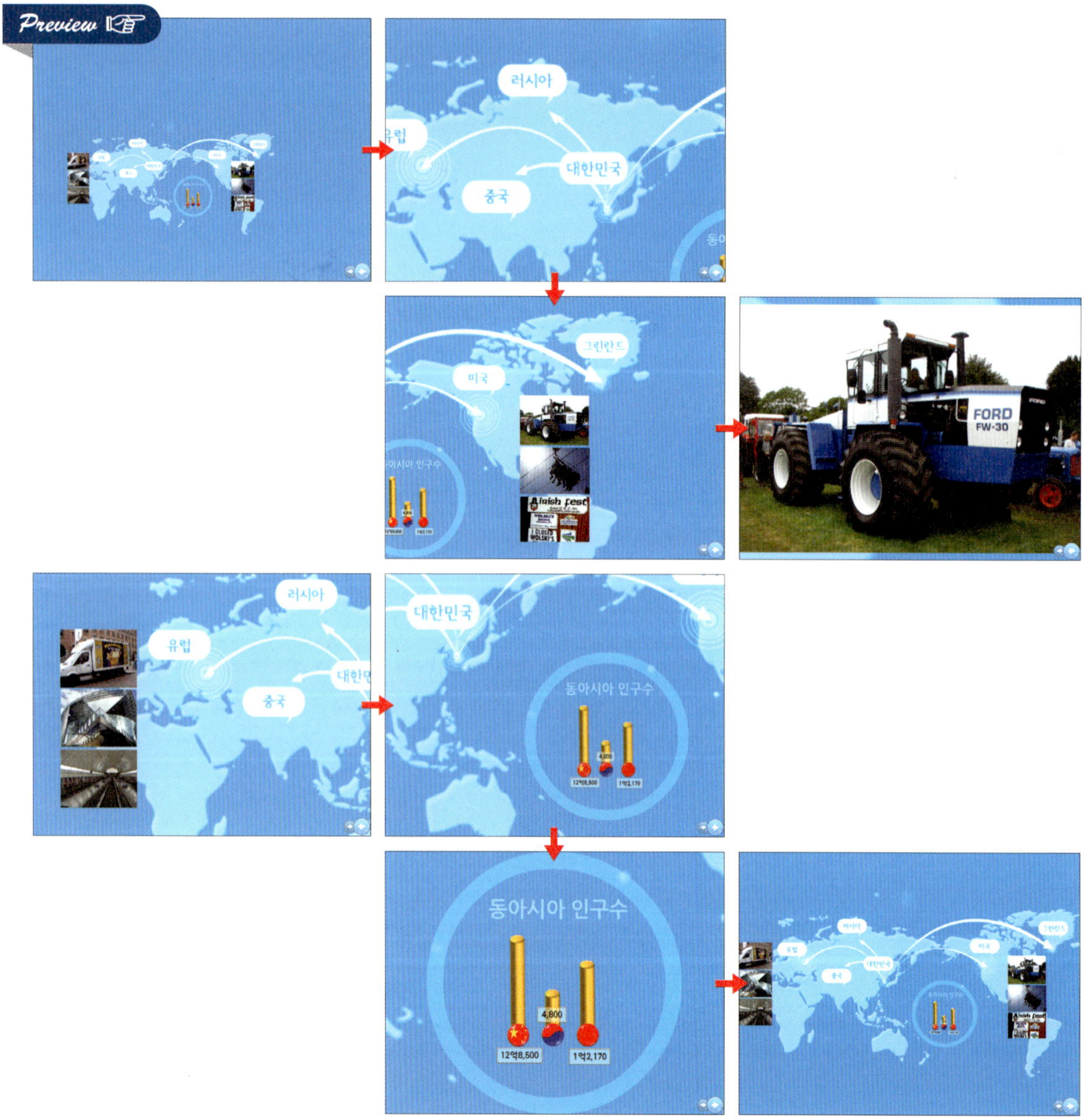

Preview

01_ 먼저 배경이 될 지도를 삽입해 보겠습니다. [Insert]–
[Image]를 클릭합니다. [Insert image] 창이 나타나면
[Select files]를 클릭합니다.

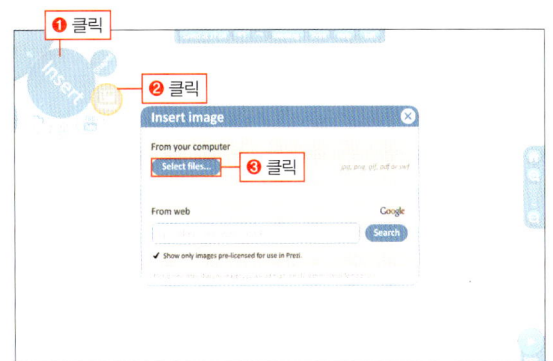

02_ [prezi.com에서 업로드할 파일을 선택] 대화 상자가
나타나면 부록 CD의 [Prezi] 폴더에서 'map.png' 파일을
선택한 후 [열기]를 클릭합니다.

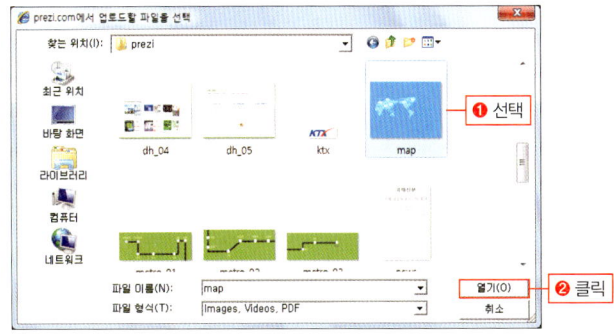

03_ 테마를 변경하기 위해 [Colors & Fonts]를 클릭한 후
[한글]을 클릭합니다. 그런 다음 [Theme Wizard]를 클릭
합니다.

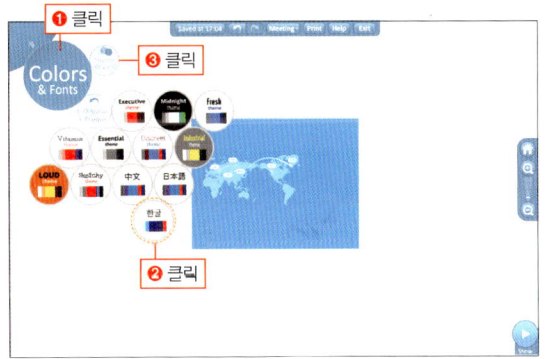

04_ [Theme Wizard] 창이 나타나면 [Manual]을 클릭한
후 다음과 같이 RGB 값을 변경합니다.

- **Background** : 0, 174, 240
- **Title 1** : 128, 215, 248
- **Circle Frame** : 191, 237, 255

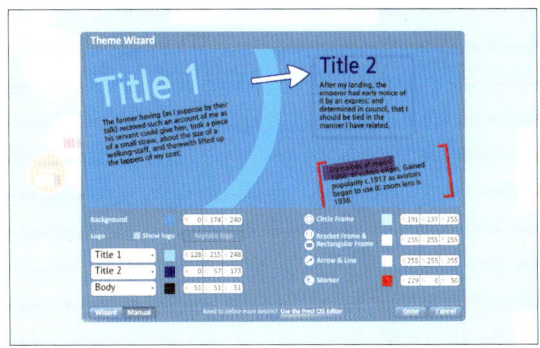

05_ 캔버스의 배경부터 여러 가지 속성이 변경되었습니다.

06_ 이번에는 Google 검색을 통해 이미지를 프레지로 불러와 보겠습니다. [Insert]-[Image]를 클릭합니다. [Insert image] 창이 나타나면 [From web] 입력란에 『europe』를 입력한 후 [Search]를 클릭합니다.

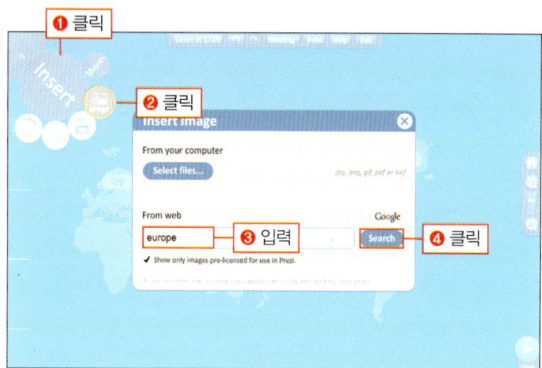

07_ 구글을 통해 다양한 이미지가 캔버스 위에서 검색됩니다. 원하는 이미지를 클릭하여 프레지로 가져옵니다.

08_ 여기서는 총 3장의 이미지를 가져왔습니다. 웹상에서 가져온 이미지이기 때문에 크기가 제각각입니다. 이미지를 더블 클릭해 크기 조정 핸들이 나타나면 동일한 크기로 잘라줍니다.

09_ 이미지를 나열한 후 Shift 을 누른 채 모두 선택하여 그룹으로 만듭니다.

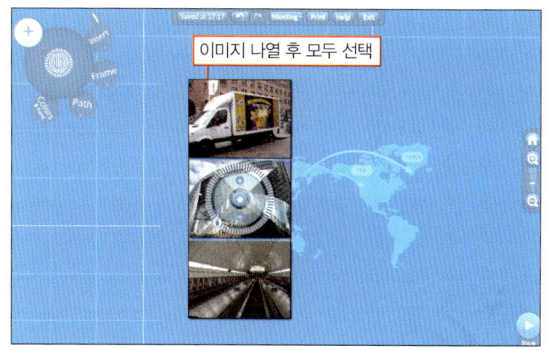

10_ 지브라 도구가 나타나면 이동 핸들을 이용해 유럽 지도 옆에 위치시킨 후 축소 단추를 클릭해 이미지의 크기를 조정합니다.

11_ 다시 [Insert]–[Image]를 클릭합니다. [Insert image] 창이 나타나면 [From web] 입력란에 『usa』를 입력한 후 [Search]를 클릭합니다.

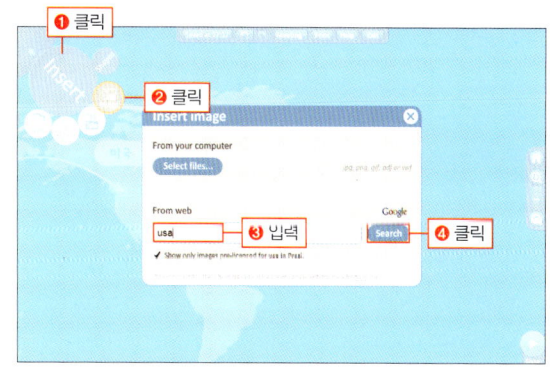

12_ 원하는 이미지를 클릭해 위와 동일하게 위치와 크기를 조정합니다.

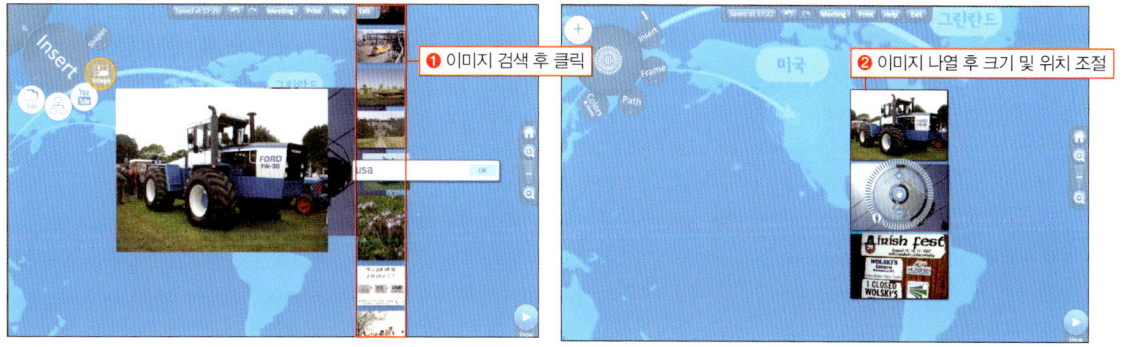

13_ 이번에는 내 컴퓨터에 저장되어 있는 차트 이미지를 캔버스에 가져와 보겠습니다. [Insert]-[Image]를 클릭한 후 [Insert image] 창이 나타나면 [Select files]를 클릭합니다.

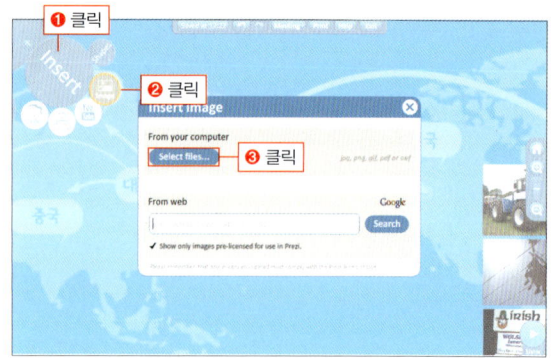

14_ [prezi.com에서 업로드할 파일을 선택] 대화 상자가 나타나면 부록 CD의 [Prezi] 폴더에서 'asia.png' 파일을 선택한 후 [열기]를 클릭합니다.

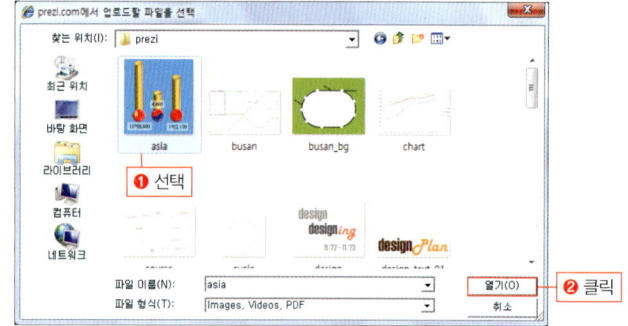

15_ 지브라 도구를 이용해 크기와 위치를 조절한 후 [Add]를 클릭합니다.

16_ 5개의 프레임 형식이 나타나면 첫 번째에 위치하고 있는 원형을 클릭합니다.

17_ 프레지로 불러온 차트 이미지가 모두 포함될 수 있도록 크기 조정 핸들을 이용해 크기를 조절합니다.

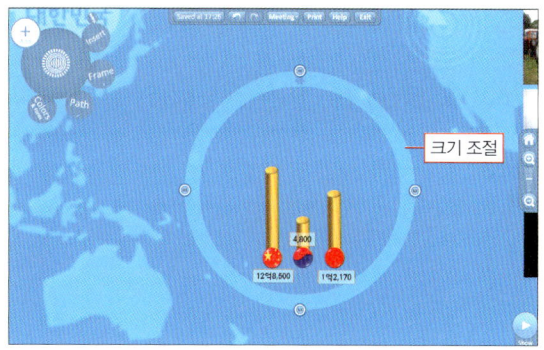

18_ 캔버스를 클릭해 텍스트를 입력합니다. 입력한 텍스트를 드래그하여 선택한 후 [Wizard Theme]에서 지정한 RGB 값이 적용된 'Title'을 선택합니다. [OK]를 클릭합니다.

19_ 지브라 도구를 이용해 크기 및 위치를 조절합니다.

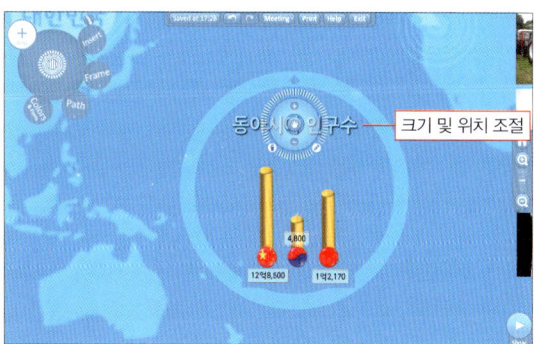

20_ 프레임을 활용해 프레지 쇼를 할 때 나타날 영역을 지정해 보도록 하겠습니다. [Frame]-[Hidden]을 클릭한 후 전체 영역을 드래그합니다.

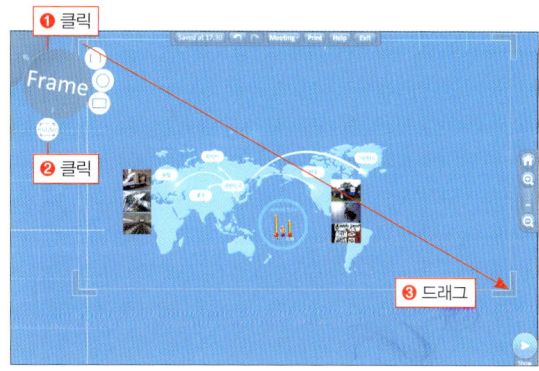

21_ 나머지 영역에도 [Frame]-[Hidden]을 이용해 프레임을 지정합니다.

22_ 패스를 지정해 프레지 쇼의 순서를 지정해 보도록 하겠습니다. [Path]-[1-2-Add]를 클릭합니다. 화면 아랫부분에 패스 영역이 나타나면 전체 이미지를 선택한 프레임을 선택합니다. ❶이라는 숫자가 표시되며 패스 영역에 미리 보기 화면이 나타납니다.

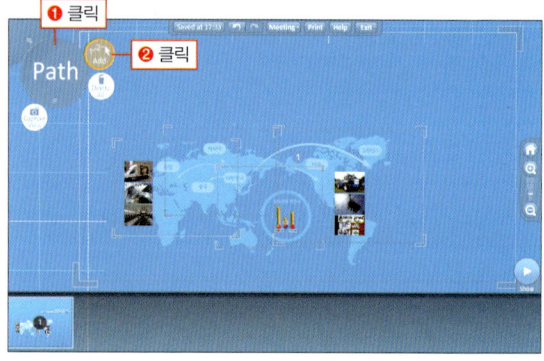

23_ 프레지 쇼를 진행할 때 보여질 순서대로 클릭하여 경로를 설정해 줍니다.

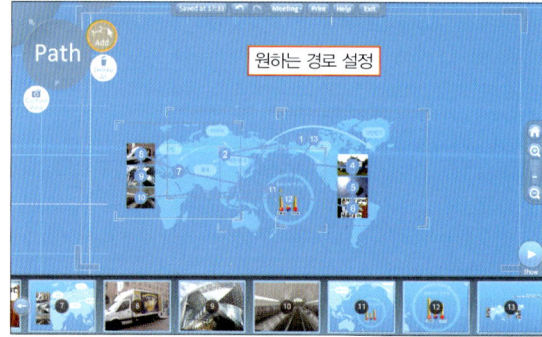

24_ 경로에 따라 어떻게 프레젠테이션 되는지 확인해 보기 위해 `Space Bar`를 누르거나 화면 하단의 [Show] 단추를 눌러 프레지 쇼를 실행합니다.

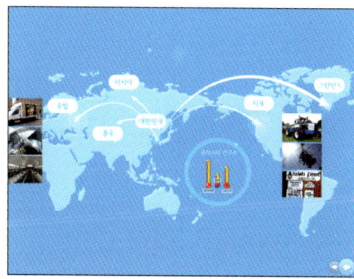

Section # 04
지하철 공연을
노선표를 활용하여 표현하기

프레지의 장점은 머릿속에 있는 아이디어나 상상을 프레젠테이션 할 수 있다는 점입니다. 키노트나 파워포인트는 한장 한장의 슬라이드로 구성되기에 아이디어나 상상력을 최대한 발휘하기가 힘들지만 프레지는 도화지와 같은 넓은 캔버스에 얼마든지 그려넣을 수 있습니다.

완성
파일
• **플래시 파일** : Sample\Prezi\Section 04\Flash 폴더
• **프레지 파일** : Sample\Prezi\Section 04\Pez 폴더
• **웹 주소** : http://prezi.com/5vukimbrljcp

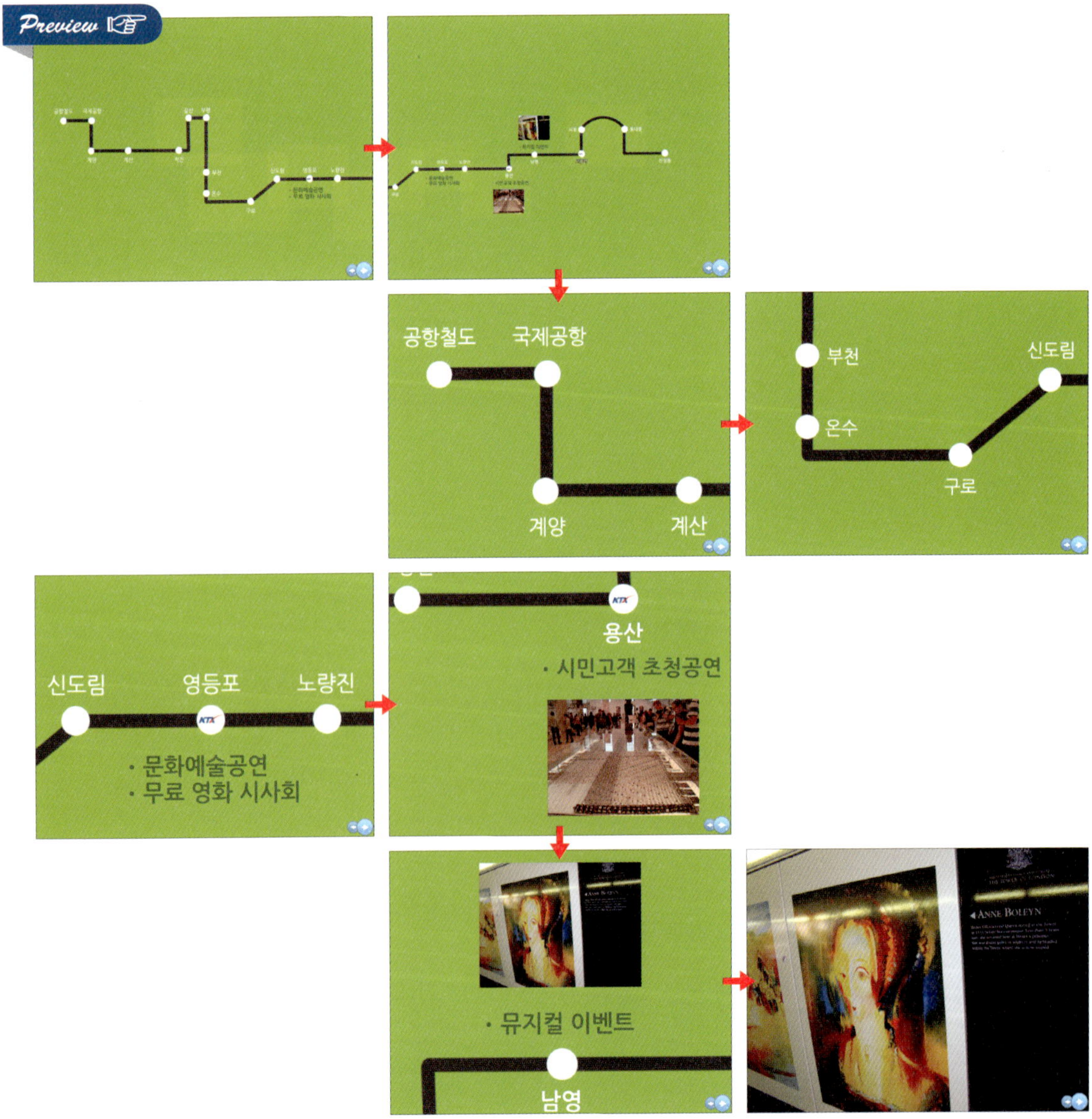

01_ 새 프레지를 불러옵니다. 기본 설정되어 있는 프레임이나 텍스트는 삭제합니다.

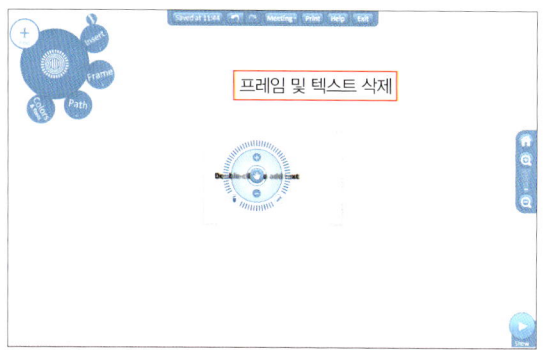

02_ 미리 만든 몇 장의 이미지를 불러오도록 하겠습니다. [Insert]-[Image]를 클릭한 후 [Insert image] 창이 나타나면 [Select files]를 클릭합니다.

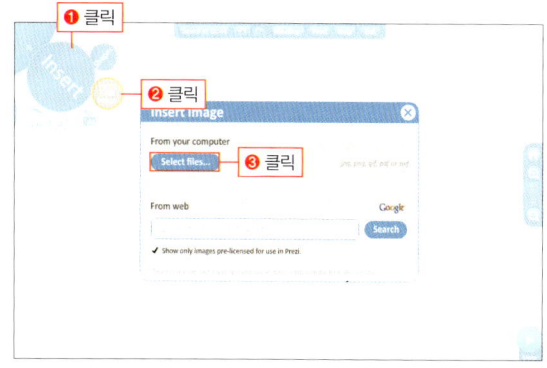

03_ [prezi.com에서 업로드할 파일을 선택] 대화 상자가 나타나면 부록 CD의 [Prezi] 폴더에서 'metro_01.png', 'metro_02.png', 'metro_03.png' 파일을 선택한 후 [열기]를 클릭합니다.

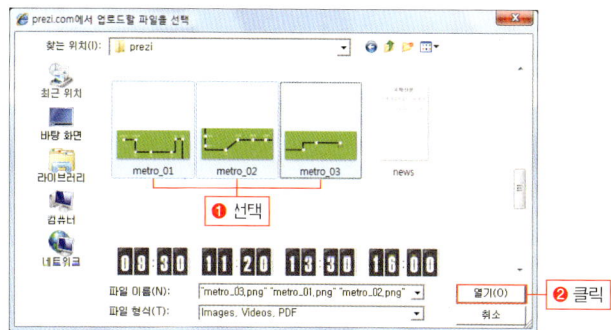

04_ 이미지가 삽입되면 지브라 도구의 이동 단추를 활용해 이미지를 서로 연결합니다.

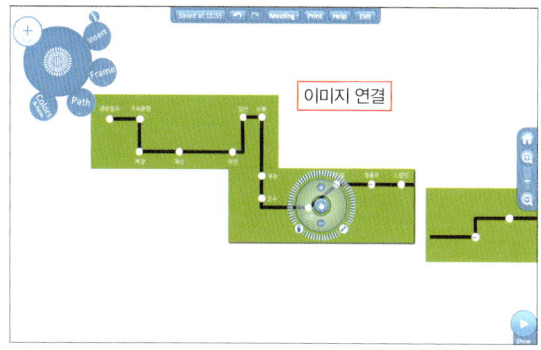

05_ 두 번째 이미지와 세 번째 이미지의 순서를 변경하기 위해 세 번째 이미지를 선택한 상태에서 마우스 오른쪽 버튼을 눌러 [Send Backward]를 선택합니다. 세 번째 이미지가 맨 뒤로 보내집니다.

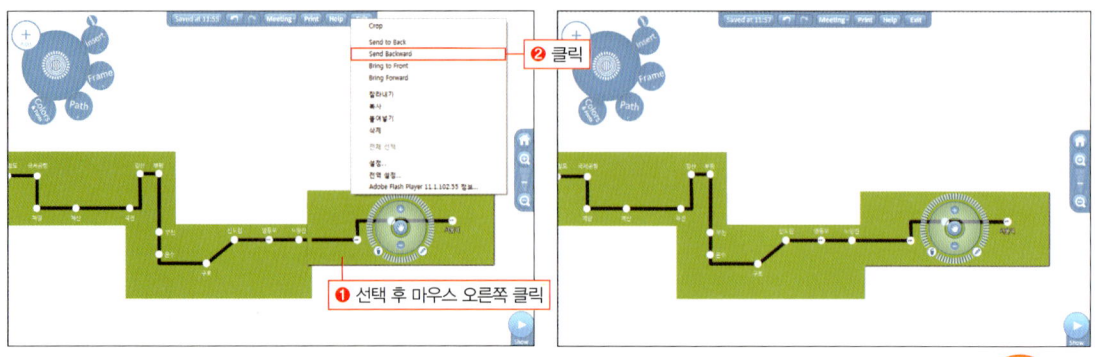

> **TIP**
>
> 프레지는 삽입한 이미지가 순서대로 표시됩니다. 즉, 이미지를 겹쳐 놓으면 제일 나중에 삽입한 이미지가 가장 위에 놓이게 됩니다. 만약, 이미지의 순서를 변경하고 싶다면 마우스 오른쪽 버튼을 눌러 [Send to Back], [Send Backward], [Bring to Front], [Bring Forward] 중 원하는 메뉴를 선택합니다.

06_ 테마를 변경하기 위해 [Colors & Fonts]를 클릭한 후 [한글]을 클릭합니다. 그런 다음 [Theme Wizard]를 클릭합니다.

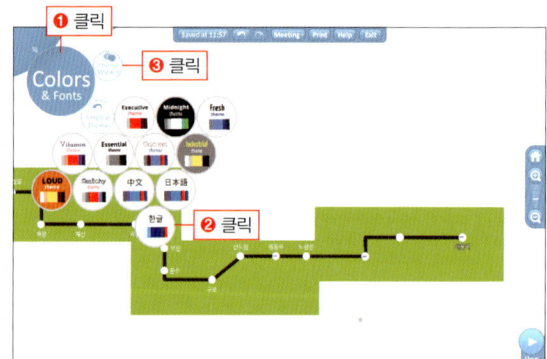

07_ [Theme Wizard] 창이 나타나면 [Manual]을 클릭한 후 다음과 같이 RGB 값을 변경하고 [Done]을 클릭합니다.

- **Background** : 150, 190, 31
- **Body** : 0, 57, 173
- **Arrow & Line** : 50, 50, 50

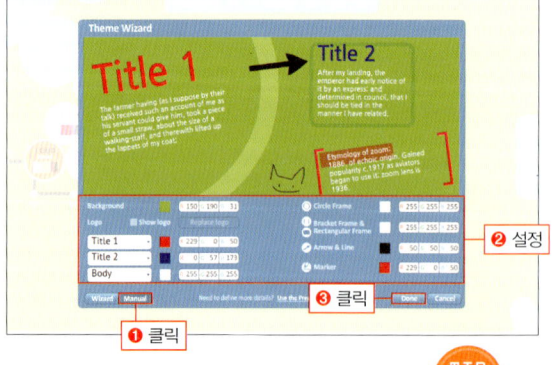

> **TIP**
>
> 이번 예제에서는 Background와 Body, 그리고 Arrow & Line의 RGB 값만 필요하지만 나머지 속성도 본인이 원하는 색상으로 변경해 보도록 합니다.

08_ 불러온 3장의 이미지는 포토샵에서 미리 작업한 이미지입니다. 하지만 프레지에서도 비슷하게 작업할 수 있습니다. 먼저, 빈 캔버스를 클릭해 텍스트를 입력해 보도록 하겠습니다. 『용산』이라고 입력한 후 [Body]를 클릭합니다. [OK]를 클릭합니다.

프레지의 한글 테마는 네이버 나눔체가 기본 서체로 지정됩니다. 그렇기에 포토샵 등을 이용해 이미지를 만들 때 텍스트를 입력해야 한다면 지금처럼 프레지에서 텍스트를 추가로 입력할 경우를 고려하여 나눔체로 입력하는 것이 좋습니다.

09_ 지브라 도구의 이동 핸들을 이용해 위치 및 크기를 조정합니다.

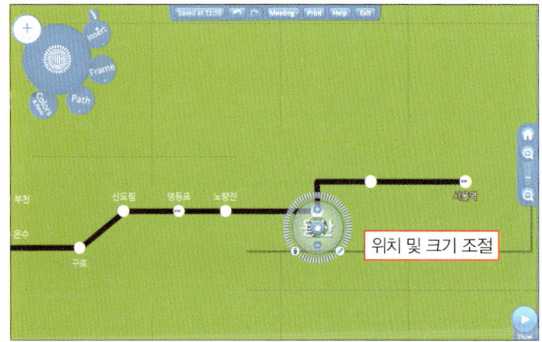

10_ 이번에는 『남영』을 입력한 후 색상과 위치를 조정합니다.

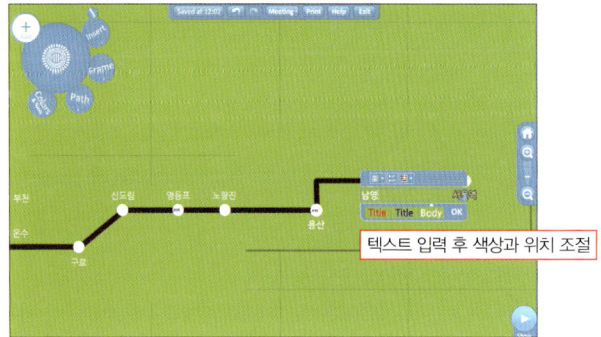

11_ 이번에는 지하철 공연을 하는 역명에 공연 내용을 입력해 보도록 하겠습니다. 빈 캔버스를 클릭해 텍스트를 입력합니다. 텍스트를 드래그하여 선택한 후 [색상] 단추를 클릭해 원하는 색상을 선택합니다. [OK]를 클릭합니다.

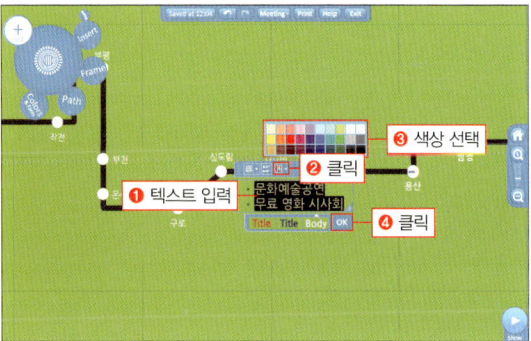

12_ 나머지 지하철 역명에도 텍스트를 입력하여 색상과 위치를 조정합니다.

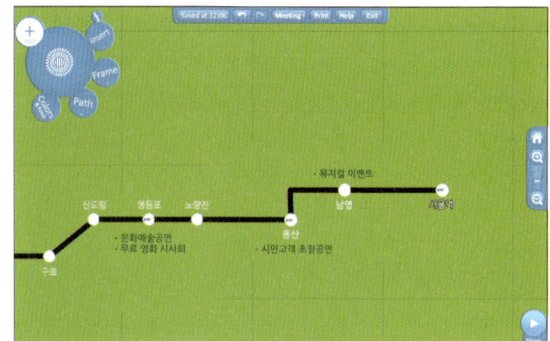

13_ 불러온 이미지는 서울역까지의 역명만 만들어 놓았습니다. 나머지 역명은 프레지에서 직접 만들어 보도록 하겠습니다. [Insert]–[Shapes]를 클릭해 직선을 선택한 후 다음과 같이 그려넣습니다.

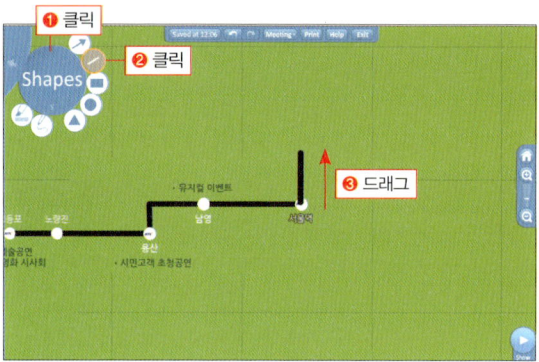

14_ 계속해서 [Insert]–[Shapes]의 직선을 선택한 후 다음과 같이 직선을 그려넣습니다.

15_ 직선을 더블 클릭하면 모양 조정 핸들(◎)이 나타납니다. 모양 조정 핸들(◎)은 크기뿐 아니라 모양도 변경할 수 있습니다. 직선을 더블 클릭해 중앙의 모양 조정 핸들(◎)을 위로 드래그하여 둥근 모양으로 변형합니다.

16_ 직선을 추가로 연결해 노선표를 완성합니다.

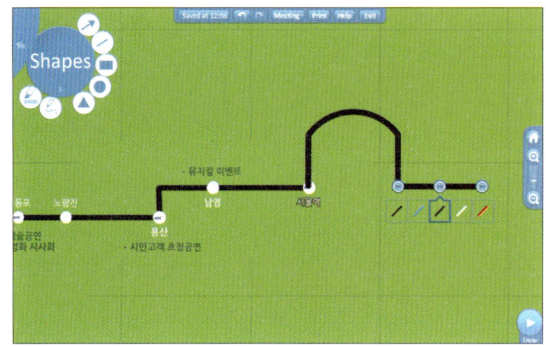

17_ 역명을 표시할 이미지를 불러오도록 하겠습니다. [Insert]–[Image]를 클릭한 후 [Select files]를 클릭합니다. [prezi.com에서 업로드할 파일을 선택] 대화 상자가 나타나면 부록 CD의 [Prezi] 폴더에서 'cycle.png' 파일을 선택한 후 [열기]를 클릭합니다.

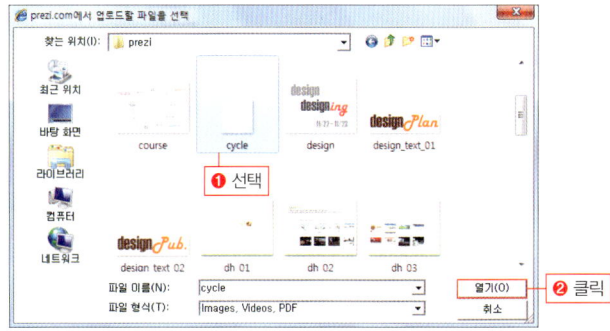

18_ 이미지가 삽입되면 지브라 도구의 축소 단추를 이용해 크기를 조절한 후 마우스 오른쪽 버튼을 눌러 [Bring to Front]를 선택합니다.

19_ 나머지 역명에도 이미지를 복사해 붙여넣기합니다.

20_ KTX 로고를 불러오도록 하겠습니다. [Insert]–[Image]를 클릭 후 [Select files]를 클릭합니다. [prezi.com 에서 업로드할 파일을 선택] 대화 상자가 나타나면 부록 CD의 [Prezi] 폴더에서 'ktx.png' 파일을 선택한 후 [열기]를 클릭합니다.

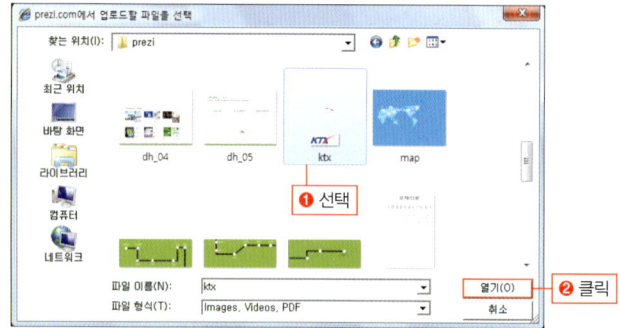

21_ 역명 이미지 위에 로고를 올려놓은 후 로고의 크기를 조절합니다.

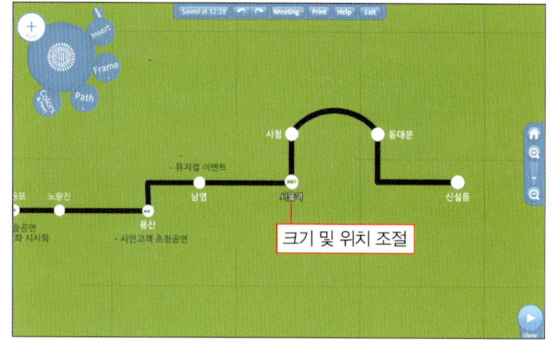

22_ 공연과 관련된 이미지가 있다면 [Insert]–[Image]를 클릭해 삽입합니다.

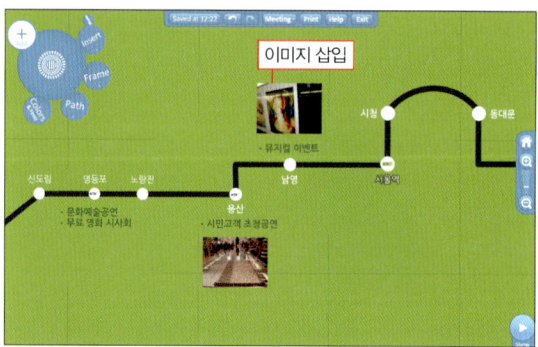

23_ 버블 메뉴의 [Frame]–[Hidden]을 이용해 프레지 쇼에서 보여질 크기를 각각 지정합니다.

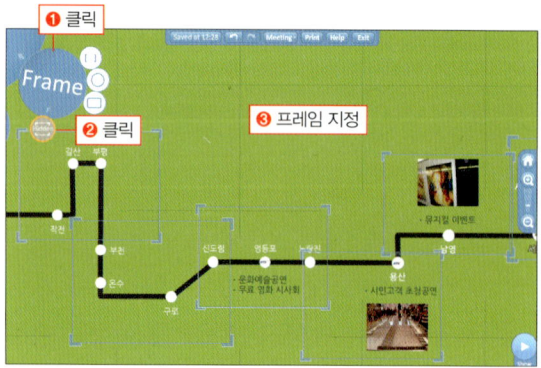

24_ [Path]–[1-2-Add]를 클릭합니다. 화면 아랫부분에 패스 영역이 나타나면 원하는 순서대로 프레임 영역을 클릭합니다.

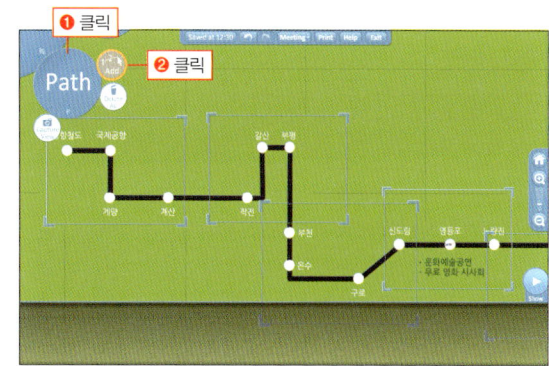

25_ 다음과 같이 Path를 완성한 후 [Show]를 눌러 프레지 쇼를 진행합니다.

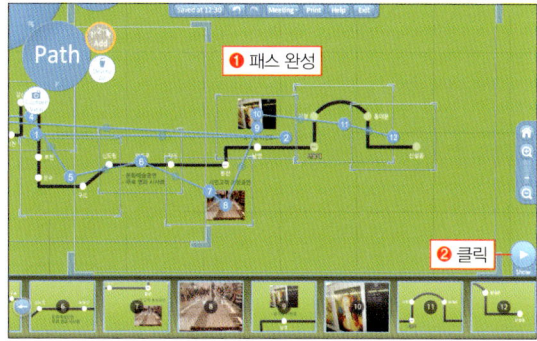

템플릿으로
단계별 프레지 만들기

프레지는 온라인 프레젠테이션 도구이기 때문에 업그레이드가 자주 이루어진다는 장점이 있습니다. 이번 예제에서 소개할 템플릿이라는 기능도 불과 몇 달 전만해도 존재하지 않았던 기능입니다. 템플릿 기능이 등장하면서 프레지를 보다 빠르고 편리하게 만들 수 있게 되었습니다.

> 완성 파일
> • **플래시 파일 :** Sample\Prezi\Section 05\Flash 폴더
> • **프레지 파일 :** Sample\Prezi\Section 05\Pez 폴더
> • **웹 주소 :** http://prezi.com/kbmidf2k9trm

Preview

01_ 새 프레지를 만들면 다음과 같은 템플릿을 선택할 수 있는 창이 나타납니다. 다양한 템플릿 중 [Business Plan]을 선택한 후 [Preview]를 클릭합니다.

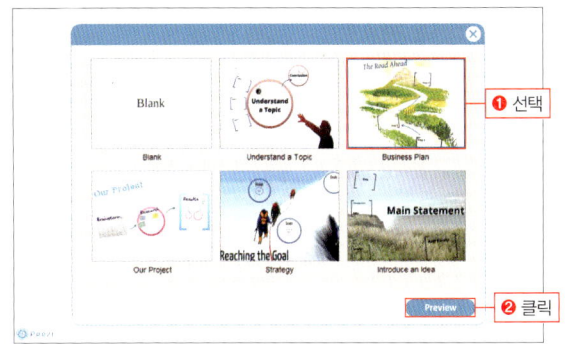

02_ 미리 보기 화면으로 'Business Plan'과 관련된 프레지가 실행됩니다. 템플릿을 사용하기 위해 [Start editing]을 클릭합니다.

03_ 템플릿이 적용됩니다. 템플릿 적용 후 가장 먼저 해야 할 일이 테마를 변경하는 일입니다. 테마를 변경해야 한글을 사용할 수 있습니다. [Colors & Fonts]–[한글]을 클릭합니다.

04_ 템플릿이 적용되었기에 내용과 프레임 등이 설정되어 있습니다. 이를 그대로 사용하기보다는 목적에 맞게끔 수정 후 사용하는 것이 좋습니다. 먼저 최상단의 텍스트 박스를 클릭해 내용을 수정합니다.

05_ 하단에 있는 'Step 1'은 대괄호 프레임으로 묶여져 있습니다. 대괄호 안에 원하는 텍스트를 입력한 후 크기 및 색상을 변경합니다.

06_ 프레지의 도해라고 할 수 있는 'drawing' 기능을 이용하여 개체를 추가해 보도록 하겠습니다. [Insert]-[drawing]을 클릭합니다. [Insert a drawing] 창이 나타나면 [Process]를 선택한 후 [Choose]를 클릭합니다.

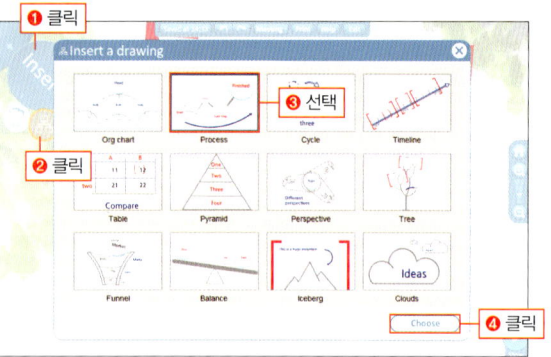

[Insert a drawing]에는 각종 프레임과 도형, 텍스트가 접목되어 프레지에 바로 적용할 수 있는 도해들로 구성되어 있습니다. 물론 본인의 목적에 맞게끔 수정하거나 추가하여 사용할 수 있습니다.

07_ Process 개체가 삽입됩니다. 크기 및 위치를 적절히 조정합니다. Process 개체는 대괄호 프레임으로 묶여져 있는데 여기서는 필요 없으므로 대괄호 프레임을 선택한 후 Delete 를 눌러 삭제합니다.

08_ Process 개체에 텍스트를 입력한 후 위치 및 크기를 조정합니다.

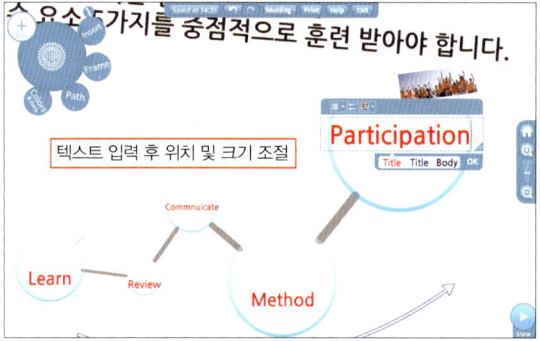

09_ 'Step 1'이 완성되면 이번에는 'Step 2' 프레임을 수정해 보겠습니다. 'Step 2' 프레임을 선택한 후 [줌] 메뉴의 [확대]를 몇 번 클릭해 크기를 확대합니다. [Insert]-[Image]를 클릭합니다.

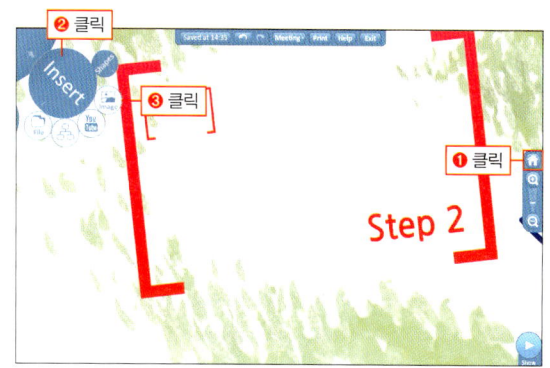

10_ [prezi.com에서 업로드할 파일을 선택] 대화 상자가 나타나면 부록 CD의 [Prezi] 폴더에서 'course.png' 파일을 선택한 후 [열기]를 클릭합니다.

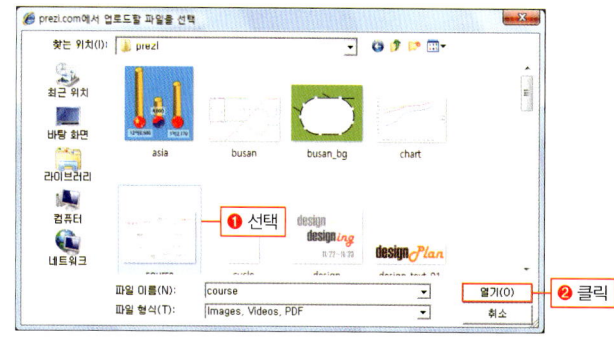

11_ 이미지가 삽입되면 지브라 도구를 이용해 크기를 조절한 후 회전을 줍니다.

12_ 'Step 2'에는 대괄호 안에 또 다른 대괄호가 존재합니다. 프레지는 이처럼 여러 개의 개체를 중복해서 사용해도 무방합니다. 또 다른 대괄호를 선택한 후 [줌] 메뉴의 [확대]를 몇 번 클릭해 크기를 확대합니다. [Insert]-[Image]를 클릭합니다.

13_ [prezi.com에서 업로드할 파일을 선택] 대화 상자가
나타나면 부록 CD의 [Prezi] 폴더에서 'chart.png' 파일을
선택한 후 [열기]를 클릭합니다.

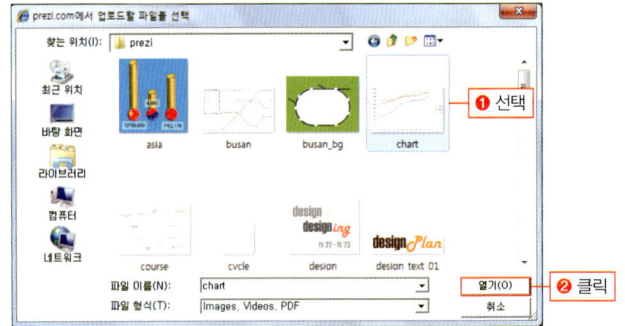

14_ 이미지가 삽입되면 대괄호 프레임 안에 위치시킨 후
크기 및 기울기를 조절합니다.

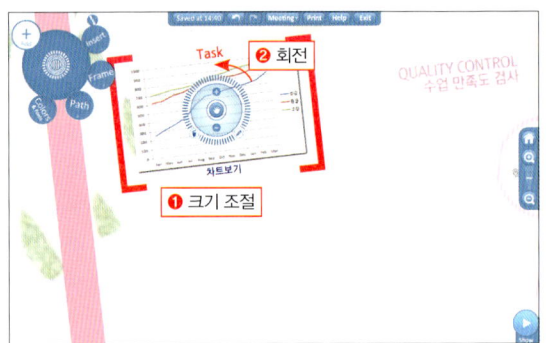

15_ 마지막으로 'Step 3'을 수정해 보겠습니다. 'Step 3'
에는 [Add]를 통해 개체를 삽입해 보겠습니다. 버블 메뉴
의 [Add]를 클릭합니다. 총 5개의 프레임이 지정된 개체
를 선택할 수 있습니다. 첫 번째 개체를 선택한 후 [체크]
를 클릭합니다.

16_ 원형 프레임 안에 텍스트를 입력한 후 크기 및 위치
를 조절합니다.

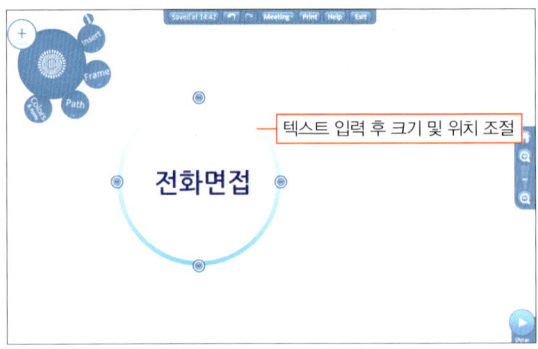

17_ 같은 방법으로 원형 프레임 및 텍스트를 추가한 후 Shift 을 누른 채 모두 선택합니다.

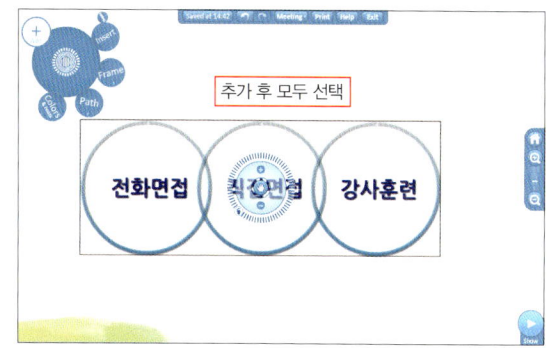

18_ 대괄호 안으로 위치를 이동한 후 크기를 조절합니다.

19_ 마지막으로 패스를 지정해 보겠습니다. [Path]를 클릭하면 이미 여러 개의 패스가 지정되어 있는 것을 확인할 수 있습니다. 템플릿을 사용했기 때문에 패스마저 미리 지정되어 있는데 이대로 사용해도 무방하지만 여기서는 패스를 모두 삭제하고 새로 지정해 보겠습니다. [Path]–[Delete All]을 클릭하여 패스를 모두 삭제합니다.

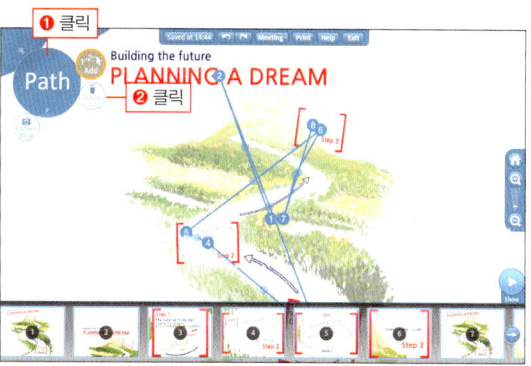

20_ [Path]–[1-2-Add]를 클릭하여 패스를 지정한 후 [Show]를 눌러 프레지 쇼를 진행합니다.

프레지로
온라인 강의안 만들기

프레지에서 제공하는 기능만을 사용하는 것이 좋은지, 포토샵 등의 여러 가지 도구의 도움을 받아 사용하는 것이 좋은지는 사용자가 판단할 문제이지만 프레지에서 제공하는 기능만으로 프레지를 사용하면 프레지의 용량이나 로딩 속도가 상당히 단축되는 효과가 있습니다. 여기서는 오로지 프레지의 기능만으로 온라인 강의안을 만들어 보겠습니다.

완성파일
- **플래시 파일** : Sample\Prezi\Section 06\Flash 폴더
- **프레지 파일** : Sample\Prezi\Section 06\Pez 폴더
- **웹 주소** : http://prezi.com/up5vvqzhaf0l

Preview

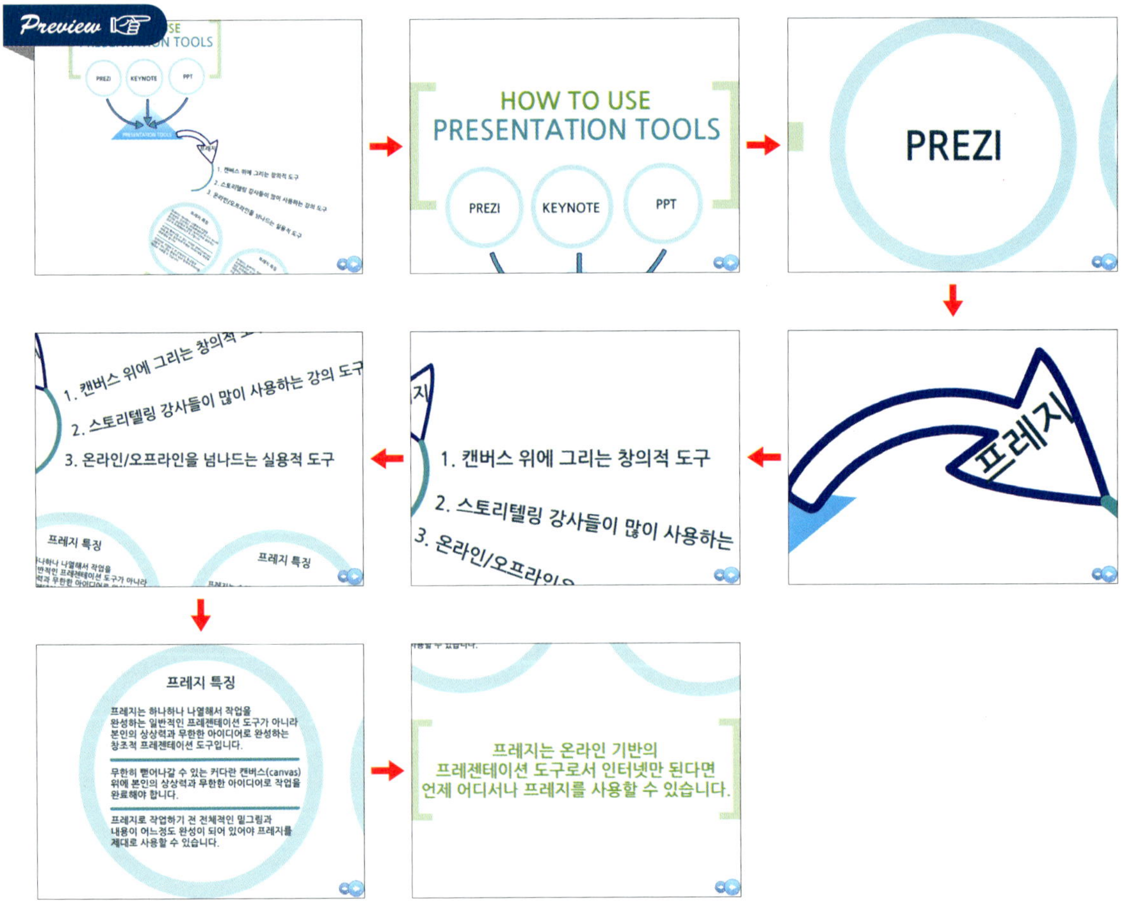

01_ 먼저 테마를 변경해 보겠습니다. [Colors & Fonts]를 클릭한 후 [한글]을 클릭합니다. 그런 다음 [Theme Wizard]를 클릭합니다. [Theme Wizard] 창이 나타나면 [Manual]을 클릭한 후 다음과 같이 RGB 값을 변경합니다.

> Background : 238, 254, 255
> Title 1 : 111, 204, 0
> Title 2 : 53, 175, 169
> Body : 23, 93, 102
> Circle Frame : 53, 175, 169
> Bracket Frame & Rectangular Frame : 111, 204, 0
> Marker : 82, 255, 89

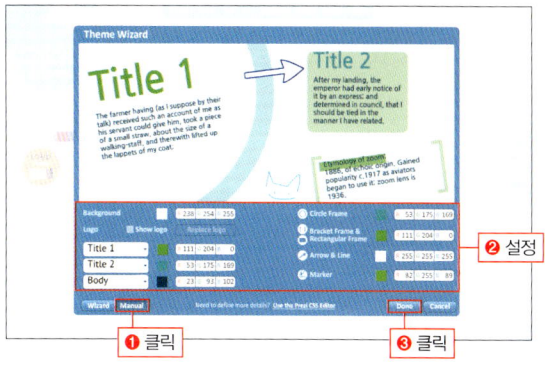

02_ 파스텔 느낌이 나는 테마로 변경됩니다. 『PRESENTATION TOOLS』를 입력한 후 색상을 변경합니다. 대괄호 프레임을 클릭해 위치 및 크기를 조절합니다.

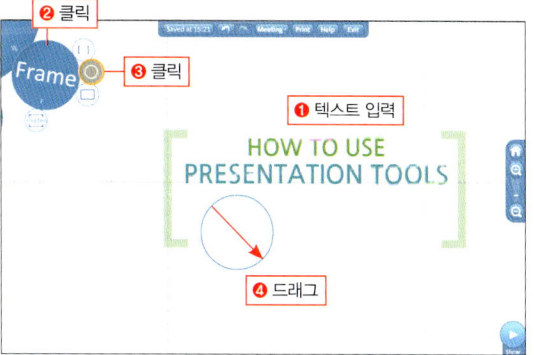

03_ 『HOW TO USE』를 입력한 후 [Frame]–[원형]을 클릭합니다. 캔버스에서 마우스로 드래그하여 원형 프레임을 삽입합니다.

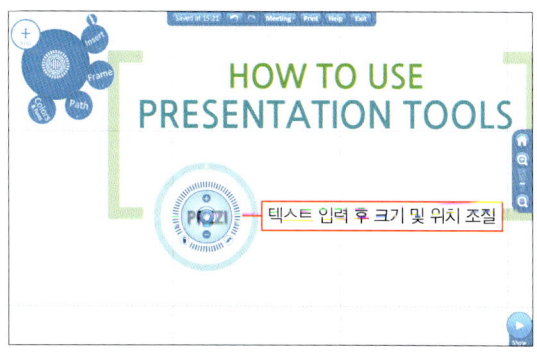

04_ 『Prezi』를 입력한 후 크기 및 위치를 조절합니다.

05_ 같은 방법으로 『KEYNOTE』, 『PPT』 프레임도 만듭니다.

06_ 이번에는 화살표를 삽입해 보겠습니다. [Insert]-[Shapes]를 클릭하여 [화살표]를 선택합니다. 캔버스에서 마우스로 드래그하여 화살표를 삽입한 후 위치를 조절합니다.

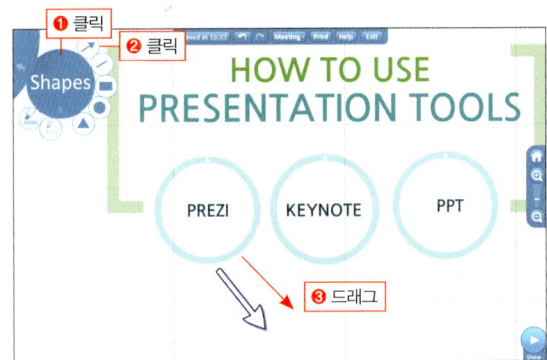

07_ 화살표를 더블 클릭합니다. 모양 조정 핸들(◉)을 이용해 화살표 모양을 변형한 후 색상을 변경합니다.

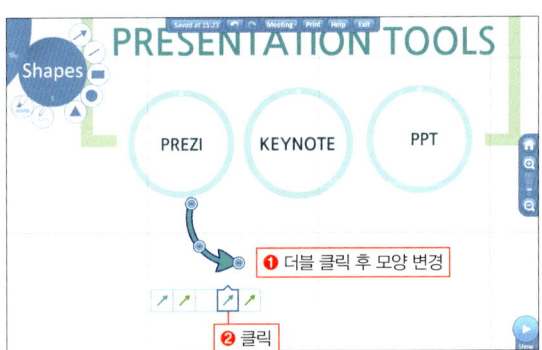

08_ 나머지 개체에도 화살표 개체를 삽입한 후 모양과 크기를 조절합니다.

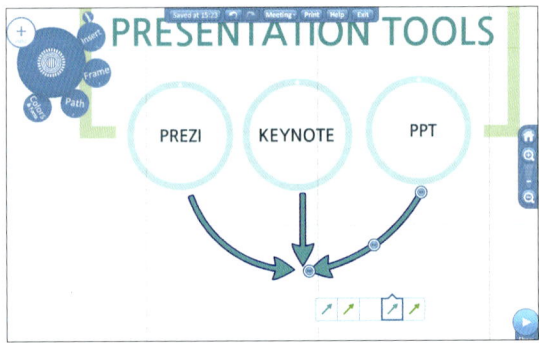

09_ 『PRESENTATION TOOLS』을 입력한 후 [Insert]–[Shapes]를 클릭하여 [삼각형]을 선택합니다. 마우스로 드래그하여 삼각형을 삽입한 후 크기 및 색상을 조절합니다.

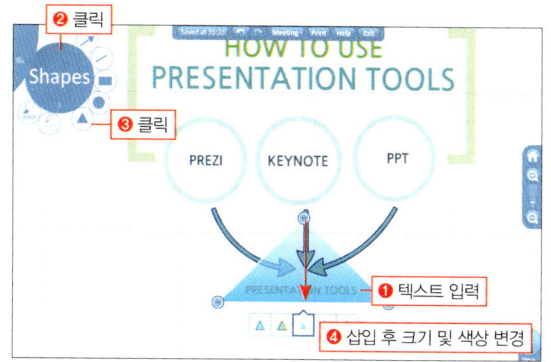

10_ 마우스 오른쪽 버튼을 눌러 [Send Backward]를 선택하여 삼각형 개체를 제일 아래로 이동시킵니다.

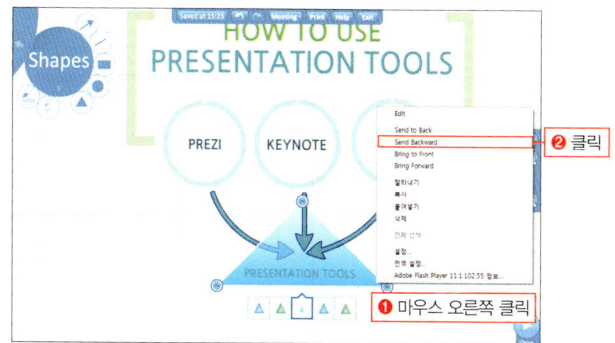

11_ 'PRESENTATION TOOLS' 텍스트를 드래그하여 선택한 후 색상을 변경합니다.

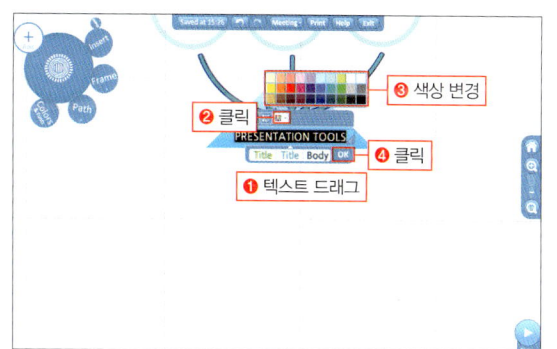

12_ 다시 화살표를 삽입합니다. [Insert]–[Shapes]를 클릭하여 [화살표]를 선택합니다. 마우스로 드래그하여 화살표를 삽입한 후 더블 클릭해 모양, 크기 및 색상을 변경합니다.

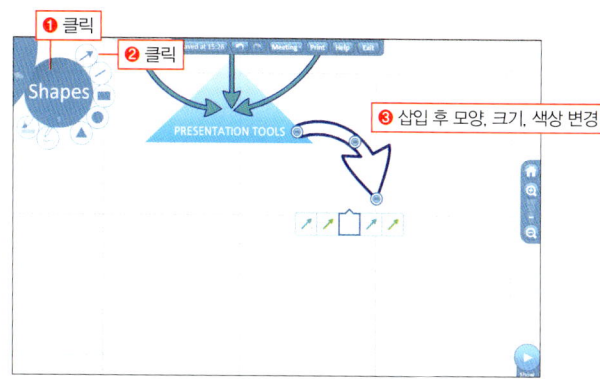

13_ 화살표 안에 『프레지』라는 텍스트를 입력합니다. [Insert]-[Shapes]를 클릭하여 [선]을 선택합니다. 마우스로 드래그하여 선을 삽입한 후 더블 클릭하여 색상을 변경합니다. 모양 조정 핸들(◎)을 이용해 모양을 변형합니다.

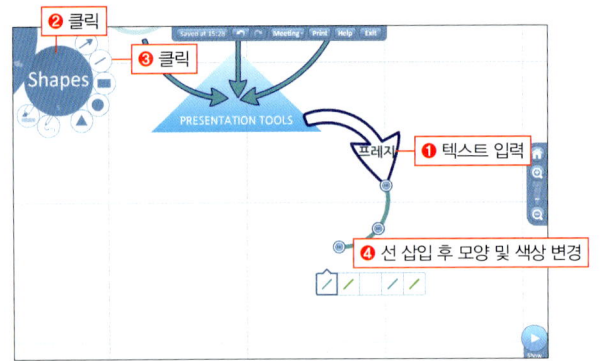

14_ 텍스트를 입력한 후 지브라 도구의 회전 핸들을 이용해 회전을 줍니다.

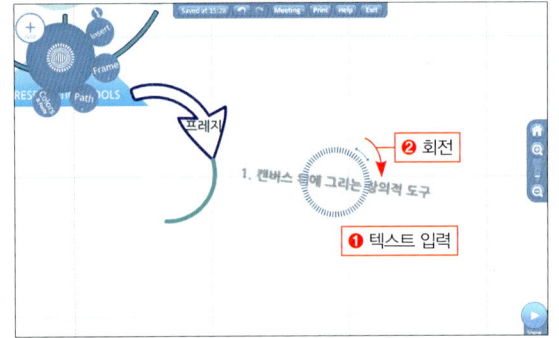

15_ 나머지 텍스트도 마저 입력합니다. 마찬가지로 지브라 도구의 회전 핸들을 이용해 회전을 줍니다.

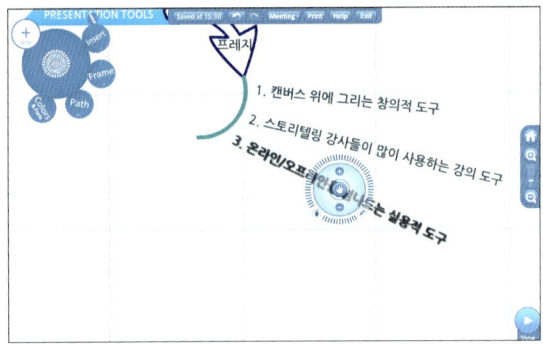

16_ 버블 메뉴에서 [Add]를 클릭합니다. 프레임 개체가 삽입되면 첫 번째 원형 프레임을 선택합니다.

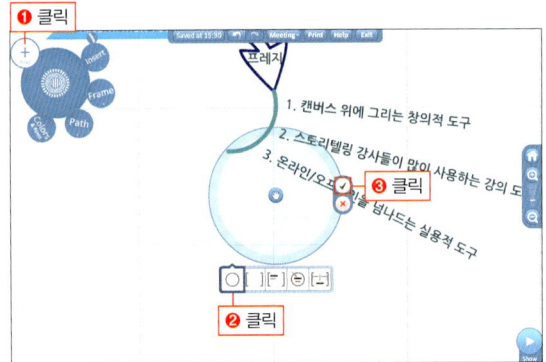

17_ 다음과 같이 텍스트 및 선 개체를 활용해 프레임 안에 내용을 완성합니다.

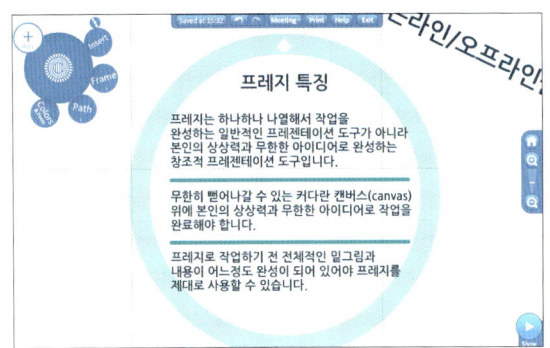

18_ 지브라 도구의 회전 핸들을 이용해 회전을 줍니다. 굳이 그룹 지정을 하지 않아도 프레임 안의 개체가 하나의 개체로 인식되어 함께 회전이 되는 것을 확인할 수 있습니다.

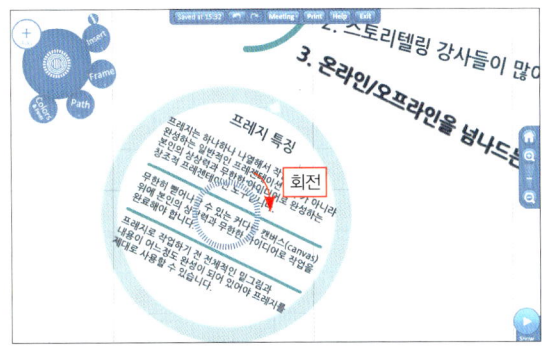

19_ 원형 프레임을 추가해 내용을 입력합니다. 원형 프레임 하단에 내용을 추가하기 위해 [Frame]-[대괄호]를 클릭합니다.

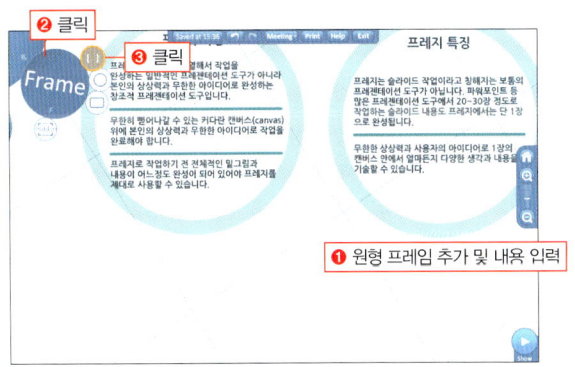

20_ 텍스트를 입력한 후 색상 및 크기를 조절합니다.

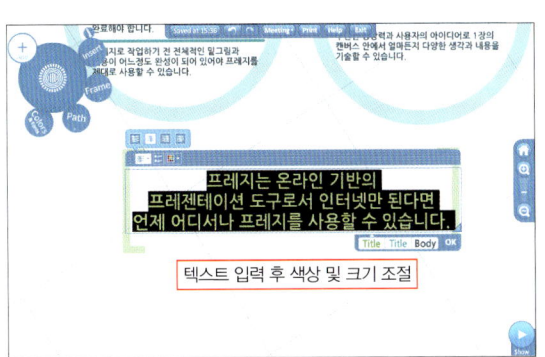

21_ [Path]-[1-2-Add]를 클릭한 후 패스 순서를 지정합니다. [Show]를 눌러 프레지 쇼를 진행합니다.

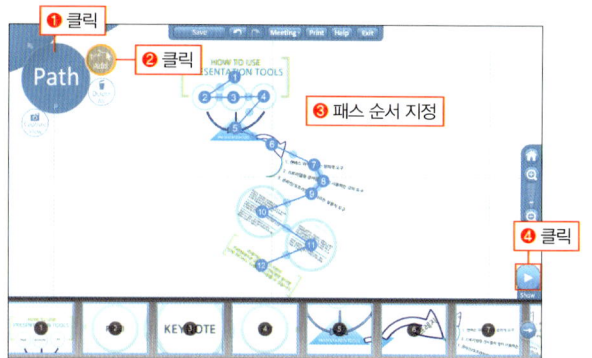

 Colourloves로 색상 조합 찾기

단순히 한글 테마만으로는 마음에 드는 색상을 선택할 수 없지만 [Theme Wizard]를 이용하면 다양한 색상을 사용할 수 있습니다. 하지만 문제는 [Theme Wizard]에서의 색상 조합을 찾기가 쉽지 않다는 점입니다. Colourloves는 프레지의 [Theme Wizard]에서 여러 가지 RGB 색상을 넣을 때 최적의 색상 배합을 찾아주는 유용한 사이트입니다. 색상 조합을 위한 Palettes뿐 아니라 Patterns, Pattern Templates, Shapes, Colors 등 다양한 메뉴를 제공하고 있습니다.

❶ http://www.colourlovers.com에 접속한 후 [Browse]-[Patterns]을 선택합니다. 많이 사랑을 받은 패턴부터 클릭 수가 많은 패턴 등 다양한 방법으로 패턴을 검색할 수 있습니다.

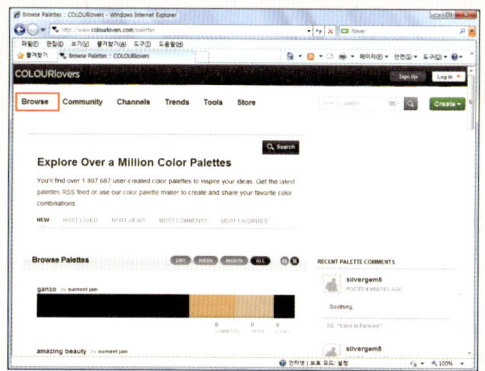

❷ 각각의 패턴 중 원하는 항목을 선택합니다. 각각의 패턴에는 RGB 값이 적혀 있습니다. 이 값 중 원하는 값을 프레지의 [Theme Wizard] RGB 값에 입력합니다.

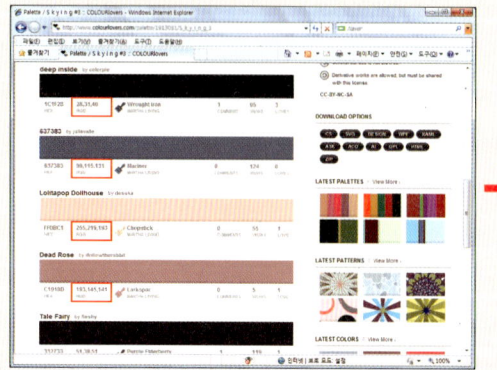

파워포인트 슬라이드를
프레지에서 연출하기

파워포인트로 작업된 슬라이드가 있다면 이를 프레지로 가져와 색다르게 프레젠테이션을 진행할 수 있습니다. 기본적으로 파워포인트는 패스를 이용한 움직임이나 줌인, 줌아웃과 같은 연출이 어렵기 때문에 파워포인트로 슬라이드 작업한 후 이를 PDF 파일로 변환하여 프레지로 가져오는 경우가 많습니다.

 준비 파일
- Sample\Prezi\Section 07\디자인향기.pptx
- Sample\Prezi\Section 07\디자인향기.pdf

 완성 파일
- **플래시 파일** : Sample\Prezi\Section 07\Flash 폴더
- **프레지 파일** : Sample\Prezi\Section 07\Pez 폴더
- **웹 주소** : http://prezi.com/lk9nhdgbemvc

Preview

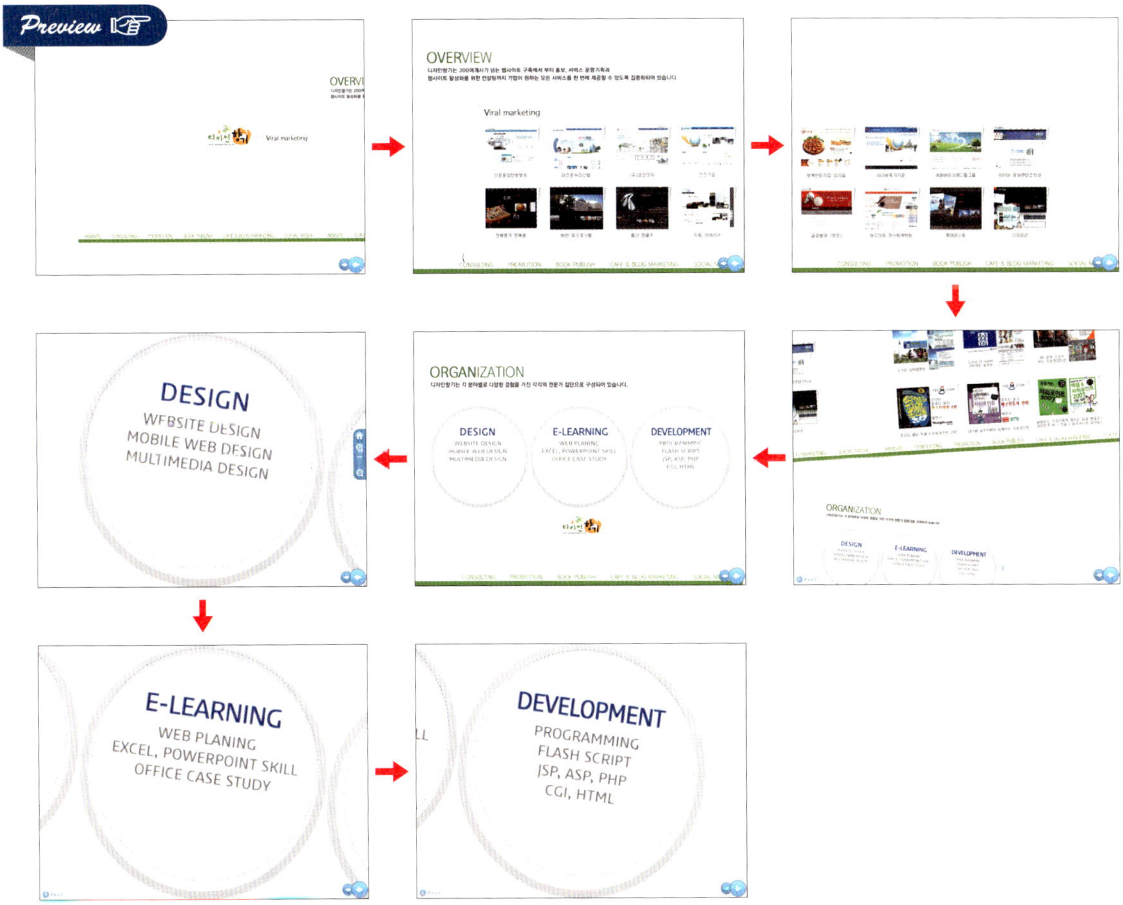

01_ 먼저 파워포인트 파일을 엽니다. '디자인향기.pptx'
에는 총 5장의 슬라이드가 완성되어 있습니다.

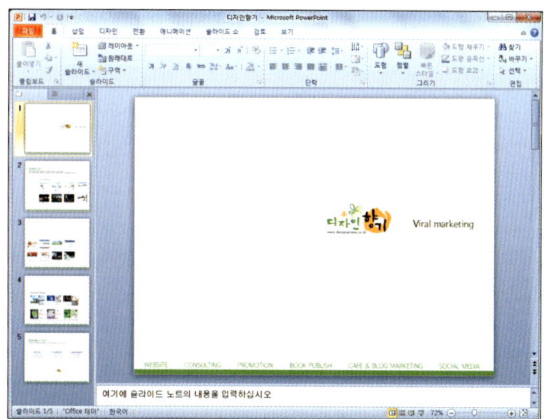

02_ 프레지에 파워포인트 파일을 그대로 삽입할 수는
없기 때문에 파워포인트 파일을 PDF 파일로 먼저 변환해
야 합니다. [파일]-[저장/보내기]를 클릭한 후 [PDF/XPS
문서 만들기]-[PDF/XPS 문서 만들기]를 클릭하여 PDF
파일로 변환합니다.

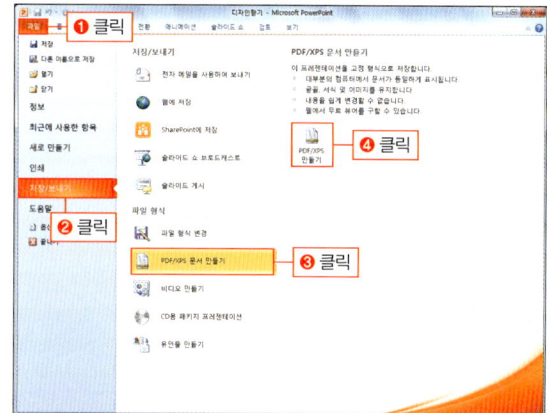

03_ 이제 파워포인트 슬라이드를 프레지로 불러와 보겠
습니다. [Insert]-[File]을 클릭합니다.

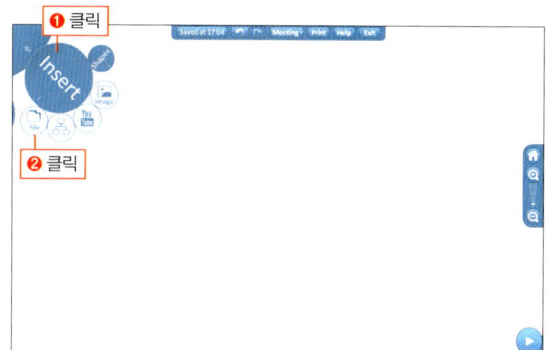

04_ [prezi.com에서 업로드할 파일을 선택] 대화 상자가
나타나면 변환한 '디자인향기.pdf' 파일을 선택한 후 [열
기]를 클릭합니다.

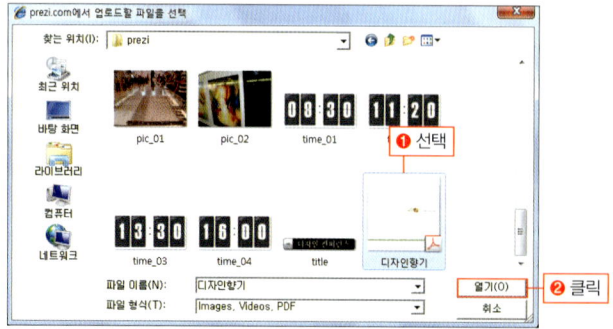

05_ 슬라이드 번호 순서대로 슬라이드가 정렬되어 삽입됩니다.

06_ 경로를 설정하기 전에 가장 자연스러운 화면 전환 효과를 주기 위해 4개의 슬라이드를 한 줄로 연결합니다.

4개 슬라이드를 한 줄로 연결

TIP

파워포인트 슬라이드를 프레지로 불러오기 위해서는 될 수 있으면 파워포인트의 배경이나 테마 등을 적용하지 않는 것이 좋습니다. 프레지는 패스와 줌인/줌아웃을 통해 움직임을 주기 때문에 자칫 잘못하면 파워포인트의 다양한 색상 조합 때문에 상당히 어지러운 프레지 쇼가 진행될 수 있습니다.

07_ 마지막 슬라이드는 강조를 위해 지브라 도구를 이용해 회전시킵니다.

회전

08_ 파워포인트 슬라이드라도 프레지의 다양한 효과를 적용할 수 있습니다. 버블 메뉴에서 [Frame]-[원형]을 클릭한 후 'DESIGN' 영역을 드래그하여 원형 프레임을 삽입합니다.

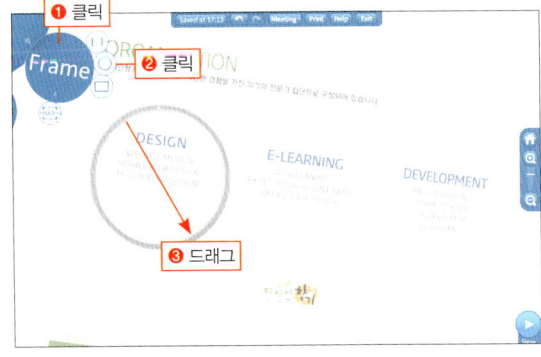

❶ 클릭
❷ 클릭
❸ 드래그

09_ 'E-LEARNING', 'DEVELOPMENT' 영역에도 원형 프레임을 삽입합니다.

프레임을 삽입하면 프레임이 적용된 영역만 확대하거나 움직임을 줄 수 있습니다. 파워포인트에서 이런 효과를 주기는 생각보다 어렵기 때문에 프레지를 활용하면 다양한 효과를 연출할 수 있습니다.

10_ 이제 패스를 적용해 보겠습니다. [Path]−[1−2−Add]를 클릭합니다. 첫 번째 슬라이드를 클릭합니다.

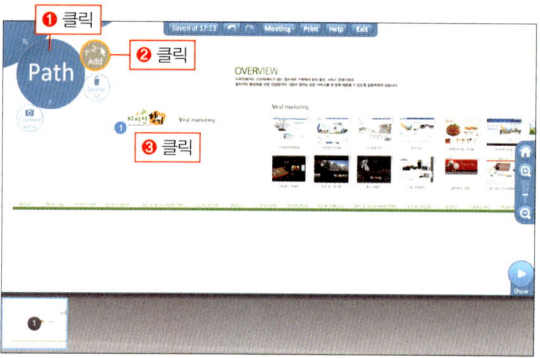

11_ 슬라이드가 왼쪽으로 이동하는 효과를 주기 위해 각각의 슬라이드를 차례대로 클릭한 후 마지막 슬라이드에서는 원형 프레임을 각각 선택해 하나의 슬라이드가 다른 슬라이드처럼 보일 수 있도록 패스를 지정합니다.

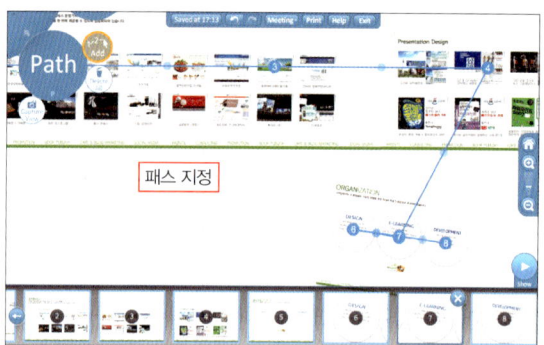

12_ [Show] 단추를 클릭해 프레지 쇼를 진행합니다.

Index

Index

한 권으로 완성하는
환상의 콤비 프레지&키노트&파워포인트!

프레젠테이션을 한 단계 업그레이드하기 위한 저자만의 노하우를 공개합니다.
청중을 사로잡는 프레젠테이션 실무 예제를 통해 전문가로 거듭나세요!

| 디지털프레젠테이션 도구 10인방 |

프레지

키노트

파워포인트

다가져라! 세상의 모든 프레젠테이션

프레지&키노트&파워포인트 2010

오피스 | 값 18,000원

13000

9 788931 442403
ISBN 978-89-314-4240-3

YoungJin.com Y.
영진닷컴

다 가져라! 세상의 모든 프레젠테이션

프레지 & 키노트 & 파워포인트

2010

정강훈 지음

키노트

YoungJin.com Y.
영진닷컴

PART·03

키 · 노 · 트

키노트는 애플사에서 신제품을 발표할 때마다 사용하는 프레젠테이션 도구로 많은 분들의 관심과 사랑을 받고 있는 프로그램입니다. 키노트의 장점이라면 무엇보다 최적의 화면 전환 효과와 스마트 빌드 등의 세련된 기능, 그리고 비주얼적인 요소와 간편한 시용법 등이라 하겠습니다. 다만, 키노트는 윈도우 운영체제 기반의 프로그램이 아닌 매긴도시라는 애플사의 운영체제 기반의 프로그램이다 보니 국내에서는 많이 알려지지 않은 프로그램이기도 합니다. 하지만, 다른 프레젠테이션 도구에 비해 간단한 사용법을 추구하는 키노트를 다루게 된다면 남들과는 차별화된 프레젠테이션을 할 수 있을 것입니다. 이번 파트에서는 감성적 프레젠테이션 세계로 이끌어주는 키노트에 대해서 살펴보도록 하겠습니다.

Contents

환상의 콤비 : 2권

감성적
프레젠테이션
세계

키노트는 다른 프레젠테이션 도구에 비해 사용 방법이 간편하며, 직관적인 사용자 인터페이스를 가지고 있습니다. 키노트를 보면 파워포인트의 차기 버전을 알 수 있다는 말이 있는 것처럼 혁신적이면서도 참신한 기능들을 많이 제공하고 있습니다.

키노트 시작하기

Keynote

아이워크(iWork)
내려받기

키노트(Keynote)는 아이워크(iWork)에 포함된 유료 프로그램입니다. 만일, 키노트가 없다면 Apple 홈페이지에서 구매할 수 있습니다. 아이워크 패키지의 가격이 다소 부담된다면 체험판을 먼저 사용해 보는 것이 좋습니다. 체험판은 유료 버전과 기능상 차이점은 없지만 30일 동안만 사용할 수 있습니다. 참고로, 체험판은 나중에 시리얼 번호만 따로 구입하여 정식 제품과 동일하게 사용할 수 있습니다.

01_ 애플 홈페이지(http://www.apple.com/kr)에 접속합니다. 상단 메뉴 중에서 [Mac]을 클릭합니다.

TIP
아이워크(iWork)는 프레젠테이션 제작 도구인 키노트(Keynote)를 비롯하여 스프레드시트 도구인 넘버스(Numbers), 워드프로세서 도구인 페이지스(Pages)로 구성되어 있습니다.

02_ [응용 프로그램]을 선택한 후 [Work]를 클릭합니다.

03_ 페이지의 하단 부분에 있는 [iWork를 30일간 무료로 체험하세요.] 배너의 [지금 내려받기]를 클릭합니다.

04_ [Free Download for Mac]을 클릭하여 iWork 무료 체험 버전을 다운로드 받습니다.

05_ 인스톨 화면이 나타나면 [Install iWork '09 Trial]을 클릭하여 프로그램을 설치합니다. 이후에 나오는 모든 과정은 [예] 혹은 [계속]을 눌러 설치를 진행합니다.

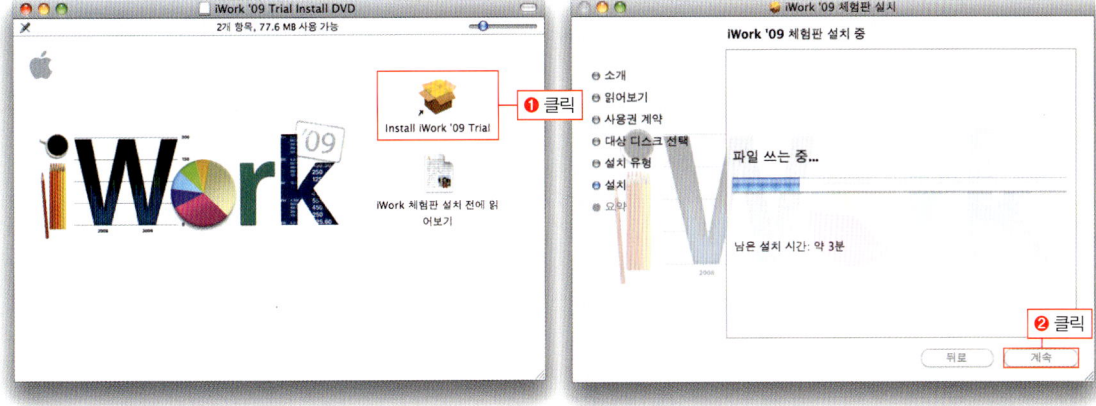

Section#
02

키노트
실행하기

아이워크(iWork)가 설치되면 하단에 위치하고 있는 독에 키노트를 비롯한 넘버스와 페이지스가 추가됩니다. 물론, 응용 프로그램 폴더의 [iWork] 폴더를 찾아 키노트를 실행할 수도 있습니다.

:: 독에서 바로 실행하기

하단에 위치한 독에서 키노트 아이콘을 클릭하여 키노트를 실행해 보겠습니다.

01_ 아이워크를 설치하면 독에 키노트 아이콘이 생성됩니다. [Keynote] 아이콘을 클릭합니다.

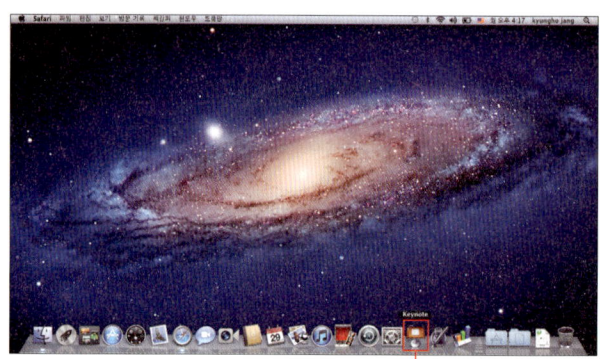

클릭

:: [iWork] 폴더에서 키노트 실행하기

키노트는 [iWork] 폴더에서도 실행할 수 있습니다.

02_ [Finder]를 클릭합니다.

클릭

03_ 왼쪽 목록 중 [응용 프로그램]을 선택한 후 [iWork' 09] 폴더를 클릭합니다.

04_ [iWork] 폴더가 열리면 [Keynote] 아이콘을 더블 클릭합니다.

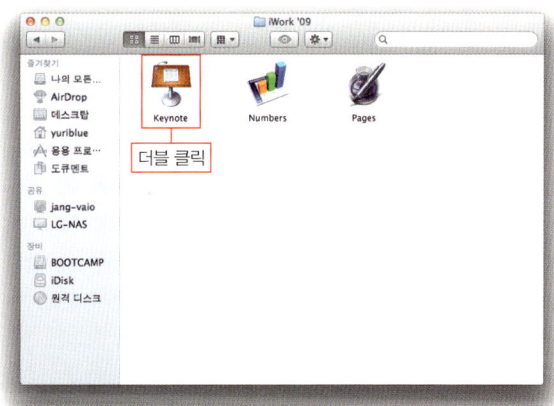

 응용 프로그램 폴더에서 선택하기

윈도우 탐색기 역할을 하는 [Finder]와 마찬가지인 하단의 [응용 프로그램] 폴더를 선택하여 [iWork] 폴더- [Keynote]를 클릭하여 키노트를 실행할 수도 있습니다.

 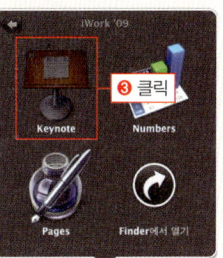

:: 독에 키노트 추가하기

독에 키노트를 추가하지 않았다면 키노트 아이콘을 추가하여 편하게 사용할 수 있습니다.

05_ [응용 프로그램]의 [iWork] 폴더에서 Keynote 아이콘을 독으로 드래그합니다. 하단의 독에 키노트 아이콘이 추가됩니다. 아이콘을 클릭하여 키노트를 실행합니다.

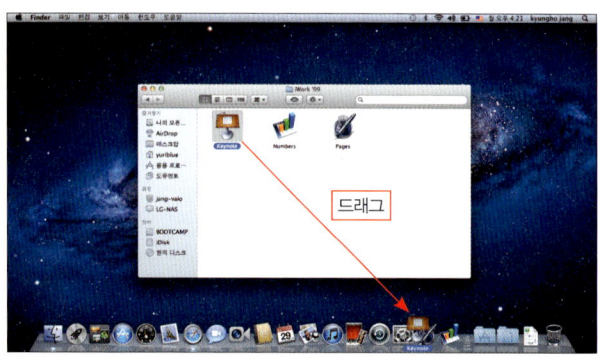

꼭!! 알고가기

http://www.presentationtool.co.kr/keynote 참조하기

키노트는 스티브잡스의 동영상이나 관련 슬라이드를 보면 많은 영감과 아이디어를 얻을 수 있습니다. 저자가 운영하는 홈페이지 (http://www.presentationtool.co.kr)의 키노트 파트에서 다양한 스티브잡스의 동영상을 비롯하여 샘플 슬라이드를 참조하시기 바랍니다.

키노트를 처음 실행하면 테마 선택 화면이 나타납니다. 기본적으로 제공하는 44개의 테마를 통해 키노트의 멋진 디자인 테마를 미리 볼 수 있습니다. 각각의 테마에는 미리 지정된 서체와 배경을 비롯하여 표 및 차트 등의 서식 스타일도 미리 구성되어 있습니다.

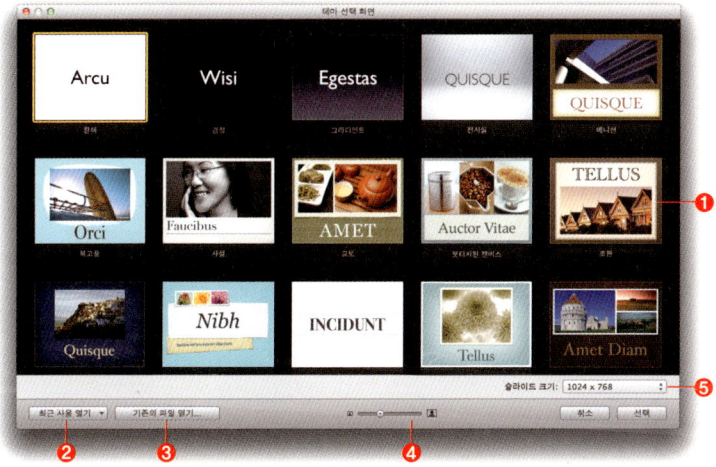

❶ **테마 선택 창** : 44개의 테마를 선택할 수 있습니다.
❷ **최근 사용 열기** : 최근에 사용한 키노트 파일을 불러와 작업할 수 있습니다.
❸ **기존의 파일 열기** : 키노트 파일을 찾아 작업할 수 있습니다.
❹ **미리 보기 조절** : 테마들의 크기를 조절하여 볼 수 있습니다.
❺ **슬라이드 크기 조절** : 슬라이드의 해상도를 조절할 수 있습니다. 해상도는 800*600부터 1920*1080까지 다양하게 선택할 수 있습니다.

01_ 다양한 테마 중에서 [그라디언트]를 선택한 후 마우스를 왼쪽에서 오른쪽으로 움직여 봅니다. [그라디언트]에 포함된 세부 슬라이드 디자인이 나타납니다. [선택]을 클릭합니다.

작업 화면
살펴보기

프로그램을 다루기 위해서는 무엇보다 작업 화면에 구성되어 있는 도구의 명칭과 사용 방법을 확인하는 것이 좋습니다. 키노트의 화면 구성에 대해서 살펴보도록 하겠습니다.

:: 작업 화면 살펴보기

키노트의 화면은 메뉴와 도구 막대를 비롯하여 슬라이드 창, 슬라이드 편집 화면, 속성 창 등으로 구성되어 있습니다.

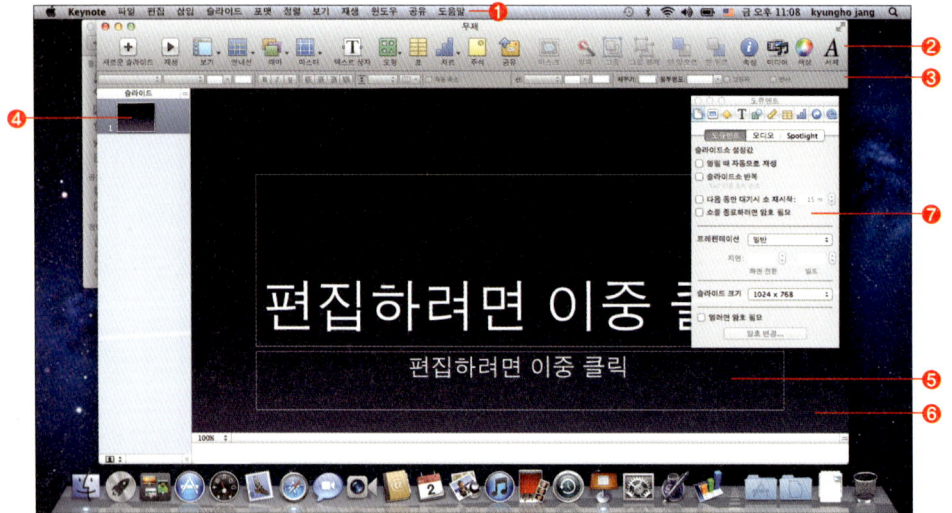

❶ **메뉴 막대** : 맥에 공통으로 나타나는 메뉴이지만 키노트를 실행하면 키노트만의 다양한 기능들을 확인할 수 있습니다.

❷ **도구 막대** : 키노트에서 주로 사용하는 메뉴를 아이콘 형식으로 확인할 수 있으며, 사용자화 기능으로 자주 사용하는 도구를 추가하거나 삭제할 수 있습니다.

❸ **포맷 막대** : 슬라이드 캔버스에서 특정 개체를 선택하면 그 개체에 해당하는 편집 메뉴가 나타납니다.

❹ **슬라이드 네비게이터** : 각각의 슬라이드를 미리 보기 화면으로 보여줍니다.

❺ **슬라이드 캔버스** : 슬라이드 편집 화면으로 슬라이드 작업을 할 수 있는 공간입니다.

❻ **발표자 메모 입력란** : 프레젠테이션이 진행되는 동안 발표자가 참조할 수 있도록 발표자 메모 입력란에 내용을 입력할 수 있습니다.

❼ **속성 창** : 세부적인 기능을 수행할 수 있도록 총 10개의 속성 항목을 선택할 수 있습니다.

:: 메뉴 막대

맥에 공통으로 나타나는 메뉴이지만 키노트를 실행하면 키노트의 활성화 메뉴로 변경되어 나타납니다. 메뉴 막대를 통해 다양한 키노트 관련 기능을 선택할 수 있습니다.

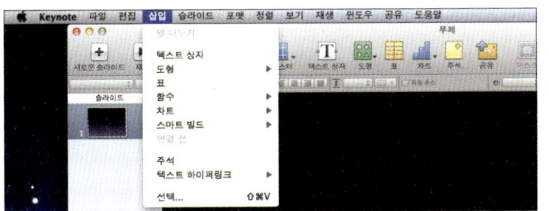 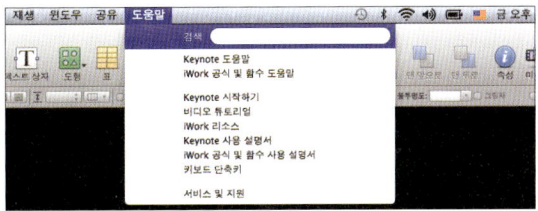

:: 도구 막대

키노트에서 주로 사용하는 메뉴들이 아이콘 형태로 구성되어 있습니다. 도구 막대를 통해 원하는 기능을 빠르게 접근할 수 있습니다.

❶ 새로운 슬라이드 : 슬라이드를 추가합니다.

❷ 재생 : 슬라이드 쇼를 재생합니다.

❸ 보기, 안내선, 테마, 마스터 : 슬라이드 작업을 위해 네비게이터, 개요, 라이트 테이블 등을 불러오거나 테마, 또는 마스터 작업을 진행할 수 있습니다.

❹ 텍스트 상자, 도형, 표, 차트 : 슬라이드 작업을 위해 텍스트, 도형, 표, 차트를 삽입할 수 있습니다.

❺ 주석 : 슬라이드에 리뷰 주석을 추가합니다.

❻ 공유 : iWork.com 시이트를 통해 도큐멘트를 공유합니다.

❼ 마스크, 알파, 그룹 등 : 사진에서 원하지 않는 부분을 마스크하거나 제거, 혹은 그룹으로 지정할 수 있습니다.

❽ 속성, 미디어, 색상, 서체 : 속성 윈도우를 비롯하여 다양한 서식을 지정할 수 있는 윈도우 창을 엽니다.

❾ 확대/축소 : 윈도우 창 전체로 슬라이드를 확대하거나 축소할 수 있습니다.

> **TIP**
> 보다 넓은 창에서 슬라이드 작업을 하기 위해 도구 막대를 가리려면 [메뉴 막대]에서 [보기]–[도구 막대 가리기]를 클릭합니다. 다시 도구 막대를 나타내려면 [보기]–[도구 막대 보기]를 클릭합니다.

:: 포맷 막대

슬라이드 작업 화면에서 특정 개체를 선택하였을 때 개체에 따른 편집 메뉴가 나타나는데 이를 포맷 막대라고 합니다. 포맷 막대는 도형이나 표 등 선택하는 개체에 따라 다르게 나타납니다.

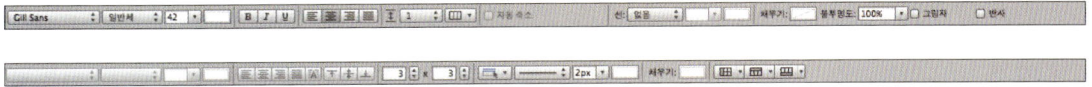

:: 슬라이드 네비게이터

각각의 슬라이드 페이지가 미리 보기 형식으로 슬라이드 네비게이터에 나타납니다. 슬라이드 네비게이터에서는 각 슬라이드 페이지를 미리 보기 형식으로 볼 수도 있지만 텍스트 개요도 볼 수 있습니다.

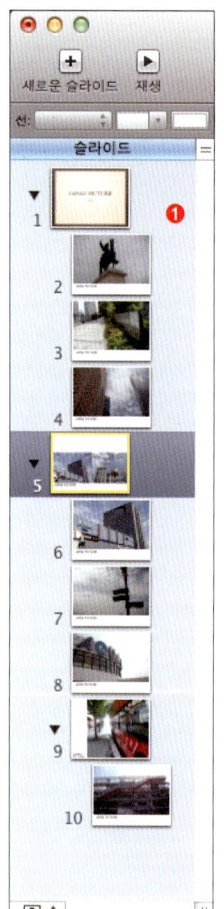
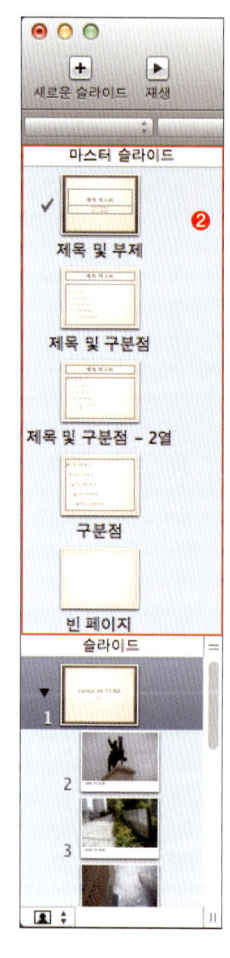
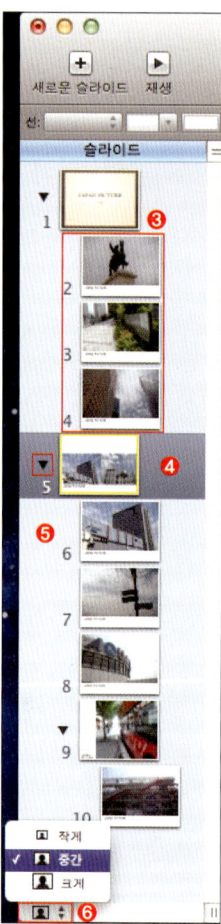

❶ **슬라이드 미리 보기** : 슬라이드를 미리 볼 수 있는 축소된 창을 제공합니다.

❷ **마스터 슬라이드 표시** : 마스터 슬라이드 표시 단추를 아래로 드래그하면 마스터 슬라이드가 표시됩니다.

❸ **슬라이드 들여넣기** : 슬라이드를 들여넣기하여 하나의 그룹으로 만들 수 있습니다. 들여넣기를 하기 위해서는 슬라이드를 오른쪽으로 드래그하거나 Tab 을 누릅니다.

❹ **작업 중인 슬라이드** : 현재 작업 중인 슬라이드는 음영으로 표시됩니다. 마우스를 드래그하여 위치를 조정할 수 있습니다.

❺ **펼침 목록** : 들여넣기된 슬라이드의 그룹을 보거나 가리려면 펼침 삼각형을 클릭합니다.

❻ **축소판 크기 조정 단추** : 축소편을 다양한 크기로 표시할 수 있습니다.

◀ 축소판 크기 조정
◀◀ 마스터 슬라이드 표시
◀◀◀ 네비게이터

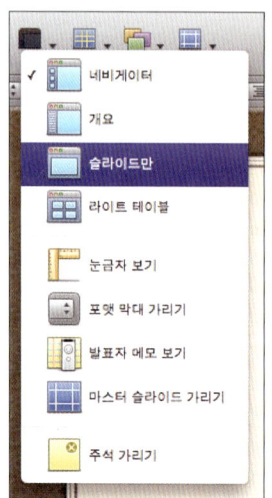

보다 넓게 슬라이드 작업을 하기 위해 슬라이드 네비게이터를 잠시 숨겨 놓거나 다시 나타나게 할 수 있으며, 네비게이터 대신 개요 보기를 삽입할 수 있습니다. [도구 막대]에서 [보기]-[슬라이드만]을 클릭하면 네비게이터가 사라지고, 다시 [도구 막대]에서 [보기]-[네비게이터]를 클릭하면 네비게이터가 나타납니다.

:: 개요 보기

개요 보기는 프레젠테이션의 텍스트만을 볼 수 있기 때문에 흐름을 잡거나 전체 스토리라인을 구성하는데 매우 효과적입니다. 개요 보기는 [도구 막대]에서 [보기]-[개요]를 클릭하여 확인할 수 있습니다.

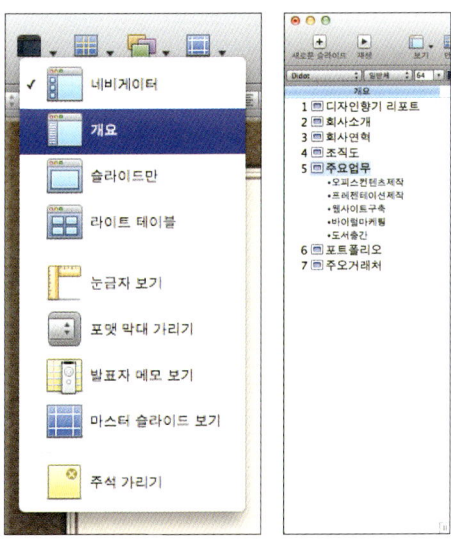

개요 보기에서 사용된 서체를 변경하려면 [메뉴 막대]에서 [Keynote]-[환경설정]을 클릭한 후 [일반]-[개요 보기 서체] 목록에서 서체와 크기를 선택합니다. 참고로, 개요 보기의 내용을 프린트하려면 [메뉴 막대]에서 [파일]-[프린트]를 클릭한 후 [세부사항 보기]-[개요]를 클릭하여 프린트합니다.

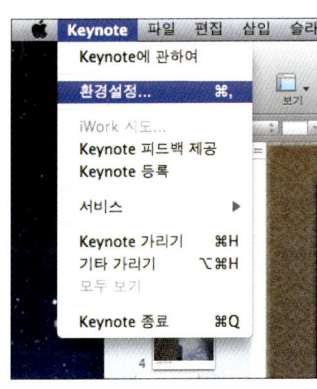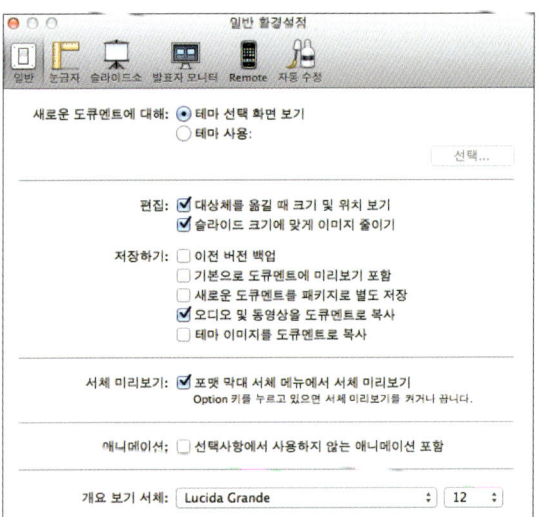

:: 슬라이드 캔버스

슬라이드 작업이 이루어지는 공간으로 이미 생성되어 있는 개체 틀에 작업을 하거나 도구 막대에서 여러 도구를 불러와 작업할 수 있습니다.

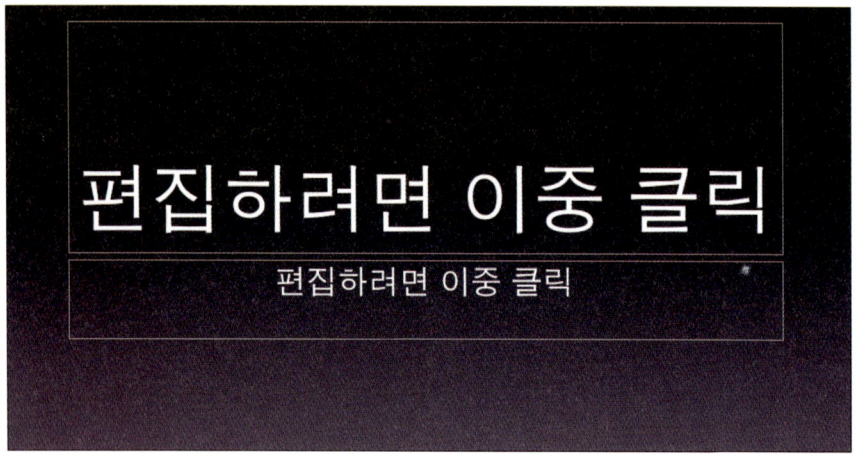

:: 발표자 메모 입력란

프레젠테이션이 진행되는 동안 발표자가 참조할 수 있도록 발표자 메모 입력란에 내용을 입력할 수 있습니다. 발표자 메모 입력란은 [메뉴 막대]에서 [보기]-[발표자 메모 보기]를 클릭하여 나타낼 수 있습니다.

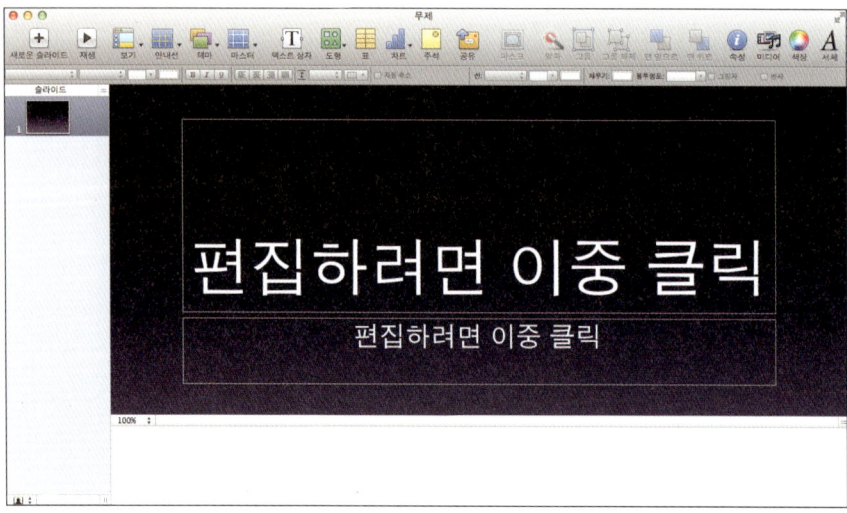

:: 라이트 테이블 보기

슬라이드 수가 많다면 여러 화면으로 동시에 보면서 편집할 필요가 있습니다. 이럴 때 라이트 테이블 보기를 통해 슬라이드를 펼쳐 순서나 내용을 수정할 수 있습니다. [도구 막대]에서 [보기]-[라이트 테이블]을 클릭하면 라이트 테이블을 불러올 수 있습니다. 축소판 이미지를 확대하거나 축소하기 위해 왼쪽 하단에 있는 축소판 단추를 클릭하여 크기를 선택합니다.

윈도우 도구
살펴보기

속성 윈도우를 비롯하여 미디어 브라우저, 색상 윈도우, 서체 윈도우로 구성된 윈도우 도구는 슬라이드 캔버스에서 여러 가지 슬라이드 작업을 할 때 다양한 서식을 지정할 수 있습니다.

:: 속성 윈도우

키노트 작업이 세부적인 기능을 수행할 수 있도록 총 10개의 속성 항목을 선택할 수 있습니다. [메뉴막대]-[속성]을 클릭하여 속성 윈도우를 열 수 있습니다.

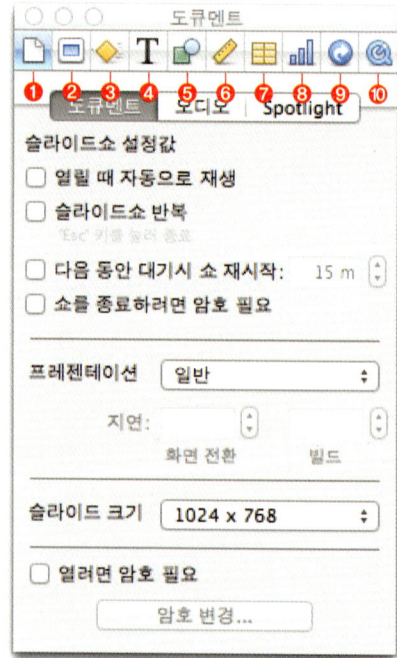

❶ **도큐멘트** : 슬라이드 쇼 설정 값을 비롯하여 슬라이드 크기, 암호 변경 등 키노트 문서를 다양하게 설정할 수 있습니다.

❷ **슬라이드** : 화면 전환 효과의 종류, 실행 시간, 방향, 모양새 등을 설정할 수 있습니다.

❸ **빌드** : 빌드인, 빌드아웃을 비롯하여 다양한 애니메이션 효과를 설정할 수 있습니다.

❹ **텍스트** : 텍스트 서식을 비롯하여 간격이나 여백 삽입 등 다양한 텍스트 설정을 할 수 있습니다.

❺ **그래픽** : 도형의 채우기나 색 설정, 그림자, 불투명도 등을 설정할 수 있습니다.

❻ **측정기** : 개체의 각도나 크기 등을 설정할 수 있습니다.

❼ **표** : 표의 열 너비나 행 높이, 셀 배경 등 표 서식을 설정할 수 있습니다.

❽ **차트** : 데이터 편집이나 차트 색상 등 다양한 차트 서식을 설정할 수 있습니다.

❾ **하이퍼링크** : 슬라이드에 들어갈 각 개체에 하이퍼링크를 활성화하거나 설정할 수 있습니다.

❿ **QuickTime** : 퀵타임을 이용하여 멀티미디어를 조정할 수 있습니다.

:: 미디어 브라우저

미디어 브라우저는 iPhoto 보관함, iTunes 보관함 및 사진이나 동영상 폴더의 모든 미디어 파일을 불러올 수 있습니다. [메뉴 막대]-[미디어]를 클릭하여 미디어 브라우저 윈도우를 불러올 수 있습니다.

:: 색상 윈도우

색상 윈도우를 통해 개체의 색상을 선택할 수 있습니다. 자주 사용하는 색상은 색상 팔레트에 저장하여 편리하게 사용할 수 있으며, 검색 아이콘을 클릭하여 화면에서 일치하는 색상을 선택할 수도 있습니다. [메뉴 막대]-[색상]을 클릭하여 색상 윈도우를 불러올 수 있습니다.

❶ **색상 선택 옵션** : 여러 옵션을 이용하여 최적의 색상을 선택할 수 있습니다.

❷ **색상 검색 아이콘** : 검색 아이콘을 클리한 후 화면에서 일치하는 색상을 선택할 수 있습니다.

❸ **색상 휠** : 색상 휠에서 색상을 선택합니다.

❹ **불투명도 조절 단추** : 색상의 투명도를 조절할 수 있습니다.

❺ **색상 팔레트** : 색상을 드래그하여 색상 팔레트에 저장할 수 있습니다.

:: 서체 윈도우

서체 윈도우에서는 서체 및 서체 크기, 색상 등을 선택할 수 있습니다. [메뉴 막대]-[서체]를 클릭하여 서체 윈도우를 불러올 수 있습니다.

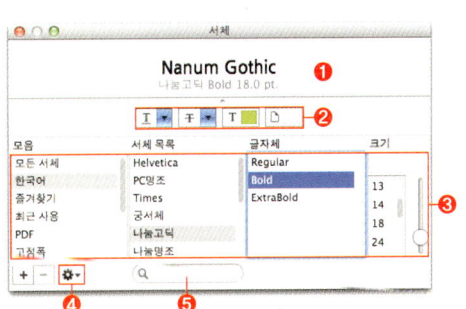

❶ **미리 보기** : 선택한 서체를 미리 볼 수 있습니다.

❷ **텍스트 효과 선택** : 밑줄, 취소선 등 다양한 텍스트 효과를 선택할 수 있습니다.

❸ **서체 선택** : 서체의 종류와 글자체, 크기 등을 선택할 수 있습니다.

❹ **설정 단추** : 설정 단추를 클릭하여 미리 보기 창을 열거나 색상이나 문자 등 서체를 관리할 수 있습니다.

❺ **검색 창** : 서체의 이름을 입력하여 서체를 검색할 수 있습니다.

도구 막대
사용자화

도구 막대 사용자화 기능은 자주 사용하는 도구를 [도구 막대]에 넣거나, 자주 사용하지 않는 도구를 [도구 막대]에서 삭제하는 기능입니다. [도구 막대]에서 마우스 오른쪽 버튼을 클릭하여 [도구 막대 사용자화]를 선택하거나, [메뉴 막대]에서 [보기]−[도구 막대 사용자화]를 클릭하여 원하는 도구를 추가하거나 제거할 수 있습니다.

01_ [도구 막대]에서 마우스 오른쪽 버튼을 클릭한 후 [도구 막대 사용자화]를 선택합니다.

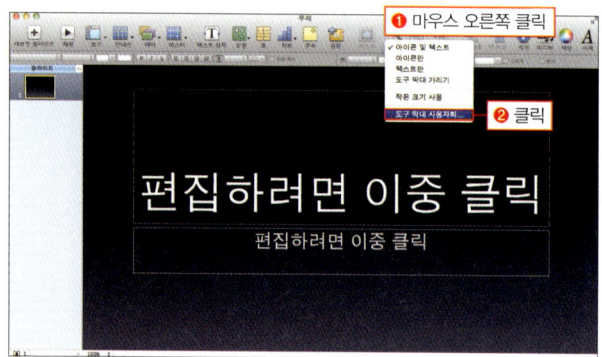

02_ 여러 개의 도구가 나타나면 [도구 막대]에 항목을 추가하기 위해 원하는 도구를 [도구 막대]로 드래그합니다.

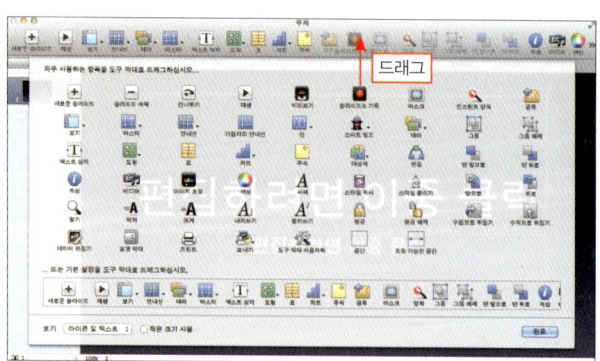

03_ [도구 막대]에서 필요 없는 항목을 제거하기 위해 도구를 [도구 막대] 밖으로 드래그합니다. 작업이 완료되면 [완료]를 클릭합니다.

Section# 07 단축키 활용하기

키노트에서는 여러 작업을 빠르게 완료할 수 있도록 다양한 단축키를 제공하고 있습니다. 키노트에서 어떤 단축키를 어떻게 활용하는지 알아보겠습니다.

01_ [메뉴 막대]에서 [도움말]-[키보드 단축키]를 클릭합니다.

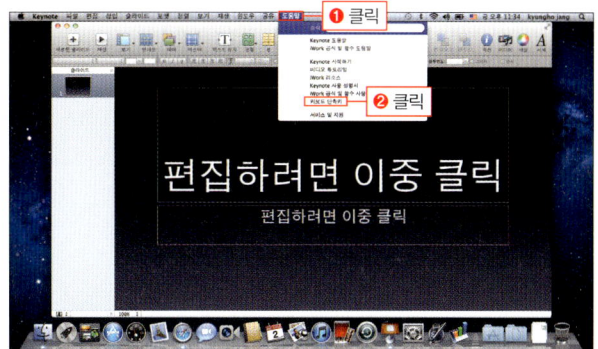

02_ [도움말 센터] 윈도우가 나타납니다. 상당히 방대한 단축키가 나타나는데 여기서 원하는 단축키를 확인하여 기억해 놓고 작업에 활용합니다.

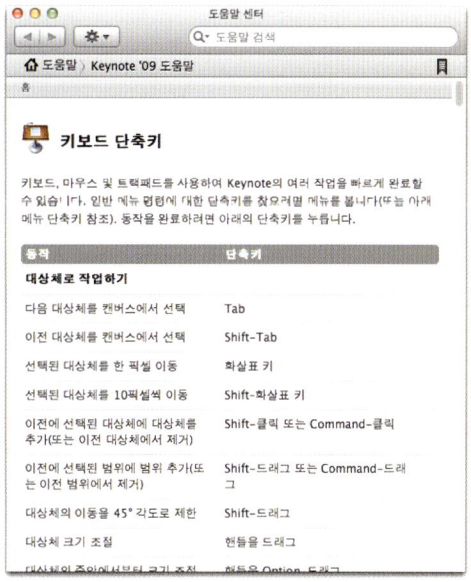

Section# 08 슬라이드 저장하기

키노트 작업 중에는 슬라이드를 자주 저장하는 것이 좋습니다. 슬라이드를 저장하기 위해서는 [파일]-[저장]을 클릭하거나, ⌘+S를 누릅니다.

01_ [메뉴 막대]에서 [파일]-[저장]을 클릭합니다.

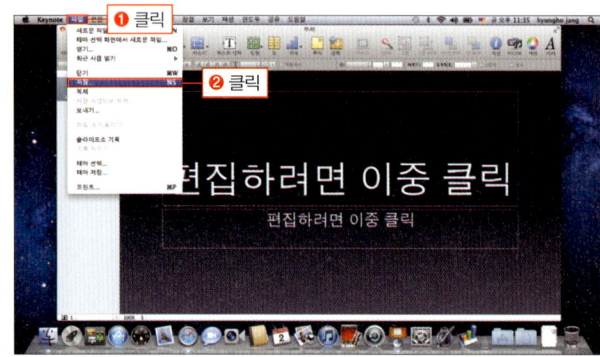

02_ 저장 필드에서 제목과 저장 위치를 지정한 후 [저장]을 클릭합니다.

[별도 저장] 입력란 오른쪽의 자세히(▼) 단추를 클릭하면 저장과 관련된 옵션을 지정할 수 있습니다.

Section # 09 백업 버전 자동 저장하기

백업 버전을 자동 저장하면 항상 마지막으로 저장된 버전을 백업할 수 있습니다. 즉, 프레젠테이션을 저장할 때마다 백업 버전 역시 새로운 백업 파일로 대처됩니다.

01_ [메뉴 막대]에서 [Keynote]-[환경설정]을 클릭합니다.

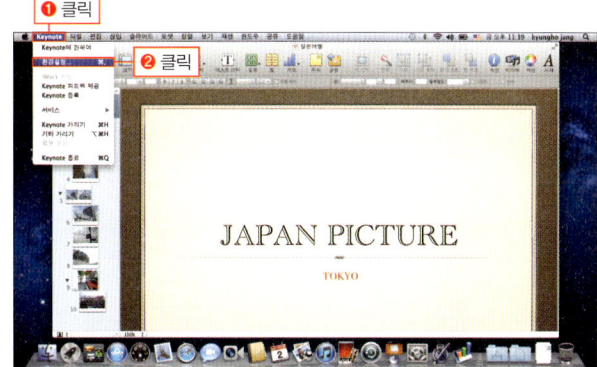

02_ [일반]의 [이전 버전 백업]에 체크 표시를 한 후 [닫기]를 클릭합니다.

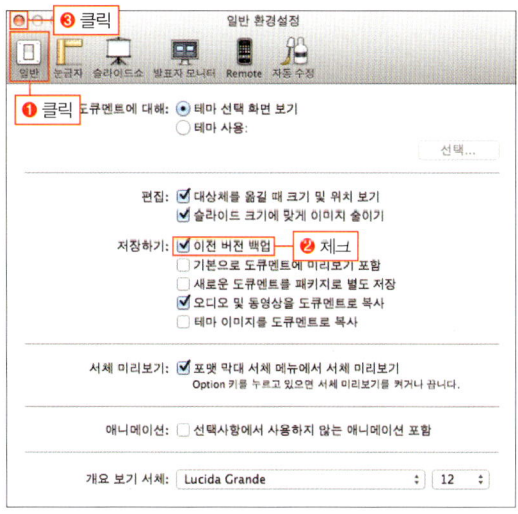

중요 문서의 경우 암호를 지정하여 문서를 보호할 수 있습니다. 암호를 지정할 때에는 암호 길이가
길고 품질 막대가 초록색일 때 보다 안정적입니다.

01_ [도구 막대]에서 [속성]을 클릭합니다. [도큐멘
트]에서 [열려면 암호 필요]에 체크 표시합니다. 암
호 설정 창이 나타나면 열쇠 모양의 아이콘(🔑)을
클릭합니다.

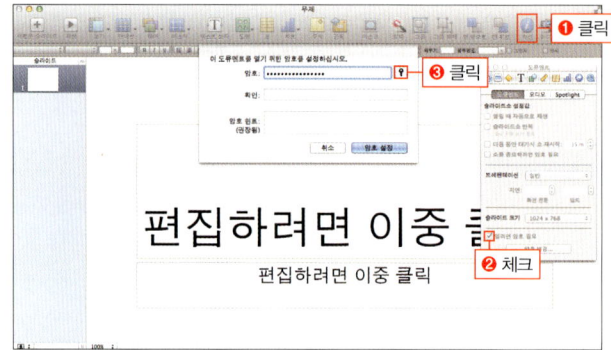

02_ [암호] 입력란에 암호를 입력하면 암호에 따
라 품질 막대의 색상이 변합니다. 초록색일 때 가
장 안정적입니다. ⌘+S를 눌러 문서를 저장합
니다.

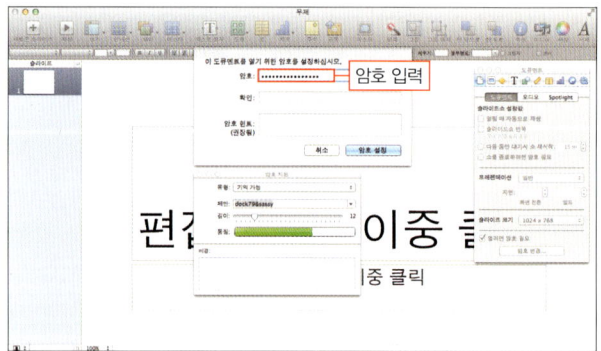

Section# 11

키노트 용량
최적화하기

키노트에 삽입하는 이미지의 경우 처음부터 크기를 조절하여 삽입하는 것이 가장 좋겠지만 보통은 키노트의 해상도보다 큰 이미지를 넣을 때가 많습니다. 이럴 때는 이미지의 해상도로 인해 키노트의 용량도 함께 커지게 되는데 간단한 설정을 통해 이미지의 용량을 최적화 할 수 있습니다.

01_ [메뉴 막대]에서 [Keynote]-[환경설정]을 클릭합니다.

02_ [슬라이드 크기에 맞게 이미지 줄이기]를 체크합니다.

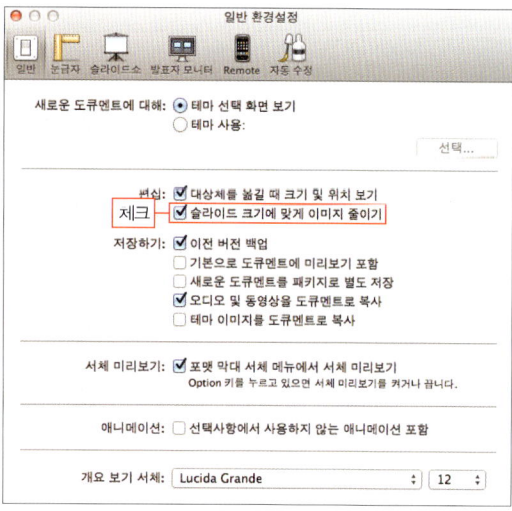

감성적
프레젠테이션
세계

이제 본격적으로 키노트 슬라이드를 작성해 보도록 하겠습니다. 키노트는 다른 프레젠테이션 도구와 달리 직관적으로 개체를 선택하고 구성할 수 있습니다. 생각보다 단순해 보이는 도구를 가지고 있지만 각각의 개체마다 또 다른 도구를 실행할 수 있기에 응용력이 필요합니다.

키노트 슬라이드 작성하기

슬라이드
추가하고 마스터 변경하기

먼저 키노트에서 제공하는 44가지 테마 중 원하는 테마를 하나 불러옵니다. 슬라이드는 [도구 막대]
에서 [새로운 슬라이드]를 클릭하여 추가할 수 있습니다. 슬라이드가 추가되면 해당하는 마스터가 자
동으로 설정됩니다. 여기서는 슬라이드를 추가하고 원하는 슬라이드 마스터를 변경해 보도록 하겠습
니다.

완성
파일 keynote\제품소개_완성.key

:: 새로운 슬라이드 추가하기

[도구 막대]에서 [새로운 슬라이드]를 클릭하면 새로운 슬라이드를 쉽게 추가할 수 있습니다.

01_ [도구 막대]에서 [새로운 슬라이드]를 클릭합
니다.

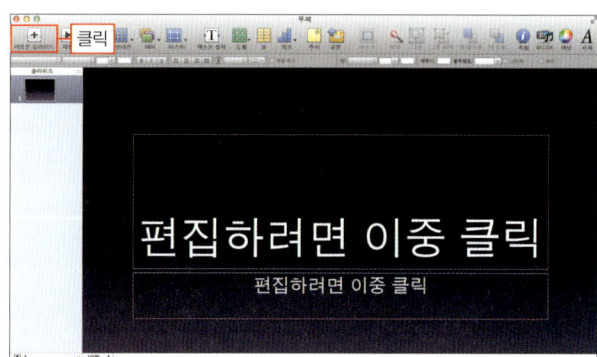

02_ 새로운 슬라이드가 추가됩니다. 여러 번 클릭
하여 슬라이드를 여러 장 추가합니다.

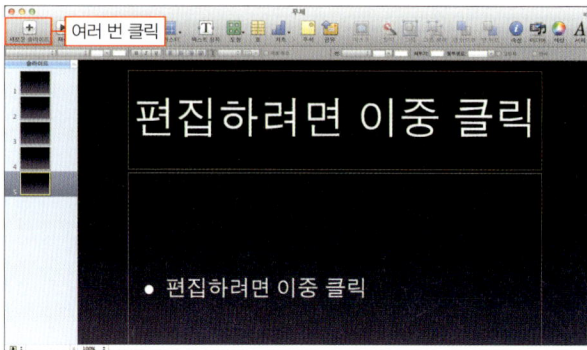

:: 마스터 변경하기

슬라이드를 추가하면 마스터가 자동 설정되어 나타납니다. 마음에 들지 않는 마스터를 원하는 마스터로 변경해 보도록 하겠습니다.

03_ [도구 막대]에서 [마스터]를 클릭합니다. 선택한 테마에 해당하는 다양한 마스터가 나타납니다. 원하는 마스터를 선택합니다. 여기서는 빈 페이지를 선택합니다.

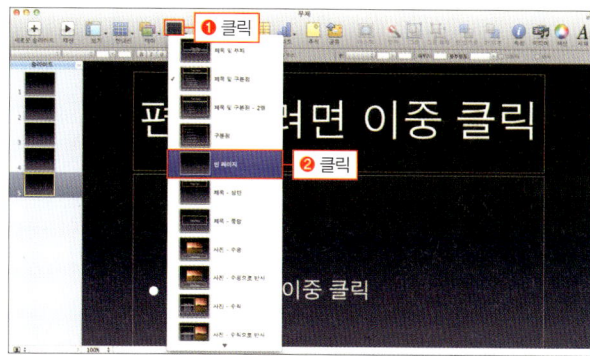

04_ 빈 페이지로 슬라이드의 모양이 변경됩니다.

텍스트 개체
삽입하기

02

텍스트는 슬라이드 작업에서 가장 기본이 되는 작업입니다. 색상이나 서체, 줄 간격 등 텍스트의 스타일을 지정하여 텍스트 슬라이드를 완성해 보겠습니다. 여기서는 텍스트 입력에서부터 정렬, 색상 및 간격 조절, 구분점 삽입 등 텍스트로 할 수 있는 모든 작업에 대해서 살펴보도록 하겠습니다.

:: 텍스트 입력하기

[텍스트 상자]를 삽입하여 텍스트를 입력할 수 있습니다.

01_ 텍스트 상자를 삽입하기 위해 [도구 막대]에서 [텍스트 상자]를 클릭합니다. 캔버스에 텍스트 상자가 삽입되면 모양 조정 핸들을 드래그하여 크기를 변경하고 위치를 조절합니다.

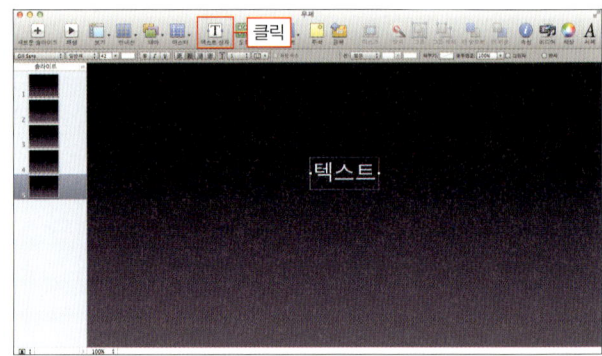

02_ 텍스트를 입력한 후 개체 틀을 선택합니다. [포맷 막대]에서 [왼쪽 정렬]을 클릭하고 [서체 목록]에서 서체를 변경합니다.

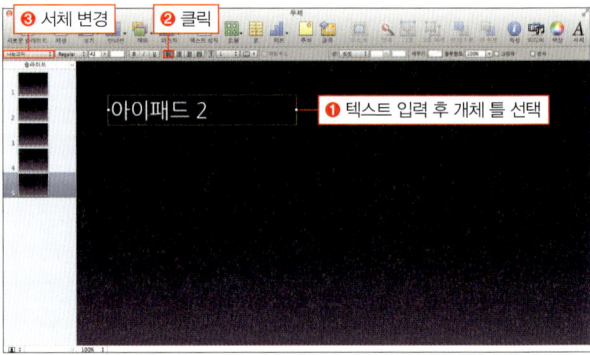

:: 텍스트 정렬하기

여러 개의 텍스트 상자를 위치나 모양에 상관없이 입력하여도 한 번에 정렬할 수 있습니다.

03_ [텍스트 상자]를 추가하여 다음과 같이 여러
개의 텍스트 개체를 입력합니다. 정렬할 텍스트 상
자를 모두 선택한 후 [메뉴 막대]에서 [정렬]-[대상
체 정렬]-[왼쪽]을 클릭합니다.

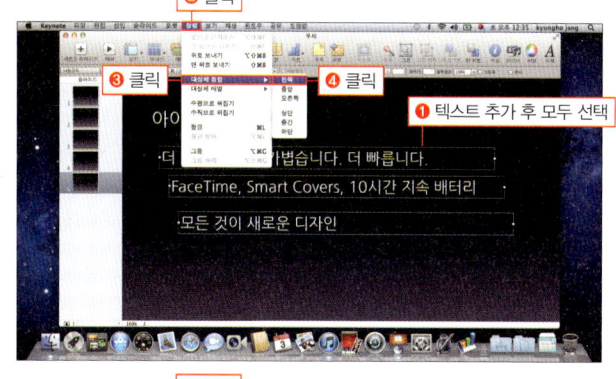

04_ 대상체가 모두 왼쪽 정렬됩니다. 이번에는 세
로 간격을 동일하게 배열하기 위해 [메뉴 막대]에서
[정렬]-[대상체 배열]-[세로 방향]을 클릭합니다.

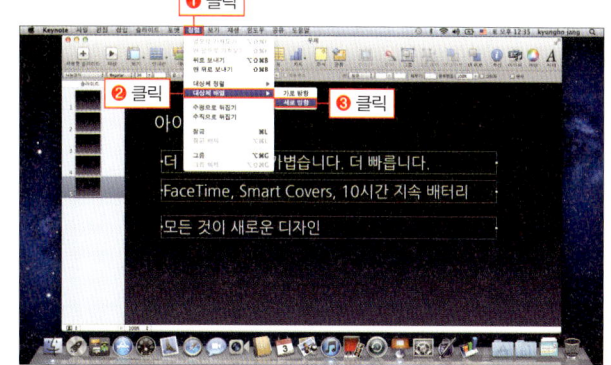

:: 텍스트 색상 및 간격 조절하기

포맷 막대를 활용하면 다양한 텍스트 서식을 변경할 수 있지만 텍스트 윈도우를 활용하면 보다 섬세
하게 텍스트 서식을 적용할 수 있습니다.

05_ [도구 막대]에서 [속성]을 클릭합니다. [속성]
윈도우가 나타나면 [텍스트 속성] 단추를 클릭한 후
[색상]을 클릭합니다. [색상] 윈도우가 나타나면 원
하는 색상을 선택합니다.

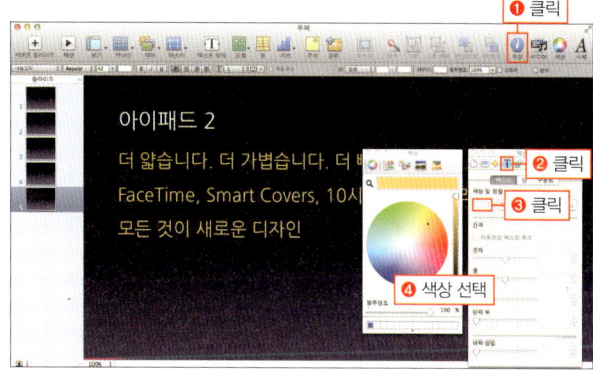

06_ 이번에는 [문자]와 [여백 삽입] 조절 단추를 이용해 문자 간격과 여백을 조절합니다.

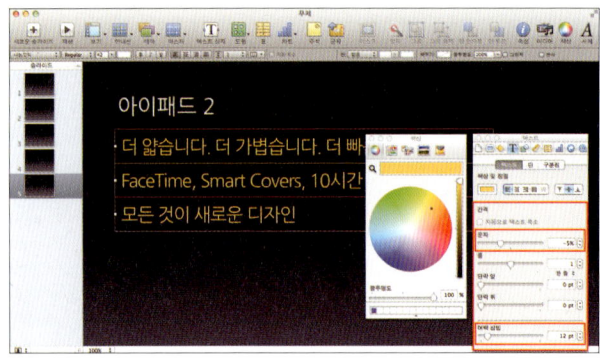

:: 구분점 삽입하기

슬라이드에 구분점을 삽입할 수 있습니다. 구분점이란 텍스트 앞에 붙는 글머리 기호로, 항목을 나열하거나 순서를 지정할 때 유용하게 사용됩니다.

07_ [구분점]을 클릭한 후 [구분점 및 번호 매기기]에서 [이미지 구분점]을 선택합니다.

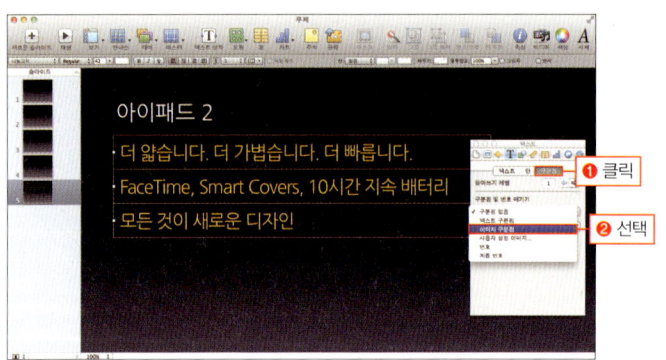

08_ 원하는 이미지를 선택한 후 [크기] 및 [구분점 들여쓰기] 입력란에 원하는 수치를 입력하여 구분점을 완성합니다.

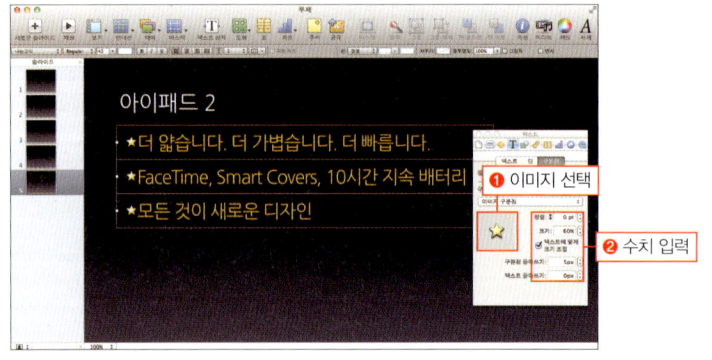

TIP

구분점을 활용하여 텍스트에 번호를 매길 수 있으며, 들여쓰기 레벨을 적용하여 구분점 간격도 조절할 수 있습니다. 다양한 방법을 응용하여 원하는 텍스트 서식을 완성해 보기 바랍니다.

:: 불투명도와 반사 효과

서체에 불투명도와 반사 효과를 적용하여 보다 효과적인 프레젠테이션을 할 수 있습니다. 불투명도는 서체에 투명도를 적용하여 흐릿하게 나타낼 수 있으며, 반사 효과는 서체에 그림자처럼 멋진 서식을 만들 수 있습니다.

09_ 불투명도를 적용할 텍스트 개체를 모두 선택합니다. [포맷 막대]의 불투명도에서 수치를 조절합니다.

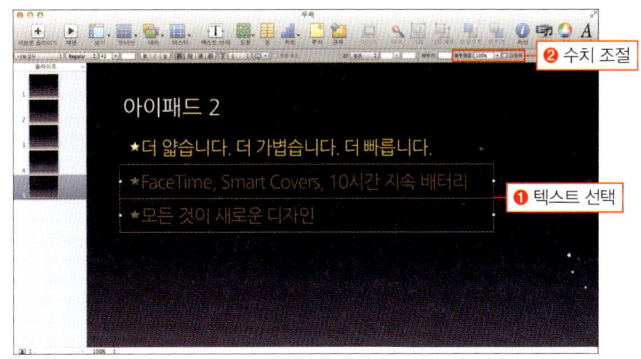

10_ 반사 효과를 적용할 텍스트 개체를 선택한 후 [포맷 막대]의 [반사]에 체크 표시합니다.

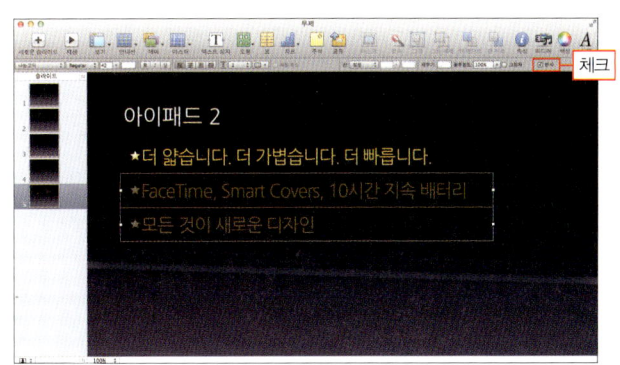

 특수 문자 및 기호 삽입하기

특수 문자나 기호를 삽입하기 위해서는 [메뉴 막대]→[편집]→[특수 문자]를 선택해 [문자] 윈도우를 엽니다. 원하는 항목의 특수 문자나 기호를 선택한 후 캔버스로 드래그합니다. 만일, 보이지 않는다면 키노트가 지원하지 않는 특수 문자나 기호라는 의미로 다른 특수 문자나 기호를 선택합니다.

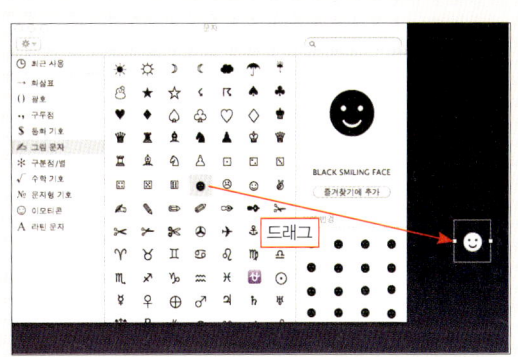

도형 및 이미지 개체
활용하기

키노트에서 가장 많이 활용하는 개체는 도형과 이미지입니다. 도형이나 이미지 개체를 통해 키노트로 스토리텔링을 할 수 있고 다양한 도해를 만들어 적용할 수도 있습니다. 여기서는 도형 및 이미지 개체를 활용하는 방법에 대해서 살펴보도록 하겠습니다.

:: 색상 윈도우 살펴보기

도형이나 이미지 개체를 활용하기 위해서는 먼저 색상 윈도우를 살펴볼 필요가 있습니다. 키노트에서는 5개의 색상 윈도우를 제공하고 있습니다. 사용자는 각각의 색상 윈도우를 필요에 따라 선택하여 사용할 수 있습니다.

▲ 색상 원판   ▲ 색상 슬라이더   ▲ 색상 팔레트   ▲ 이미지 팔레트   ▲ 크레용

:: 이미지 삽입하고 효과 적용하기

키노트에서 바탕 화면이나 폴더에 있는 사진을 드래그하여 이미지를 삽입하거나, 미디어 브라우저를 활용해 미디어 콘텐츠를 불러올 수 있습니다. 참고로 키노트는 TIFF 파일을 비롯하여 GIF, JPG, PDF, PSD 등 다양한 포맷을 불러올 수 있습니다.

01_ [Finder]의 그림 폴더에서 원하는 이미지를 캔버스로 드래그합니다.

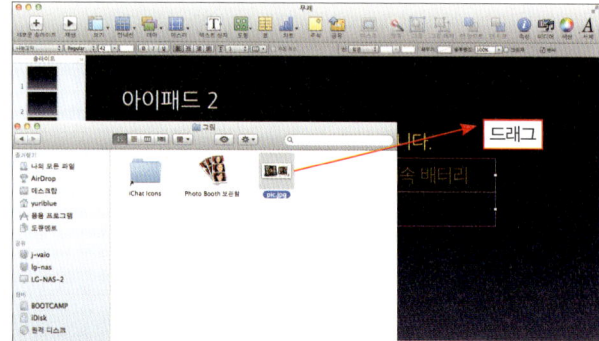

> **TIP**
> 부록 CD에서 'Keynote\pic.jpg' 파일을 불러와도 됩니다.

02_ 이미지가 삽입되면 크기와 위치를 조정한 다음 [그래픽] 윈도우를 열어 그림자와 반사, 불투명도 효과를 적용합니다.

:: 선과 그림 프레임

삽입한 이미지는 선 스타일을 변경하거나 그림자, 반사 효과 등을 적용할 수 있습니다. 또한, 그림 프레임에서 원하는 스타일을 적용하여 색다른 이미지로 변경할 수도 있습니다.

03_ 새로운 슬라이드를 하나 추가합니다. [Finder]의 그림 폴더나 부록 CD에서 'Keynote\train.jpg' 파일을 2번 불러온 다음 삽입한 이미지를 선택합니다. [그래픽] 윈도우를 열어 [선]-[선]을 선택합니다. [선 유형]을 클릭하여 원하는 유형과 [선 색상]을 클릭하여 색상을 선택합니다.

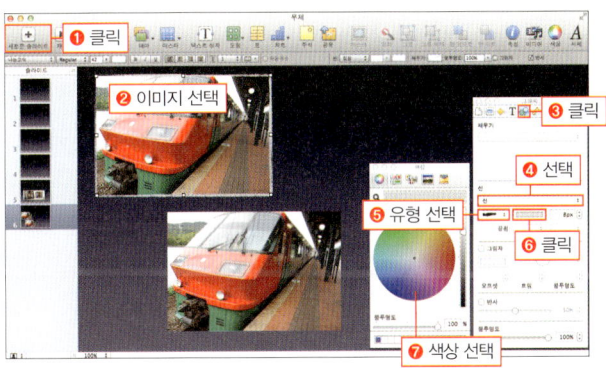

04_ 이번에는 그림 프레임을 적용해 보겠습니다. 그림 프레임을 적용할 이미지를 선택한 후 [선]-[그림 프레임]을 선택합니다. [그림 프레임 유형]에서 원하는 유형을 선택합니다.

> **TIP**
> 선 스타일이나 그림 프레임을 삭제하려면 [그래픽] 윈도우에서 [선]-[없음]을 선택합니다.

:: 인스턴트 알파로 배경 제거하기

이미지를 삽입하다보면 불필요한 배경이 삽입될 때가 있습니다. 포토샵과 같은 프로그램을 활용하면 쉽게 제거할 수 있지만 키노트의 인스턴트 알파 도구를 활용하여도 배경이나 요소를 제거할 수 있습니다.

05_ 5번째 슬라이드를 선택한 후 배경을 삭제할 이미지를 선택합니다. [도구 막대]에서 [알파]를 클릭한 후 투명하게 지정할 부분을 마우스로 드래그합니다.

06_ 몇 차례 반복하여 배경을 삭제합니다.

:: 이미지 밝기 및 대비 조절하기

키노트에는 이미지의 밝기, 대비, 채도, 온도, 색조 등 다양한 이미지 조절 기능이 포함되어 있습니다. 여기서는 [이미지 조절] 창을 이용해 이미지의 대비를 조절하는 방법에 대해 살펴보도록 하겠습니다.

준비파일 Keynote\일본여행.key   완성파일 Keynote\일본여행_완성.key

07_ 준비 파일을 엽니다. 특정 이미지를 선택한 후 [메뉴 막대]에서 [보기]-[이미지 조절 보기]를 클릭합니다. [이미지 조절] 창이 나타나면 원하는 조절 단추를 드래그하여 이미지를 조절합니다.

08_ 여기서는 대비를 조절해 보겠습니다. 대비 조절 핸들을 오른쪽으로 드래그합니다. 가장자리의 색상이 더욱 선명해지는 것을 확인할 수 있습니다.

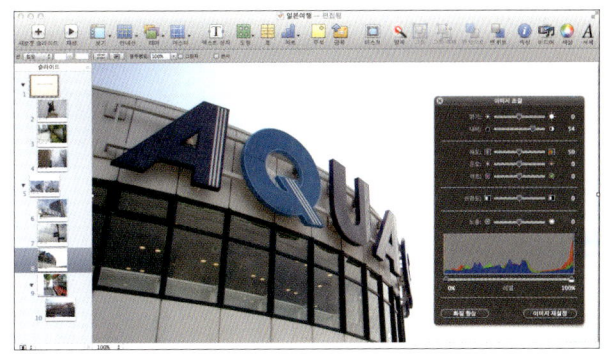

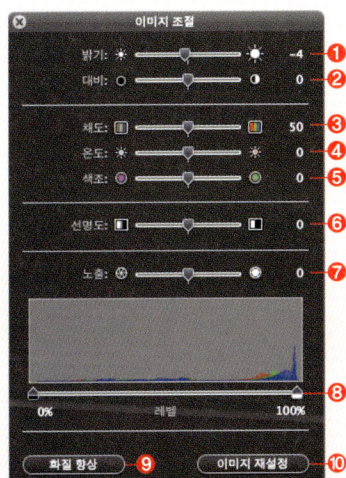

❶ **밝기** : 이미지의 밝기를 조절합니다. 수치가 '+'가 되면 더 밝게 조절됩니다.

❷ **대비** : 이미지의 밝고 어두운 부분의 차이를 조절합니다. 수치가 '+'가 되면 가장자리의 색상이 더욱 뚜렷해 집니다.

❸ **채도** : 이미지의 색상의 강도를 조절합니다.

❹ **온도** : 이미지의 따뜻한 톤과 차가운 톤의 양을 조절합니다.

❺ **색조** : 색의 3가지 속성 중 명도와 채도의 상태를 조절합니다.

❻ **선명도** : 이미지의 초점을 선명하게 하거나 흐리게 합니다.

❼ **노출** : 이미지의 밝기나 어두움을 조절합니다. 수치가 '+'가 되면 더 밝아집니다.

❽ **레벨** : 전체 색상 정보를 표시합니다. 레벨을 움직여 색상을 조절합니다.

❾ **화질 향상** : 이미지의 화질을 자동으로 조절합니다.

❿ **이미지 재설정** : 이미지를 원래대로 복원합니다.

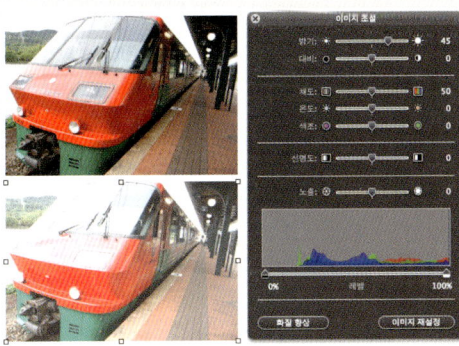

▲ 밝기 조절

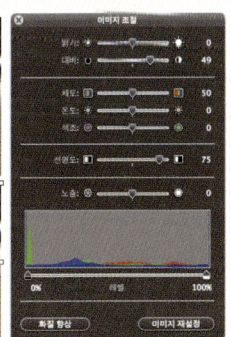

▲ 대비 조절

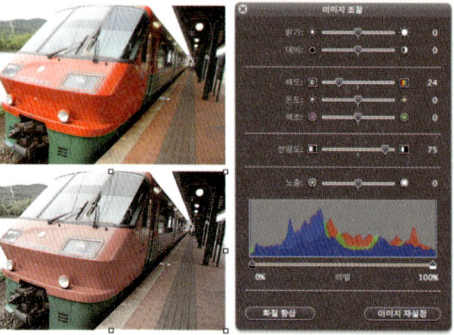

▲ 채도 조절

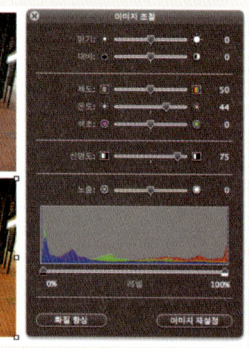

▲ 온도 조절

▲ 색조 조절

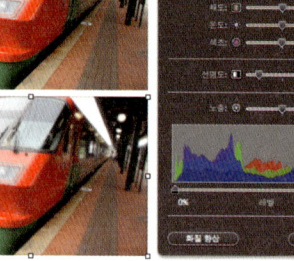

▲ 선명도 조절

▲ 노출 조절

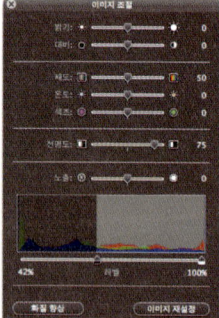

▲ 레벨 조절

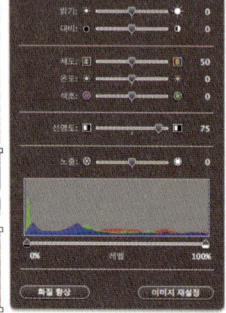

◀ 화질 향상 조절

:: 도형 삽입 후 모양 조절하기

키노트에서는 화살표, 직사각형, 원형, 자유형 등 총 15개의 도형을 삽입할 수 있습니다. 삽입한 도형은 종류에 따라서 원하는 모양으로 편집할 수 있습니다. 여기서는 다양한 도형 개체를 활용하는 방법에 대해서 살펴보도록 하겠습니다.

09_ [도구 막대]에서 [도형]을 클릭하여 원하는 도형을 선택합니다.

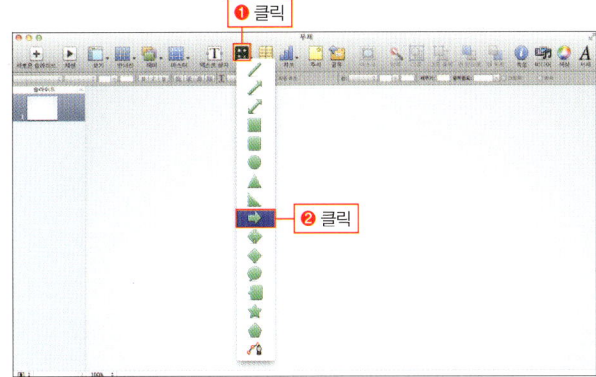

10_ 초록색의 모양 조정 핸들을 움직이면 원하는 모양으로 변경할 수 있습니다.

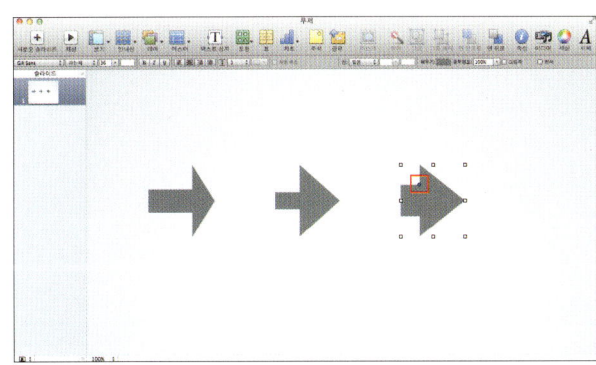

별 또는 다각형 편집하기

별 모양의 경우 꼭짓점 수를 늘리거나 줄일 수 있으며, 별 꼭짓점 사이의 각도를 조절할 수도 있습니다. 다각형역시 변의 수를 늘리거나 줄일 수 있습니다.

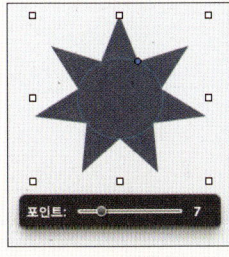
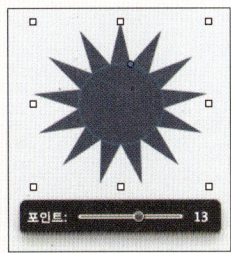
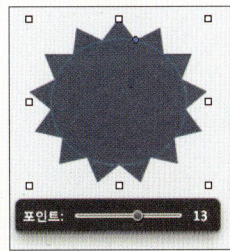
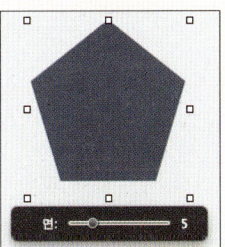

:: 그라데이션 적용하기

도형에 색상이나 이미지를 넣거나 그라데이션을 적용해 다양한 채우기 효과를 지정할 수 있습니다.

11_ 도형을 선택한 후 [그래픽] 윈도우에서 [채우기]–[색상 채우기]를 선택합니다. [색상]을 클릭하여 원하는 색상을 선택합니다.

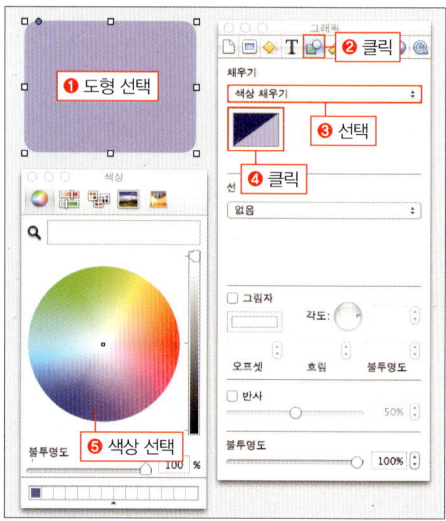

12_ 그라데이션의 경우 [채우기]–[그라데이션 채우기] 혹은 [고급 그라데이션 채우기]를 선택한 후 시작점과 끝점의 색상을 선택하고, 각도를 조정하여 그라데이션을 지정합니다.

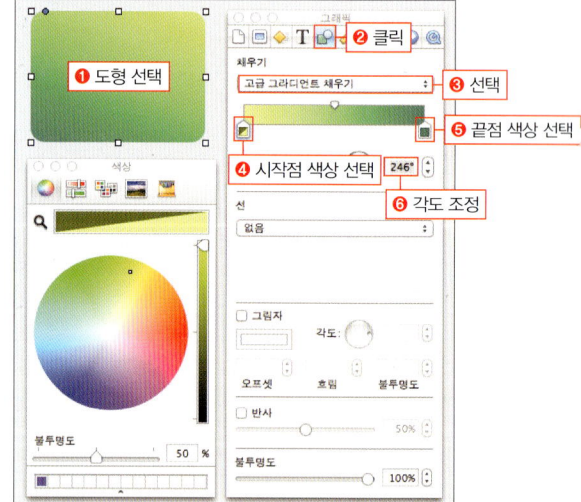

:: 선으로 시각화 표현하기

원형을 삽입한 후 선 스타일을 변경하는 것만으로도 슬라이드에 시각적인 효과를 넣을 수 있습니다.

준비
파일 Keynote\제안서.key   완성
                                   파일 Keynote\제안서_완성.key

13_ 준비 파일을 연 다음 [도구 막대]에서 [도형]을 클릭하여 [원형]을 선택합니다.

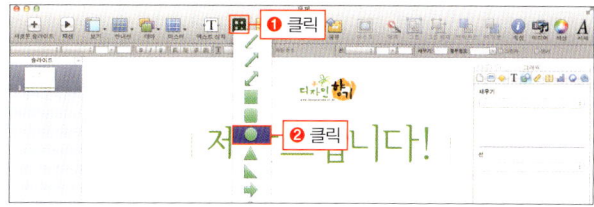

14_ 드래그하여 도형을 삽입합니다. 원형의 위치 및 크기를 조정합니다. [속성] 윈도우의 [그래픽]을 클릭한 후 [채우기]–[없음]을 선택하고, [선]을 클릭 하여 제일 마지막 스타일을 선택합니다.

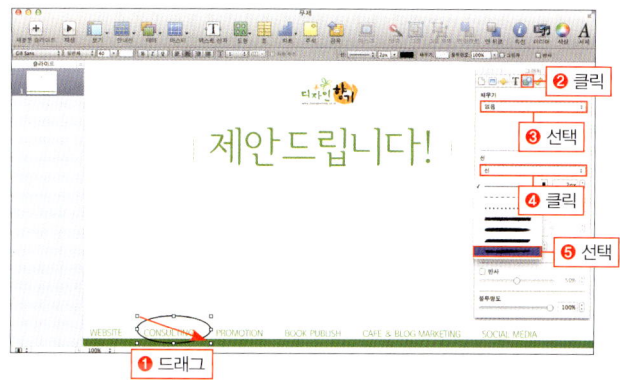

15_ [색상]을 클릭한 후 [크레용]을 선택합니다. 원 하는 색상을 선택합니다.

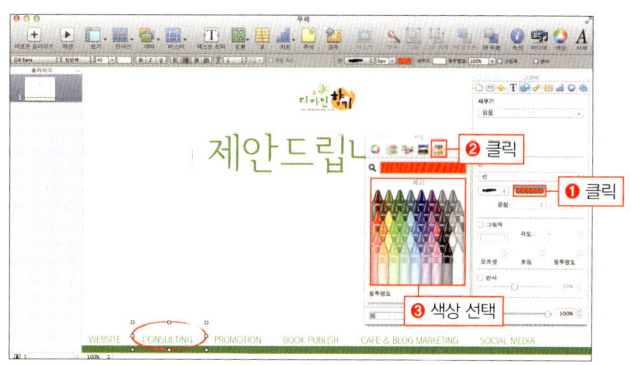

16_ 동일한 방법으로 텍스트에도 내용을 강조하 기 위해 선 도형을 삽입한 후 [선]의 마지막 스타일 을 적용하여 슬라이드를 완성합니다.

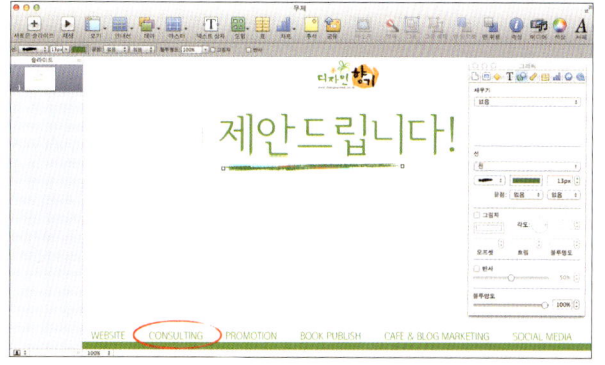

오디오 및 동영상 개체 삽입하기

키노트에 삽입할 수 있는 오디오 및 동영상 파일에는 MOV, MP3, MPEG, AIFF, AAC 등이 있습니다. 오디오 및 동영상 파일을 키노트에 삽입할 때에는 [미디어 브라우저] 또는 [Finder]를 이용합니다.

:: 오디오 삽입하기

오디오는 각각의 슬라이드에 개별적으로 삽입하거나, 전체 슬라이드에 연속적으로 재생되도록 삽입할 수 있습니다.

 준비 파일
• Keynote\일본여행.key
• Keynote\music.wav

 완성 파일
Keynote\일본여행_완성.key

01_ 준비 파일을 연 다음 [Finder]에서 슬라이드 캔버스로 오디오 파일을 드래그합니다. 부록 CD의 [Keynote] 폴더에 있는 'music.wav' 파일을 삽입해도 됩니다.

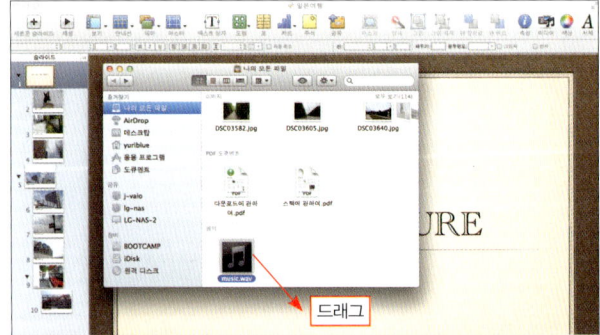

02_ 캔버스에 스피커 모양의 아이콘이 표시됩니다. 스피커 모양을 더블 클릭하면 소리를 들을 수 있습니다.

:: 음성 내레이션 기록하기

음성 내레이션을 이용하면 실제 프레젠테이션을 진행할 때와 마찬가지의 속도와 타이밍을 기록할 수 있습니다.

03_ 기록을 시작할 슬라이드를 선택합니다. [도구막대]에서 [속성]을 클릭한 후 [도큐멘트]를 선택하여 [도큐멘트] 윈도우를 엽니다. [오디오]에서 [기록]을 클릭합니다.

04_ 슬라이드 쇼 모드로 변경되며 슬라이드 쇼가 기록됩니다. 슬라이드 쇼 왼쪽 상단의 제어판을 통해 녹음되는 현상을 확인할 수 있습니다. 다음 슬라이드에도 연속으로 녹음할 수 있습니다. 녹음을 중단하려면 Esc 를 누릅니다.

TIP

「도큐멘트」 윈도우에서 다시 「기록」을 누르면 내레이션을 다시 녹음할 수 있으며, [지우기]를 눌러 내레이션을 삭제할 수도 있습니다.

:: 동영상 삽입하기

슬라이드에 동영상을 삽입하고 재생할 수 있습니다.

05_ [Finder]에서 슬라이드 캔버스로 동영상 파일
을 드래그합니다.

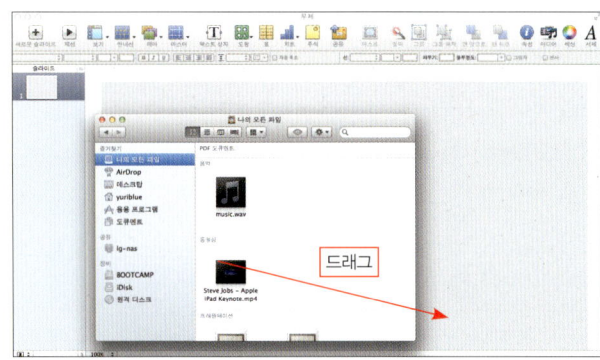

06_ [도구 막대]에서 [속성]을 클릭한 후 [Quick
Time]을 선택하여 [QuickTime] 윈도우를 엽니다.
[조절] 단추를 통해 재생 및 빨리 감기, 되감기를 조
절할 수 있습니다.

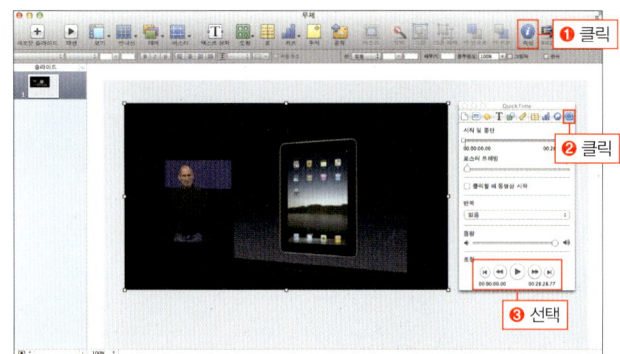

 QuickTime 속성

QuickTime 속성을 통해 여러 가지 재생 관련 기능을 사용할 수
있습니다.

❶ **시작 및 중단** : 동영상을 재생할 때 시작점과 중단점을 지정하
여 그 부분만 재생할 수 있습니다.

❷ **포스터 프레임** : 동영상을 재생할 때 표지를 만들 수 있습니다.

❸ **클릭할 때 동영상 시작** : 슬라이드 재생 시 동영상이 바로 재
생되지 않고 클릭할 때 재생됩니다.

❹ **반복** : 다음 슬라이드가 나올 때까지 자동 반복시킬 수 있습
니다.

❺ **음량** : 소리를 조절할 수 있습니다.

❻ **조절** : 재생 및 빨리 감기, 되감기 등 재생 관련 설정을 조절할
수 있습니다.

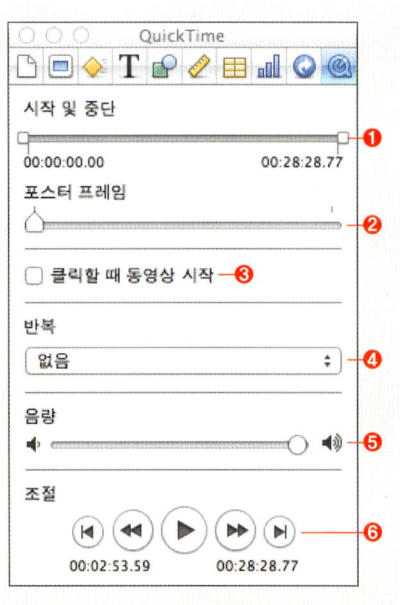

:: 동영상 시작점, 중단점 편집하기

동영상의 재생 시간이 길 경우 필요한 부분만 보여주고 싶을 때가 있습니다. 다른 동영상 편집 프로그램을 사용하지 않고 키노트에서 바로 편집하여 재생할 수 있습니다.

07_ 동영상을 선택한 상태에서 [QuickTime]–[시작 및 중단]에서 시작점과 중단점을 드래그하여 동영상을 재생할 부분만 지정합니다.

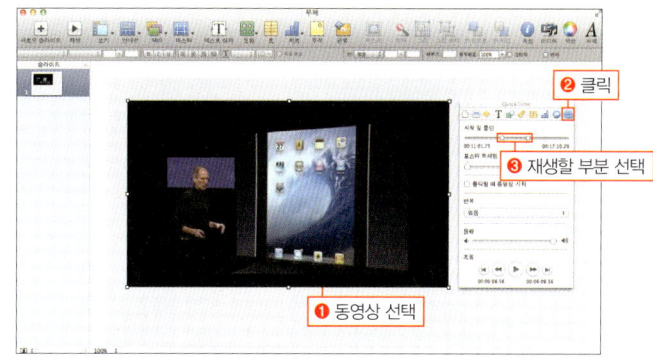

:: 동영상 표지 설정하기

동영상 표지를 지정하여 동영상을 재생하기 전에 이미지로 표시할 수 있습니다. 키노트에서는 이를 포스터 프레임이라고 부릅니다.

08_ [QuickTime]–[포스터 프레임]에서 핸들을 드래그하여 원하는 이미지를 선택합니다. 선택한 이미지는 동영상을 재생하기 전에 표지로 사용됩니다.

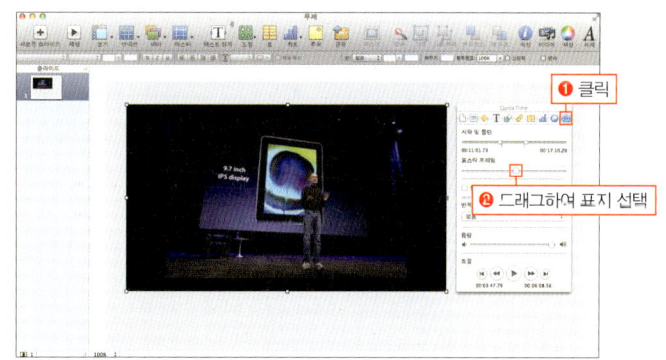

Section# 05

차트 삽입하고 편집하기

키노트는 데이터를 수치화하여 멋진 차트를 만들거나, 데이터를 정리하여 깔끔한 도표를 만드는 기능을 제공합니다. 특히, 키노트만의 3D 차트는 많은 분들에게 인기 있는 기능 중 하나입니다.

:: 차트 삽입하기

차트는 데이터를 시각적으로 표시하는데 효과적입니다. 키노트는 차트를 2D 혹은 3D 유형으로 표현할 수 있습니다.

 Keynote\차트_완성.key

01_ 빈 슬라이드를 연 다음 [도구 막대]에서 [차트]를 클릭하여 원하는 유형의 차트를 선택합니다.

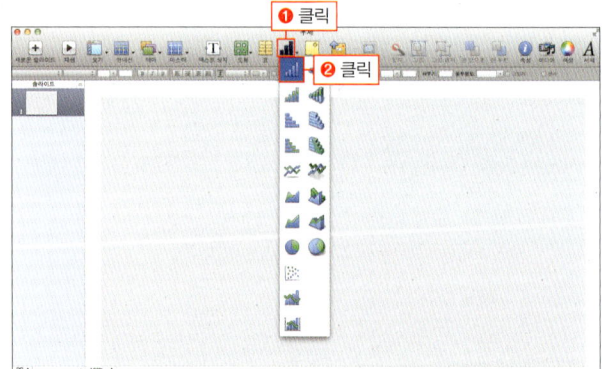

02_ [차트 데이터 편집기]가 나타나면 [행 추가] 및 [열 추가] 단추를 적절히 사용하여 차트에 표시할 데이터를 입력합니다.

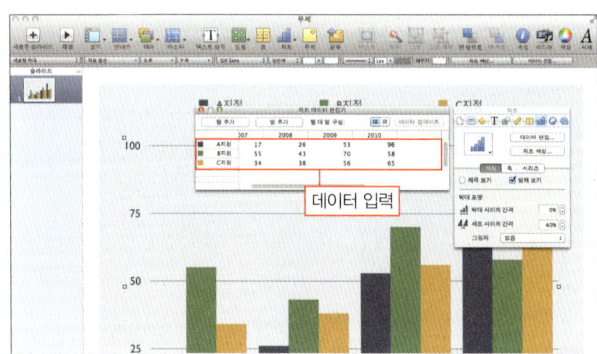

꼭!!
알고가기

[차트 윈도우] 살펴보기

차트를 삽입하면 다양한 옵션을 차트 윈도우에서 설정할 수 있습니다. [차트] 윈도우는 차트의 제목을 삽입하거나 막대 사이의 간격 등을 조절하는 [차트] 항목과 축간의 값이나 카테고리를 조절하는 [축] 항목, 값 꼬리표나 값 꼬리표의 위치를 조절하는 [시리즈] 항목으로 구성되어 있습니다.

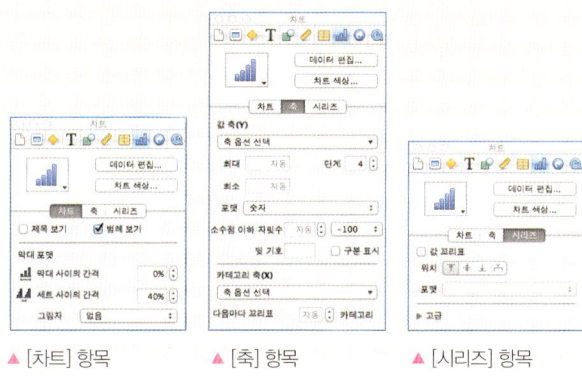

▲ [차트] 항목   ▲ [축] 항목   ▲ [시리즈] 항목

:: 차트 색상 및 간격 조절하기

키노트에서는 차트의 각 항목의 색상을 직관적으로 변경할 수 있도록 [차트 색상] 윈도우를 제공합니다. 또한, 차트의 항목이 많아지면 자칫 혼잡해 보일 수 있는 차트 간격도 간단히 조절할 수 있습니다.

03_ [차트] 윈도우에서 [차트 색상]을 클릭합니다. [차트 색상] 윈도우가 나타나면 원하는 항목을 선택한 후 원하는 색상을 선택하여 원하는 차트 막대로 드래그합니다.

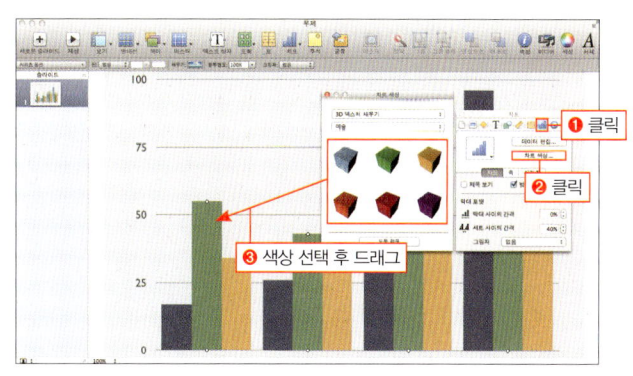

04_ 막대나 세트 사이의 간격도 간단히 조절할 수 있습니다. [차트]의 [막대 포맷]에서 [막대 사이의 간격] 혹은 [세트 사이의 간격] 중 원하는 항목의 간격을 조절합니다.

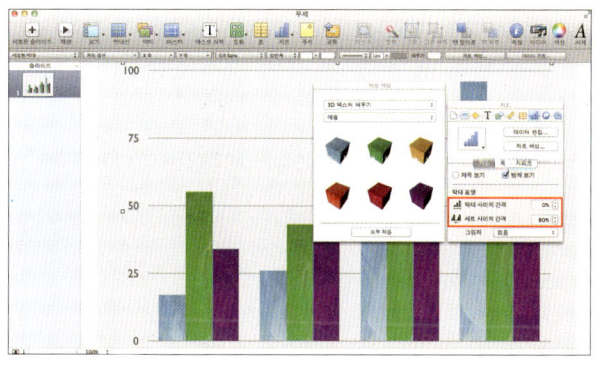

:: 값 꼬리표 넣기

차트에 값 꼬리표를 넣어 항목의 데이터를 표시할 수 있으며, 위치도 원하는 곳으로 이동할 수 있습니다.

05_ [시리즈]를 클릭하여 [값 꼬리표]에 체크 표시를 합니다. 값 꼬리표의 위치를 변경하기 위해 [위치] 항목에서 원하는 위치를 선택합니다.

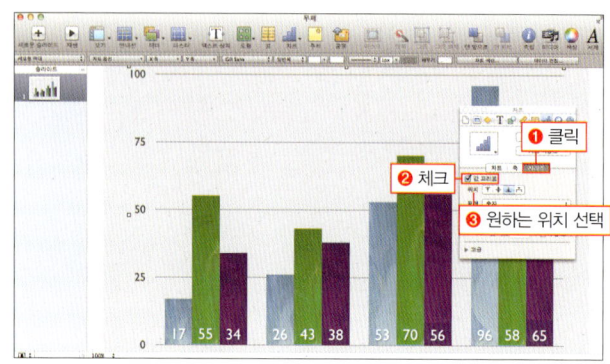

:: 3D 차트로 변경하기

차트를 삽입할 때 여러 가지 차트를 삽입할 수 있지만 이미 삽입한 차트 역시 여러 가지 차트로 변경할 수 있습니다.

06_ 기존 차트를 다른 차트로 변경하기 위해 [차트 유형 선택]을 클릭하여 원하는 차트를 선택합니다. 여기서는 3D 가로 혼합 막대형을 선택합니다.

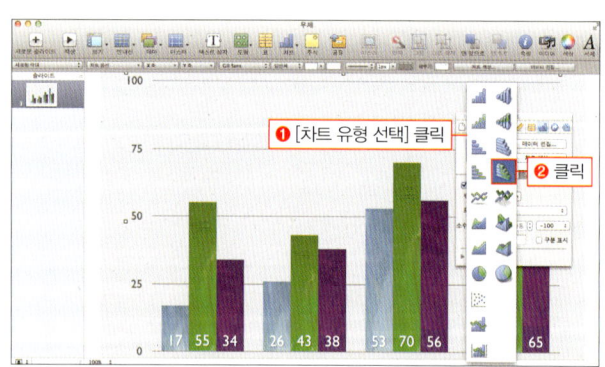

07_ 3D 효과가 적용된 차트로 변경됩니다. [3D 차트] 창의 화살표를 드래그하여 차트의 보기 각도를 조절할 수 있습니다. 가로 및 세로 화살표를 드래그하여 각도를 조절해 봅니다.

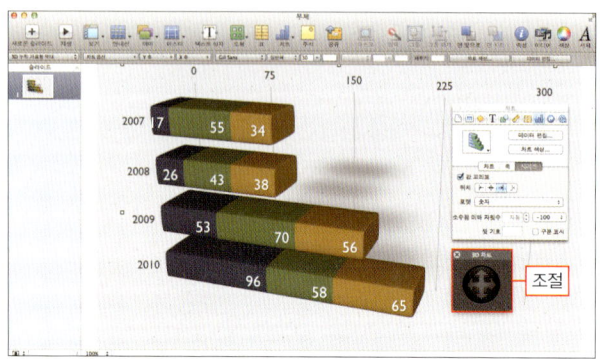

:: 원형 차트에서 개별 항목 분리하기

원형 차트에서는 항목을 보다 시각적으로 표현하기 위해 개별 항목을 분리할 수 있습니다.

준비파일 Keynote\원형차트.key   완성파일 Keynote\원형차트_완성.key

08_ 준비 파일을 연 다음 원형 차트의 특정 항목을 더블 클릭한 후 드래그합니다.

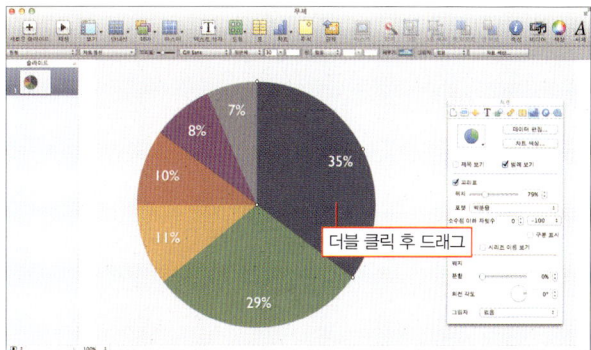

09_ 차트의 항목이 분리됩니다. 차트의 각각의 항목은 개별적으로 그림자를 넣거나 색상을 변경할 수 있습니다. 분리된 항목에 그림자를 넣기 위해 [그림자]를 클릭하여 [개별]을 선택합니다.

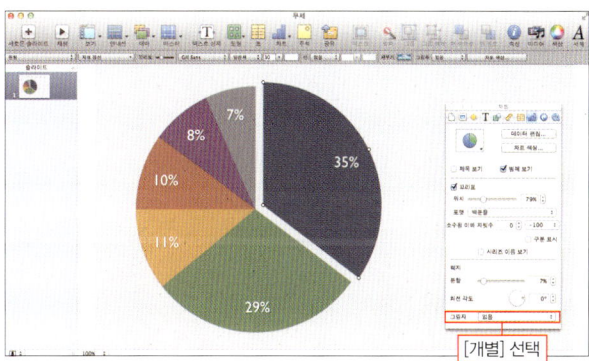

표 삽입하고 편집하기

표는 데이터를 알기 쉽게 구성합니다. 키노트에서는 표를 디자인하고 시각적으로 나타내주는 기능을 제공합니다.

:: 표 삽입하기

다양한 수치 데이터를 일목요연하게 보여주는 표는 프레젠테이션에서 필수적인 요소입니다. 여기서는 키노트의 표 삽입 기능에 대해서 살펴보도록 하겠습니다.

01_ 표를 삽입하기 위해 [도구 막대]에서 [표]를 클릭합니다. 표가 삽입되면서 [표] 윈도우가 나타납니다. [본문 행]과 [본문 열]에 원하는 행과 열을 입력한 후 머리말에 음영을 넣기 위해 [머리말 및 꼬리말] 단추를 클릭하여 음영을 지정합니다.

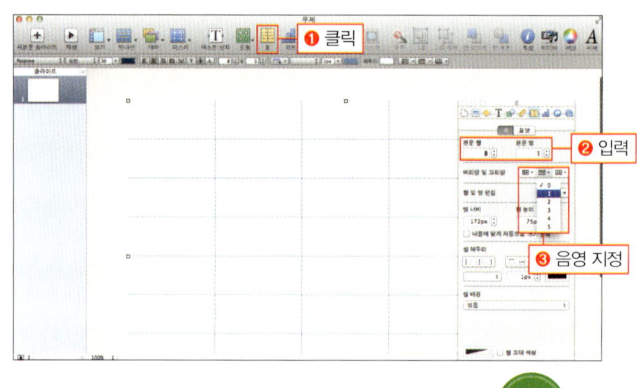

> **TIP**
>
> 삽입되는 표의 모양은 선택한 테마의 디자인에 따라 달라집니다.

02_ 셀 테두리를 넣기 위해 [표] 윈도우에서 [셀 테두리]–[왼쪽]을 클릭한 후 [실선]을 선택합니다. 테두리 두께와 색상 역시 선택합니다.

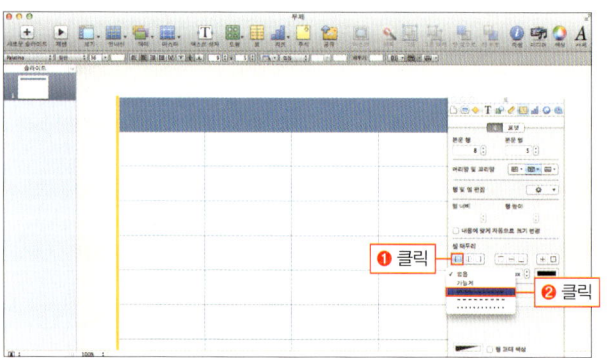

:: 셀 배경 채우고 병합하기

키노트에서는 색상이나 그라디언트, 이미지 등으로 셀 배경을 채울 수 있습니다. 또한 간단한 방법으로 셀을 병합하거나 나누는 등 행 및 열을 편집할 수도 있습니다.

03_ 표를 선택한 상태에서 [셀 배경]-[그라디언트 채우기]를 선택합니다. 색상과 각도를 적절히 조절한 후 [행 교대 색상]을 체크합니다.

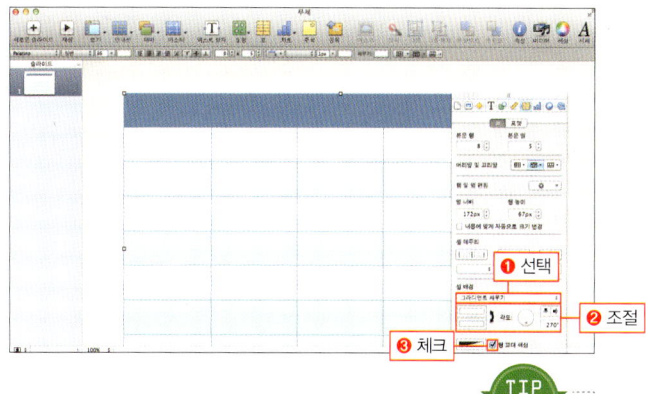

[행 교대 색상]은 행마다 색상을 달리하는 기능으로 표를 깔끔하게 정리할 수 있어 자주 사용됩니다.

04_ 셀을 병합하거나 나누기 위해서는 병합하거나 나누고 싶은 행이나 열을 선택한 후 [행 및 열 편집]의 설정 단추를 클릭하여 원하는 항목을 선택합니다.

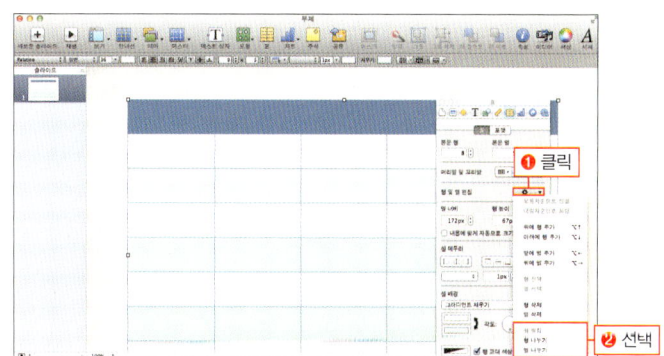

Section# 07
애니메이션 효과
적용하기

키노트가 다른 프레젠테이션 도구와 차별화되는 점은 무엇보다 화면 전환 효과 등 애니메이션 기능에 있습니다. 슬라이드에 화면 전환 효과를 넣고 대상체에 애니메이션 효과를 넣는 방법은 다른 도구와 비슷하지만 다른 프레젠테이션 도구보다 세련된 애니메이션을 적용할 수 있습니다.

:: 화면 전환 효과 추가하기

화면 전환 효과는 슬라이드가 다음 슬라이드로 넘어갈 때 발생하는 애니메이션을 말합니다. [슬라이드] 윈도우에서 여러 가지 화면 전환 효과를 지정할 수 있는데 화면 전환을 비롯하여 시간 설정, 추가적인 옵션까지 지정할 수 있습니다.

❶ **화면 전환 미리 보기** : 창을 클릭하면 화면 전환 효과를 미리 볼 수 있습니다.

❷ **효과** : 2D에서 3D 효과까지 화면 전환 효과를 선택할 수 있습니다.

❸ **실행 시간** : 화면 전환 효과를 완료하는 시간을 설정합니다.

❹ **방향** : 화면 전환 효과의 방향을 설정합니다.

❺ **화면 전환 시작** : 화면 전환을 슬라이드를 클릭할 때 재생할지, 혹은 자동으로 재생할지를 선택합니다.

❻ **지연** : 화면 전환이 자동으로 재생되는 데까지 걸리는 시간을 설정합니다.

❼ **간격 및 각도** : 교체 등 선택하는 화면 전환 효과에 따라 간격이나 각도를 조절할 수 있습니다.

 Keynote\인테리어.key    Keynote\인테리어_완성.key

01_ 준비 파일을 연 다음 [도구 막대]에서 [속성]을 클릭한 후 [슬라이드 속성]을 선택합니다. [효과]를 클릭하여 화면 전환을 원하는 효과를 선택합니다. 여기서는 [비틀기]를 선택합니다. 실행 시간이나 방향, 비틀기 정도를 설정할 수 있습니다.

02_ 화면 전환 미리 보기 화면을 클릭하거나, [도구 막대]에서 [재생]을 클릭하여 화면 전환 효과를 확인합니다.

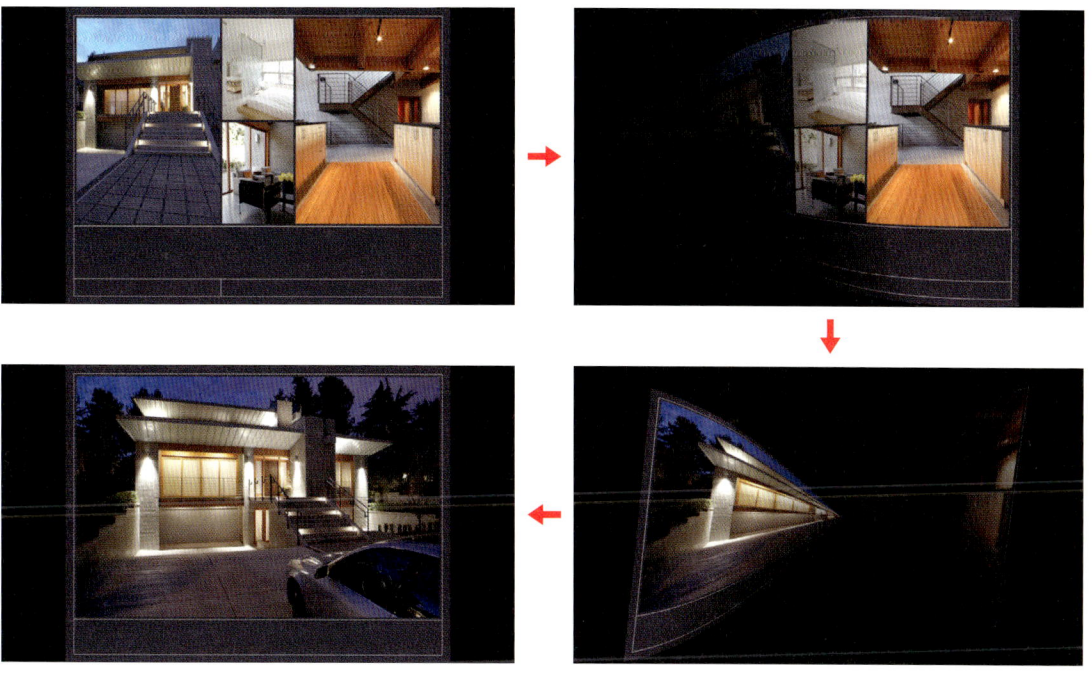

:: 빌드인/빌드아웃 효과 적용하기

빌드인, 빌드아웃은 특정 개체에 움직임을 생성해 나타나거나 사라지게 만드는 효과입니다. 하나의 슬라이드에 여러 가지 개체가 있을 때 빌드인, 빌드아웃 효과를 적용하면 보다 효과적인 프레젠테이션이 가능합니다.

▲ 빌드인 효과

▲ 빌드아웃 효과

준비
파일   Keynote\빌드인.key

완성
파일   Keynote\빌드인_완성.key

03_ 준비 파일을 연 다음 빌드인을 지정할 개체를 선택한 후 [도구 막대]에서 [속성]-[빌드 속성]을 클릭합니다. [빌드] 윈도우가 나타나면 [빌드인]의 [효과]를 클릭하여 원하는 빌드인 효과를 선택합니다.

04_ 빌드아웃을 지정하기 위해 [빌드아웃]의 [효과]를 클릭하여 원하는 빌드아웃 효과를 선택합니다. 미리 보기 창을 클릭하여 효과를 확인합니다.

:: 동작 효과 적용하기

동작 효과는 빌드인, 빌드아웃과 함께 개체에 추가할 수 있는 효과로 빌드인과 빌드아웃 효과를 강조하기 위해 적용할 수 있는 부가적인 기능입니다.

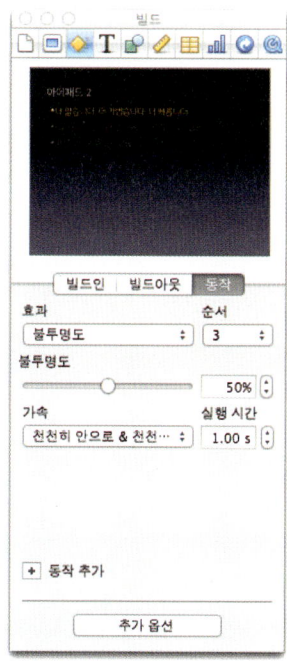

▲ 동작 효과

05_ 동작 효과를 적용할 개체를 선택합니다. [동작]-[효과]에서 [불투명도]를 선택한 후 불투명도 수치 및 실행 시간 등을 지정합니다. [추가 옵션]을 클릭합니다.

06_ [빌드 순서] 윈도우가 나타나면 빌드인 효과와 함께 적용하기 위해 마우스를 위로 드래그하여 빌드 순서를 변경합니다. [빌드 시작]을 클릭하여 [1 빌드와 함께 자동으로]를 선택합니다.

TIP

[빌드 순서]-[빌드 시작]에서는 마우스를 클릭할 때 동작을 시작하거나 기존 빌드 진행 후 혹은 기존 빌드와 함께 진행하는 등의 동작을 제어할 수 있습니다.

07_ [재생]을 눌러 슬라이드 쇼를 진행해 봅니다. 빌드인, 빌드아웃 효과와 함께 불투명도를 적용한 동작 효과도 함께 적용되는 것을 확인할 수 있습니다.

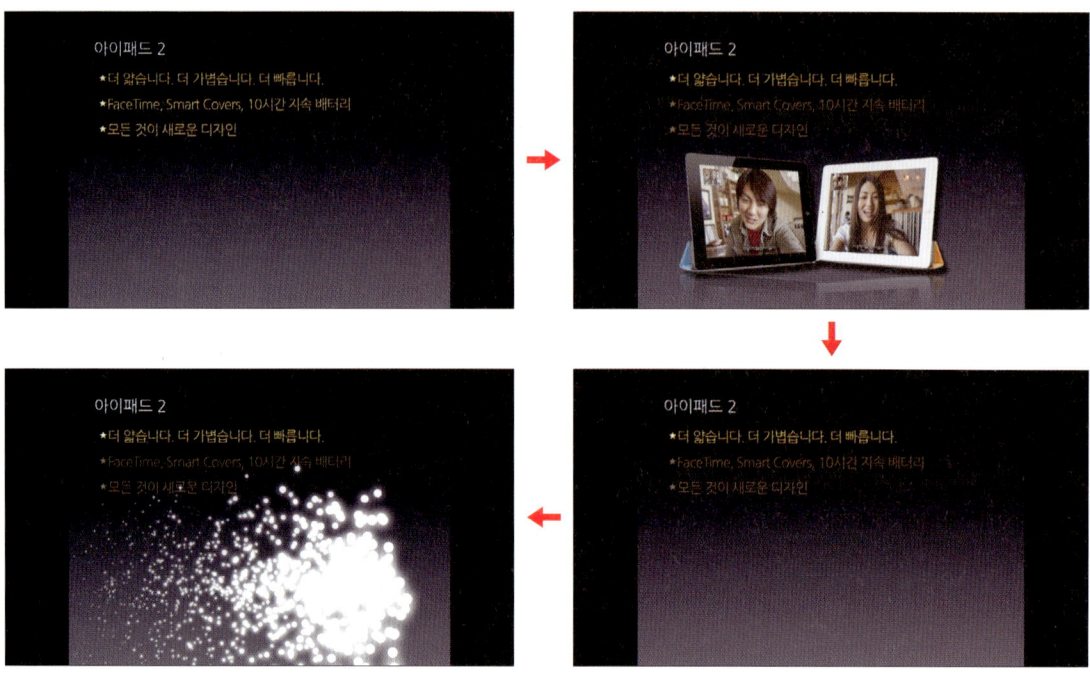

:: 스마트 빌드로 큐브 효과 적용하기

동작 효과에는 다양한 스마트 빌드 효과를 적용할 수 있습니다. 그 중 회전문 효과나 회전하는 큐브 효과는 스티브 잡스가 신제품 발표회 때 주로 사용했던 기능입니다. 대중적으로 많이 알려져 있는 효과이지만 키노트가 아니면 사용할 수 없는 기능입니다. 스마트 빌드 효과를 적용하는 것이야말로 키노트를 제대로 사용하는 방법이기도 합니다.

2007년 맥월드 컨퍼런스 프레젠테이션 때 스마트 빌드 기능을 사용했습니다. 이 기능이 바로 키노트의 동작 효과 중 회전하는 큐브 효과입니다.

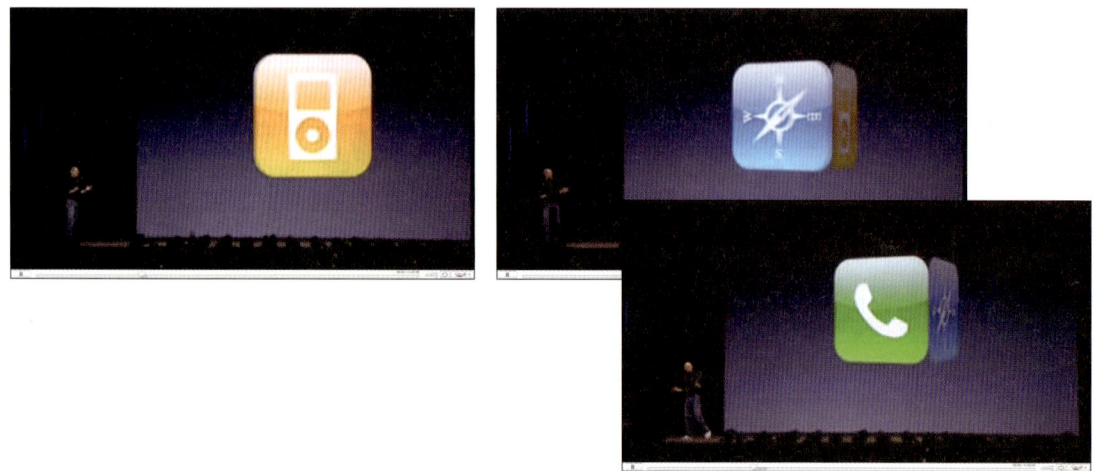

08_ 빈 슬라이드를 엽니다. 스마트 빌드는 [빌드] 윈도우의 [동작] 항목에서 선택할 수 있지만 [도구 막대]에 스마트 빌드를 추가하여 사용하는 게 편리합니다. [도구 막대]에서 마우스 오른쪽 버튼을 눌러 [도구 막대 사용자화]를 선택합니다.

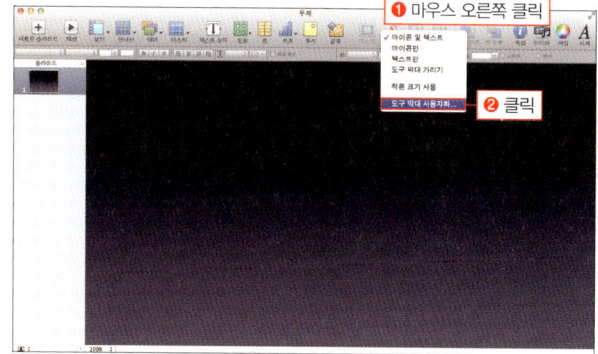

09_ [스마트 빌드]를 [도구 막대]로 드래그한 후 [완료]를 클릭합니다.

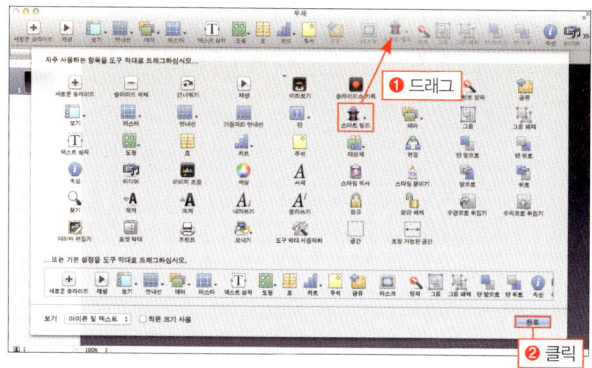

10_ [스마트 빌드]를 클릭하여 [회전하는 큐브]를 선택합니다.

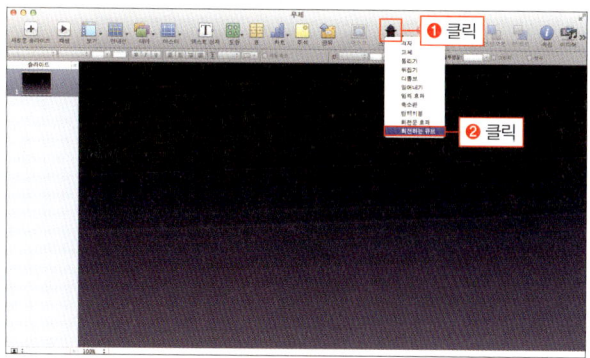

11_ 캔버스에 회전하는 큐브가 들어갈 공간과 드롭박스가 나타납니다. [이곳에 이미지를 드래그] 항목에 '01.png, 02.png, 03.png'를 순서대로 삽입합니다.

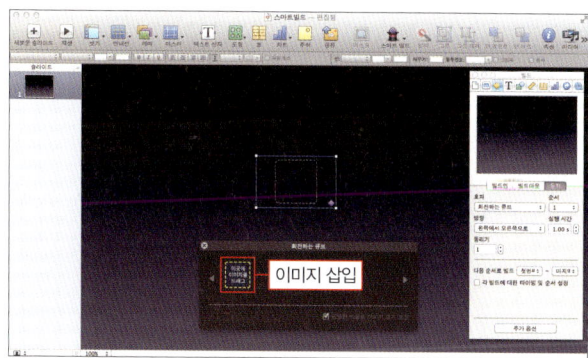

12_ 이미지 삽입이 완료되면 [도구 막대]에서 [재생]을 클릭합니다.

13_ 슬라이드 쇼에서 회전하는 큐브가 정상적으로 작동하는지 확인합니다.

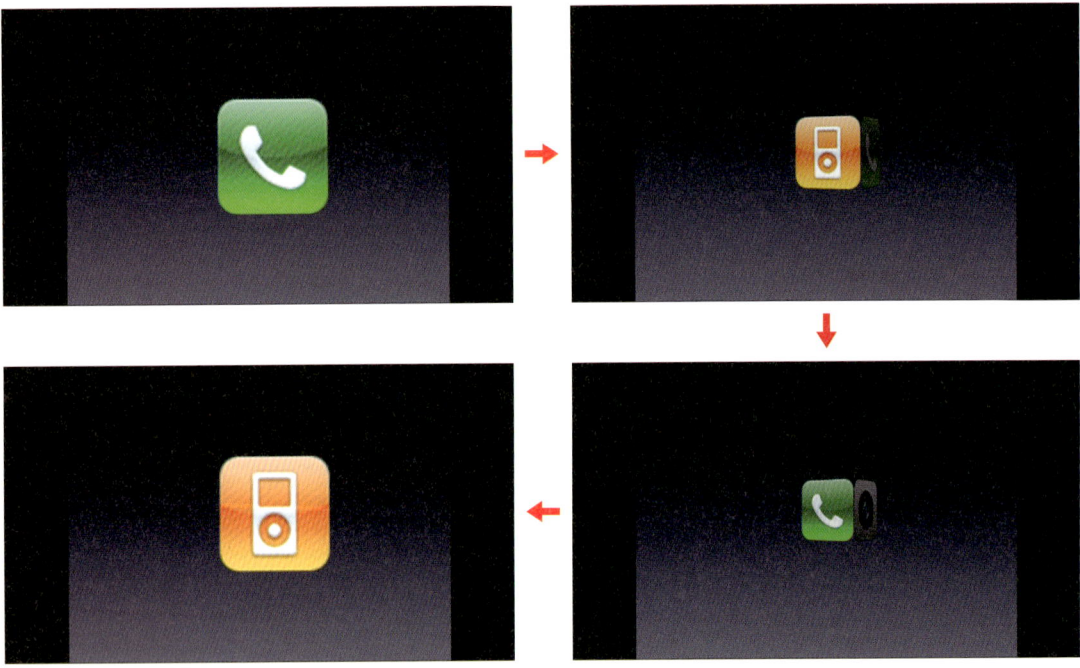

:: 이동 마법사와 동작 효과 적용하기

동작 효과 중 이동 마법사를 사용하면 개체를 손쉽게 이동시키는 애니메이션을 적용할 수 있습니다. 이동 마법사와 동작 효과를 적용하여 간단하면서도 기발한 애니메이션 효과를 적용해 보도록 하겠습니다.

 Keynote\키노트_완성.key

14_ 빈 슬라이드를 연 다음 『PREZI』, 『POWER POINT』를 입력합니다. 텍스트 위치를 조절한 후 'PREZI'를 선택합니다. [속성]을 클릭한 후 [빌드]를 선택합니다. [동작]-[효과]에서 [이동]을 선택한 후 캔버스에 빨간색 이동선이 생성되면 원하는 경로를 지정해 줍니다.

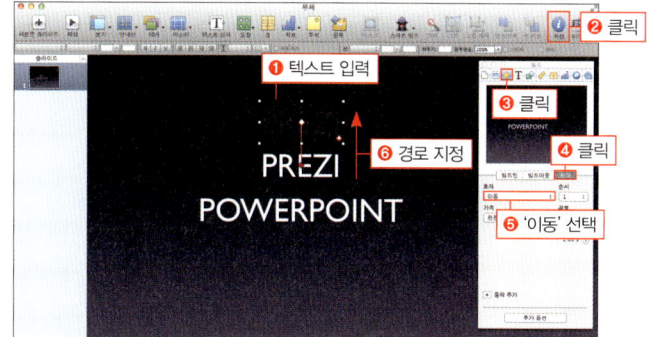

15_ 동일한 방법으로 또 다른 텍스트를 선택하여 [동작]-[효과]에서 [이동]을 선택합니다. 캔버스에 빨간색 이동선이 생성되면 원하는 경로를 지정해 줍니다.

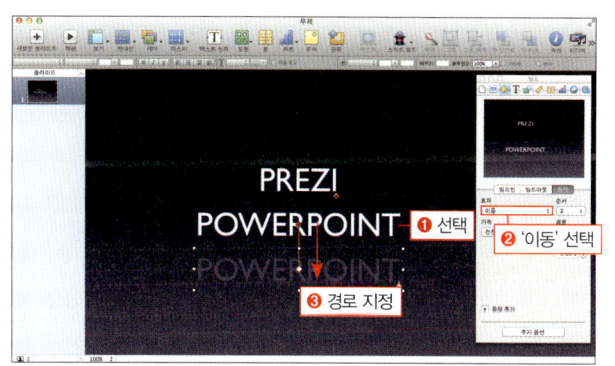

16_ 이제 벌어진 사이로 새롭게 등장할 개체를 삽입합니다. 빌드인 효과로 개체를 강조하기 위해 [빌드인]-[효과]에서 [플래시 효과]를 선택합니다.

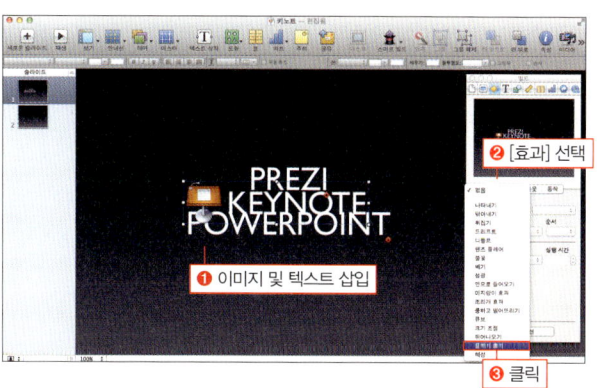

17_ 애니메이션의 순서를 지정하기 위해 [추가 옵션]을 선택합니다. [빌드 순서] 윈도우에서 'POWERPOINT'를 선택한 후 [1 빌드와 함께 자동으로]를 선택합니다.

18_ '그룹'을 선택한 후 [2빌드 후에 자동으로]를 선택합니다.

TIP

빌드 순서에 나타내는 대상체 이름은 현재 화면과 다를 수 있습니다.

19_ 이제 슬라이드 쇼를 진행하여 확인합니다.

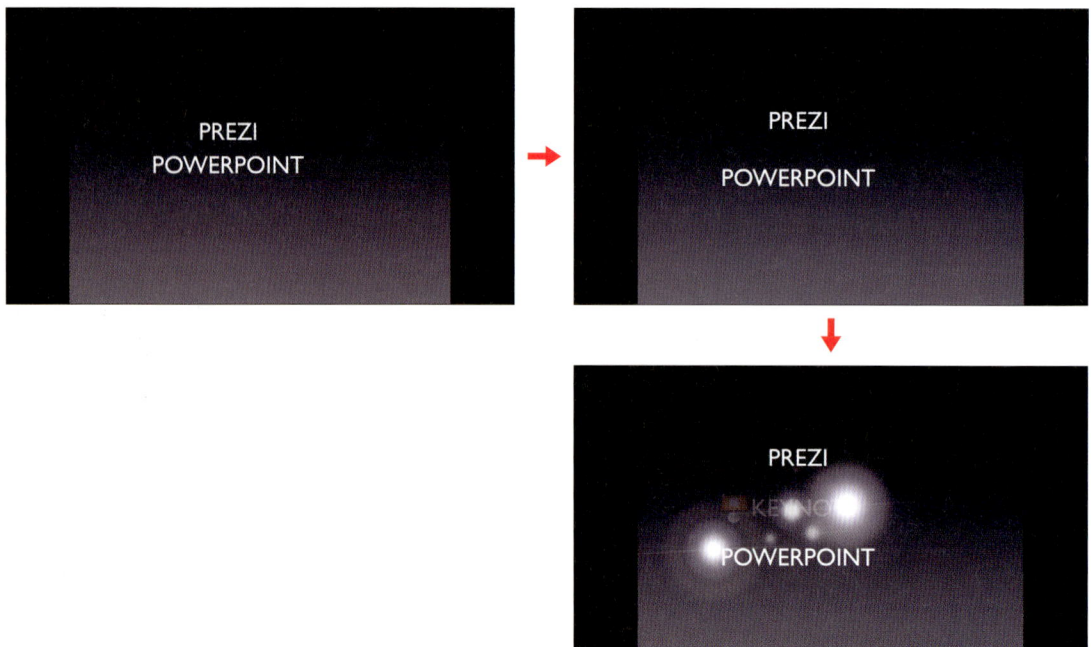

Section#
08
하이퍼링크
사용하기

키노트의 하이퍼링크는 프레젠테이션 도중에 인터넷에 접속하여 결과물을 보여주거나 다른 슬라이드로 빠르게 이동하고자 할 때 사용합니다. 하이퍼링크는 웹 페이지뿐만 아니라 이메일, 특정 슬라이드 등에 설정할 수도 있습니다.

 Keynote\디자인향기.key

 Keynote\디자인향기_완성.key

01_ 특정 슬라이드를 선택합니다. 하이퍼링크를 적용할 개체를 선택한 후 [속성]-[하이퍼링크]를 클릭합니다. [링크]-[웹 페이지]를 선택한 후 [URL] 입력란에 웹 페이지 주소를 입력합니다. 하이퍼링크가 적용된 개체를 클릭하면 입력한 웹 페이지가 열립니다.

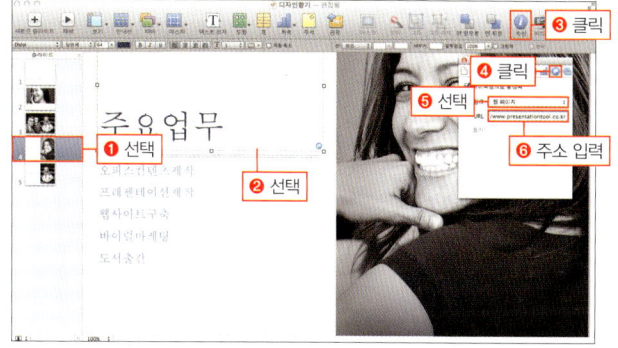

02_ 이번에는 다른 슬라이드로 이동하게 만들어 주는 하이퍼링크를 적용해 보겠습니다. [링크]에서 [슬라이드]를 선택한 후 [슬라이드]를 클릭합니다 하이퍼링크를 클릭했을 때 불러오고 싶은 페이지 번호를 입력합니다.

마스터 슬라이드
만들기

키노트는 44개의 테마를 선택할 수 있지만 사용자가 직접 마스터 슬라이드를 통해 테마를 만들 수도 있습니다. 이번에는 마스터 슬라이드를 이용하여 사용자가 직접 테마를 만드는 방법에 대해서 살펴보도록 하겠습니다.

Keynote\master.png

01_ 새 슬라이드를 연 다음 [메뉴 막대]에서 [보기]-[마스터 슬라이드 보기]를 클릭합니다.

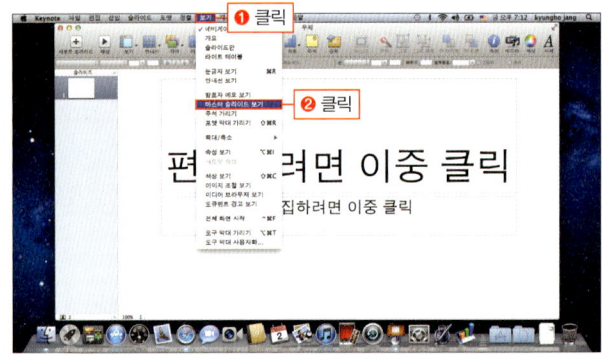

02_ 마스터 슬라이드가 표시되면 변경을 원하는 슬라이드를 선택한 후 [도구 막대]에서 [속성]을 클릭하여 [슬라이드]를 선택합니다. [모양새]에서 [마스터 및 레이아웃]을 통해 개체를 설정 후 [배경]-[이미지 채우기]를 통해 배경 이미지를 삽입합니다. 캔버스에 삽입되어 있는 개체 틀을 선택하여 서체나 크기, 색상 등을 변경합니다.

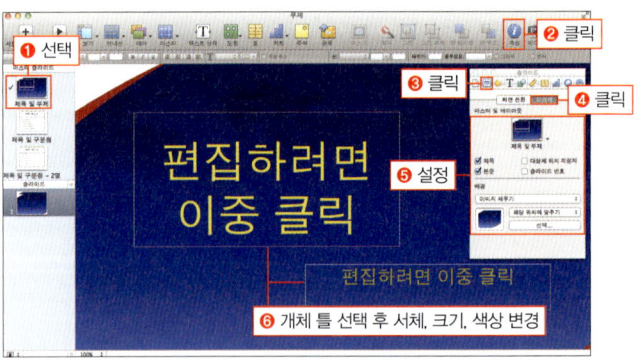

03_ [메뉴 막대]에서 [파일]-[테마 저장]을 클릭합니다.

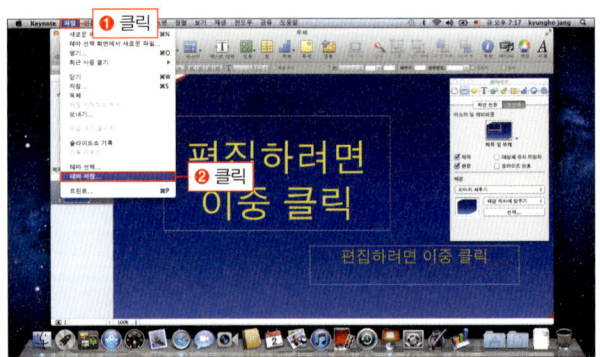

04_ [별도 저장]에 테마 이름을 입력합니다. 저장
위치는 [Themes]를 그대로 선택한 후 [저장]을 클
릭합니다.

05_ 테마를 선택해 봅니다. 새로 만든 테마가 기존
테마와 함께 나타나는 것을 확인할 수 있습니다.

슬라이드 쇼
설정하기

모든 작업이 마무리되면 슬라이드 쇼를 통해 프레젠테이션을 진행합니다. 여기서는 슬라이드 쇼 진행 시 설정할 수 있는 환경 설정과 주 모니터와 보조 모니터를 설정하는 방법, 그리고 발표자 화면에 대해서 살펴보도록 하겠습니다.

:: 환경 설정하기

[메뉴 막대]의 [Keynote]-[환경설정]을 통해 슬라이드 쇼뿐만 아니라 발표자 모니터 등의 환경을 설정할 수 있습니다.

준비 파일 | Keynote\슬라이드쇼.key

01_ 준비 파일을 연 다음 슬라이드 쇼 설정을 위해 [메뉴 막대]에서 [Keynote]-[환경설정]을 클릭합니다.

02_ [슬라이드쇼]를 클릭합니다. 모니터 크기에 맞게 슬라이드 크기를 확대하거나, 빔 프로젝터를 연결했을 때 청중들에게 보여줄 모니터와 프레젠터가 볼 모니터 설정 등을 여기서 할 수 있습니다.

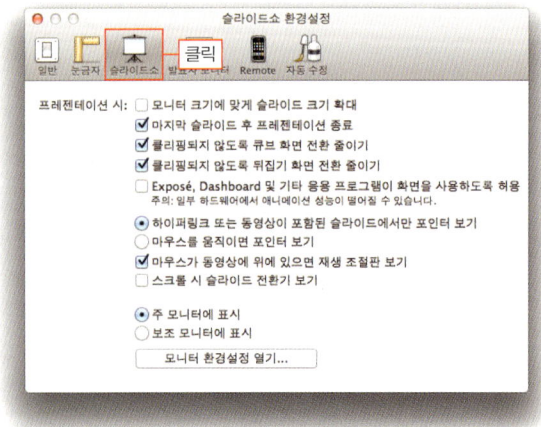

:: 발표자 모니터 사용자화

발표자 모니터는 프레젠터가 보는 화면입니다. 발표자 모니터를 통해 현재의 슬라이드와 다음 슬라이드, 그리고 발표자 메모 등을 볼 수 있습니다. 발표자 모니터는 프레젠터만 볼 수 있는 화면으로 청중들에게는 보이지 않습니다.

03_ [발표자 모니터]를 클릭합니다. 발표자 모니터에 표시하고 싶은 항목을 체크합니다. 시계나 타이머까지 지정할 수 있습니다. 지정을 완료했으면 [발표자 모니터 사용자화]를 클릭합니다.

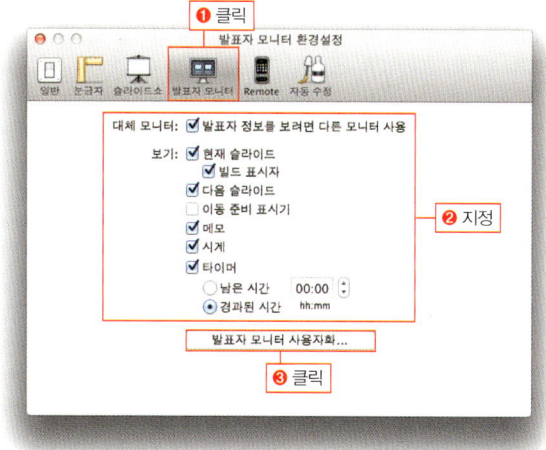

04_ 발표자 모니터가 나타납니다. 현재 진행되는 슬라이드와 다음 슬라이드가 동시에 나타나서 프레젠터가 다음 슬라이드를 예상하면서 프레젠테이션을 진행할 수 있습니다. [발표자 모니터 사용자화] 윈도우에 발표자 메모를 표시하기 위해 [메모]에 체크 표시를 합니다.

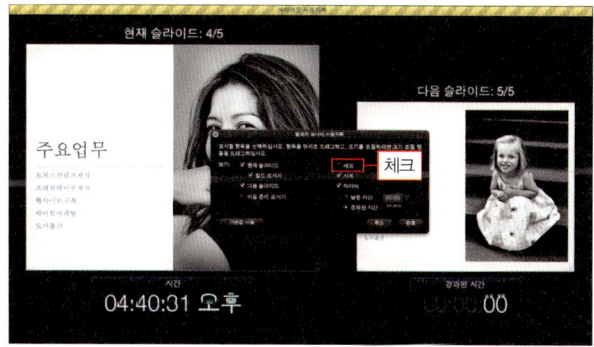

05_ 발표자 메모가 표시됩니다. 발표자 모니터에 나타나는 화면은 프레젠터가 원하는 형식으로 위치나 크기를 조절할 수 있습니다.

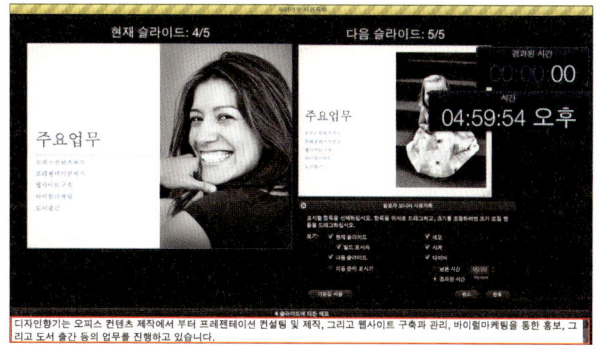

:: 슬라이드 쇼 자동 재생하기

슬라이드 쇼는 기본적으로 프레젠터나 보조자가 제어해야 합니다. 하지만 슬라이드 쇼 자동 재생하기 기능을 이용하면 설정한 시간으로 자동 재생할 수 있습니다.

06_ [도구 막대]에서 [속성]을 클릭한 후 [도큐멘트]를 선택합니다. 도큐멘트에서는 열릴 때 자동 재생하거나 쇼 종료 시 암호 설정 등 다양한 슬라이드 쇼 설정을 할 수 있습니다. 여기서는 슬라이드 쇼 자동 재생을 위해 [프레젠테이션]을 클릭하여 [자동 재생]을 선택합니다.

07_ 화면 전환과 빌드 항목은 슬라이드 쇼를 진행할 때 화면 전환에 걸리는 시간과 자동으로 빌드가 시작되는데 걸리는 시간을 설정하는 항목으로 원하는 시간을 지정합니다

:: 발표자 메모 추가하고 프린트하기

발표자 메모는 각 슬라이드에 해당하는 내용을 문서로 기록할 수 있는 공간입니다. 메모를 추가하면 프레젠테이션 시 발표자만 내용을 확인할 수 있습니다. 또한, 발표자 메모는 따로 프린트할 수도 있습니다.

08_ 발표자 메모를 보기 위해 [메뉴 막대]에서 [보기]-[발표자 메모 보기]를 클릭합니다.

09_ [메뉴 막대]에서 [파일]-[프린트]를 클릭합니다. [프린트]-[메모가 있는 슬라이드]를 선택한 후 [프린트]를 클릭합니다.

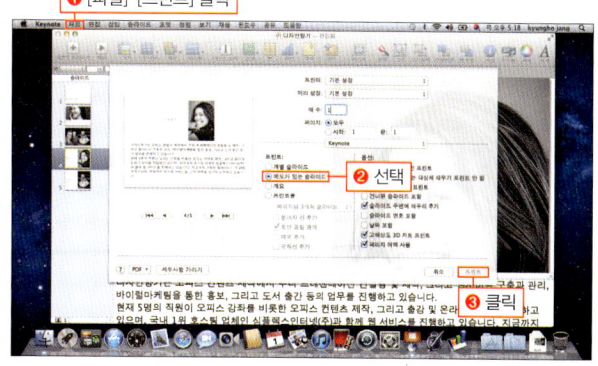

 프린트 설정하기

다양한 방법으로 키노트의 프린트를 설정할 수 있습니다. 메모를 포함하여 출력하거나 개요만, 혹은 페이지당 여러 장의 슬라이드를 함께 출력할 수 있습니다. 또한 PDF 파일로도 출력이 가능합니다.

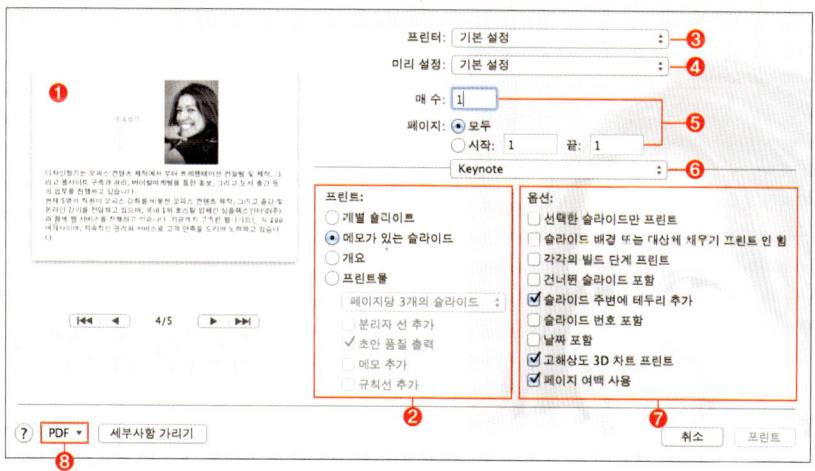

❶ **슬라이드 미리 보기** : 출력될 슬라이드를 미리 볼 수 있습니다.

❷ **프린트** : 프린트하고 싶은 슬라이드 및 프린트물의 레이아웃을 선택합니다.

❸ **프린터** : 연결되어 있는 프린트를 선택합니다.

❹ **미리 설정** : 최근 사용한 설정이나 현재의 설정을 저장할 수 있습니다.

❺ **매 수 및 페이지** : 출력할 매 수와 페이지 번호를 지정할 수 있습니다.

❻ **Keynote** : 페이지 속성, 레이아웃 등 프린트 환경을 설정할 수 있습니다.

❼ **옵션** : 프린트 포맷 옵션을 선택합니다.

❽ **PDF** : 키노트 슬라이드를 PDF 파일로 변환합니다.

감성적
프레젠테이션
세계

키노트는 다양한 방법으로 슬라이드를 공유할 수 있습니다. QuickTime 동영상 파일로 간편
하게 변환해 매킨토시뿐만 아니라 일반 컴퓨터에서도 공유할 수 있으며, 국내에서 가장 많은
사람들이 사용하는 파워포인트 파일로 변환해 파워포인트에서 키노트 파일을 열어볼 수도
있습니다. 뿐만 아니라 iWork.com을 이용하면 전 세계 누구와도 키노트 파일을 공유할 수
있습니다.

키노트 공유하기

Section#
01 키노트 파일
변환하기

키노트 슬라이드는 QuickTime 동영상 파일이나 PPT, PDF, 이미지 파일 등으로 변환할 수 있습니다. 키노트 파일을 여러 파일로 변환하는 방법을 알아봅니다.

:: QuickTime 동영상 파일로 저장하기

키노트는 매킨토시에서만 열 수 있는 파일이지만 키노트 파일을 QuickTime 동영상 파일로 변환하면 일반 컴퓨터로 불러올 수 있습니다. 동영상 파일이라고 해서 프레젠테이션을 할 수 없는 것은 아닙니다. 설정에 따라 자동으로 슬라이드가 넘어가지 않게끔 수동으로 다음 슬라이드로 넘기는 등 다양한 설정을 할 수 있습니다.

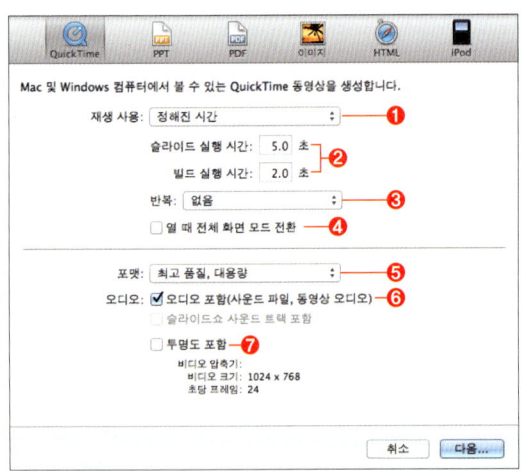

❶ **재생 사용** : 동영상 유형을 선택합니다. [수동 이동]을 선택하면 수동으로 슬라이드가 재생되고, [정해진 시간]을 선택하면 실행 시간에 따라 슬라이드가 자동 재생됩니다.

❷ **슬라이드/빌드 실행 시간** : 재생 사용에서 정해진 시간을 선택했을 때 나타나는 항목으로 실행 시간을 설정할 수 있습니다.

❸ **반복** : 동영상을 한 번 재생할지 반복으로 재생할지 선택합니다.

❹ **열 때 전체 화면 모드 전환** : 전체 화면으로 동영상을 재생합니다.

❺ **포맷** : [최고 품질, 대용량]부터 [웹 동영상, 저용량]까지 동영상의 크기 및 재생 품질을 결정합니다.

❻ **오디오** : 사운드나 동영상이 포함되어 있을 때 오디오를 포함할지 여부를 결정합니다.

❼ **투명도 포함** : 슬라이드에 적용되어 있는 투명도를 유지할지 결정합니다.

01_ [메뉴 막대]에서 [파일]-[보내기]를 클릭합니다.

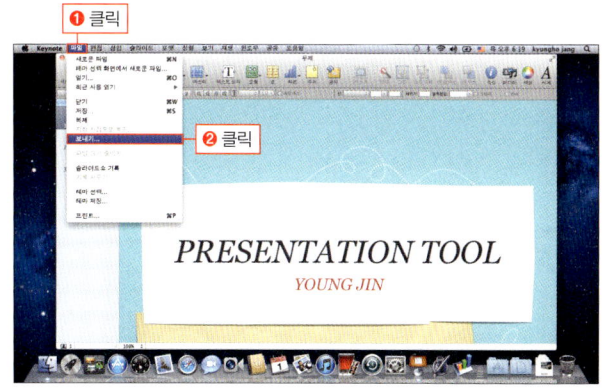

TIP
부록 CD의 [Keynote] 폴더에서 '변환.key' 파일을 불러와 사용합니다.

02_ [QuickTime]을 선택합니다. [재생 사용]을 클릭하여 [정해진 시간]을 선택한 후 슬라이드 실행 시간과 빌드 실행 시간을 설정합니다. 포맷 등 설정을 한 후 [다음]을 클릭합니다.

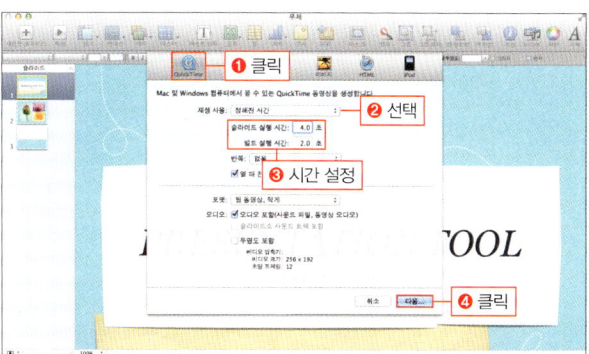

TIP
[재생 사용]에서 [정해진 시간]이 아닌 [수동 이동]을 선택하면 수동으로 슬라이드를 넘길 수 있습니다.

03_ QuickTime 동영상으로 전환할 파일명과 위치를 설정한 후 [보내기]를 클릭합니다.

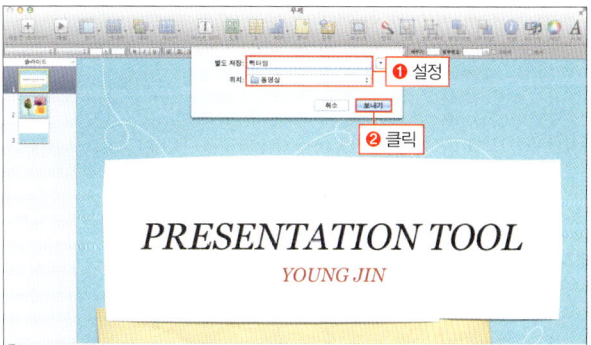

04_ 저장된 동영상 파일을 실행해 봅니다. 슬라이드 내용이 QuickTime 무비로 재생됩니다.

:: 파워포인트 파일로 변환하기

키노트는 파워포인트 사용자들을 위해 PPT라는 확장자를 가진 파워포인트 파일로 변환할 수 있는 기능을 제공합니다.

파워포인트 사용자들을 위해 키노트 파일을 파워포인트 포맷으로 저장할 수 있습니다. 물론 100% 완벽하게 호환되지는 않지만 키노트의 이미지나 형식을 그대로 가져올 수 있습니다. 다만, 파워포인트는 알파 채널 그래픽을 지원하지 않기 때문에 설정한 것과 다르게 표현될 수 있습니다.

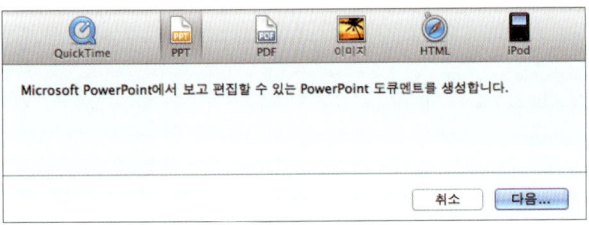

:: PDF 파일로 변환하기

키노트는 대중적으로 많이 사용하는 PDF 파일로 변환할 수 있는 기능을 제공합니다. 다만, PDF 파일을 열기 위해서는 내 컴퓨터에 아크로뱃과 같은 PDF 프로그램이 설치되어 있어야 합니다.

파워포인트 파일로 변환처럼 자주 사용되는 방법이 바로 PDF 파일로 변환하는 방법입니다. PDF 파일로 변환하면 PDF 응용 프로그램을 이용해 키노트 슬라이드를 볼 수 있고, 용량을 줄일 수 있습니다. 배포 목적의 문서일 경우 자주 사용되는 방법이기도 합니다.

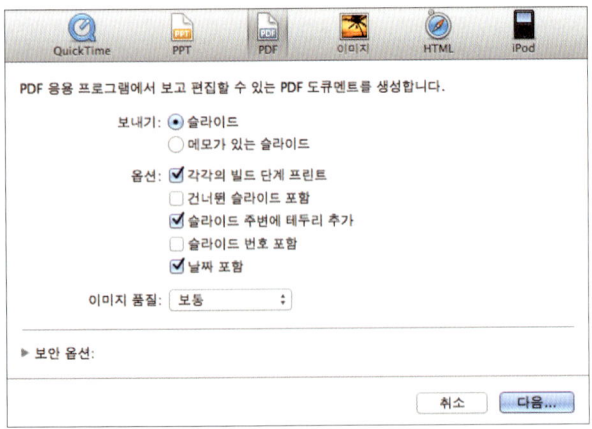

:: 이미지 혹은 HTML 파일로 변환, iPod로 보내기

PPT나 PDF 파일만큼 이미지 파일로의 변환도 자주 사용되는 변환 방법입니다. 그리고 키노트 슬라이드를 HTML 파일로 변환하여 웹 서버에 올려 활용할 수도 있습니다. 또한, iTunes로 관리할 수 있는 iPod 영상으로 보낼 수도 있습니다.

키노트 슬라이드를 JPG, PNG, TIFF 이미지 파일로 저장할 수 있습니다. 전체 슬라이드를 이미지 파일로 변환하거나 특정 페이지만 이미지 파일로 변환할 수 있으며, 이미지의 품질도 설정할 수 있습니다.

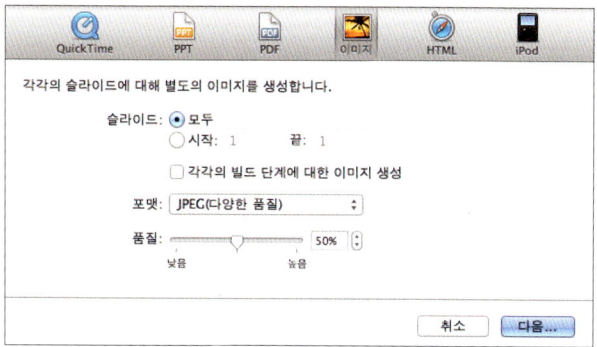

키노트 슬라이드를 HTML 파일로 변환하게 되면 웹 사이트처럼 사용하는 웹 서버 등에 파일을 올려 웹상에서 확인할 수 있습니다.

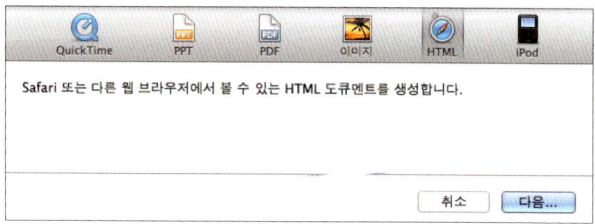

iPod에서 볼 수 있는 동영상 파일로 변환하면 iTunes에서 관리할 수 있기 때문에 애플사의 제품에서 키노트 파일을 확인할 수 있습니다. QuickTime 변환과 마찬가지로 재생 옵션과 재생 시간, 오디오 등을 설정할 수 있습니다.

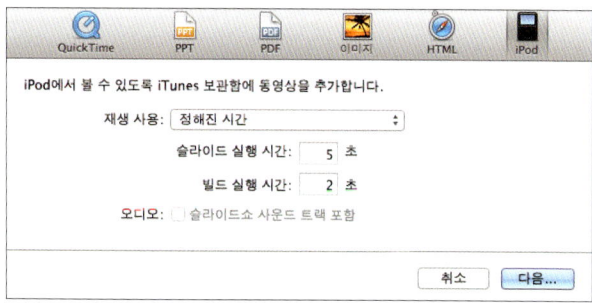

iWork.com으로
키노트 관리하기

iWork.com을 통해 본인이 만든 키노트 슬라이드를 관리하거나 공유할 수 있습니다. iWork를 사용하기 위해서는 Apple ID가 필요하며, ID가 없을 경우 계정을 생성하여야 iWork에 접근할 수 있습니다.

:: iWork의 장점

iWork.com을 사용하여 키노트와 같은 프레젠테이션 파일뿐만 아니라 워드프로세서와 같은 문서나 스프레드시트 파일도 공유할 수 있습니다. 특히, iWork.com을 이용해 키노트 슬라이드를 공유하면 받는 이들은 어느 기기에서나 애니메이션, 비디오 등의 효과가 적용된 슬라이드 쇼를 바로 볼 수 있습니다.

또한, iWork.com에 문서를 업로드하면 받는 이들은 키노트나 파워포인트 혹은 PDF 파일 등 자신이 원하는 포맷으로 파일을 내려 받을 수 있습니다.

Section# 03
iWork로
파일 공유하기

iWork.com을 이용하면 키노트의 결과물을 온라인에서 원하는 사람과 쉽게 공유할 수 있습니다.

01_ [도구 막대]에서 [공유]를 클릭합니다. Apple ID가 없을 경우 [새로운 계정 생성]을 눌러 계정을 만듭니다. Apple ID와 암호를 입력한 후 [로그인]을 클릭합니다.

02_ '공유 방문자와 함께, 발행 웹에서, 업로드 비공개' 중 원하는 항목을 선택합니다. 여기서는 '공유 방문자와 함께'를 선택합니다. 다른 사람을 초대하기 위해 [방문자]에 공유할 사람의 이메일 주소를 입력한 후 제목과 메시지를 입력합니다. [공유]를 클릭합니다.

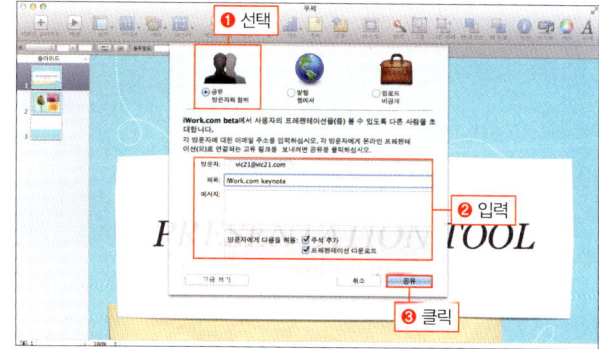

꼭!! 알고가기

❶ **방문자와 함께 공유** : 방문자를 초대하여 프레젠테이션을 공유합니다.

❷ **웹에서 발행** : 웹 주소를 생성하고 공유하여 모든 사람들이 프레젠테이션을 볼 수 있습니다.

❸ **비공개 업로드** : 본인만 볼 수 있습니다. 나중에 다른 사용자와 공유할 수 있습니다.

[고급 보기]를 클릭하면 다운로드 옵션을 선택할 수 있습니다. 다운로드 옵션은 iWork.com에서 파일을 내려 받을 때 제공할 파일을 선택하는 항목입니다. 즉, PowerPoint에 체크를 하면 사용자가 PowerPoint 파일로 변환된 키노트 파일을 다운로드 받을 수 있습니다.

03_ 경고 창이 나타나면 [승인]을 클릭합니다.

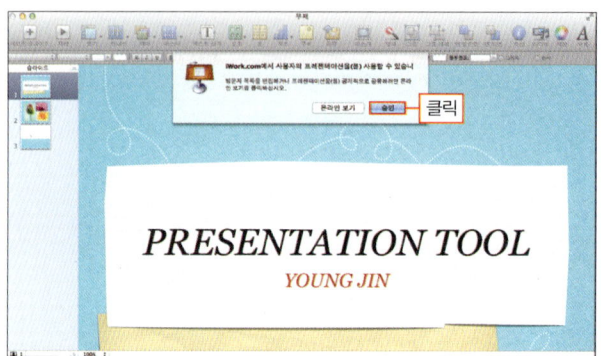

[온라인 보기]를 클릭하면 iWork 사이트에 바로 접속됩니다.

04_ iWork.com으로 접속하기 위해 [메뉴 막대]에서 [공유]를 클릭하여 [공유된 도큐멘트 보기]를 클릭합니다.

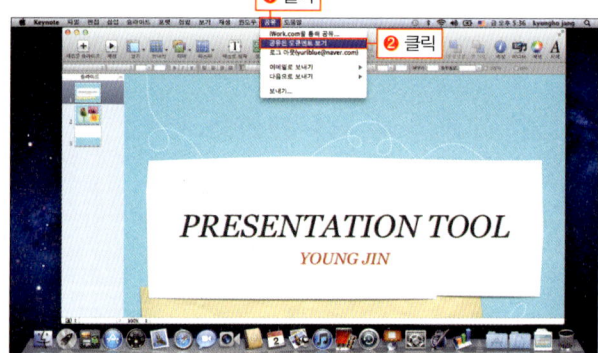

05_ iWork.com 로그인을 위해 아이디와 패스워드를 다시 한 번 입력합니다.

iWork 화면 구성 살펴보기

iWork는 사용자의 의견을 남길 수 있는 주석과 메모를 비롯하여 발행자 정보 및 초대된 사용자, 그리고 파일 내려받기 등으로 구성되어 있습니다.

❶ **슬라이드 쇼 :** 프레젠테이션을 재생합니다.

❷ **주석 추가 :** 사용자가 도큐멘트에 대해서 의견을 남길 수 있습니다.

❸ **주석 가리기 :** 첨부한 주석을 가리거나 나타냅니다.

❹ **프린트하기 :** 해당 문서를 프린트합니다.

❺ **다운로드하기 :** 키노트, 파워포인트, PDF 파일로 다운로드 받을 수 있습니다.

❻ **도큐멘트 발행자 :** 원 제작자의 정보를 볼 수 있습니다.

❼ **초대된 사용자 :** 초대할 사용자를 추가하거나 볼 수 있습니다.

❽ **도큐멘트 메모 :** 초대받은 사용자들이 메모를 남기고 볼 수 있습니다.

Section# 04
iWork에서 **사용자 추가**하고 메모 남기기

공유된 도큐멘트는 사용자를 추가하여 공유할 수 있으며, 사용자는 도큐멘트 메모 공간을 통해 프레젠테이션에 대한 메모를 입력할 수 있습니다.

01_ iWork.com에 접속합니다. 사용자를 초대하기 위해 [추가]를 클릭한 후 이메일 주소를 입력합니다. [초대]를 클릭합니다.

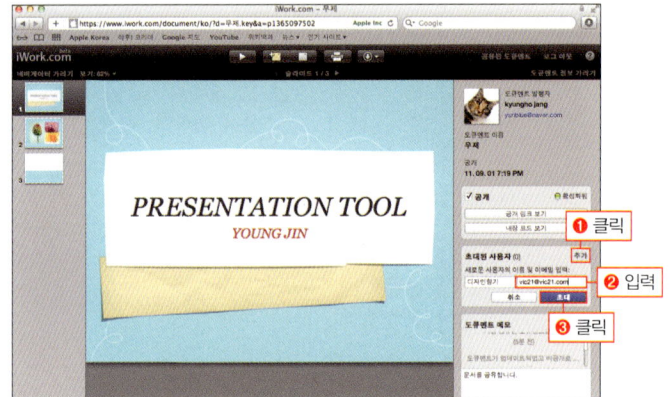

02_ 초대된 사람의 이메일에 접속해 보면 다음과 같은 메일이 도착해 있는 것을 확인할 수 있습니다. [도큐멘트 보기]를 클릭하거나 경로를 복사하여 브라우저에 붙여넣기하면 프레젠테이션을 볼 수 있습니다.

03_ [도큐멘트 메모] 입력란에 내용을 입력하면 원저작권자와 공유된 사용자 모두와 커뮤니케이션할 수 있습니다.

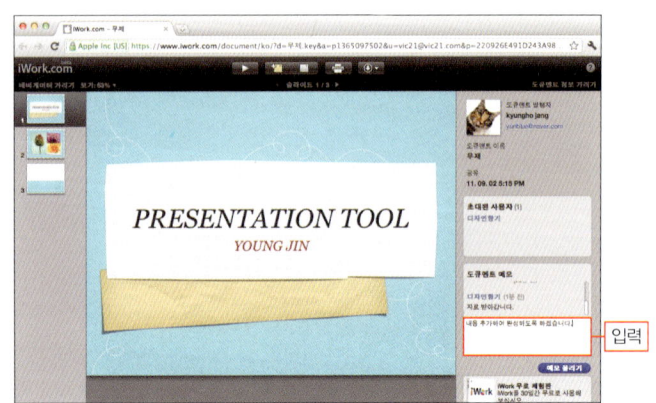

iWork에서 파워포인트와 PDF 파일로 내려받기

iWork.com을 통해 공유된 사용자는 본인의 컴퓨터에 키노트 프로그램이 없더라도 키노트 슬라이드를 다운로드 받을 수 있습니다. iWork.com에서는 키노트 파일을 미리 파워포인트 혹은 PDF 파일로 변환해 놓고 다운로드를 받을 수 있도록 서비스하고 있기 때문입니다.

01_ [다운로드] 단추를 클릭한 후 [Powerpoint] 혹은 [PDF]를 선택하여 키노트 슬라이드를 다운로드 받습니다. 여기서는 [PDF]를 클릭해서 PDF 파일로 다운로드 받습니다.

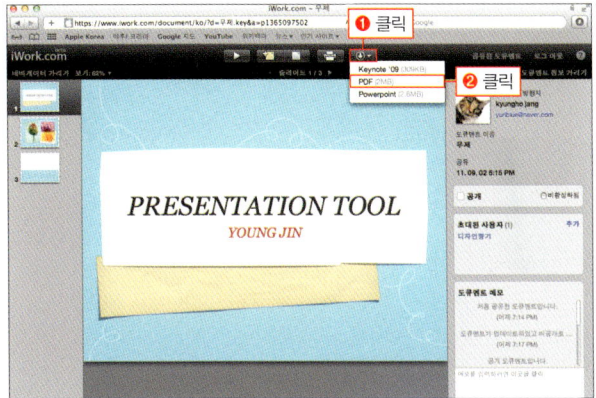

02_ 다운로드 받은 파일을 실행하면 PDF 파일로 변환되어 키노트 파일이 열립니다.

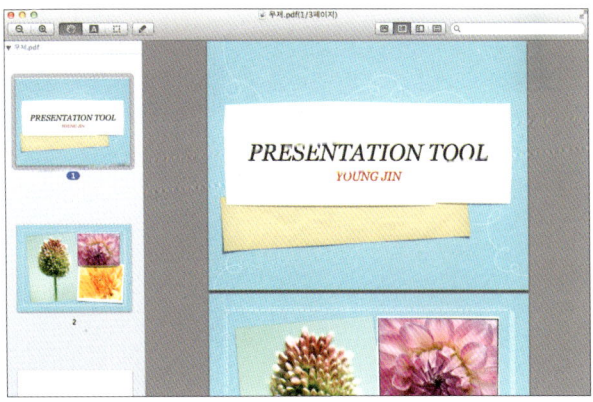

감성적
프레젠테이션
세계

아이패드는 애플사에서 만든 태블릿 PC로 인터넷 웹서핑이나 영화, 혹은 책을 보는 등 활용 도가 매우 뛰어난 기기입니다. 특히, 애플사에서 개발한 업무용 프로그램인 아이워크(iWork) 를 설치하여 문서 편집이나 스프레드시트 작업, 프레젠테이션 슬라이드 작업도 할 수 있으며, 아이패드에서 만든 문서는 아이튠즈나 iWork.com, 이메일 등으로 쉽게 공유 및 전송이 가능 합니다. 지금까지는 일반 컴퓨터로 파워포인트, 매킨토시로 키노트, 인터넷으로 프레지 작업 을 했다면 이번에는 태블릿 PC의 하나인 아이패드로 슬라이드 작업을 해 보도록 하겠습니다.

키노트 for 아이패드

아이패드용
키노트 설치하기

아이패드용 키노트를 사용하기 위해서는 앱스토어에서 프로그램(어플)을 유료로 구매하여야 합니다.
2012년 현재 9.99달러에 구매할 수 있습니다.

01_ 아이패드용 키노트는 아이패드의 앱스토어에서 구
입할 수 있습니다. 검색 입력란에 『Keynote』를 입력한 후
'Keynote' 어플의 [$9.99]를 터치하여 [App 구입]을 선택
합니다. 키노트를 다운로드 받습니다.

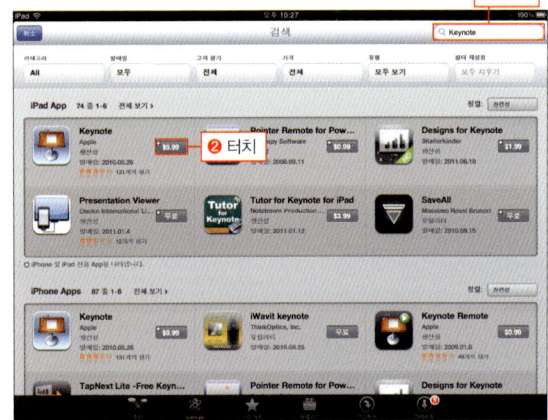

02_ 다운로드가 완료되면 [Keynote]를 터치하여 키노트
를 실행합니다.

Section# 02
키노트 기본 테마 사용하기

아이패드용 키노트의 화면 구성을 살펴보면서 맥용 키노트와 비교해 보기 바랍니다. 모든 기능이 터치로 실행되므로 화면 구성이 상당히 간단히 구성되어 있습니다.

:: 키노트 화면 보기

키노트를 실행하면 다음과 같은 화면을 만나게 됩니다. 맥용 키노트와 같은 메뉴 막대나 도구 막대는 나타나지 않습니다. 아이패드용 키노트는 선택하는 개체에 따라 기능을 선택할 수 있게 구성되어 있습니다. 먼저 왼쪽 상단의 [+]를 터치해 봅니다.

▲ 아이패드용 키노트 첫 화면

❶ **프레젠테이션 생성 :** 새 프레젠테이션을 만듭니다.

❷ **iTunes :** iTunes를 통해 파일을 주고받을 수 있습니다.

❸ **iDisk :** MobileMe 서비스 중 하나인 iDisk는 년 가입비를 내고 사용할 수 있는 인터넷 기반 웹하드입니다.

❹ **WebDAV :** WebDAV(Web-based Distributed Authoring and Versioning)는 원격 서버에 저장된 파일을 편집하고 관리할 수 있는 서비스입니다.

:: 기본 테마 불러오기

아이패드용 키노트를 사용하기 전에 기본 테마를 불러와 사용 방법을 살펴보는 것이 좋습니다. 기본 테마는 아이패드용 키노트의 몇 가지 기능에 대해서 설명하고 있습니다.

01_ 먼저 아이패드에서 제공해 주는 기본 테마를 사용해 보겠습니다. [Keynote 시작하려면 탭하기]를 터치합니다.

02_ 미리 제작되어 있는 다양한 슬라이드가 나타납니다.

키노트 화면과 터치 노하우

아이패드용 키노트는 터치로만 제작되기 때문에 미리 제작되어 있는 슬라이드는 간단한 수정을 통해 재생산할 수 있습니다.

:: 키노트 화면 살펴보기

아이패드용 키노트에는 메뉴 막대나 도구 막대 등이 나타나지 않습니다. 단순한 삽입, 애니메이션, 도구 등의 아이콘만 존재할 뿐입니다.

❶ **프레젠테이션** : 새 프레젠테이션을 생성하거나 이전 프레젠테이션을 찾을 수 있습니다.

❷ **실행 취소** : 방금 작업한 내용을 취소하거나 취소 이전으로 되돌립니다.

❸ **정보** : 대상체를 선택하여 여러 옵션을 선택할 수 있습니다.

❹ **삽입** : 미디어나 표, 차트, 도형을 삽입할 수 있습니다.

❺ **애니메이션** : 다양한 애니메이션을 추가할 수 있습니다.

❻ **도구** : 공유 및 프린트, 찾기, 발표자 메모 등 다양한 설정을 할 수 있습니다.

❼ **재생** : 슬라이드 쇼를 진행합니다. 슬라이드 쇼가 진행될 때 화면을 두 번 터치하면 원래대로 되돌아올 수 있습니다.

❽ **내비게이터** : 전체 슬라이드가 미리 보기 형식으로 나타납니다.

❾ **슬라이드 추가** : 새로운 슬라이드를 추가할 수 있습니다.

:: 터치로 슬라이드 작업하기

슬라이드의 위치를 재지정하려면 내비게이터의 슬라이드를 터치하여 위 혹은 아래로 드래그합니다. 여러 슬라이드를 한 번에 선택하려면 하나의 슬라이드를 터치한 상태에서 다른 손가락으로 다른 슬라이드를 터치합니다. 터치로 슬라이드를 작업하는 방법에 대해서 살펴보도록 하겠습니다.

01_ 내비게이터의 슬라이드를 터치하여 위 혹은 아래로 드래그합니다.

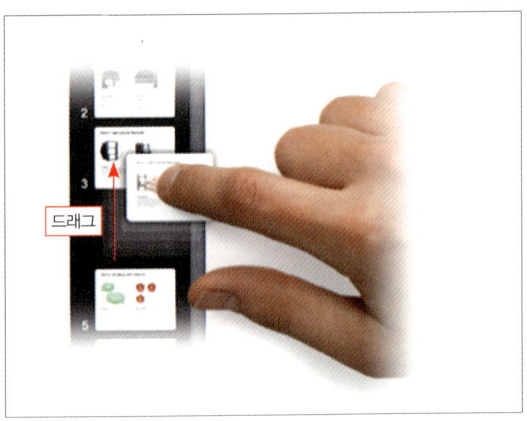

02_ 슬라이드를 복사하고 붙여넣기 위해 내비게이터의 슬라이드를 터치하여 '오려두기, 복사하기, 삭제, 건너뛰기' 메뉴 중 원하는 항목을 선택합니다.

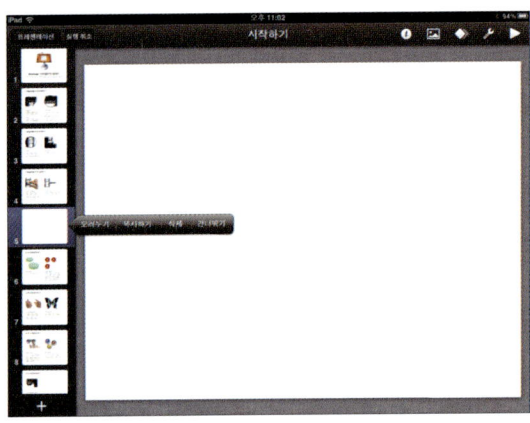

03_ 이미지나 표, 차트 등의 개체를 선택하려면 개체를 한 번 터치합니다. 개체를 이동하려면 개체를 누른 채로 있다가 새로운 위치로 이동합니다.

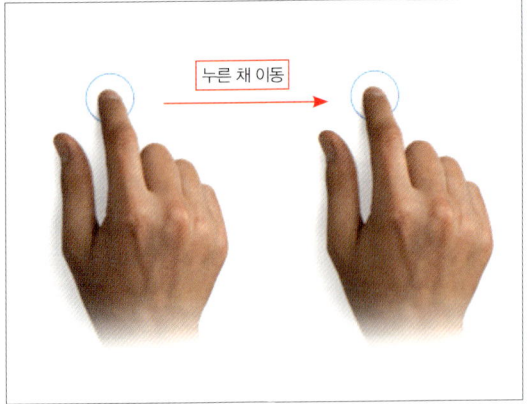

04_ 개체를 회전하려면 두 손가락으로 개체를 터치합니다. 각도 표시기가 나타나면 두 손가락을 서서히 왼쪽이나 오른쪽으로 돌립니다.

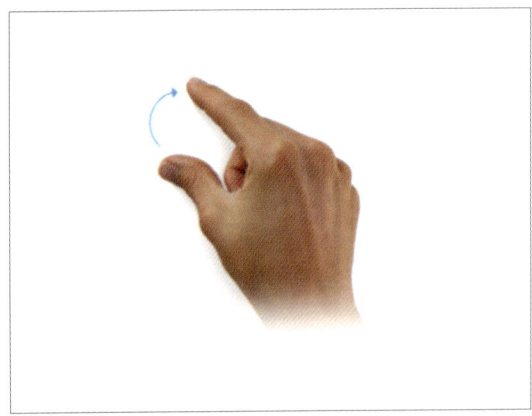

Section# 04
프레젠테이션 **생성**하고
텍스트 입력하기

아이패드용 키노트로 프레젠테이션을 만들어보고 도형이나 차트 등의 개체를 삽입해 보겠습니다. 아이패드용 키노트는 12개의 테마를 제공하고 있습니다. 각각의 테마는 이미 여러 디자인을 구성해 놓았기에 편하게 프레젠테이션을 완성할 수 있습니다.

:: 프레젠테이션 만들기

[Keynote 시작하려면 탭하기] 슬라이드에서 벗어나 새로운 프레젠테이션을 직접 작성해 보겠습니다.

01_ 현재 화면이 [Keynote 시작하려면 탭하기] 슬라이드라면 [프레젠테이션]을 터치한 후 [+]를 터치합니다. [프레젠테이션 생성]을 터치합니다.

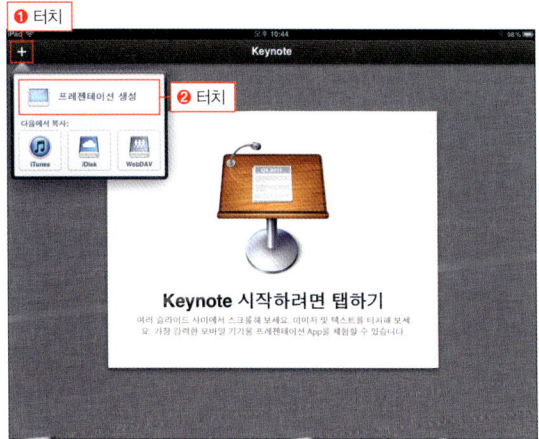

02_ 12개의 테마가 나타나면 원하는 테마를 선택합니다. 여기서는 [전시실] 테마를 선택합니다.

03_ 선택한 테마가 나타납니다.

04_ 왼쪽 하단의 [+]를 터치하면 미리 만들어져 있는 슬라이드를 추가할 수 있습니다. 원하는 슬라이드를 터치합니다.

05_ 슬라이드가 추가되면 텍스트 개체 틀을 두 번 터치하여 가상 키보드를 불러온 후 텍스트를 입력합니다. 입력을 완료하면 캔버스의 빈 곳을 터치하거나 가상 키보드의 [숨기기] 버튼을 터치합니다.

06_ 텍스트를 꾸미기 위해 텍스트를 터치한 후 [속성]을 눌러 원하는 스타일이나 속성으로 변경합니다.

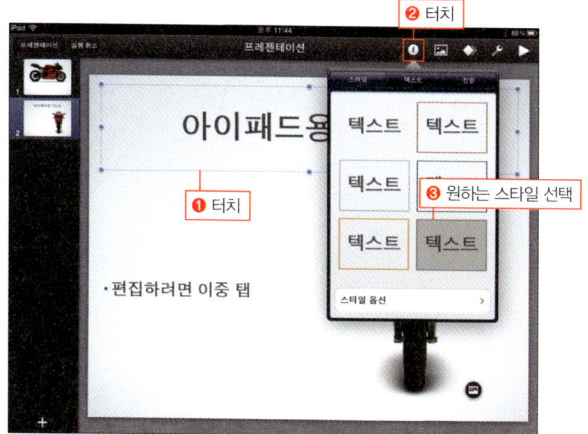

07_ [스타일 옵션]을 누르면 선택한 스타일에 따른 다양한 옵션을 선택할 수 있습니다.

08_ 스타일 옵션 이외에도 텍스트를 터치하여 크기 조정 핸들이 나타나면 크기나 위치를 조정할 수 있습니다.

이미지 삽입하기

아이패드로 사진이나 동영상을 촬영한 후 아이패드용 키노트를 통해 프레젠테이션 이미지로 활용할 수 있습니다.

01_ 이미지의 오른쪽에 [사진 표시] 아이콘을 터치한 후 [사진 앨범]을 통해 원하는 사진으로 간단히 교체할 수 있습니다. [사진 표시] 아이콘을 터치합니다. [사진 앨범] 창이 나타나면 원하는 이미지를 선택합니다.

02_ 선택한 이미지가 기본 설정된 이미지와 교체됩니다.

03_ 이미지를 두 번 터치하면 [마스크] 설정 창이 나타납니다. 마스크 조정 핸들을 드래그하여 원하는 위치로 이미지를 이동합니다.

TIP

마스크 설정을 통해 원하는 이미지 부분을 부각하거나 필요 없는 부분을 삭제할 수 있으며, 이미지 효과를 적용해 다양한 효과를 나타낼 수 있습니다.

04_ 크기 조정 핸들을 이용해 이미지 크기 및 위치를 조정한 후 빈 캔버스 공간을 터치합니다.

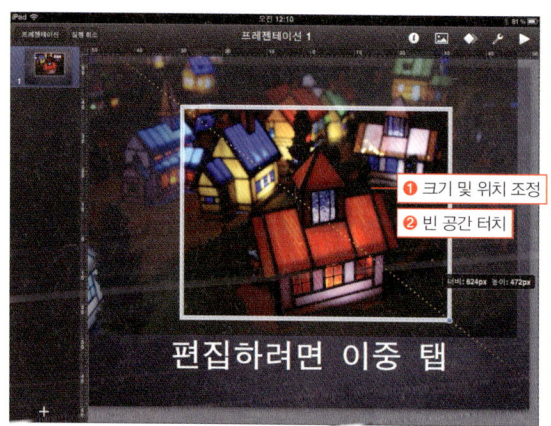

05_ 이미지를 선택한 후 [설정] 아이콘을 터치하여 원하는 [스타일]이나 [스타일 옵션]을 선택할 수 있습니다. 원하는 스타일을 선택합니다.

TIP

[스타일 옵션]을 통해 그림자, 반사, 불투명도 등을 설정할 수 있습니다. 다양한 방법으로 이미지 효과를 적용해 보기 바랍니다.

표와 **차트 삽입**하기

아이패드용 키노트는 매킨토시용 키노트보다 더 쉽게 표나 차트를 삽입하고 스타일을 적용할 수 있습니다. 그 이유는 이미 여러 스타일의 표나 차트를 제공하고 있기 때문입니다.

01_ [삽입] 아이콘을 터치한 후 [표]에서 원하는 스타일의 표를 선택합니다.

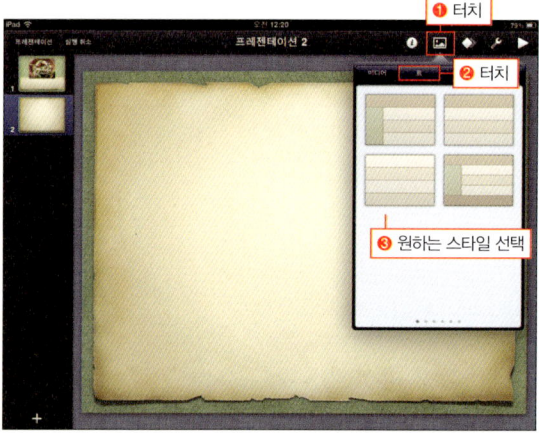

02_ 표가 삽입됩니다.

03_ 스타일이나 레이아웃을 변경하기 위해 표를 선택한 상태에서 [정보] 아이콘을 터치한 후 원하는 항목을 터치하여 스타일이나 레이아웃을 변경합니다.

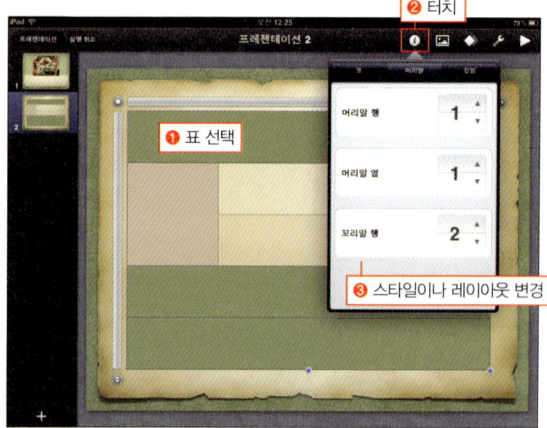

04_ 이번에는 차트를 삽입하고 데이터를 수정해 보겠습니다. 차트 역시 표와 마찬가지로 [삽입] 아이콘을 터치하여 [차트]에서 원하는 스타일의 차트를 선택합니다.

05_ 차트를 수정하려면 차트를 두 번 터치합니다.

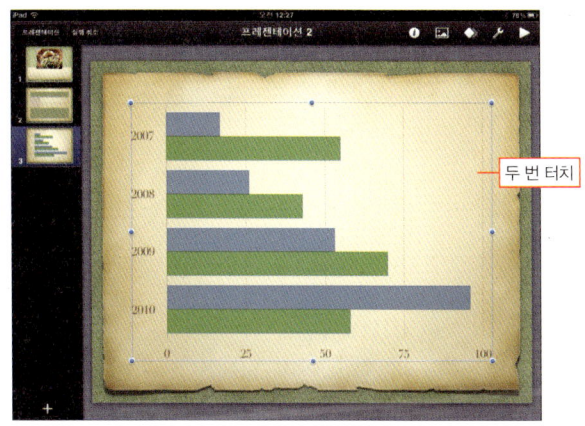

06_ 차트 데이터 편집 화면이 나타나면 수치 및 항목을 수정하여 완성합니다.

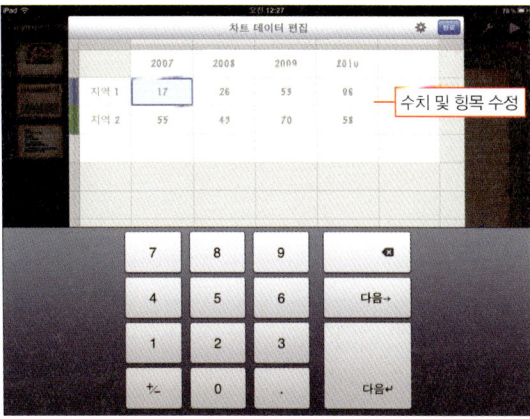

Section
07 도형 삽입하기

아이패드용 키노트는 맥북용 키노트처럼 다양한 도형을 삽입할 수는 없습니다. 하지만 꼭 필요한 도형을 가지고 다양한 방법으로 스타일을 변경할 수 있습니다. 여기서는 도형을 삽입하는 방법과 도형 스타일을 변경하는 방법에 대해 살펴보도록 하겠습니다.

01_ [삽입] 아이콘을 터치하여 [도형]에서 원하는 모양을 선택합니다.

02_ 도형이 삽입됩니다. 모양 조절 핸들을 드래그하여 면의 수를 늘리거나 줄일 수 있으며, 도형의 크기나 위치도 조절할 수 있습니다. 다양한 방법으로 도형 스타일을 변경해 보고 응용해 보기 바랍니다.

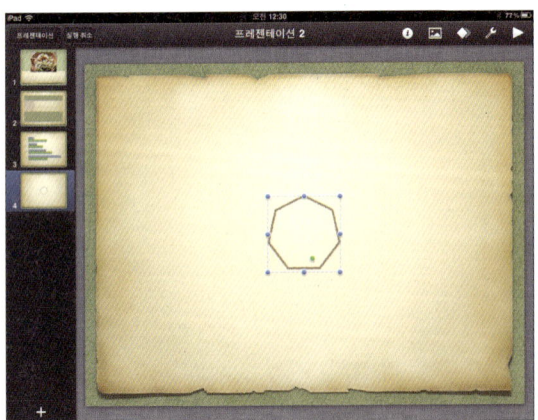
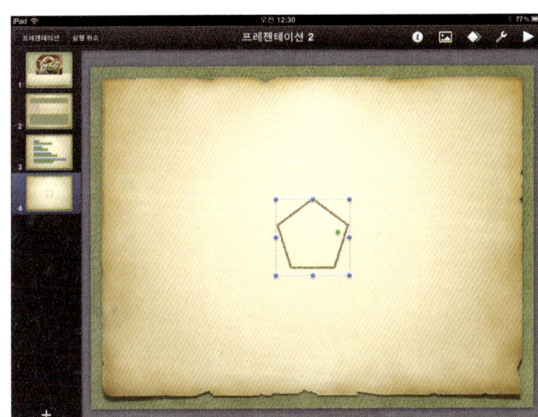

화면 전환 효과
적용하기

아이패드용 키노트에서도 다양한 화면 전환 효과와 애니메이션을 선택할 수 있습니다. 화면 전환 옵션과 이동 마법사 그리고 다양한 효과로 역동적인 프레젠테이션을 만들어 보도록 하겠습니다. [애니메이션] 아이콘을 터치하여 애니메이션을 적용할 슬라이드나 개체를 선택한 후 원하는 효과를 적용할 수 있습니다.

01_ 화면 전환 효과를 적용할 슬라이드를 선택한 후 [애니메이션] 아이콘을 터치합니다.

02_ 화면 전환 효과를 적용할 화면으로 변경되면 [없음]을 터치합니다.

03_ [화면 전환] 창이 나타납니다. 원하는 효과를 선택합니다. 효과를 선택하면 화면 전환 효과가 미리 보기 됩니다.

 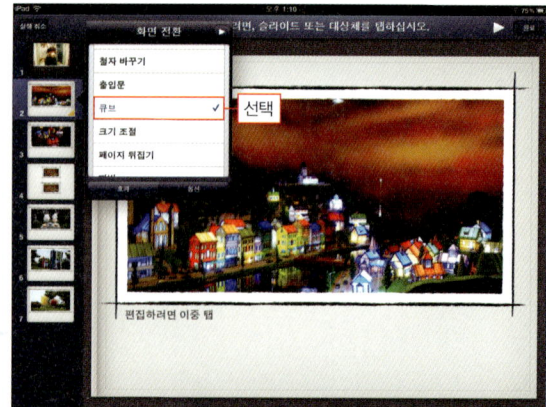

04_ 화면 전환 시간과 방향을 설정하기 위해 [옵션]을 터 치합니다. 설정을 완료한 후 [재생]을 터치합니다.

05_ 화면 전환 효과가 적용된 화면을 슬라이드 쇼로 확 인할 수 있습니다.

애니메이션 적용하기

슬라이드상의 모든 개체에는 애니메이션 효과를 적용할 수 있습니다. 여기서는 애니메이션 효과를 적용하는 방법에 대해서 살펴보겠습니다.

01_ 애니메이션을 적용할 슬라이드를 선택한 후 [없음]을 터치하여 [이동 마법사]를 선택합니다.

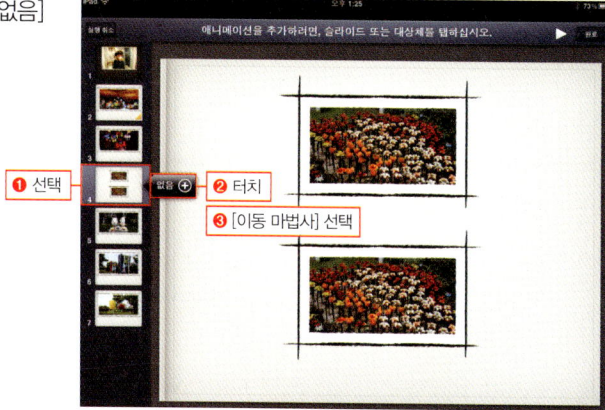

02_ [슬라이드 복제] 창이 나타나면 [예]를 터치합니다. 복제된 슬라이드가 추가됩니다.

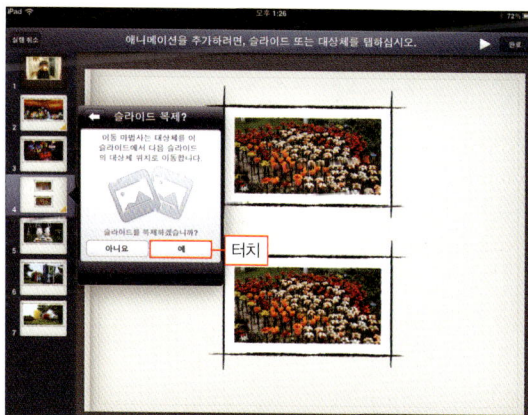

03_ 복제된 슬라이드에서 원하는 위치로 개체를 이동한 후 빈 공간에 개체를 추가합니다.

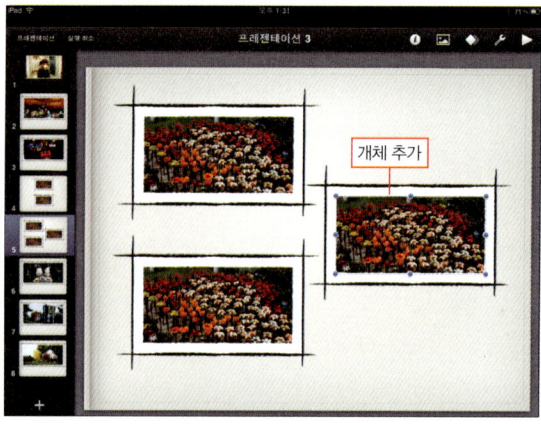

04_ [재생]을 터치해 화면을 확인합니다. 애니메이션 효과가 적용되는 것을 확인할 수 있습니다.

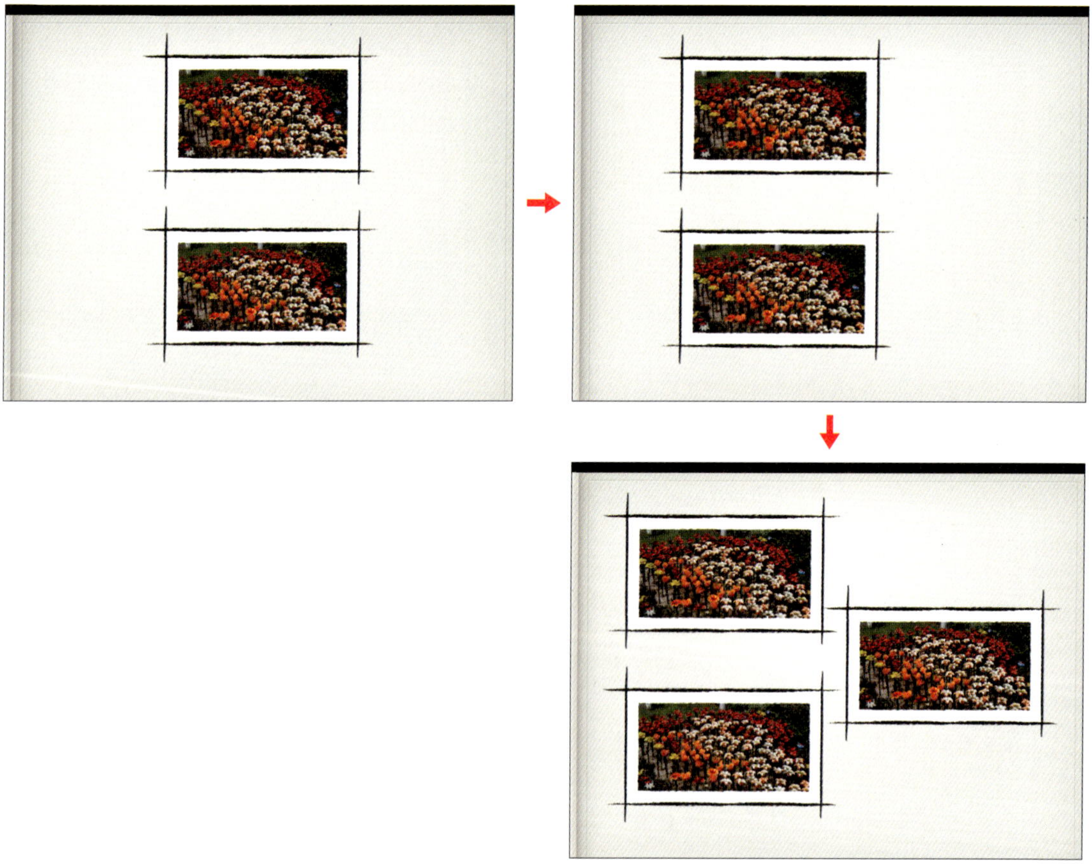

빌드인, 빌드아웃 효과
적용하기

애니메이션 효과 중 키노트에서 가장 인기 있는 효과 중 하나가 바로 빌드인, 빌드아웃 효과입니다. 아이패드용 키노트에서 빌드인, 빌드아웃 효과를 적용해 보도록 하겠습니다.

01_ 효과를 적용할 개체를 선택한 후 [빌드인]을 터치합니다. [빌드인] 창이 나타나면 원하는 효과나 옵션을 선택합니다.

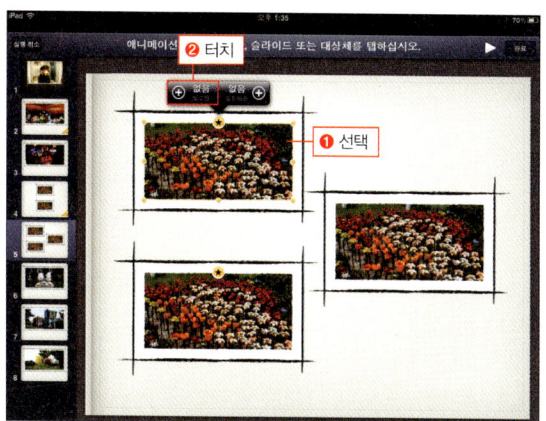 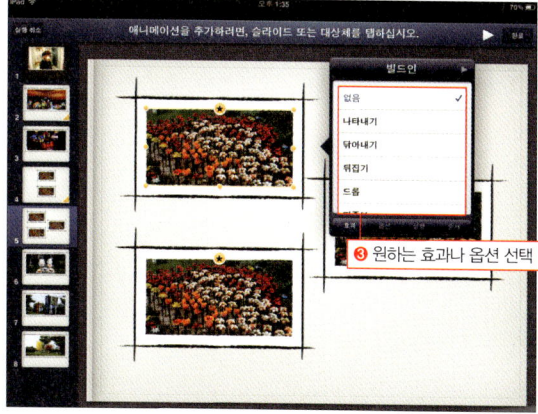

02_ 같은 방법으로 다른 개체에도 빌드인, 빌드아웃 효과를 적용할 수 있습니다. 빌드인, 빌드아웃 효과를 지정하면 슬라이드 캔버스에 애니메이션의 순서가 지정됩니다. 순서를 변경하고 싶으면 [순서]를 터치하여 위치를 변경합니다.

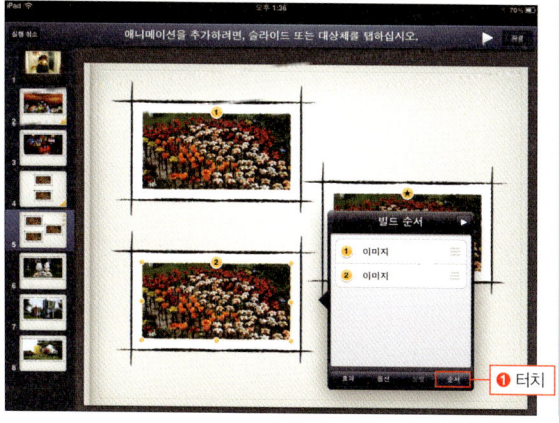 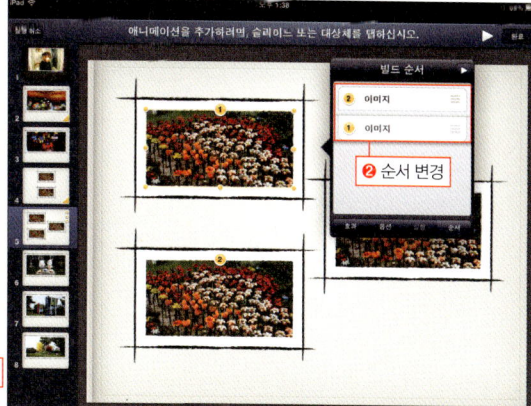

프레젠테이션 내보내기

아이패드용 키노트에서 제작한 슬라이드는 아이패드에 VGA 케이블이나 HDMI 케이블을 연결하여 빔프로젝터나 모니터, TV 등으로 출력할 수 있습니다. 하지만 아이패드에서 만드는 슬라이드는 100% 완성된 형식이 아닐 경우가 많기 때문에 프레젠테이션 내보내기를 통해 맥에서 확인하는 것이 좋습니다.

01_ [설정] 아이콘을 터치합니다. [공유 및 프린트] 창이 나타나면 [이메일로 프레젠테이션 전송]을 선택합니다.

TIP

이메일로 프레젠테이션을 전송하기 위해서는 아이패드의 이메일 설정에 메일 주소가 설정되어 있어야 합니다.

02_ 메일을 통해 보낼 파일의 포맷을 선택합니다. 여기서는 [Keynote]를 터치합니다.

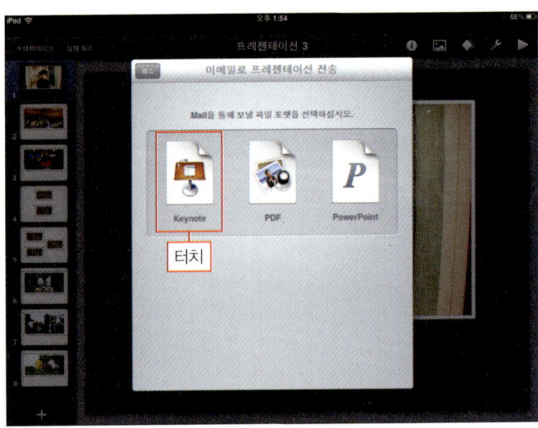

03_ 이메일로 아이패드용 키노트 파일이 전송됩니다.

04_ 경고 창이 나타나면 [계속]을 터치합니다.

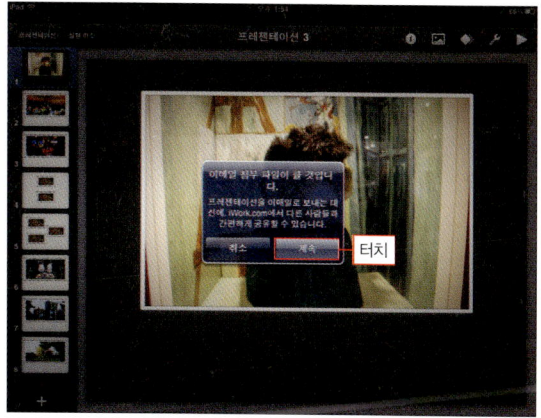

05_ 메일을 보낼 사람과 내용을 입력한 후 [보내기]를 터치합니다.

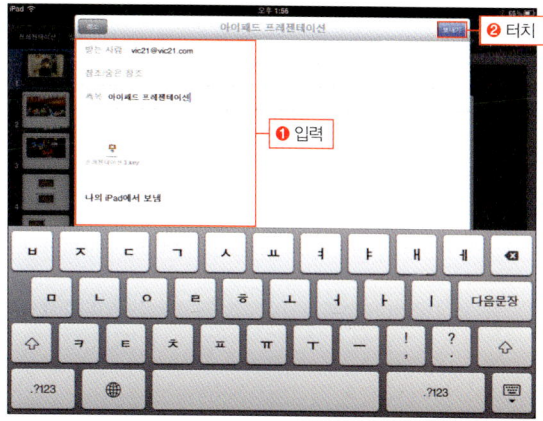

감성적
프레젠테이션
세계

파워포인트, 프레지, 한쇼 등 많은 프레젠테이션 도구가 있지만 키노트만큼 직관적인 프로그램은 없습니다. 비록 매킨토시를 익혀야 하는 어려움은 있지만 키노트만큼은 쉽게 사용할 수 있을 정도로 그 사용법이 간단합니다. 지금까지 키노트의 기능을 살펴보았다면 이번 챕터에서는 키노트의 실무 예제를 가지고 프레젠테이션 슬라이드를 만드는 방법에 대해 자세히 살펴보도록 하겠습니다.

CHAPTER
05

키노트 실무 예제 활용하기

일러스트레이터에서
로고 가져와 **도표 만들기**

키노트의 강점은 무엇보다 포토샵과 일러스트레이터와의 완벽한 호환이라 볼 수 있습니다. 파워포인트와 같은 프로그램에서 포토샵이나 일러스트레이터 파일을 가져오려면 이미지 파일로 변환한 후 가져와야 하지만 키노트는 원본 파일을 그대로 가져와 사용할 수 있습니다.

完成
파일 Sample\Keynote\Section 01\미니세미나_완성.key

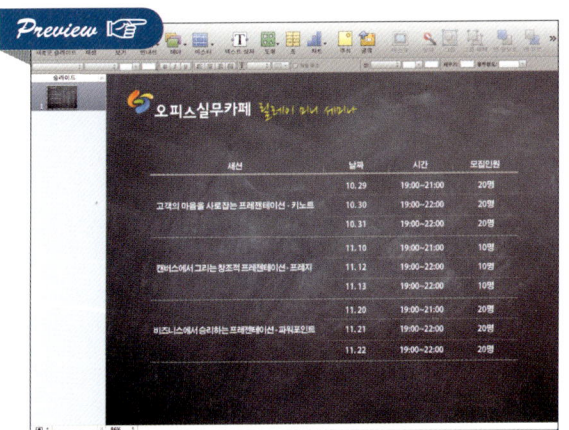

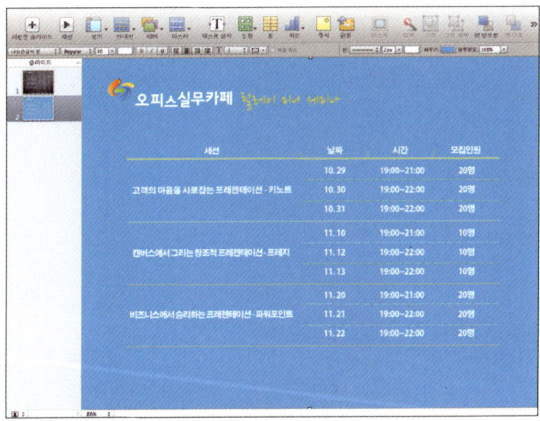

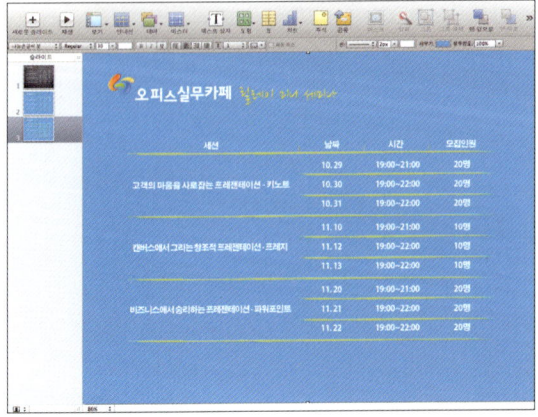

01_ 키노트를 실행하면 나타나는 다양한 테마 중에서 [칠판]을 선택한 후 [선택]을 클릭합니다.

02_ [도구 막대]에서 [마스터]를 클릭한 후 [빈 페이지]를 선택합니다.

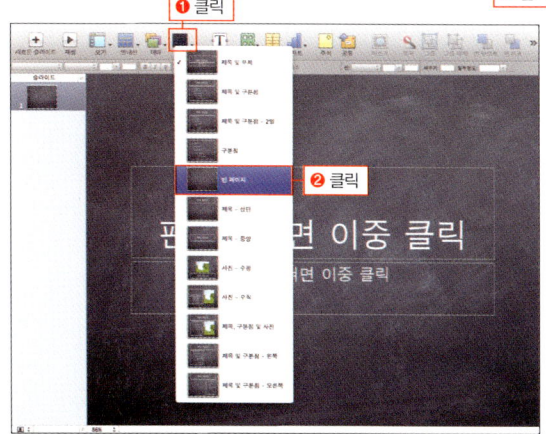

03_ 일러스트레이터를 실행한 후 필요한 부분만을 마우스로 클릭하여 선택한 후 ⌘+C를 눌러 복사합니다.

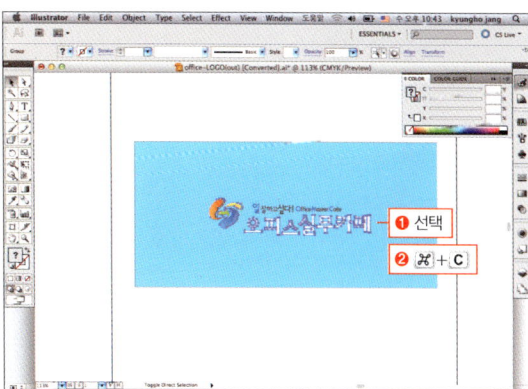

TIP

일러스트레이터 파일은 따로 제공하지 않습니다.

포토샵 혹은 일러스트레이터 설치하기

포토샵 혹은 일러스트레이터는 Adobe 홈페이지
(http://www.adobe.com/kr/downloads)에서 다운로드
받을 수 있습니다. [Ps] 혹은 [Ai] 아이콘을 선택한 후
[시험버전]을 클릭합니다. 시험버전 다운로드 페이지
가 열리면 [지금 다운로드]를 클릭합니다. 참고로 시
험버전은 30일 동안 사용할 수 있습니다.

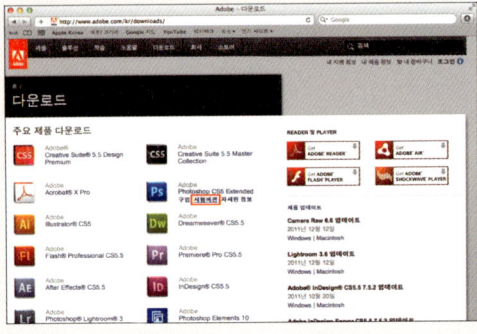

04_ 키노트로 되돌아온 후 ⌘+V를 누릅니다. 일러스
트레이터에서 복사한 개체가 바로 붙여넣기됩니다.

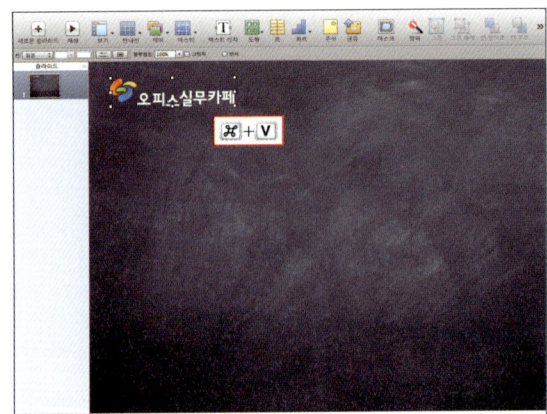

05_ [도구 막대]에서 [텍스트 상자]를 클릭한 후 『릴레이
미니 세미나』를 입력합니다. 폰트를 변경하기 위해 [포맷
막대]에서 [서체]를 클릭한 후 [나눔손글씨 붓]을 선택합
니다.

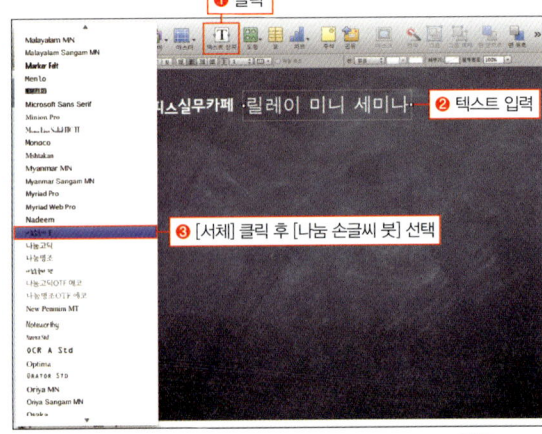

TIP

[나눔손글씨 붓] 서체가 없으면 다른 서체를 선택하도록 합니다. 나눔체를 설치하는 방법은 '꼭!!알고가기'(112페이지)'에서
다루도록 하겠습니다.

06_ 서체의 색상을 변경하기 위해 [포맷 막대]에서 [색상]을 클릭한 후 [노란색]을 선택합니다.

07_ 이번에는 표를 만들어 보겠습니다. 키노트의 표 기능을 그대로 사용하기 보다는 도형을 활용하면 보다 완성도 높은 표를 만들 수 있습니다. [도구 막대]에서 [도형]을 클릭한 후 [직선]을 선택합니다.

08_ Shift 를 누른 채 드래그하여 직선을 그려넣습니다. 직선의 색상을 변경하기 위해 [포맷 막대]에서 [색상]을 클릭해 회색 계열의 색상을 선택합니다.

TIP

Shift 를 누른 채 드래그하면 직선을 쉽게 그려넣을 수 있습니다.

09_ option 을 누른 채 일정한 간격만큼 아래로 드래그하여 직선을 복제한 후 [포맷 막대]에서 [색상]을 클릭해 회색 계열의 다른 색상을 선택합니다.

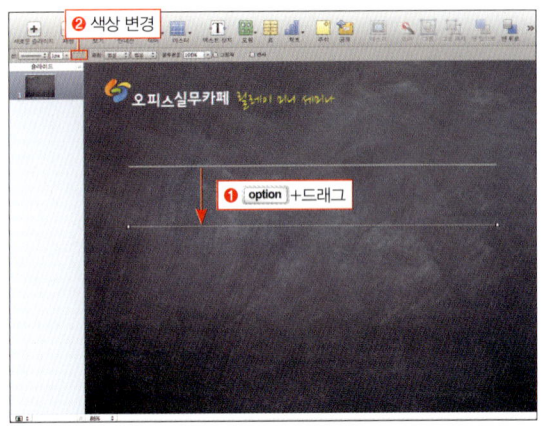

10_ 다시 option 을 누른 채 적당한 간격만큼 아래로 드래그하여 복제합니다.

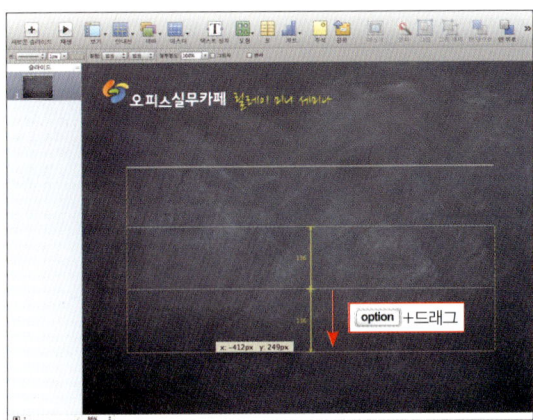

> **TIP**
>
> option 을 누른 채 드래그하여 복제를 하면 픽셀 간격과 x, y 축의 좌표가 나타나므로 편리하게 표의 간격을 맞출 수 있습니다.

11_ 이번에는 작은 직선을 그려넣고 위치와 간격을 조절합니다. [포멧 막대]에서 [선]을 클릭한 후 [점선]을 선택합니다.

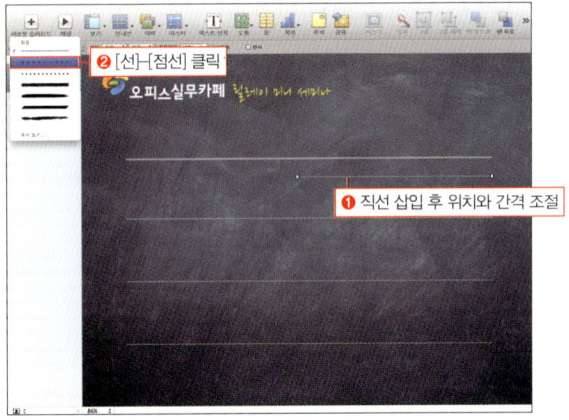

12_ 다음과 같이 직선을 복제하여 나머지 선들도 그려 넣습니다.

13_ [도구 막대]에서 [텍스트 상자]를 클릭한 후 텍스트 상자를 삽입하여 글자를 입력합니다. [포맷 막대]에서 [서체]를 클릭하여 [Adobe 고딕 Std]를 선택한 후 서체 크기는 [8]로 지정합니다.

TIP

[Adobe 고딕 Std] 서체가 키노트에 존재하지 않으면 비슷한 종류의 다른 서체를 선택하도록 합니다.

14_ 다음과 같이 텍스트 상자를 이용해 테스트를 입력한 후 슬라이드를 완성합니다.

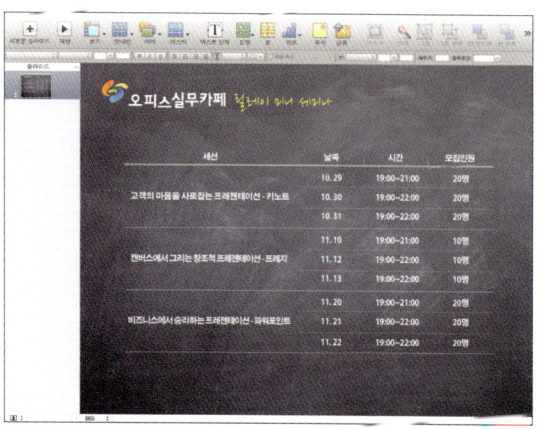

15_ 이번에는 단색 배경에 표를 복사하여 재활용해 보겠습니다. [새로운 슬라이드]를 클릭해 새 슬라이드를 연다음 [도형]–[직사각형]을 클릭해 슬라이드에 삽입합니다. 슬라이드 전체 크기에 맞게 크기 및 위치를 조절합니다. [채우기]를 클릭해 파란색 계열을 선택합니다.

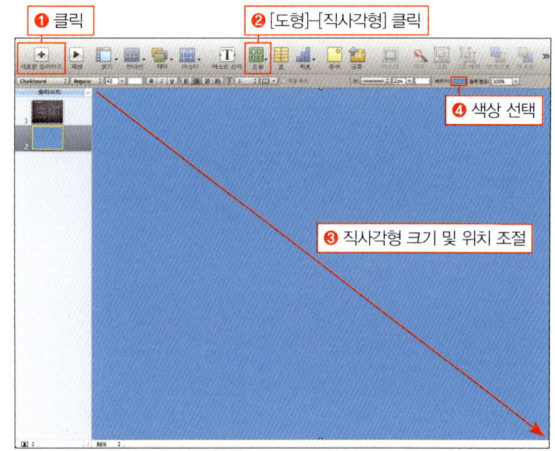

16_ 첫 번째 슬라이드에서 ⌘+A를 눌러 모두 선택한후 ⌘+C를 눌러 복사합니다.

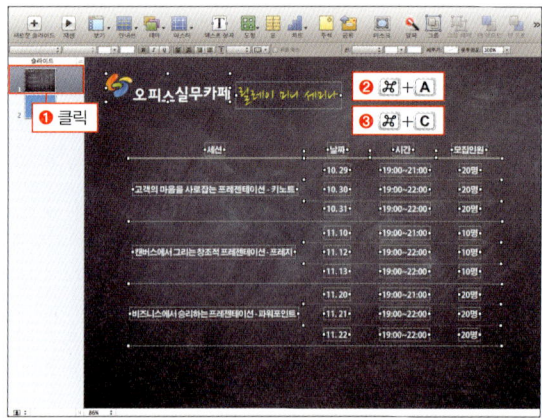

17_ 두 번째 슬라이드로 돌아와 ⌘+V를 눌러 붙여넣기합니다.

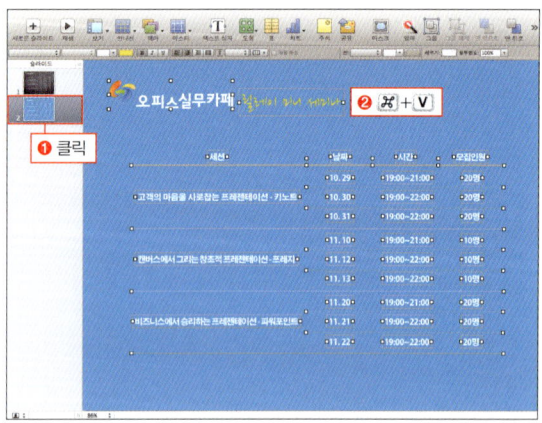

18_ 실선의 색상을 변경합니다. 동일한 도표와 텍스트 상자를 가지고도 전혀 다른 느낌의 슬라이드를 완성할 수 있습니다.

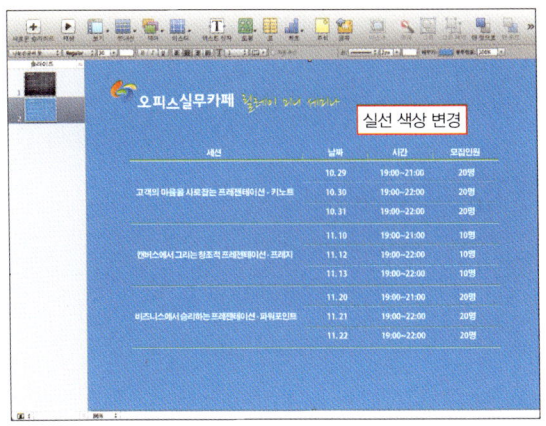

19_ 이번에는 슬라이드를 복제하여 도표의 모양을 변경해 보겠습니다. [슬라이드 네비게이터]에서 마우스 오른쪽 버튼을 클릭해 [복제]를 선택합니다.

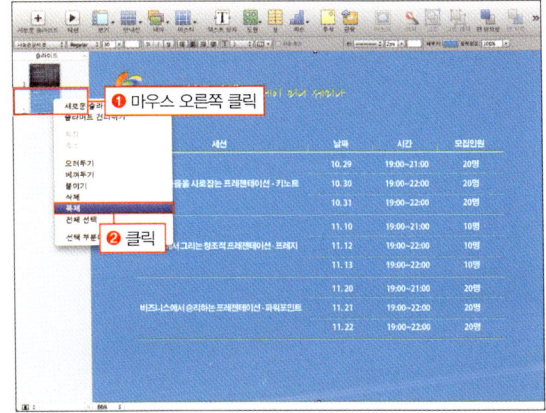

20_ 슬라이드가 복제되면 첫 번째 직선을 클릭한 후 option + ⌘ + I 를 눌러 [속성] 윈도우 창을 불러옵니다. [그래픽]을 클릭해 [선]–[선 종류]에서 제일 마지막 스타일을 선택합니다.

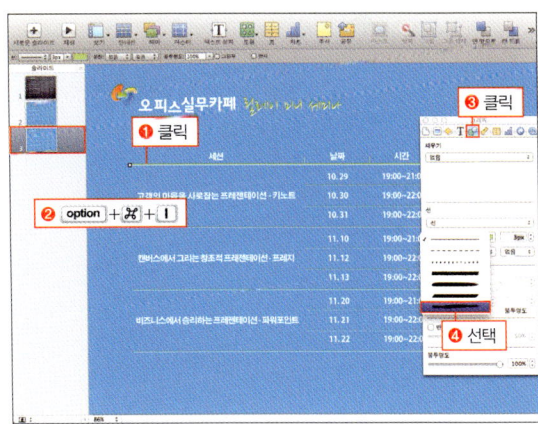

21_ 나머지 직선도 동일한 방법으로 변경하여 슬라이드를 완성합니다.

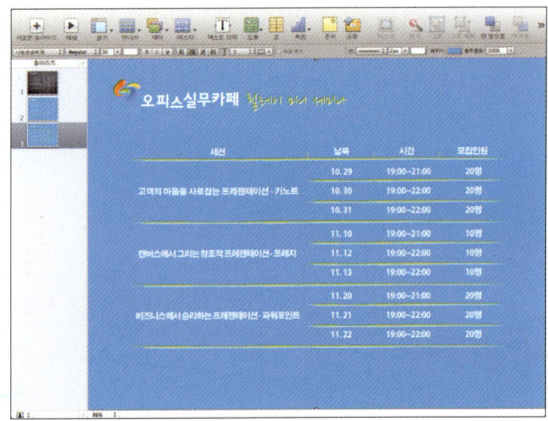

 꼭!! 알고가기

나눔체나 다음체 설치하고 서체 관리자로 관리하기

키노트는 아쉽게도 쉽게 활용할 수 있는 한글 서체가 제한적입니다. 그렇기에 인터넷상에서 무료로 배포 중인 나눔체나 다음체 등을 설치하여 키노트 슬라이드 작업 시 활용하는 것이 좋습니다. 여기서는 서체를 설치하고 서체 관리자로 확인하는 방법에 대해서 살펴보도록 하겠습니다.

❶ 먼저 나눔체를 설치해 보겠습니다. 사파리를 실행하여 'http://hangeul.naver.com'에 접속한 후 [나눔글꼴]을 클릭하여 맥용 나눔서체를 다운로드 받습니다.

❷ 잠시 후 설치 프로그램이 실행되면 설정 방법에 따라 서체를 설치합니다.

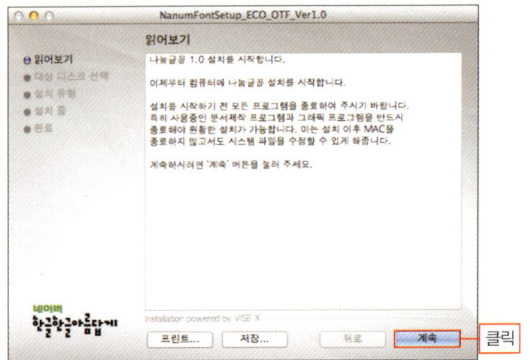

❸ 서체 관리자를 실행하면 다양한 서체를 관리할 수 있습니다. [Finder]–[응용 프로그램]–[서체 관리자]를 실행합니다.

❹ 추가하고 싶은 서체를 다운로드 받아 놓았다면 [서체 관리자] 창에서 하단의 [+]를 클릭합니다. 여기서는 'http://fontevent.daum.net'에서 다음체를 다운로드 받아 설치합니다.

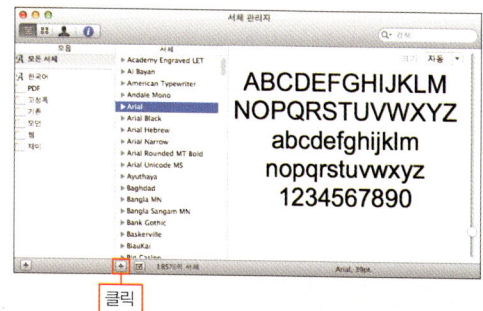

❺ 탐색기가 나타나면 설치할 서체를 선택한 후 [열기]를 클릭합니다.

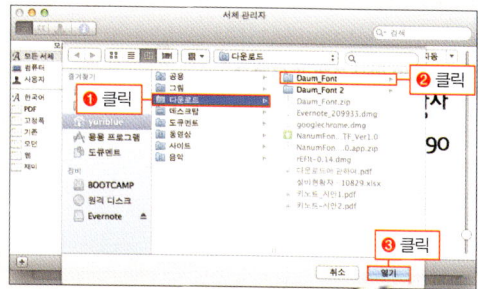

❻ 서체가 설치된 것을 확인할 수 있습니다.

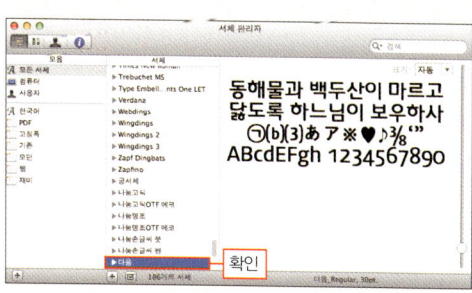

TIP

인터넷상에서 무료로 배포 중인 서체들은 나눔체처럼 설치 프로그램이 제공되는 경우도 있고, 다음체처럼 서체를 다운로드 받아 서체 관리자에서 설치해야 하는 경우도 있습니다.

마스크로 필요한
이미지 영역만으로 **갤러리 만들기**

키노트에는 마스크라는 독특한 기능이 있습니다. 마스크를 통해 이미지의 필요한 영역만을 슬라이드
에 표시할 수 있으며, 특정 부분을 확대/축소할 수도 있습니다. 여기서는 마스크를 이용해 갤러리 슬
라이드를 만들어 보도록 하겠습니다.

 완성
파일 Sample\Keynote\Section 02\런던여행기_완성.key

Preview 👉

01_ 테마 중에서 [포트폴리오]을 선택한 후 [선택]을 클릭합니다.

02_ ⌘+A를 눌러 슬라이드 개체 틀을 모두 선택한 후 Del 을 눌러 삭제합니다.

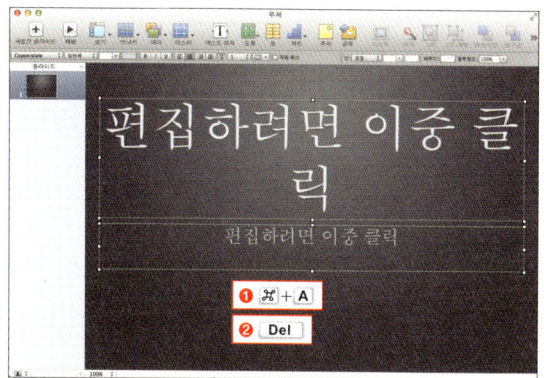

03_ [도구 막대]에서 [미디어]를 클릭합니다. [미디어] 윈도우가 나타나면 [사진]을 클릭해 원하는 사진을 슬라이드 편집 화면으로 드래그하여 가져옵니다. 부록 CD의 [Keynote] 폴더에서 'pic_01.jpg' 파일을 가져와도 됩니다.

TIP

[미디어] 윈도우는 iPhoto 보관함, iTunes 보관함 및 사진이나 동영상 폴더의 모든 미디어 파일을 불러올 수 있습니다.

TIP

[도구 막대]는 맥북의 해상도에 따라 다르게 표시될 수 있습니다. 윈도우, 미디어 등의 아이콘이 모두 표시되거나 화살표를 클릭해 선택할 수 있습니다.

04_ 슬라이드에 이미지가 삽입됩니다. 슬라이드 편집 화면의 크기를 줄여 작업을 편하게 진행하겠습니다. 키노트 하단의 슬라이드 편집 화면 조절 창을 클릭해 '75%'를 선택합니다.

05_ 슬라이드 편집 화면의 크기가 줄어들면 [메뉴 막대]에서 [보기]-[눈금자 보기]를 클릭합니다.

06_ 눈금자가 나타나면 세로 눈금자에서 슬라이드 편집 화면으로 마우스를 드래그하여 안내선을 표시합니다.

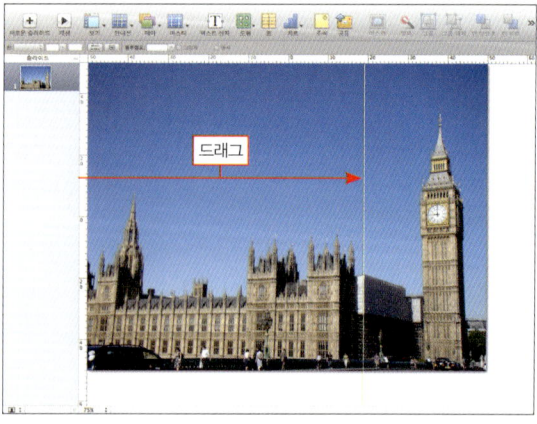

07_ 이미지에 마스크를 적용하기 위해 [도구 막대]에서 [마스크]를 클릭합니다.

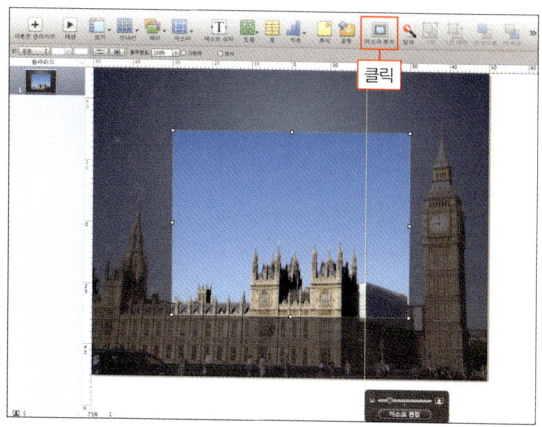

08_ 안내선의 왼쪽 영역에 이미지를 채워넣기 위해 마스크의 크기 조절 핸들을 드래그하여 마스크 영역의 크기를 조절합니다.

09_ ⌘+D를 눌러 마스크에 적용된 이미지를 복사합니다.

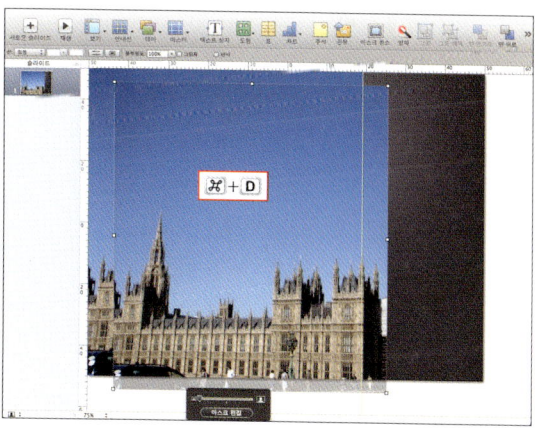

10_ 이번에는 안내선의 오른쪽 영역에 이미지를 넣기 위해 마스크를 더블 클릭한 후 마스크 크기 조절 핸들을 드래그하여 이미지의 모양과 크기를 조절합니다.

11_ 안내선을 기준으로 하나의 이미지가 두 개로 분리되었습니다.

12_ 오른쪽 이미지에 불투명도를 적용하기 위해 `option` + `⌘` + `I`를 눌러 [속성] 윈도우의 [그래픽] 속상 창을 불러옵니다. [불투명도]의 조절점을 드래그하여 '43%'를 적용합니다. [닫기]를 클릭합니다.

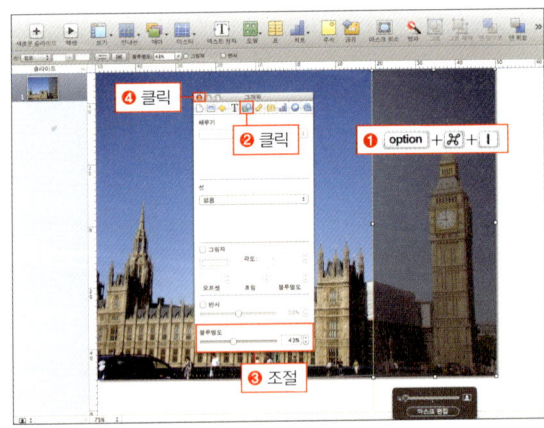

13_ 텍스트를 입력해 슬라이드를 완성합니다.

14_ 이번에는 조금 다른 형식을 만들어 보겠습니다. 슬라이드 네비게이터의 슬라이드 미리 보기 화면에서 마우스 오른쪽 버튼을 클릭한 후 [복제]를 선택합니다.

15_ [메뉴 막대]에서 [보기]를 클릭한 후 [눈금자 보기]를 선택합니다.

16_ 기존의 안내선을 왼쪽으로 드래그하여 중앙에 위치시킵니다.

17_ 오른쪽 영역에 있는 이미지를 클릭한 후 크기 조절 핸들을 드래그하여 마스크 영역의 크기를 조절합니다. 동일한 방법으로 왼쪽 영역에 있는 이미지도 크기를 조절합니다.

18_ 양쪽 이미지의 마스크 크기 조절이 끝났다면 [메뉴 막대]에서 [보기]를 클릭한 후 [눈금자 가리기], [안내선 가리기]를 차례대로 선택합니다.

19_ 왼쪽 영역의 이미지에 불투명도를 적용하기 위해 option + ⌘ + I 를 눌러 [속성] 윈도우 창을 불러온 후 [그래픽]을 선택합니다. [불투명도]의 조절점을 드래그하여 '75%'를 적용한 후 [닫기]를 클릭합니다.

20_ [도구 막대]에서 [도형]을 클릭한 후 [원형]을 선택합니다.

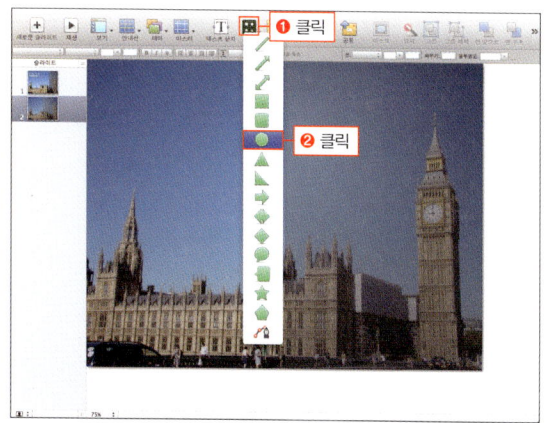

21_ 원형이 삽입되면 option + ⌘ + I 를 눌러 [속성] 윈도우 창을 불러온 후 [그래픽]을 선택합니다. [채우기]-[없음], [선]-[마지막 스타일]을 선택합니다.

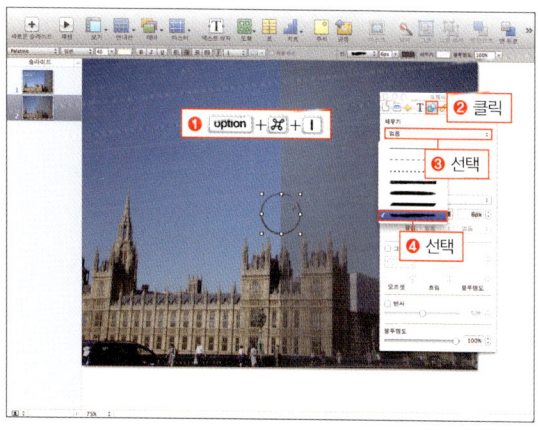

22_ 원형의 굵기와 색상을 변경하기 위해 선 굵기를 클릭해 '8px'를 선택하고, 색상을 클릭해 '흰색'을 선택합니다. 윈도우 창을 모두 닫습니다.

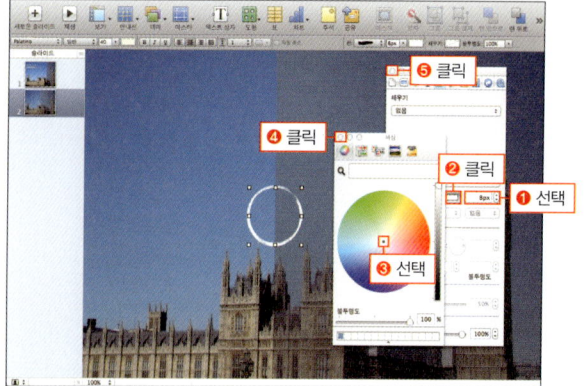

23_ 원형의 크기 및 위치를 다음과 같이 조절합니다.

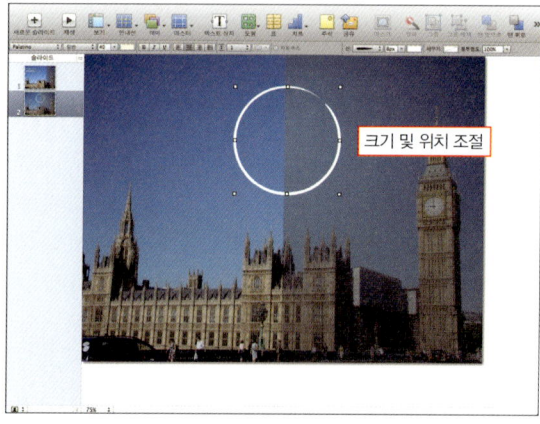

24_ 텍스트를 입력하여 슬라이드를 완성합니다.

마스크 기능으로 이미지 편집하기

마스크를 활용하면 이미지의 필요 없는 부분은 가리고 필요한 부분만을 나타내거나 간단한 보정을 통해 다른 느낌의 슬라이드를 완성할 수 있습니다.

책 넘기기와 같은 화면 전환 효과로
홍보용 슬라이드 완성하기

프레젠테이션 도구로 키노트를 사용하는 주된 이유가 화면 전환 효과의 다양성 때문이라는 분들이 많습니다. 파워포인트나 한쇼 2010에서도 키노트만큼의 멋진 화면 전환 효과를 완성할 수는 있지만 아직은 키노트만큼 역동적이면서도 자연스럽게 동작하는 화면 전환 효과는 구현할 수 없습니다. 여기서는 키노트의 화면 전환 효과 중 넘기기 효과를 적용해 보고, 한쇼 2010과도 비교해 보도록 하겠습니다.

 Sample\Keynote\Section 03\디자인향기.key

 Sample\Keynote\Section 03\디자인향기_완성.key

01_ 예제 파일을 불러온 후 [슬라이드 네비게이터]의 슬라이드를 모두 선택합니다. option + ⌘ + I 를 눌러 [속성] 윈도우 창을 불러옵니다. [슬라이드]를 클릭한 후 [화면 전환]을 선택합니다. [효과]-[넘기기]를 클릭합니다.

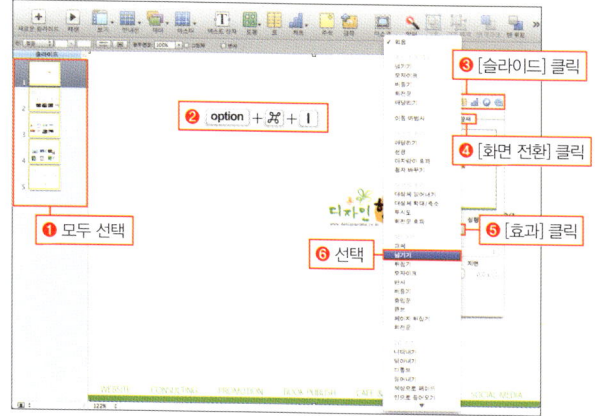

02_ [방향]을 클릭해 [오른쪽에서 왼쪽으로]를 선택합니다. [도구 막대]에서 [재생]을 클릭해 슬라이드 쇼를 진행해 봅니다.

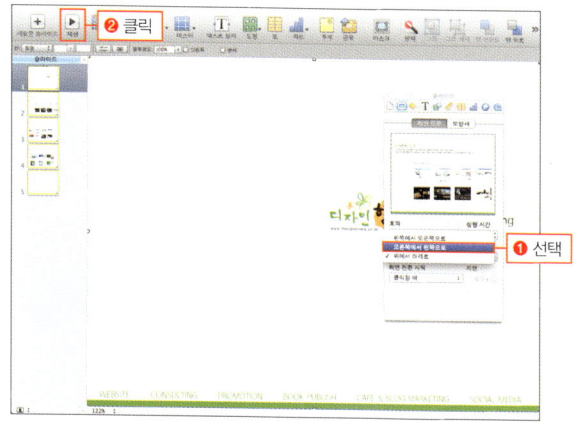

03_ 다음과 같이 책장 넘김 효과와 같은 느낌의 화면 전환 효과가 적용된 것을 확인할 수 있습니다.

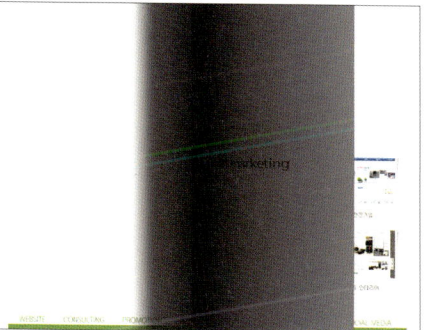

키노트의 다양한 화면 전환 효과

키노트에는 다양한 화면 전환 효과가 존재합니다. 멋진 효과가 많다고 과하게 사용하면 프레젠테이션을 망칠 수 있으므로 꼭 필요한 부분에만 사용하거나 전체 슬라이드에 동일한 화면 전환 효과를 사용해 절제된 효과를 적용하는 것이 좋습니다.

▲ 출입문 효과

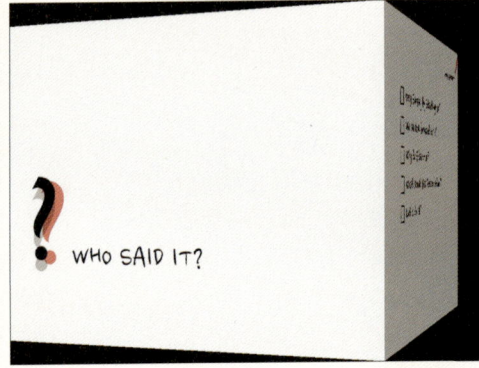

▲ 큐브 효과

▲ 모자이크 효과

▲ 대상체 밀어내기 효과

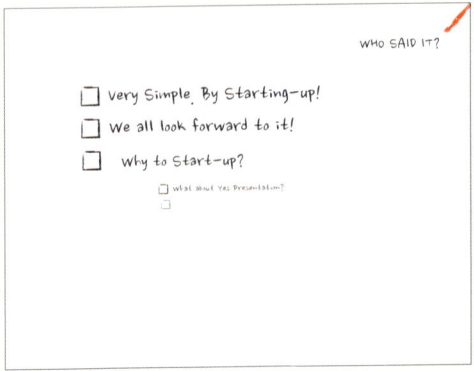

▲ 대상체 확대/축소 효과

▲ 반사 효과

한쇼 2010에서 책 넘기기 화면 전환 효과 적용하기

국산 프로그램인 한쇼 2010도 키노트나 파워포인트와 견주어도 손색이 없을 만큼 많은 발전을 했습니다. 아직은 사용자가 많지 않고 몇몇 기능이 불안정 하지만 공공기관이나 공기업 등에서는 여전히 한글 프로그램이 포함된 한글과컴퓨터의 오피스 제품을 사용하는 경우가 많기 때문에 한쇼 2010을 실제 프레젠테이션에 적용해 보는 것도 좋을 것입니다.

이번 섹션에서 살펴본 키노트의 책 넘김과 같은 화면 전환 효과를 한쇼 2010에서도 그대로 구현할 수 있습니다. 맥북이 없어 키노트를 다루기 힘들거나 회사나 집에 한쇼 2010이 설치되어 있다면 한쇼 2010으로 책 넘기기 효과를 적용해 봅니다. 참고로 한쇼 2010은 맥용 프로그램이 아닌 윈도우 프로그램입니다.

 Sample\Keynote\Section 03\디자인향기.show

 Sample\Keynote\Section 03\디자인향기_완성.show

❶ 키노트나 파워포인트를 조금이라도 다루어본 적이 있다면 한쇼 2010 역시 쉽게 다룰 수 있습니다. 여기서는 이번 섹션에서 살펴본 책 넘기기 효과를 한쇼 2010에서 적용해 보겠습니다. 예제 파일을 불러온 후 슬라이드 미리 보기 화면의 슬라이드를 모두 선택하고 [애니메이션] 탭의 [자세히] 단추를 클릭합니다.

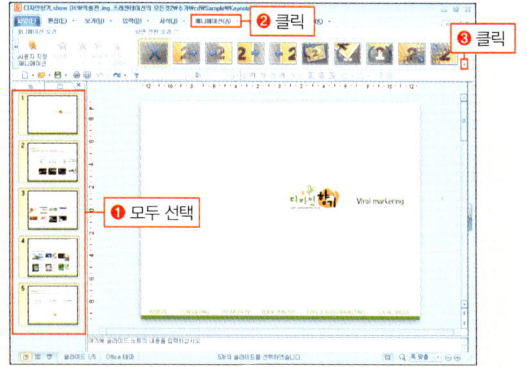

❷ 2D 효과를 비롯해 3D 효과 등 나양한 화면 전환 효과가 나타니면 [3D 효과]-[책장 넘기기] 효과를 선택합니다.

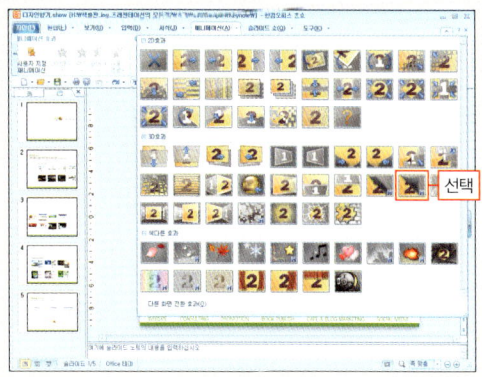

❸ [화면 전환] 창이 나타나면서 전체 슬라이드에 화면 전환 효과가 적용됩니다. [화면 전환] 창을 통해 세부적인 효과를 설정할 수 있습니다. [화면 전환 수정]-[종류]를 클릭해 [왼쪽으로]를 선택하면 실제 책장을 넘기는 느낌이 들 수 있도록 화면 전환 효과를 수정할 수 있습니다.

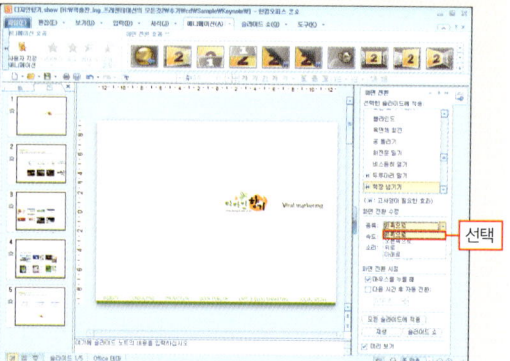

선택

❹ F5를 눌러 슬라이드 쇼를 진행합니다. 화면 전환 효과가 제대로 적용되는지 확인합니다. 물론 키노트의 책 넘기기 효과보다는 다소 부자연스러운 게 사실입니다. 하지만 이제 막 발돋움을 한 국산 프레젠테이션 프로그램이고 생각보다 좋은 기능도 많기 때문에 한쇼 2010을 사용해 차별화된 프레젠테이션을 시도해 보는 것도 좋습니다.

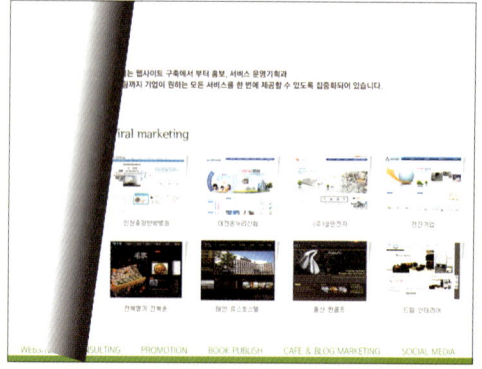

Section# 04

3차원 차트 기능으로
파워포인트와 **차별화된 슬라이드 만들기**

파워포인트에서 3차원 차트를 만들거나 화려한 느낌의 차트를 만들기 위해서는 다소 많은 설정을 해야 하지만 키노트는 마우스 몇 번 클릭만으로도 3차원 차트나 화려한 느낌의 차트를 만들 수 있습니다. 여기서는 3차원 차트 기능으로 파워포인트와 차별화된 차트 슬라이드를 만들어 보도록 하겠습니다.

 Sample\Keynote\Section 04\총판매량.key

 Sample\Keynote\Section 04\총판매량_완성.key

01_ 예제 파일을 불러옵니다. [도구 막대]에서 [차트]를
클릭한 후 [3차원 세로 막대]를 선택합니다.

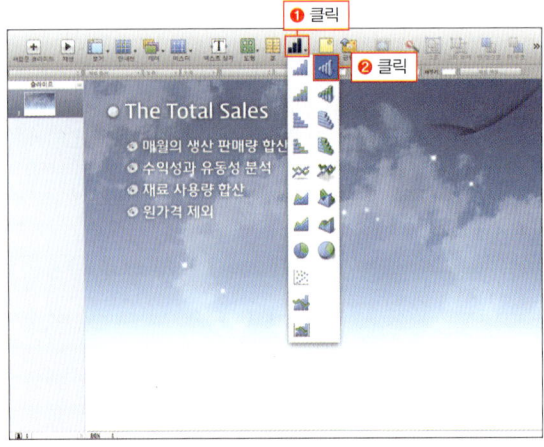

02_ 차트가 삽입되면 [차트 데이터 편집기] 작업 창이 나
타납니다. 차트에 들어갈 데이터를 입력합니다.

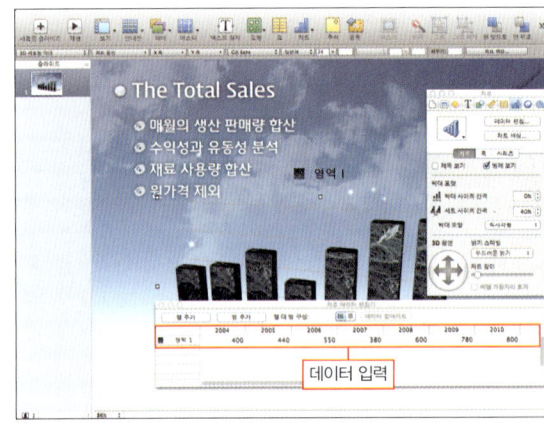

03_ [속성] 윈도우 창에서 [차트]를 클릭한 후 [막대 포
맷]-[막대 사이의 간격]을 비롯하여 다음과 같이 설정을
변경합니다.

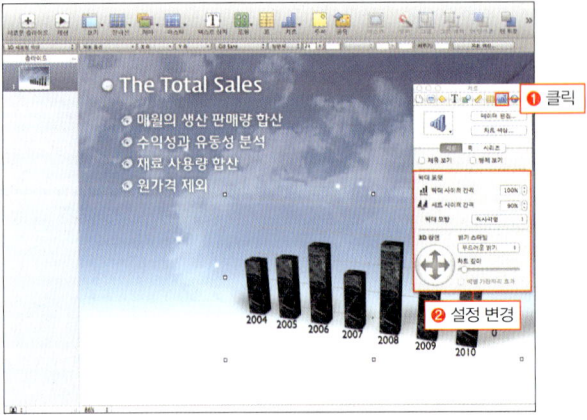

04_ 차트의 모양 조절 핸들을 드래그하여 위치와 크기를 조절한 후 [차트 색상]을 클릭합니다. [차트 색상] 창이 나타나면 [3D 텍스처 채우기], [예술]을 차례대로 선택한 후 원하는 색상을 차트로 드래그하여 가져옵니다.

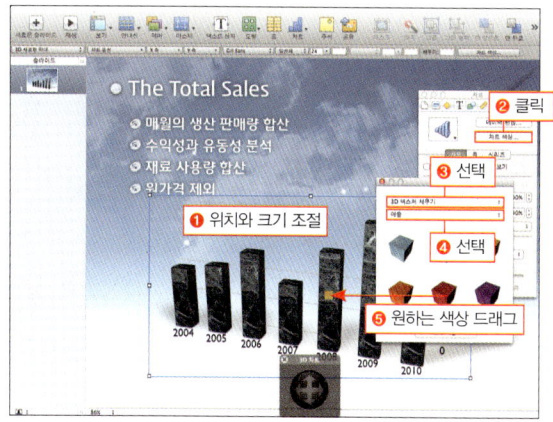

05_ 차트의 색상이 변경되면 [속성] 윈도우 창의 [차트]에서 [시리즈]를 클릭합니다. [값 꼬리표]에 체크 표시를 한 후 [위치]를 선택합니다.

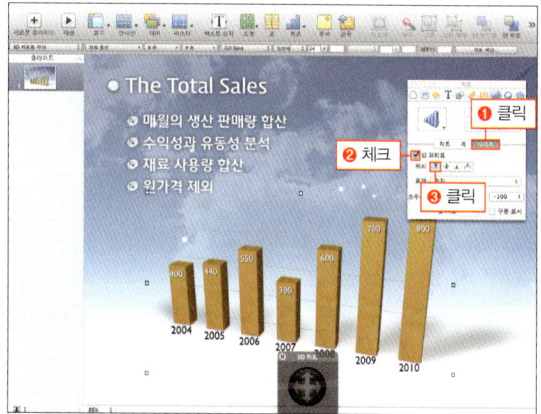

06_ 차트의 X 축의 텍스트 색상을 변경한 후 [3D 차트] 창의 원형 화살표 부분을 드래그하여 차트의 방향을 조절합니다.

07_ 동일한 차트 데이트를 가지고도 다양한 차트를 만들 수 있습니다. 키노트의 차트 기능을 활용해 다양한 차트를 만들어 보기 바랍니다.

키노트와 파워포인트의 차트 기능

키노트의 3차원 차트 기능을 이용하면 쉽게 차트를 만들 수 있지만 파워포인트의 차트 기능을 이용해도 멋진 차트를 완성할 수 있습니다. 파워포인트의 차트 기능을 활용한 방법은 파워포인트 편에서 자세히 다루도록 하겠습니다.

▲ 키노트를 이용한 3차원 차트　　　　　▲ 파워포인트를 이용한 3차원 차트

Section# 05

도형을 응용해
회사 조직도 만들기

키노트에서는 화살표를 비롯하여 직사각형, 원형, 자유형 등 15개의 도형을 선택할 수 있으며, 선택한 도형은 다시 다양한 설정을 통해 원하는 모양으로 조절 및 편집할 수 있습니다. 여기서는 도형을 응용해 조직도를 만들어 보도록 하겠습니다.

Sample\Keynote\Section 05\조직도_완성.key

Preview

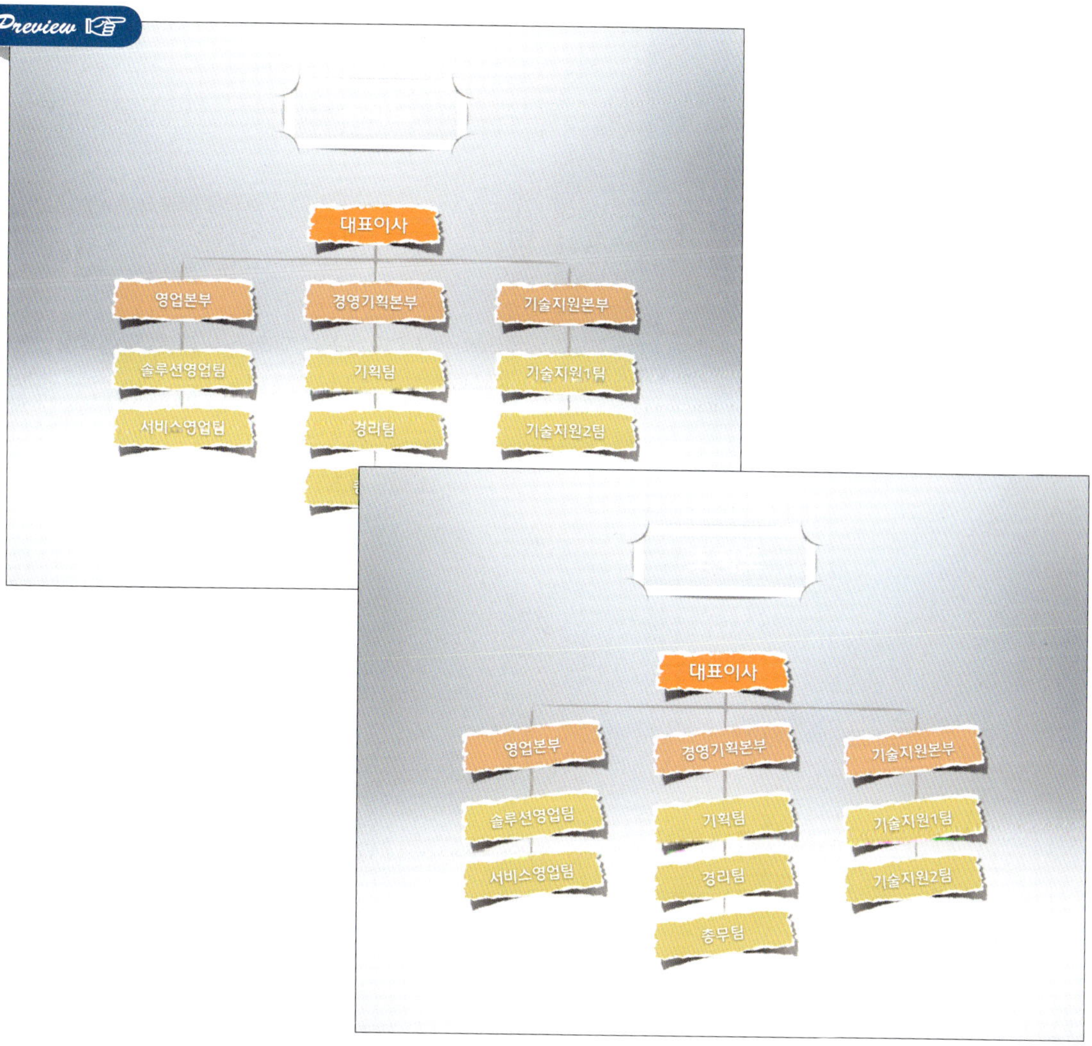

01_ 테마 중에서 [전시실]을 선택한 후 [선택]을 클릭합니다.

02_ [도구 막대]에서 [마스터]를 클릭한 후 [빈 페이지 − 어둡게]를 선택합니다.

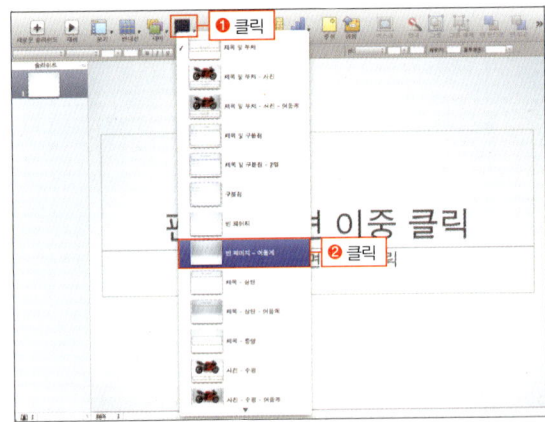

03_ [도구 막대]에서 [도형]을 클릭한 후 [직사각형]을 선택합니다.

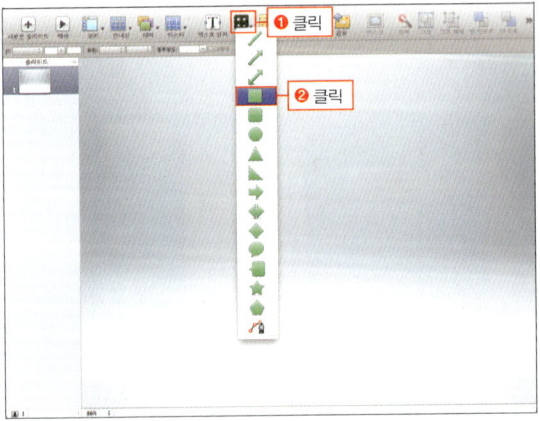

04_ 직사각형에 『조직도』를 입력한 후 [서체]에서 [다음]을 선택합니다.

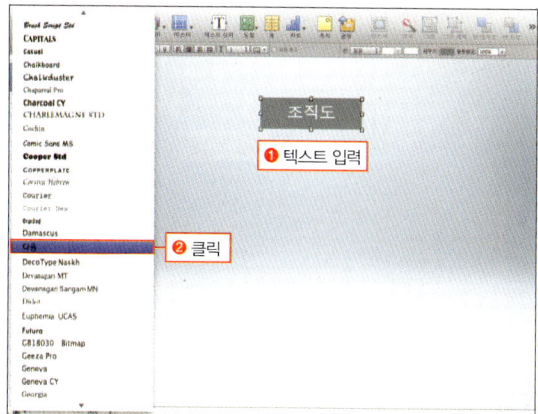

> 키노트에서 다음체를 설치하는 방법은 112페이지를 참조하세요.

05_ option + ⌘ + I 를 눌러 [속성] 윈도우 창을 불러옵니다. [그래픽]을 클릭한 후 [채우기]-[없음], [선]-[그림 프레임]을 선택하고 [그림 프레임]의 갤러리 중에서 5번째 그림 프레임을 선택합니다. [닫기]를 클릭합니다.

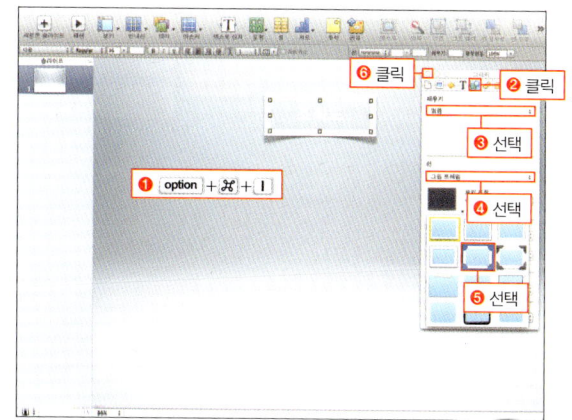

06_ 같은 방법으로 도형을 삽입한 후 『대표이사』를 입력합니다. [서체]는 [다음], [서체 크기]는 [24]를 선택합니다.

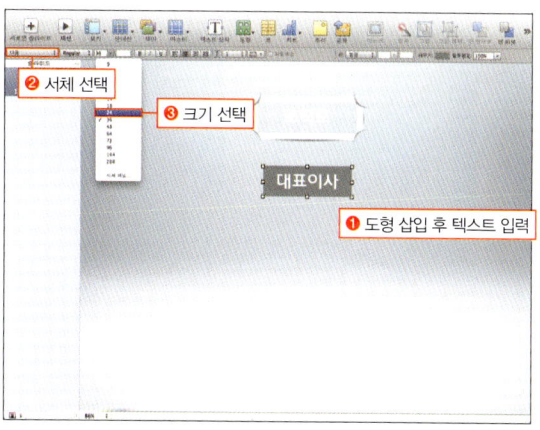

07_ option + ⌘ + I 를 눌러 [속성] 윈도우 창을 불러옵니다. [그래픽]을 클릭한 후 [선]-[그림 프레임]을 선택합니다. [그림 프레임]의 갤러리 중에서 8번째 그림 프레임을 선택합니다.

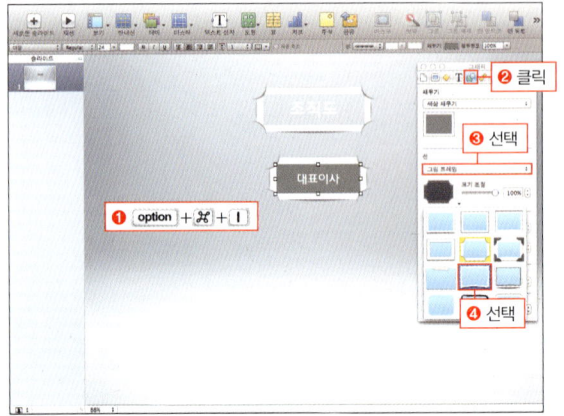

08_ 그림 프레임의 크기 조절 단추를 이용해 크기를 조절합니다.

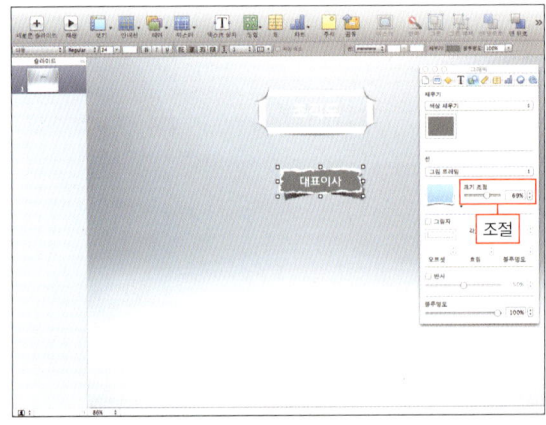

09_ [채우기]의 [색상]을 클릭해 [색상] 윈도우를 불러옵니다. [크레용]을 클릭한 후 원하는 색상을 선택합니다.

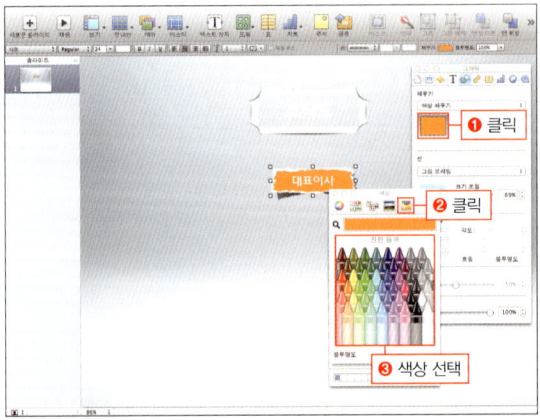

> TIP
> 키노트는 다양하게 색상을 선택할 수 있도록 5개의 색상 윈도우를 제공합니다. 색상 원판, 색상 슬라이더, 색상 팔레트, 이미지 팔레트, 크레용으로 구성된 색상 윈도우를 가지고 최적의 색상을 선택해 보기 바랍니다.

10_ '대표이사' 도형을 드래그하여 '조직도' 도형과 동일한 선상에 위치할 수 있도록 위치를 조절합니다.

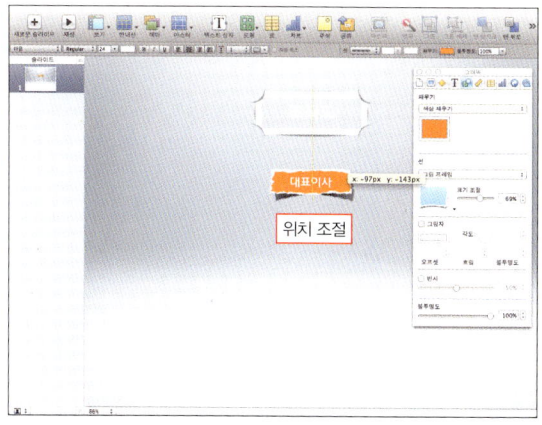

11_ 텍스트에 그림자 효과를 주어 보다 선명하게 만들어 보겠습니다. '대표이사' 글자를 드래그한 후 [그래픽] 윈도우 창에서 [그림자]에 체크 표시를 합니다. 각도와 불투명도 등의 설정을 적절히 조절합니다. [그래픽] 윈도우 창의 [닫기]를 클릭합니다.

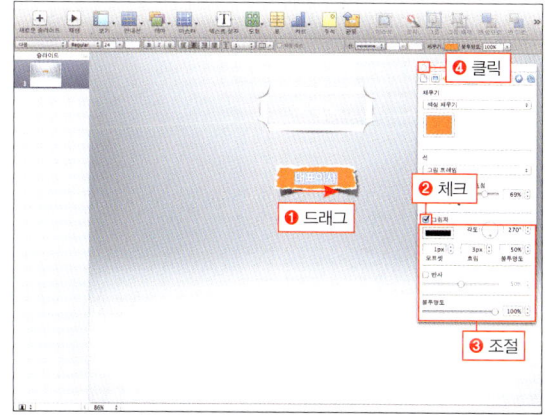

12_ 같은 방법으로 나머지 도형을 완성합니다.

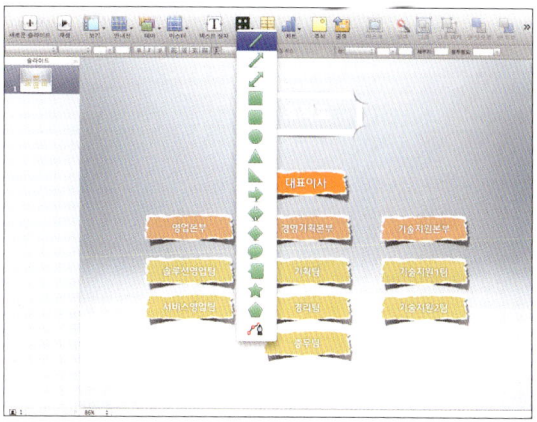

13_ 이번에는 조직도의 체계를 표시할 수 있도록 실선을 삽입하겠습니다. [도구 막대]에서 [도형]을 클릭한 후 [실선]을 선택합니다.

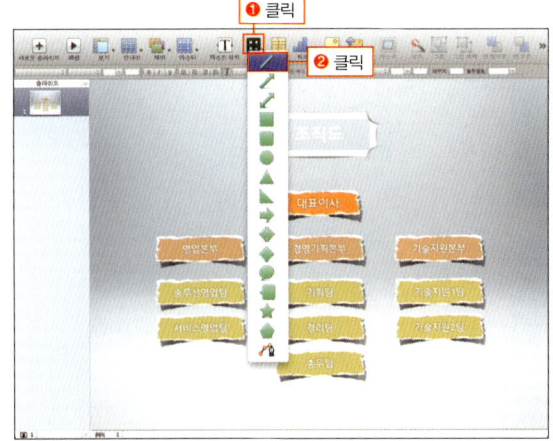

14_ Shift 를 누른 채 드래그하여 실선을 그려넣습니다.

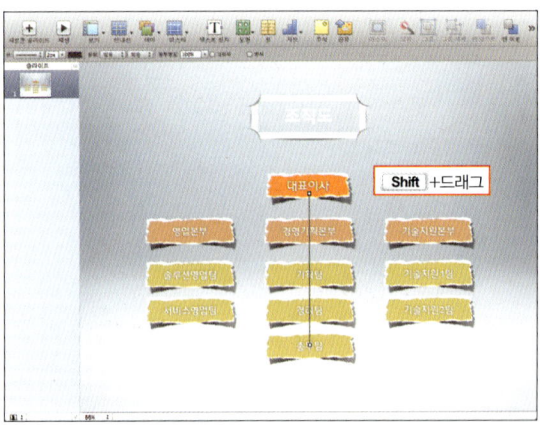

15_ option + ⌘ + I 를 눌러 [속성] 윈도우 창을 불러온 후 [그래픽]을 선택합니다. [채우기]–[없음], [선]–[선], [선 종류]–[마지막 스타일]을 선택합니다. [색상]을 클릭해 회색 계열의 색상을 선택합니다. [도구 막대]에서 [맨 뒤로]를 클릭합니다. 윈도우 창의 [닫기]를 클릭해 모두 닫아줍니다.

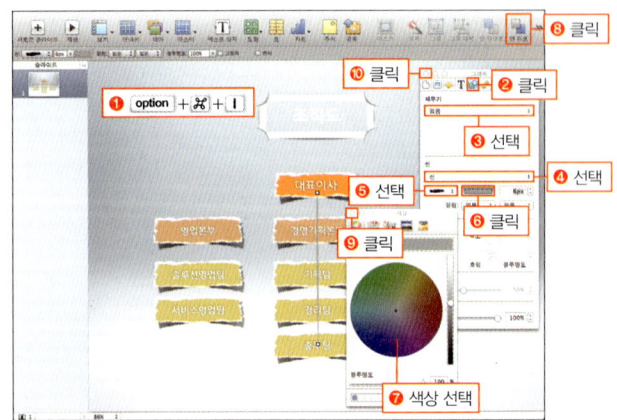

16_ 나머지 영역에도 실선을 추가해 조직도를 완성합니다.

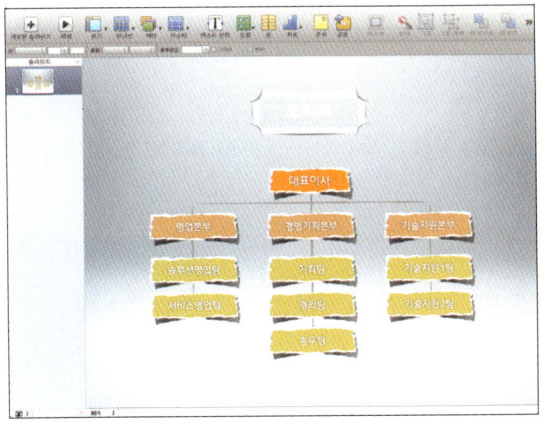

17_ 조금 다른 느낌의 조직도를 완성하기 위해 다음과 같이 도형을 모두 선택합니다. option + ⌘ + I 를 눌러 [속성] 윈도우 창을 불러옵니다. [측정기]를 클릭한 후 [회전]에 각도를 조절합니다. [도구 막대]에서 [재생]을 클릭합니다.

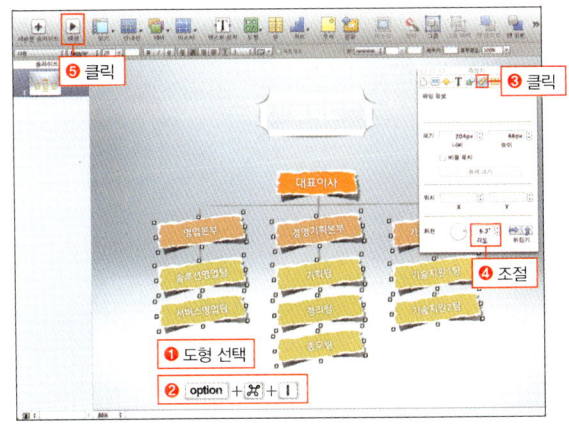

18_ 조직도 슬라이드가 완성되었습니다.

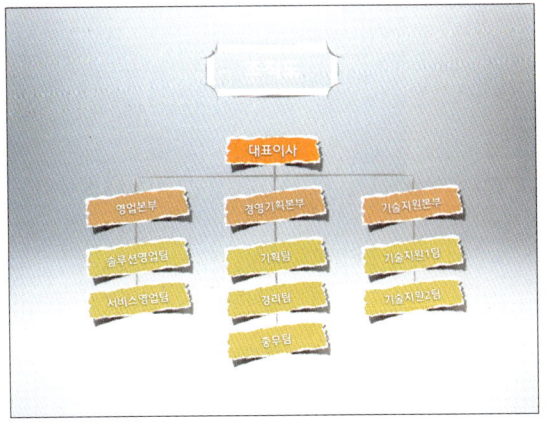

마스터 슬라이드로
슬라이드 테마 만들기

마스터 슬라이드를 이용하면 슬라이드의 배경을 비롯하여 슬라이드 레이아웃을 원하는 형식으로 변경할 수 있습니다. 사실 키노트에서 제공하는 마스터 슬라이드를 모두 사용하는 경우는 드뭅니다. 그렇기에 마스터 슬라이드에서 필요 없는 슬라이드는 모두 삭제하고 필요한 슬라이드만 남겨놓아 효율적으로 슬라이드를 만들 수 있습니다.

 Sample\Keynote\Section 06\디자인가이드_완성.key

Preview

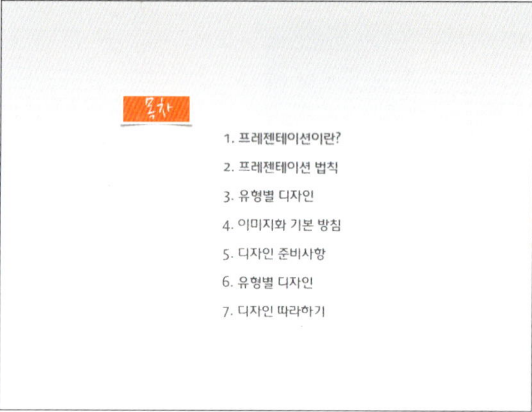

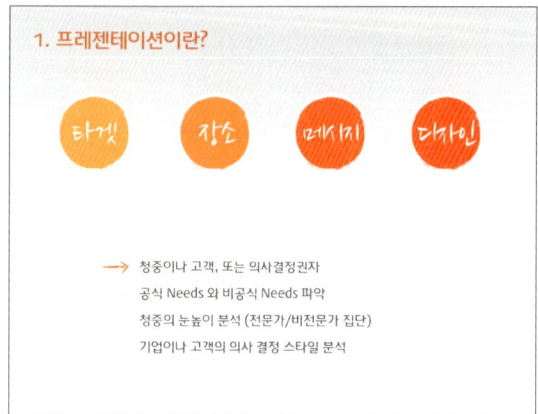

01_ [흰색] 테마를 선택하고 [도구 막대]에서 [보기]를 클릭한 후 [마스터 슬라이드 보기]를 선택합니다.

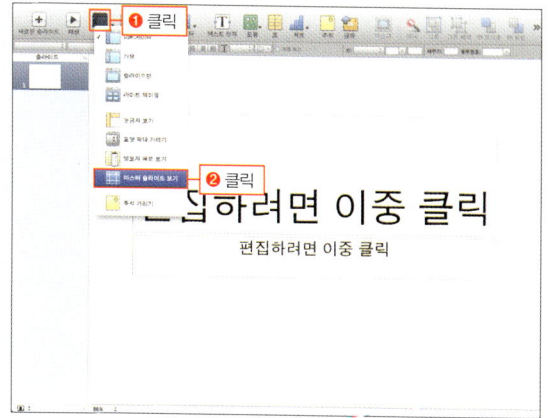

02_ 마스터 슬라이드가 나타나면 첫 번째에 위치하고 있는 [제목 및 부제] 슬라이드를 선택한 후 부록 CD의 [Keynote] 폴더에서 'slide_01.png' 파일을 삽입합니다.

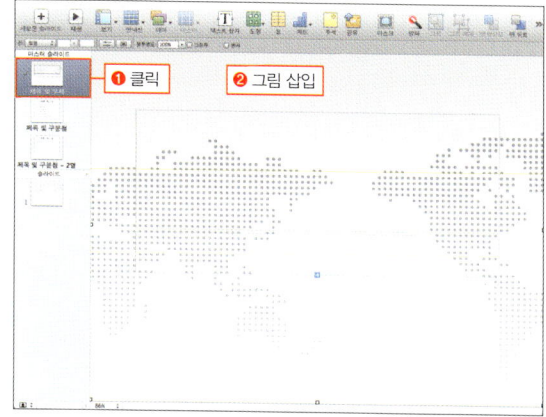

03_ 그림을 선택한 상태에서 마우스 오른쪽 버튼을 클릭해 [맨 뒤로 보내기]를 선택합니다.

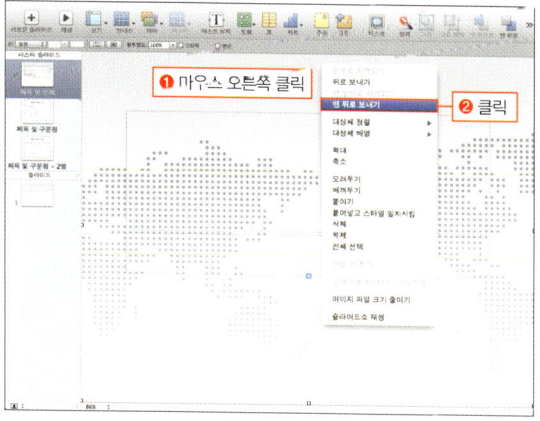

04_ [도구 막대]에서 [도형]을 클릭한 후 [직사각형]을 선택합니다. option + ⌘ + I 를 눌러 [속성] 윈도우 창을 불러온 후 [채우기]–[색상 채우기]를 클릭해 주황색 계열을 선택합니다. [선]–[그림 프레임]에서 원하는 프레임을 선택한 후 [크기 조절]을 통해 그림 프레임의 모양을 조절합니다. [닫기]를 클릭합니다.

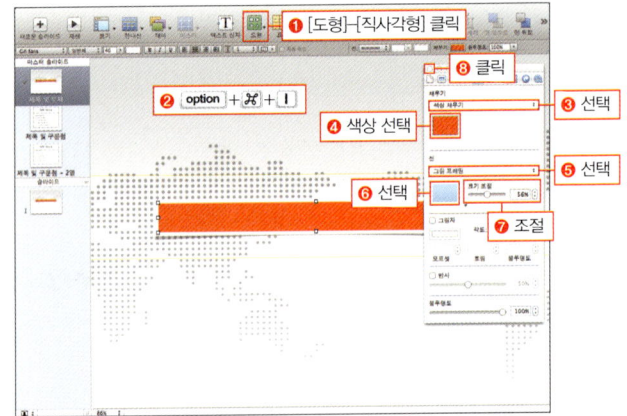

05_ 표지 슬라이드를 꾸미기 위해 텍스트와 도형을 이용해 마스터 슬라이드를 꾸며 줍니다.

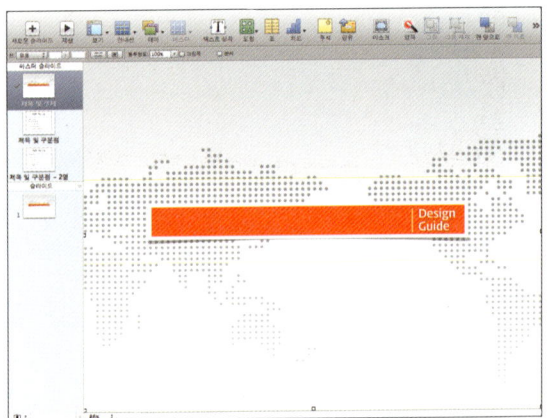

06_ 마스터 슬라이드에서 [빈 페이지]를 선택합니다. 부록 CD의 [Keynote] 폴더에서 'slide_02.png' 파일을 삽입합니다. 위에서 다룬 내용을 토대로 슬라이드를 꾸며 줍니다.

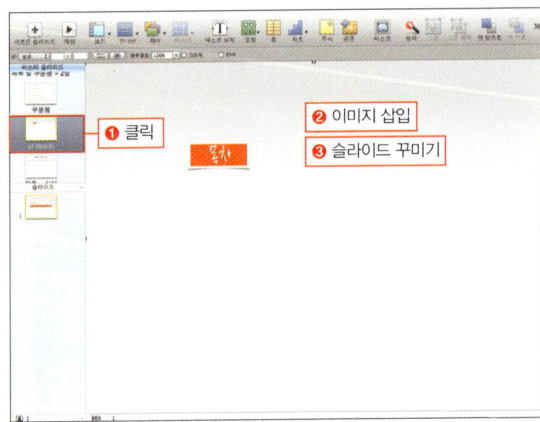

07_ 마스터 슬라이드의 [빈 페이지]를 ⌘+C, ⌘+V 를 눌러 슬라이드를 복사합니다.

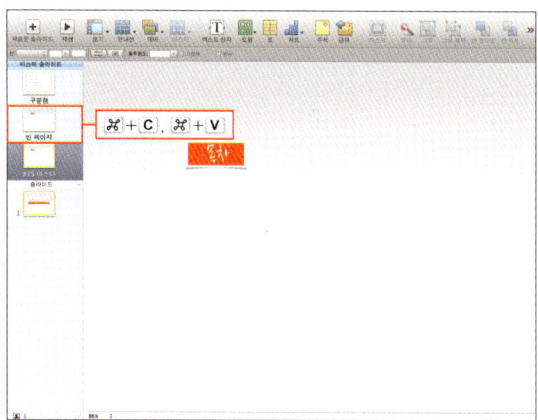

08_ 새로운 마스터 슬라이드를 더블 클릭해 마스터 슬라이드의 이름을 『내용 페이지』로 변경합니다.

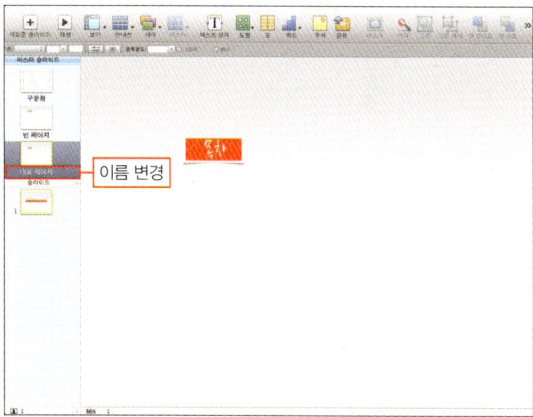

09_ [도구 막대]에서 [도형]을 클릭한 후 [실선]을 선택합니다. 색상과 크기를 다음과 같이 조절합니다.

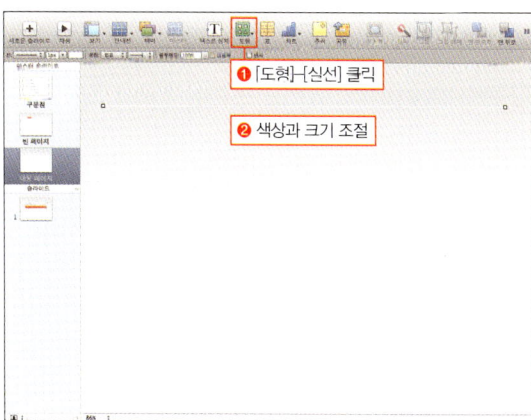

10_ 마스터 슬라이드가 모두 사용되는 경우는 드물기 때문에 필요 없는 마스터 슬라이드는 모두 삭제해 주는 것이 좋습니다. 마스터 슬라이드의 슬라이드를 선택한 후 Del 을 눌러 필요 없는 슬라이드를 모두 삭제합니다.

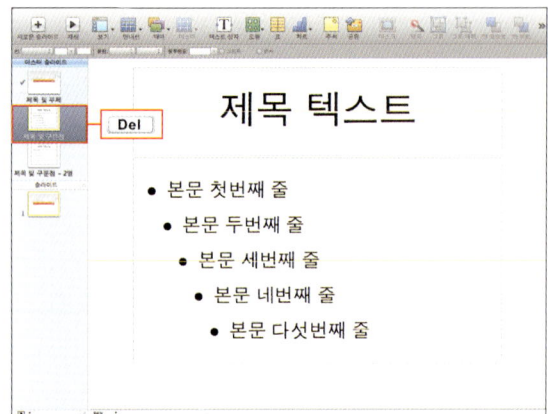

11_ 여기서는 지금까지 만든 3개의 마스터 슬라이드만을 남겨놓고 나머지 마스터 슬라이드는 모두 삭제했습니다. [도구 막대]에서 [보기]를 클릭한 후 [마스터 슬라이드 가리기]를 선택합니다.

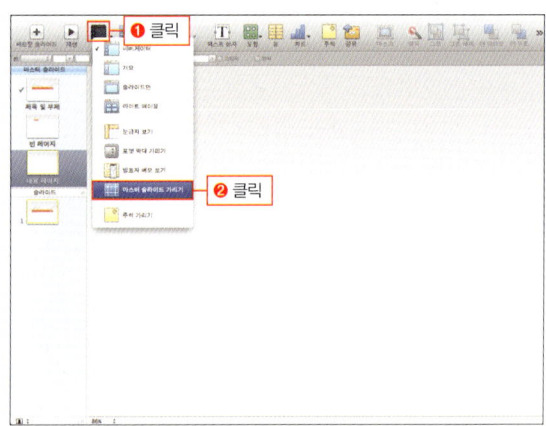

12_ 슬라이드 편집 화면으로 돌아옵니다. 마스터 슬라이드에서 만든 [제목 및 부제] 슬라이드가 나타납니다. 텍스트를 입력하여 표지 슬라이드를 완성합니다.

13_ [도구 막대]에서 [새로운 슬라이드]를 클릭합니다. 자동으로 목차 슬라이드가 나타납니다.

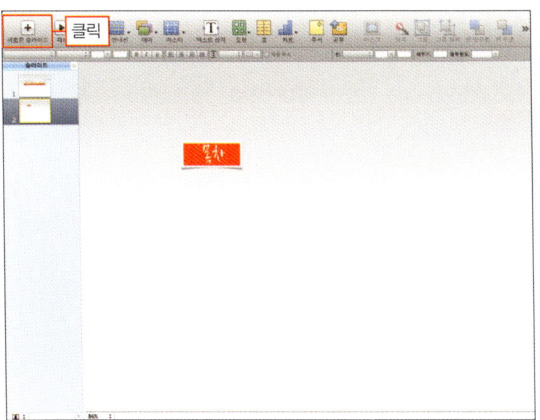

14_ 텍스트를 입력해 목차 슬라이드를 완성합니다.

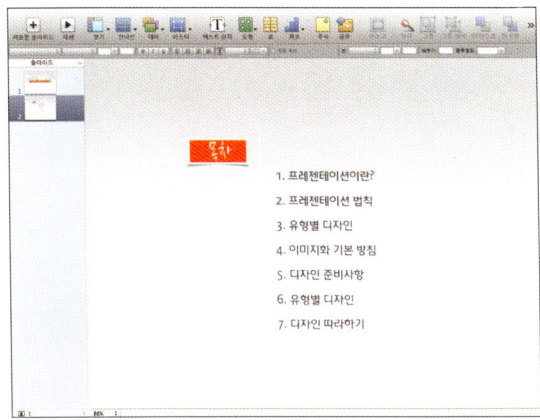

15_ [도구 막대]에서 [새로운 슬라이드]를 클릭합니다. 다시 목차 슬라이드가 나타납니다. 이번 슬라이드에는 내용을 작성해야 하기 때문에 [도구 막대]에서 [마스터]를 클릭한 후 [내용 페이지]를 선택합니다.

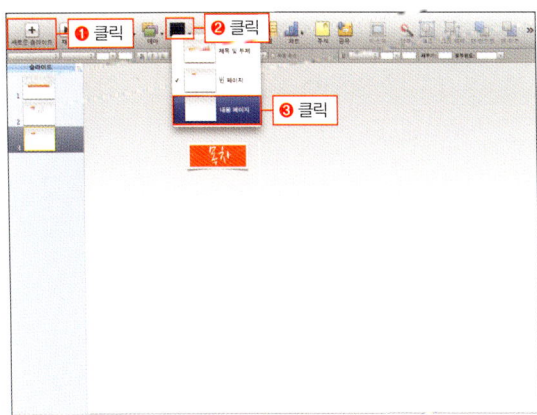

마스터 슬라이드에서 필요한 슬라이드만 남겨놓기

마스터 슬라이드에서 제공하는 슬라이드는 제목 및 부제, 제목 및 구분점 레이아웃을 비롯해 12개 정도 됩니다. 하지만 실제로 슬라이드를 만들어 보면 이 모든 슬라이드가 필요하지는 않습니다. 그렇기에 마스터 슬라이드에서 필요한 슬라이드만 남겨놓고 나머지 슬라이드는 삭제하는 것이 좋습니다.

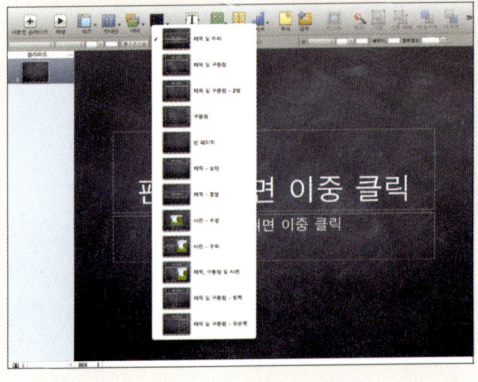

▲ 제공하는 마스터 슬라이드

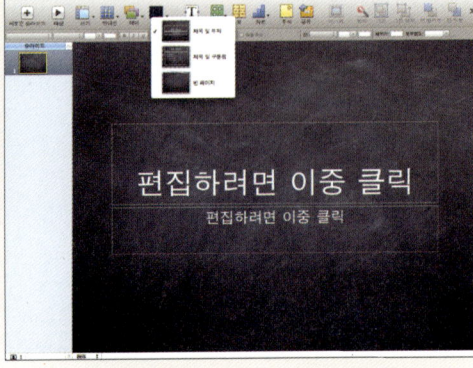

▲ 필요한 마스터 슬라이드

16_ 내용 슬라이드에 내용을 삽입하여 슬라이드를 완성합니다.

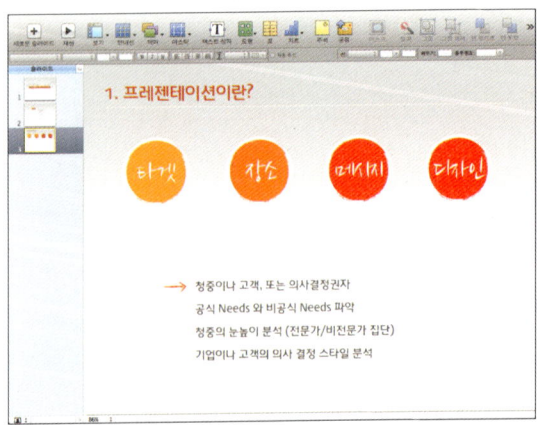

Index

Index

한 권으로 완성하는
환상의 콤비 프레지&키노트&파워포인트!

프레젠테이션을 한 단계 업그레이드하기 위한 저자만의 노하우를 공개합니다.
청중을 사로잡는 프레젠테이션 실무 예제를 통해 전문가로 거듭나세요!

| 디지털프레젠테이션 도구 10인방 |

프레지

Chapter 01 프레지 시작하기
Chapter 02 프레지 익히기
Chapter 03 프레지 공유하고 쇼하기
Chapter 04 스마트 기기로 프레지하기
Chapter 05 프레지 실무 예제 활용하기

키노트

Chapter 01 키노트 시작하기
Chapter 02 슬라이드 작성하기
Chapter 03 키노트 공유하기
Chapter 04 아이패드 for 키노트
Chapter 05 키노트 실무 예제 활용하기

파워포인트

Chapter 01 화면 구성과 편집하기
Chapter 02 멀티미디어 효과 적용하기
Chapter 03 파워포인트 실무 노하우
Chapter 04 파워포인트 실무 예제 활용하기

다가져라! 세상의 모든 프레젠테이션

프레지&키노트&파워포인트 2010

오피스 | 값 18,000원

13000

9 788931 442403
ISBN 978-89-314-4240-3

YoungJin.com Y.
영진닷컴

환상의 콤비

다 가져라! 세상의 모든 프레젠테이션

프레지 & 키노트 & 파워포인트 2010

파워포인트 2010

성경호 지음

YoungJin.com Y.
영진닷컴

PART · 04

파워포인트 · 2010

파워포인트는 국내에서 가장 광범위하게 사용되는 프레젠테이션 도구입니다. 간단히 인터넷 검색만으로도 웬만한 기능은 배울 수 있을 정도로 많은 사람들 이 보편적으로 사용하고 있습니다. 이번 파트에서는 파워포인트의 기능 중 반 드시 알아야 하는 기능 위주로 살펴보며, 파워포인트 활용 팁 및 테크닉 위주 로 구성하여 파워포인트라는 프레젠테이션 도구를 가장 효과적으로 사용하는 방법에 대해 살펴보도록 하겠습니다.

Contents

환상의 콤비 : 3권

효과적 프레젠테이션 세계

파워포인트는 그 역사만큼이나 기능도 강력합니다. 파워포인트를 다룰 때 여기에서 제시하는 기능만 제대로 알아도 슬라이드를 제작하는데 큰 어려움은 없으리라 생각됩니다. 파워포인트 2010만의 핵심 기능에 대해서 살펴보도록 하겠습니다.

화면 구성과 편집하기

Section#
01
파워포인트
화면 구성과 리본 메뉴

파워포인트를 제대로 활용하기 위해서는 빠른 실행 도구 모음과 리본 메뉴, 작업 창 등 각 기능별로 명칭과 명령에 대해서 알고 있어야 합니다. 또한, [파일] 탭으로 구성된 백스테이지 단추를 비롯하여 각각의 기능들이 유기적으로 결합되어 있는 리본 메뉴와 슬라이드 작업을 효율적으로 도와주는 여러 기능에 대해서 알고 있다면 보다 강력하게 파워포인트를 활용할 수 있습니다.

:: 파워포인트 2010 화면 구성

파워포인트의 화면 구성을 통해 각각의 메뉴별 기능에 대해서 살펴보도록 하겠습니다.

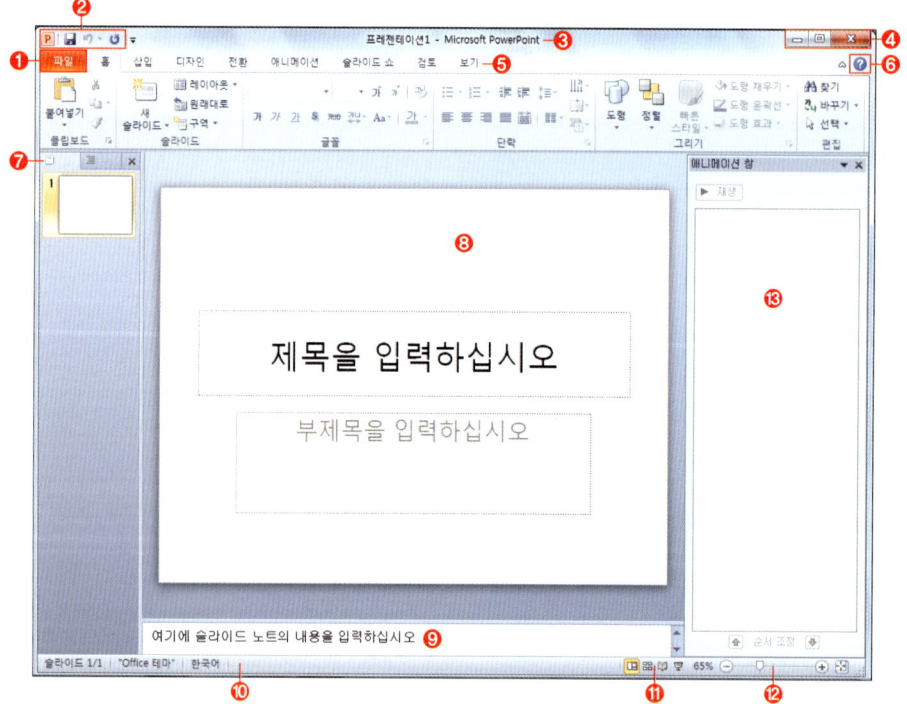

❶ **Microsoft Backstage 단추** : 파워포인트 2007의 [Office 단추]를 대체하는 [파일] 탭으로 새로 만들기, 열기, 저장, 인쇄 등의 메뉴와 옵션을 지정할 수 있는 [PowerPoint 옵션]을 제공합니다.

❷ **빠른 실행 도구 모음** : 자주 사용하는 기능을 묶어 사용자가 직접 편집하여 사용할 수 있습니다.

❸ **제목 표시줄** : 현재 작업 중인 프레젠테이션의 파일명을 표시합니다.

❹ **화면 조절 버튼** : 작업 화면의 크기를 조절하거나 파워포인트 프로그램을 종료할 수 있습니다.

❺ **리본 메뉴** : [홈], [삽입], [디자인] 등 기능별로 메뉴가 구성되어 있습니다.

❻ **도움말** : 파워포인트의 기능이나 사용법 등을 찾아 해결할 수 있습니다.

❼ **미리 보기 창 및 [개요] 탭** : 미리 보기 창을 통해 섬네일 화면을 표시합니다. [개요] 탭은 슬라이드의 개요를 텍스트로 표시합니다.

❽ **슬라이드 작업 화면** : 슬라이드 작업을 하는 공간으로서 프레젠테이션의 제작이 이뤄지는 공간입니다.

❾ **슬라이드 노트 창** : 슬라이드에 대한 시나리오나 간단한 설명 등을 텍스트로 입력할 수 있습니다. 또한, 슬라이드 노트 창을 따로 출력할 수도 있습니다.

❿ **상태 표시줄** : 현재 작업 중인 슬라이드의 번호, 디자인 테마, 언어를 표시합니다.

⓫ **보기 버튼** : 기본, 여러 슬라이드, 읽기용 보기, 슬라이드 쇼로 슬라이드를 보는 방법을 선택합니다.

⓬ **화면 확대 / 축소 및 창 맞춤** : 슬라이드 화면을 확대하거나 축소, 또는 슬라이드를 현재 창 크기로 맞출 수 있습니다.

⓭ **작업 창** : 클립 아트를 삽입하는 등 특정 기능을 실행할 때 나타나는 화면입니다.

:: 리본 메뉴 살펴보기

리본 메뉴는 [홈], [삽입], [디자인], [전환], [애니메이션], [슬라이드 쇼], [검토], [보기] 등 여러 가지 탭으로 구성되어 있습니다. 이 탭들은 또 다시 각기 다른 기능별로 구성되어 있으며, 특정 기능을 선택하였을 때 나타나는 상황별 탭을 통해 세부적인 작업을 진행할 수 있습니다.

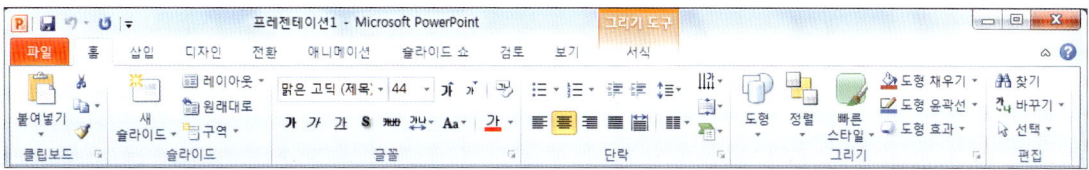

▲ 리본 메뉴 – [홈], [삽입], [디자인] 탭 등 기능별로 메뉴 구성

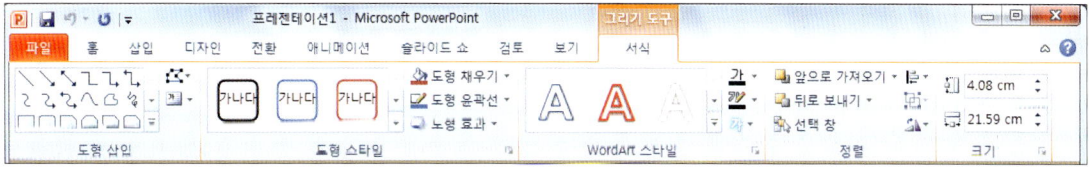

▲ 상황별 탭 – 특정 기능을 선택했을 때 특정 기능에 해당하는 메뉴 구성

TIP

리본 메뉴는 사용자의 목적에 따라 더블 클릭하여 숨기거나 축소할 수 있습니다.

Section# 02

서식 파일과 정보 창고
Office.com

파워포인트에서는 다양한 예제 서식 파일과 Office.com에서 제공하는 서식 파일을 바로 적용할 수 있습니다. 디자인 회사 혹은 개인이 만들어 놓은 완성되어 있는 서식 파일을 열어 내용을 간단히 수정하여 사용할 수 있습니다.

:: 예제 서식과 디자인 서식 파일 가져오기

파워포인트에서는 다양한 예제 서식 파일과 디자인 서식 파일을 제공합니다.

01_ [파일] 탭─[새로 만들기]를 클릭한 후 [사용 가능한 서식 파일 및 테마]에서 원하는 항목을 선택합니다. 여기서는 [프레젠테이션]─[콘텐츠 슬라이드]를 클릭합니다.

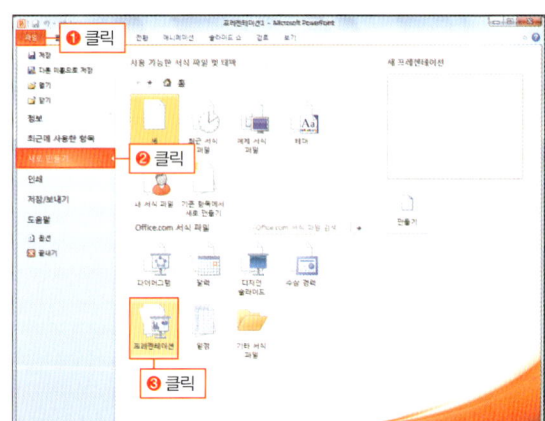

02_ 검색되는 여러 서식 파일 중 원하는 슬라이드를 선택한 후 [다운로드]를 클릭합니다.

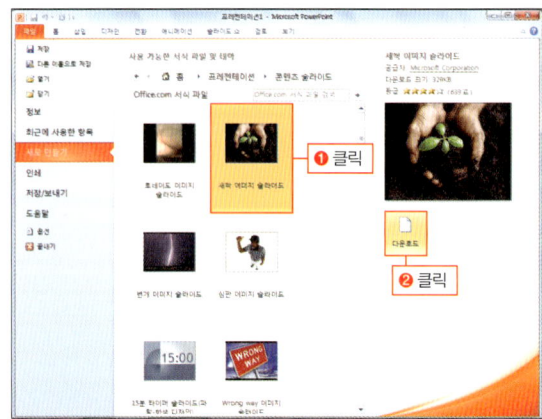

> TIP
>
> [Office.com 서식 파일 검색]에 검색어를 입력하여 예제 서식이나 디자인 서식 파일을 가져올 수도 있습니다.

:: Office.com 접속하기

'http://www.office.com'에 접속하면 보다 다양한 서식 파일을 다운로드 받을 수 있습니다.

03_ 'http://www.office.com'에 접속합니다. [서식 파일]
을 클릭한 후 [서식 파일 검색]에 원하는 검색어를 입력하
여 서식 파일을 찾습니다. 여기서는 『마케팅』이라고 입력
한 후 [검색]을 클릭합니다.

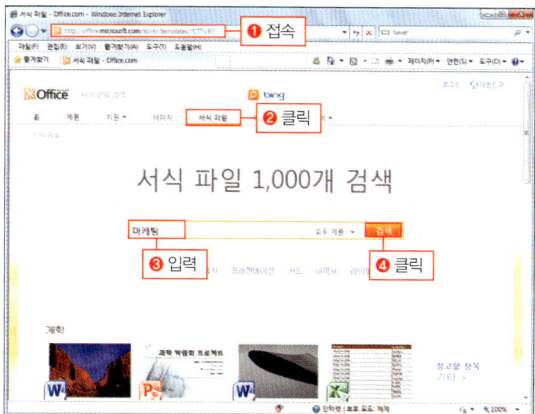

04_ 다양한 마케팅 관련 서식 파일이 검색되면 [마케팅
계획 프레젠테이션] 파일을 선택한 후 [다운로드]를 클릭
합니다.

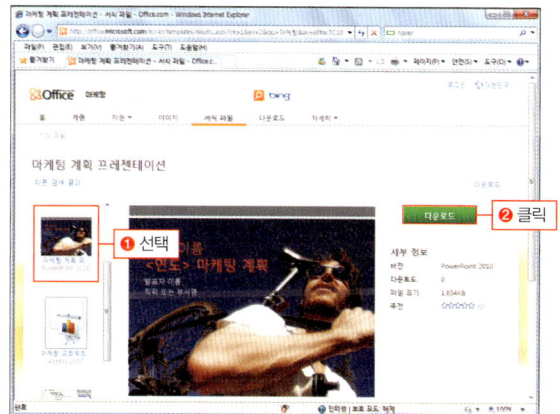

> **TIP**
> [Microsoft 서비스 계약] 고지 사항이 나타나면 내용을 확인한 후 [동의함]을 클릭합니다.

05_ 파워포인트가 실행되며 서식 파일이 열립니다. 내용
을 수정하여 슬라이드를 완성합니다.

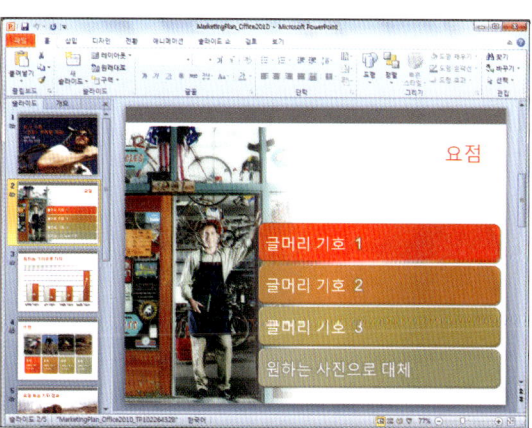

슬라이드 테마 만들고
서식 지정하기

파워포인트를 사용할 때 슬라이드 테마를 적용하면 손쉽게 슬라이드를 만들 수 있습니다. 또한 테마 색이나 테마 글꼴, 혹은 사용자가 직접 지정하는 색이나 글꼴 서식을 통해 멋진 슬라이드를 제작할 수 있습니다.

:: 슬라이드 테마 만들기

[디자인] 탭−[테마] 그룹의 [자세히]를 클릭하면 전문가 수준의 다양한 테마 갤러리가 나타납니다. 이를 이용하면 누구나 쉽게 슬라이드를 디자인할 수 있습니다. 테마 갤러리에 나타나는 다양한 테마 는 배경과 색상, 글꼴 등 서로 다른 서식이 적용되어 있으며, 원하는 형식대로 변경할 수 있습니다.

01_ [디자인] 탭–[테마] 그룹의 [자세히](▼)를 클릭합니다. 테마 갤러리 위에 마우스를 위치시키면 슬라이드 편집 화면에 선택한 테마가 미리 보기됩니다. 여기서는 [각] 테마를 선택합니다. 테마가 전체 슬라이드에 적용됩니다.

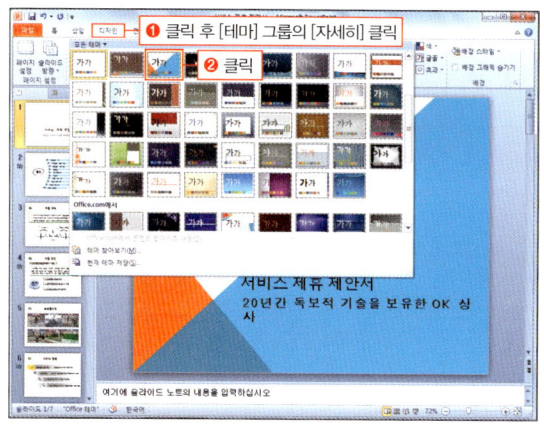

:: 서식 지정하기

슬라이드에 테마를 적용하면 모든 레이아웃에 동일한 테마가 적용되며, 선택한 테마 스타일에 따라서 텍스트, 도형 등의 서식에도 변화가 생깁니다. 적용한 테마는 배경 스타일을 비롯하여 색상, 글꼴, 효과 등 다양한 서식을 변경할 수 있습니다.

02_ 테마 색을 변경하기 위해 [디자인] 탭–[테마] 그룹에서 [색]을 클릭한 다음 [원근감]을 선택합니다.

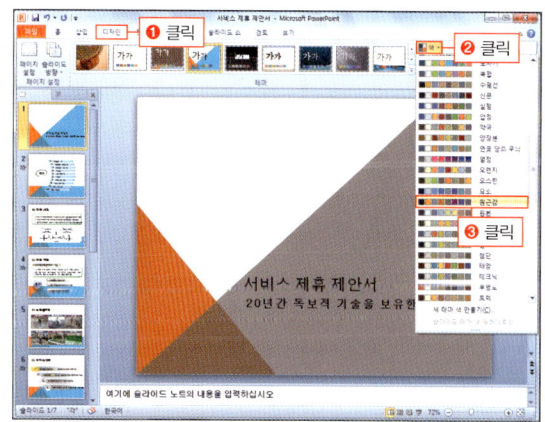

03_ 테마 글꼴을 변경하기 위해 [디자인] 탭–[테마] 그룹에서 [글꼴]을 클릭한 다음 [보자기]를 선택합니다.

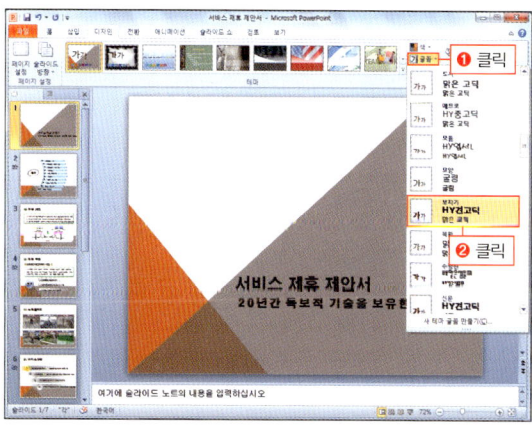

글꼴 서식의
모든 것

슬라이드에 사용하는 글꼴은 최대한 가독성과 명시성을 고려해야 합니다. 명시성은 두 가지 이상의 색을 대비시켰을 때 눈에 더 잘 띄는 성질을 말하며, 가독성은 보다 쉽게 읽히는 시각적 속성을 말합니다.

01_ [홈] 탭–[편집] 그룹에서 [바꾸기]–[글꼴 바꾸기]를 선택합니다.

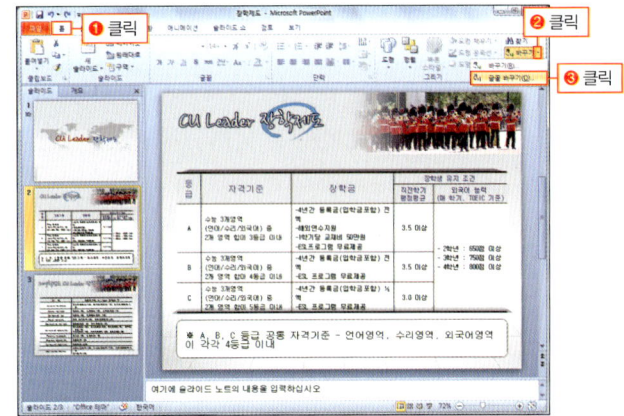

> **TIP**
> [글꼴 바꾸기]를 통해 전체 슬라이드에 적용한 글꼴을 한 번에 변경할 수 있습니다.

02_ [글꼴 바꾸기] 대화 상자가 나타나면 [현재 글꼴]에는 현재 적용된 글꼴 이름을 선택하고, [새 글꼴]에는 새롭게 적용할 글꼴을 선택한 후 [바꾸기]를 클릭합니다. [닫기]를 클릭하면 전체 페이지에 적용된 글꼴이 변경됩니다.

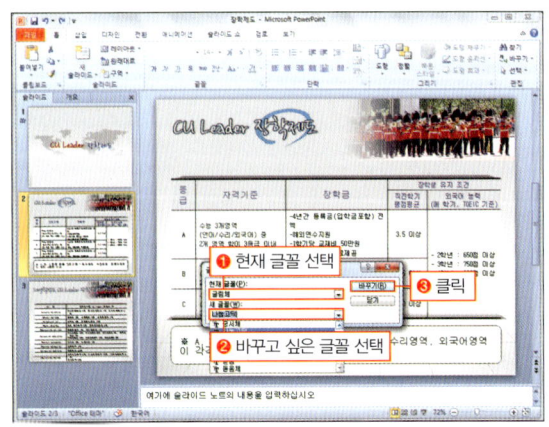

> **TIP**
> 하나의 글꼴이 아니라 여러 글꼴을 사용하였다면 [글꼴 바꾸기] 대화 상자에서 글꼴마다 바꾸기를 지정해 주어야 합니다.

:: 문자 간격 조절하기

문자 간격을 원하는 간격만큼 세밀하게 조정할 수 있습니다. 문자 간격을 보다 정밀하게 조정하려면 [기타 간격]을 선택합니다.

03_ 문자 간격을 조정할 텍스트 개체 틀을 선택한 후 [홈] 탭-[글꼴] 그룹에서 [문자 간격]을 클릭합니다. [좁게]를 선택하면 문자 간격이 세밀하게 조정됩니다.

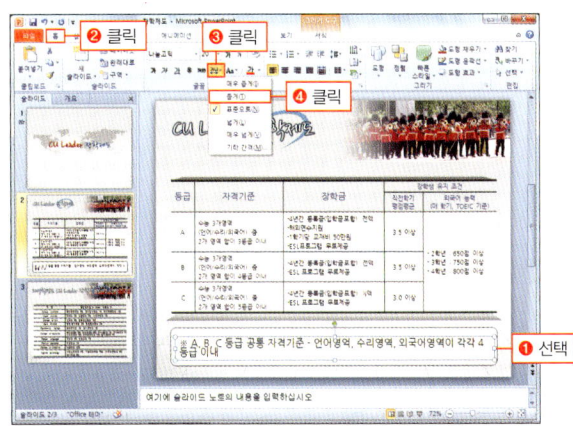

[기타 간격]을 클릭하면 원하는 소수점을 입력하여 보다 세밀하게 조정할 수 있습니다.

:: 대/소문자 바꾸기

알파벳을 적용한 슬라이드에 대문자나 소문자 혹은 각 단어의 첫 글자를 대문자로 지정하고 싶다면 [대/소문자 바꾸기] 기능을 이용합니다.

04_ 입력한 텍스트를 선택한 상태에서 [홈] 탭-[글꼴] 그룹에서 [대/소문자 바꾸기]를 클릭합니다. 전체 글자를 대문자로 바꾸기 위해 [대문자로]를 선택하면 영문 글자가 모두 대문자로 변경됩니다.

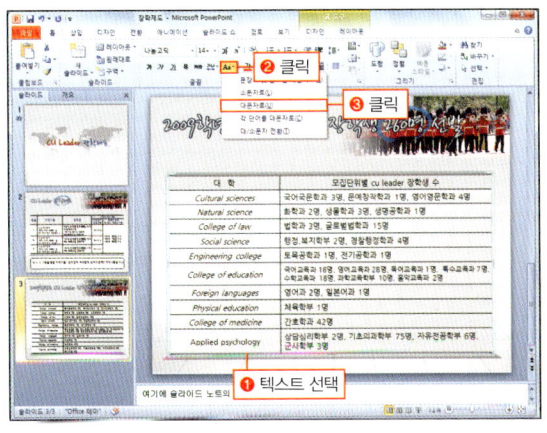 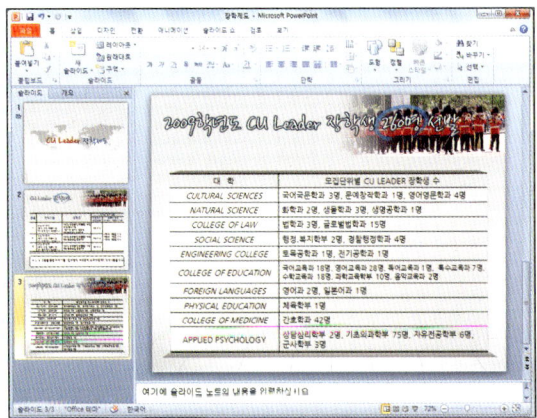

:: 줄/단락 간격 조절하기

줄이나 단락 간격을 조절하는 것만으로도 가독성을 높일 수 있습니다. 줄이나 단락을 조정하기 위해서는 [홈] 탭–[단락] 그룹에서 [줄 간격]을 클릭하거나 [줄 간격 옵션]을 선택합니다.

 Powerpoint\ESL 프로그램.pptx

 Powerpoint\ESL 프로그램_완성.pptx

05_ 줄 간격을 조정할 텍스트를 모두 선택합니다. [홈] 탭–[단락] 그룹에서 [줄 간격]을 클릭한 후 원하는 간격을 선택합니다. 여기서는 사용자가 직접 선택하기 위해 [줄 간격 옵션]을 선택합니다.

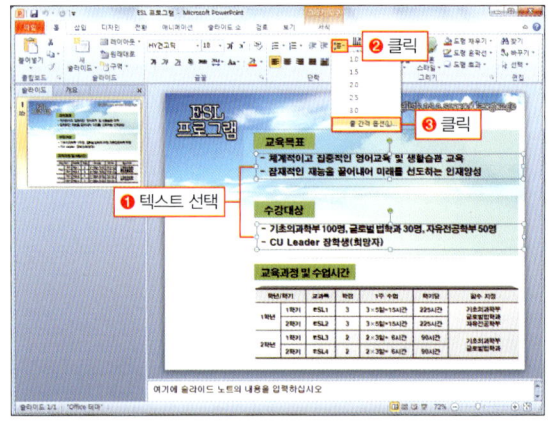

06_ [단락] 대화 상자가 나타나면 [간격]–[줄 간격]에서 [고정]을 선택한 후 [값]에 『18』을 입력하고 [확인]을 클릭합니다.

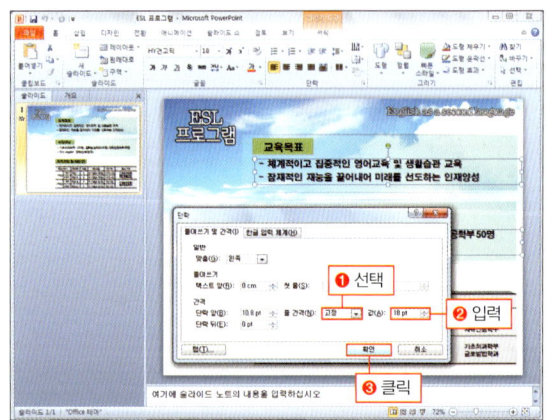

TIP

줄 간격에서 숫자 1.0은 100%, 1.5는 150%를 의미합니다.

슬라이드
인쇄 및 출판하기

슬라이드의 성격에 따라서 유인물을 따로 인쇄할 경우가 있습니다. 색상이 많이 들어간 슬라이드는 흑백이나 회색조로 인쇄하여 인쇄 비용을 줄일 수 있습니다. 이번에는 슬라이드를 인쇄하고 출판하는 기능에 대해서 살펴보도록 하겠습니다.

:: 한 페이지에 여러 슬라이드 인쇄하기

검토용으로 슬라이드를 인쇄하거나, 유인물 형태로 인쇄하기 위해서는 한 페이지에 여러 슬라이드를 인쇄하는 것이 효율적입니다. 여기서는 한 페이지에 여러 슬라이드를 인쇄하는 방법에 대해서 살펴봅니다.

 Powerpoint\바이럴마케팅.pptx   Powerpoint\바이럴마케팅_완성.pptx

01_ [파일] 탭-[인쇄]를 클릭한 후 [전체 페이지 슬라이드]를 선택하여 [유인물] 항목에서 원하는 슬라이드 페이지 수를 선택합니다.

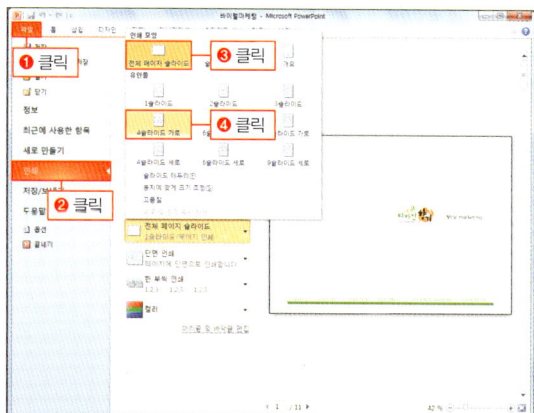

02_ 보다 큰 화면으로 페이지를 인쇄하기 위해 [방향]의 [세로 방향]을 클릭하여 [가로 방향]으로 선택합니다.

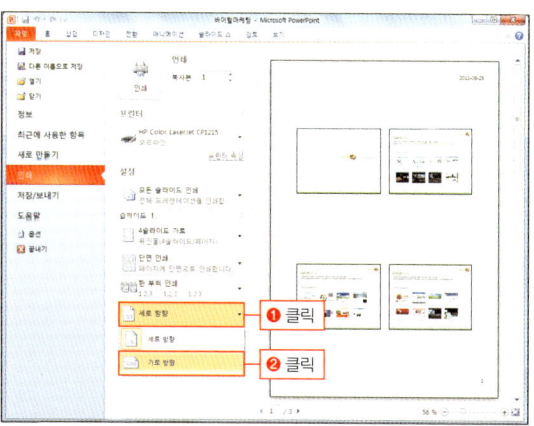

:: 인쇄 여백 최소화하기

인쇄지 여백을 최소화하려면 [용지에 맞게 크기 조정]에 체크 표시를 합니다.

03_ [4슬라이드 가로]를 선택한 후 [용지에 맞게 크기 조정]을 선택합니다.

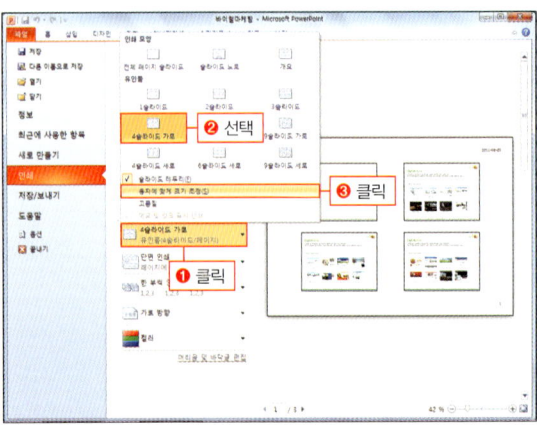

> **TIP**
> 파워포인트에서 용지의 여백을 완전히 없애는 방법은 없습니다. 이럴 때에는 워드나 PDF 파일로 변환 후 출력하는 것이 좋습니다.

:: PDF 파일로 출판하기

PDF(Portable Document Format)는 전자문서 파일 형태로 어떤 운영체제에서도 전송과 읽기가 가능해 문서를 출판할 때 주로 사용합니다. 특히, 용량을 많이 줄여주고 뷰어 프로그램만 있어도 내용을 볼 수 있어 많이 사용되고 있습니다. 파워포인트 파일을 PDF 파일로 변환해 보겠습니다.

준비파일 Powerpoint\유인물 배포.pptx   **완성파일** Powerpoint\유인물 배포.pdf

04_ [파일]-[저장/보내기]-[PDF/XPS 문서 만들기]를 클릭한 다음 [PDF/XPS 만들기]를 클릭합니다.

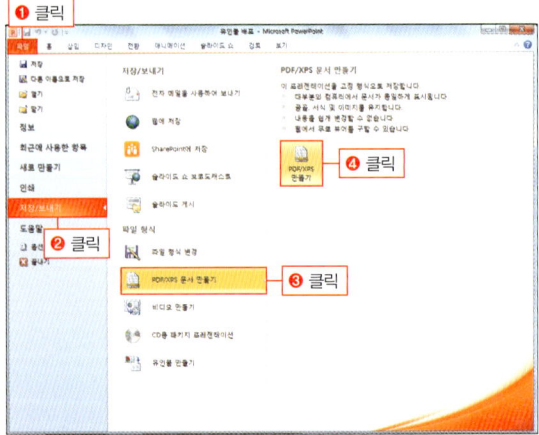

05_ [PDF 또는 XPS로 게시] 대화 상자가 나타나면 원하는 폴더를 선택하고 [파일 이름]에 『유인물 배포』를 입력한 후 [게시]를 클릭합니다. PDF 프로그램이 자동으로 실행됩니다.

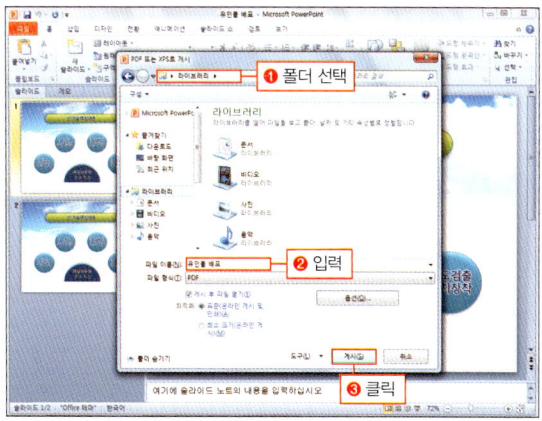 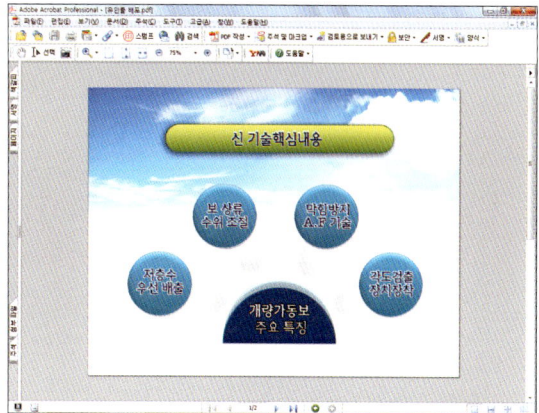

> **TIP**
>
> 컴퓨터에 따라서 PDF 프로그램이 설치되어 있지 않을 수도 있습니다. 설치되어 있지 않다면 http://www.adobe.com/kr/products/acrobat/에서 무료로 PDF Reader를 다운로드 받아 설치하시기 바랍니다.

:: 빈 여백 없이 슬라이드 인쇄하기

파워포인트에서 인쇄를 하면 여백이 많이 남습니다. 이를 해결하는 방법에는 여러 가지가 있지만 가장 편하게 여백 없이 인쇄하는 방법은 PDF 파일로 변환하여 PDF 프로그램에서 인쇄하는 방법입니다.

06_ PDF 프로그램에서 [파일]-[인쇄]를 클릭합니다. [인쇄] 대화 상자가 나타나면 [페이지 비율]의 화살표를 클릭하여 [한 장에 여러 페이지 인쇄]를 선택합니다. [장당 페이지 수] 입력란에 『1』과 『2』를 입력합니다. 미리 보기 화면을 보면 여백이 없는 것을 확인할 수 있습니다. [확인]을 클릭합니다.

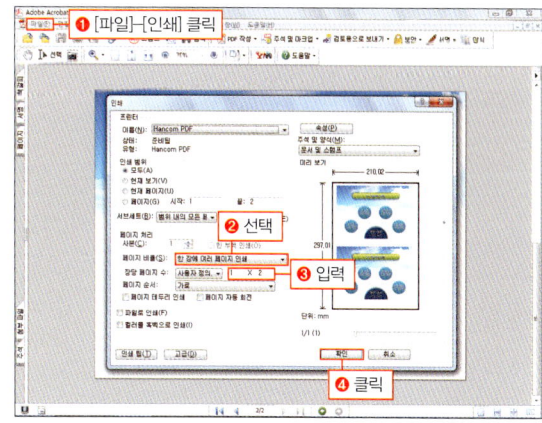

> **TIP**
>
> 한 페이지당 하나의 슬라이드를 인쇄할 경우 [인쇄] 대화 상자에서 [페이지 비율]의 화살표를 클릭하여 [프린트 여백에 맞추기]를 선택하면 여백 없이 인쇄할 수 있습니다.

효과적
프레젠테이션
세계

파워포인트에서는 도형과 스마트아트를 활용한 도해 작업이 가능하며, 오디오 및 비디오를 활용한 청각 및 시각 기능, 그리고 차트와 표, 애니메이션 등을 활용한 멀티미디어 기능 등이 존재합니다. 파워포인트에서 활용할 수 있는 다양한 멀티미디어 기능에 대해서 살펴보도록 하겠습니다.

멀티미디어
효과 적용하기

도형과 스마트아트(SmartArt)

:: SmartArt 도형 만들기

파워포인트 2010에서는 마우스 몇 번 클릭으로 전문가 수준의 도해를 쉽게 제작할 수 있습니다. 스마트아트 그래픽은 목록형, 프로세스형, 주기형, 계층 구조형, 관계형, 행렬형, 피라미드형, 그림 등 총 8개의 유형으로 구분되어 있습니다.

준비파일 Powerpoint\신기술핵심.pptx   완성파일 Powerpoint\신기술핵심_완성.pptx

01_ 준비 파일을 불러온 후 3번째 슬라이드를 선택합니다. [삽입] 탭−[일러스트레이션] 그룹에서 [SmartArt]를 클릭합니다. [SmartArt 그래픽 선택] 대화 상자가 나타나면 [관계형]−[수렴 방사형]을 선택한 후 [확인]을 클릭합니다.

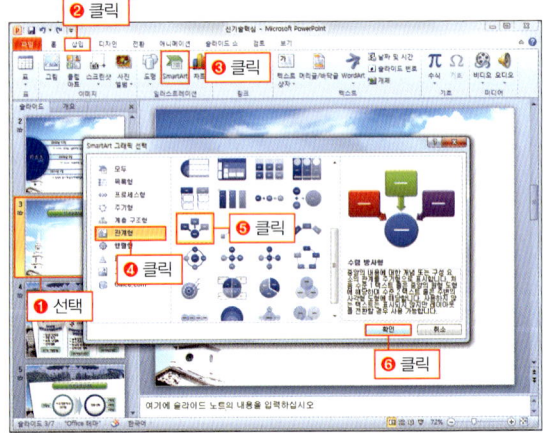

02_ [SmartArt 도구]−[디자인] 탭의 [그래픽 만들기] 그룹에서 [도형 추가]−[아래에 도형 추가]를 클릭합니다. 도형이 추가되면 위치 및 크기를 조절합니다.

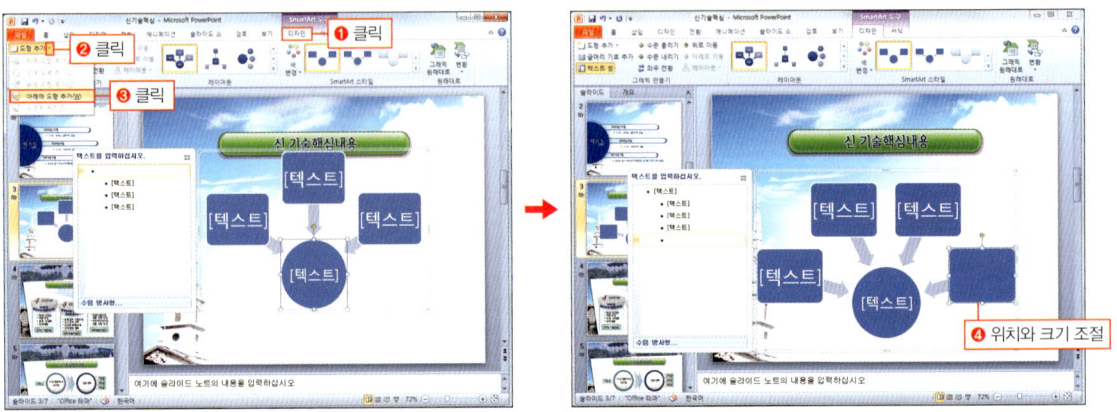

> **TIP**
> [SmartArt 도구]−[디자인] 탭−[SmartArt 스타일] 그룹의 다양한 디자인 도구로 색상 및 스타일을 변경하면 보다 멋진 도해를 만들 수 있습니다.

:: SmartArt 도형 변형하기

파워포인트 2010에서 제공하는 SmartArt 외에 나만의 새로운 도해를 만들 수도 있습니다. 여기서는 삽입한 SmartArt의 모양을 변형하여 새로운 도해를 만들어 보겠습니다.

03_ SmartArt 도형을 선택한 상태에서 마우스 오른쪽 버튼을 클릭하여 [그룹]–[그룹 해제]를 선택합니다. 동일한 방법으로 한 번 더 [그룹]–[그룹 해제]를 선택합니다.

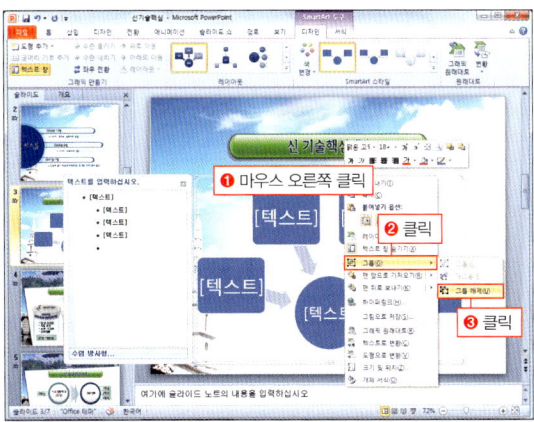

04_ 먼저 4개의 모서리가 둥근 직사각형의 모양을 변경해 보겠습니다. 4개의 모서리가 둥근 직사각형을 모두 선택한 후 [그리기 도구]–[서식] 탭–[도형 삽입] 그룹에서 [도형 편집]–[도형 모양 변경]–[타원]을 선택합니다.

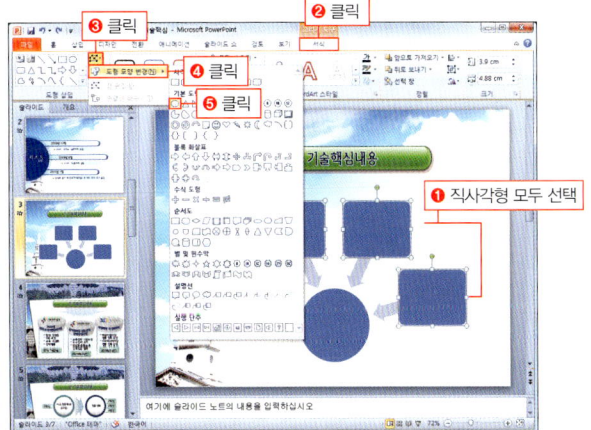

05_ 타원으로 변경되면 모양 조절 핸들을 이용해 원형으로 모양을 조정합니다.

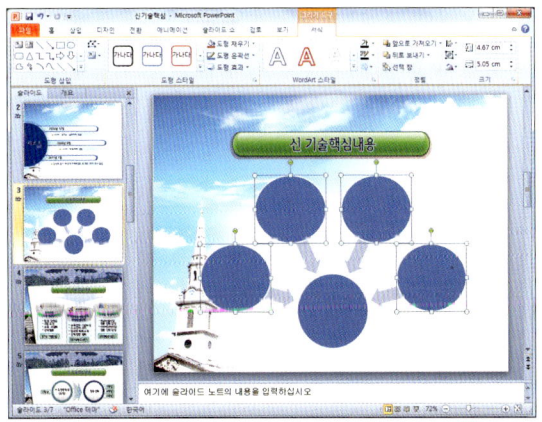

> **TIP**
> 도형 모양은 그룹을 해제하기 전의 SmartArt 상태에서도 [그리기 도구]–[서식] 탭–[도형 삽입] 그룹에서 [도형 편집]–[도형 모양 변경]–[타원]을 선택하여 변경할 수 있습니다.

06_ 도형을 선택한 후 [그리기 도구]-[서식] 탭-[도형 스타일] 그룹에서 자세히(▾) 단추를 클릭하여 [강한 효과-바다 색, 강조 5]를 선택합니다. [도형 효과]-[기본 설정]-[기본 설정 3]을 선택합니다.

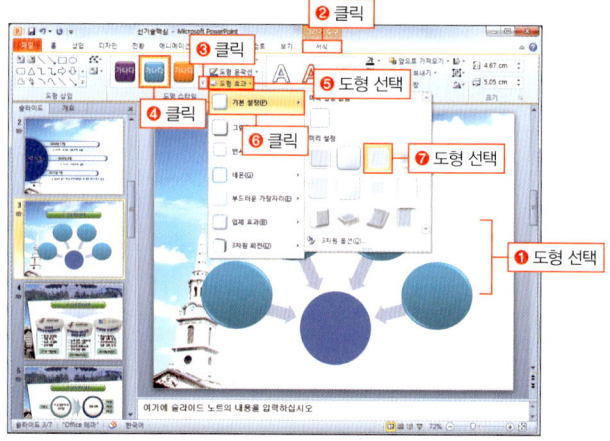

:: 점 편집으로 화살표 변형하기

도형을 자유롭게 편집하려면 점 편집을 활용합니다.

07_ 화살표를 하나 선택한 후 [그리기 도구]-[서식] 탭-[도형 삽입] 그룹에서 [도형 편집]-[점 편집]을 선택합니다. 점 편집 모드가 되면 도형에 검은색 점(■)이 나타납니다. 점을 드래그하여 화살표 모양을 변형합니다.

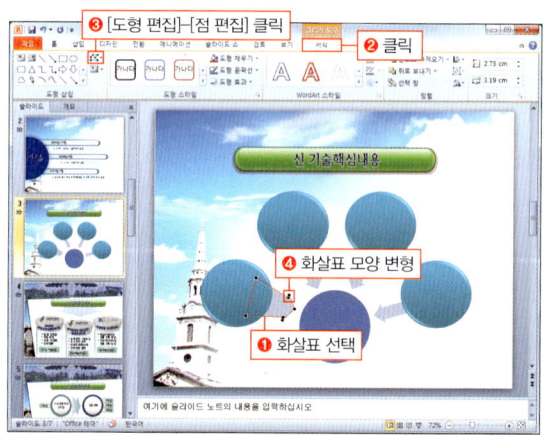

08_ [그리기 도구]-[서식] 탭-[도형 스타일] 그룹에서 대화 상자 표시 아이콘(▫)를 클릭합니다. [도형 서식] 대화 상자가 나타나면 [채우기] 항목에서 [그라데이션 채우기]를 선택합니다. [각도]에 『210』을 입력한 후 그라데이션 중지점을 변경하고 [닫기]를 클릭합니다. 나머지 도형의 화살표도 같은 방법으로 변경합니다.

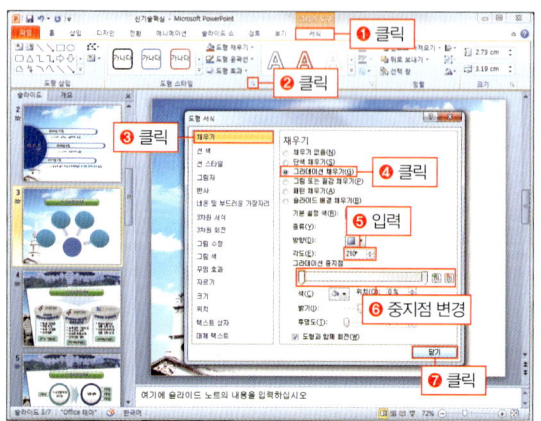

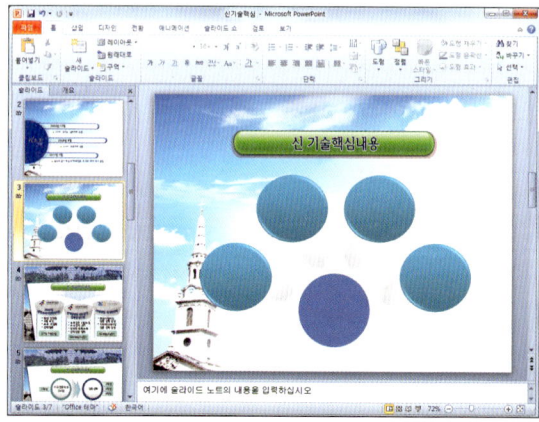

:: 세이프(Shape) 실행하여 도형 변경하기

파워포인트 2010에 새롭게 등장한 세이프(Shape) 기능을 이용하면 보다 다양한 도형을 만들 수 있습니다. 세이프 기능은 두 개의 도형을 합치거나 교차되는 부분을 삭제하는 등의 명령을 통해 전혀 다른 도형을 만들 때 사용합니다.

09_ 세이프를 실행하기 위해서는 빠른 실행 도구 모음에 세이프 명령을 추가해야 합니다. [빠른 실행 도구 모음 사용자 지정]을 클릭한 후 [기타 명령]을 선택합니다. [PowerPoint 옵션] 대화 상자가 나타나면 [다음에서 명령 선택]에서 [모든 명령]을 선택합니다. 오른쪽에 삼각형 모양이 있는 [세이프 결합]을 선택한 후 [추가]를 클릭하고 [확인]을 클릭합니다.

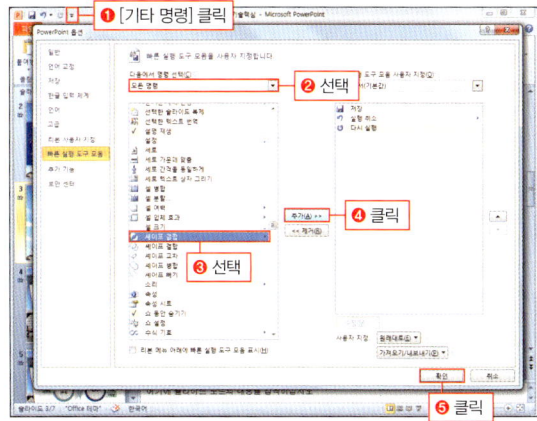

10_ 빠른 실행 도구 모음에 세이프가 추가된 것을 확인합니다. [홈] 탭-[그리기] 그룹에서 [도형]-[직사각형]을 선택해 슬라이드 편집 화면에 삽입합니다. 원형과 직사각형의 위치 및 크기를 적절히 조절한 후 원형, 직사각형 도형을 차례대로 선택합니다.

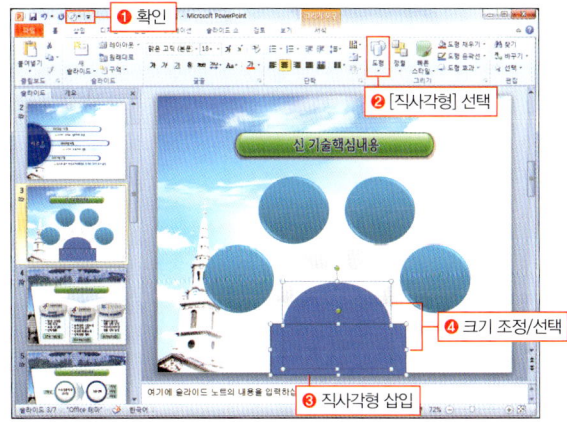

> **TIP**
> 세이프는 첫 번째 선택하는 도형을 기준으로 적용되기 때문에 세이프를 지정할 도형을 먼저 선택해야 합니다.

11_ [빠른 실행 도구 모음]에서 [세이프 결합]-[세이프 빼기]를 선택합니다.

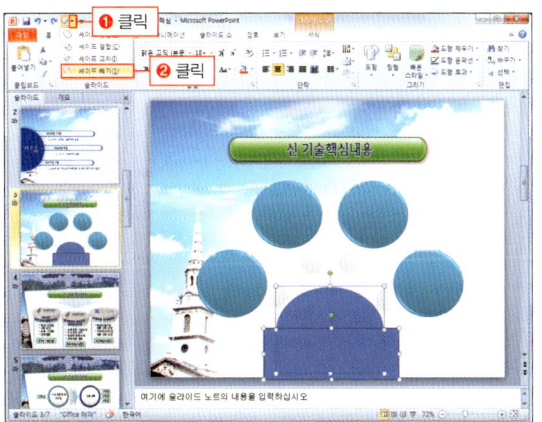

12_ 반달 모양으로 도형이 변경됩니다.

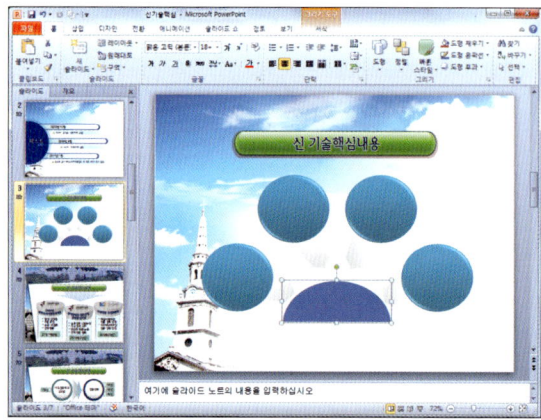

13_ 반달 모양의 원형에 여러 가지 서식 효과를 지정한 후 텍스트를 입력하여 슬라이드를 완성합니다.

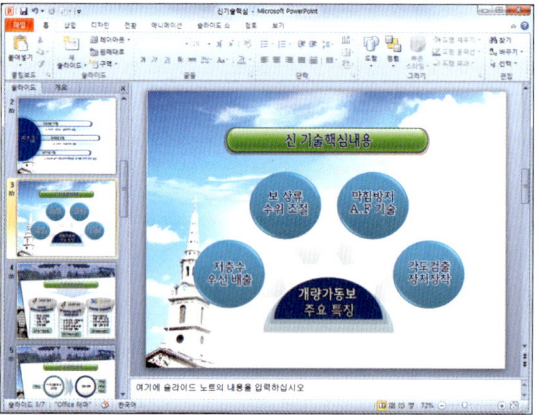

Section# 02
클립 아트
다운로드하고 편집하기

클립 아트란 이미지로 구성되어 있는 개체를 말하는 것으로 비트맵이나 여러 가지 도형의 조합으로 이루어져 있습니다. 시각적인 효과를 중요시하는 추세에 걸맞게 목적에 맞는 그림을 적절히 삽입하여 슬라이드를 돋보이게 하는 용도로 활용할 수 있습니다.

:: 클립 아트 검색하기

파워포인트나 Office Online에서 제공하는 클립 아트의 수는 9만여 개가 넘습니다. [클립 아트] 작업 창에서 검색할 대상을 입력하고 검색 위치나 형식 등을 지정하면 효율적으로 클립 아트를 검색할 수 있습니다. 클립 아트는 그림뿐만 아니라 사진, 오디오, 비디오까지 검색할 수 있습니다.

준비 파일 Powerpoint\남부보건소.pptx   완성 파일 Powerpoint\남부보건소_완성.pptx

01_ 준비 파일을 연 후 2번째 슬라이드를 선택합니다. [삽입] 탭-[이미지] 그룹에서 [클립 아트]를 클릭합니다. [클립 아트] 작업 창이 나타나면 [검색 대상]에 『잔디』를 입력한 후 [검색할 형식]의 화살표를 클릭하여 [시진]에 체크 표시를 합니다. 나머지 항목은 모두 체크 표시를 없앤 후 [이동]을 클릭합니다.

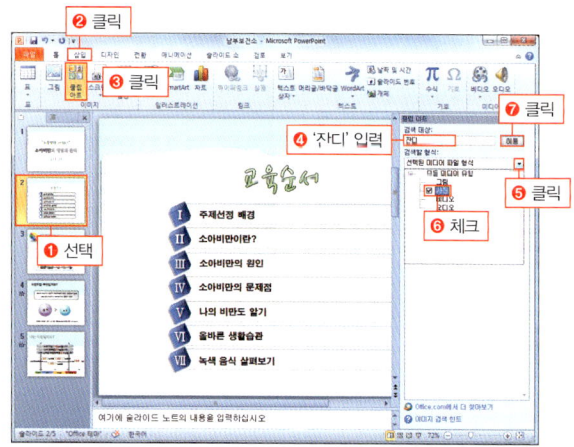

02_ 원하는 클립 아트를 선택한 후 [클립 아트] 작업 창의 [닫기]를 클릭합니다.

:: 클립 아트를 배경으로 지정하기

클립 아트에서 제공하는 사진을 적절히 활용하면 클립 아트를 슬라이드 배경으로도 사용할 수 있습니다.

03_ 슬라이드 편집 화면에 클립 아트가 삽입되면 배경으로 지정하기 위해 크기를 적절히 조절한 후 [그림 도구]-[서식] 탭-[크기] 그룹에서 [자르기] 윗부분을 클릭합니다. 자르기 핸들이 나타나면 마우스로 드래그하여 원하는 부분만 표시되도록 크기를 조정합니다. 지정이 되었으면 [서식] 탭-[크기] 그룹에서 [자르기] 윗부분을 다시 클릭합니다.

04_ 이번에는 [그림 스타일] 그룹에서 [그림 효과]-[부드러운 가장자리]-[50 포인트]를 선택합니다.

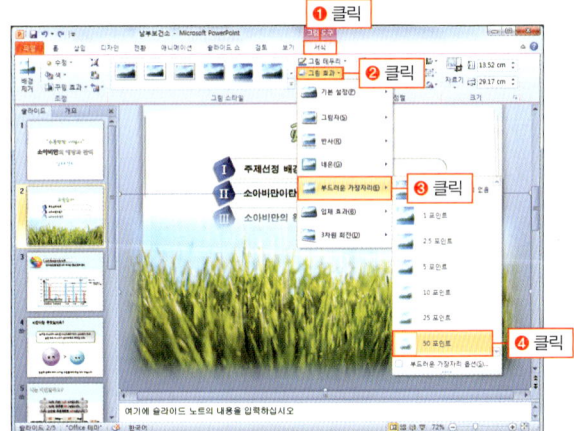

05_ 마우스 오른쪽 버튼을 클릭하여 [맨 뒤로 보내기]-[맨 뒤로 보내기]를 선택합니다. 클립 아트로 슬라이드의 배경이 만들어집니다.

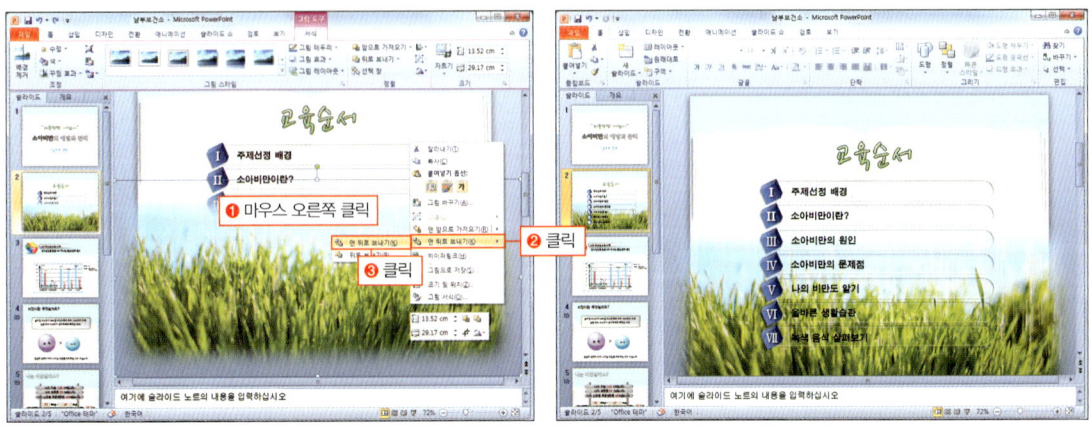

:: 클립 아트에서 불필요한 부분 제거하기

삽입한 클립 아트는 여러 가지 개체들의 조합으로 이루어져 있습니다. 색상을 비롯하여 필요 없는 개체들을 삭제하여 새로운 클립 아트로 만들 수 있습니다. 여기서는 불필요한 부분을 제거하여 새로운 클립 아트를 만들어 보도록 하겠습니다.

06_ 3번째 슬라이드를 선택한 후 [클립 아트] 작업 창을 불러옵니다. [검색 대상]에 『차트』를 입력한 후 [검색할 형식]의 화살표를 클릭하여 [그림]에 체크 표시를 합니다. 나머지 항목은 모두 체크 표시를 없앱니다. [이동]을 클릭하여 원하는 클립 아트를 선택합니다.

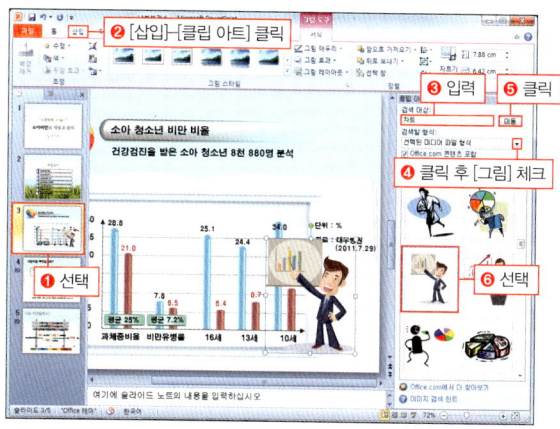

07_ 클립 아트를 그룹 해제하기 위해 클립 아트를 선택하고 마우스 오른쪽 버튼을 클릭하여 [그룹]-[그룹 해제]를 선택합니다. 경고 창이 나타나면 [예]를 클릭합니다. 다시 마우스 오른쪽 버튼을 클릭하여 [그룹]-[그룹 해제]를 선택합니다. [클립 아트] 작업 창의 [닫기]를 클릭합니다.

> **TIP**
> 그룹이 해제가 되지 않을 때에는 마우스 오른쪽 버튼을 클릭하여 [그룹]-[그룹 해제]를 다시 한 번 실행합니다.

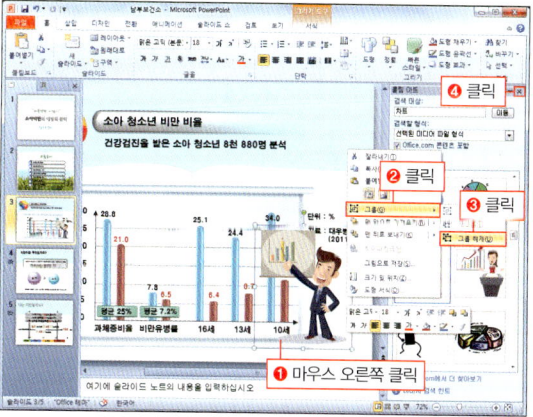

08_ 클립 아트가 그룹 해제되면 슬라이드 편집 화면의 빈 곳을 클릭하여 클립 아트 선택을 해제한 후 다음과 같이 그룹 해제된 영역을 선택합니다. Delete 를 눌러 불필요한 영역을 삭제합니다. 같은 방법으로 나머지 불필요한 부분들도 Delete 를 눌러 삭제합니다.

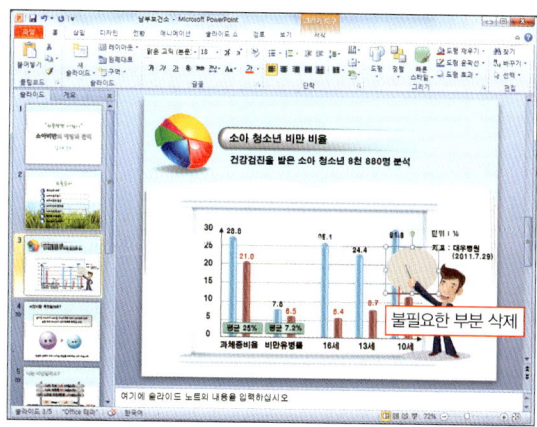

09_ 필요 없는 부분을 모두 삭제하였으면 그룹 해제된 클립 아트를 모두 드래그하여 선택합니다. 다시 그룹을 지정하기 위해 마우스 오른쪽 버튼을 클릭하여 [그룹]-[그룹]을 선택합니다.

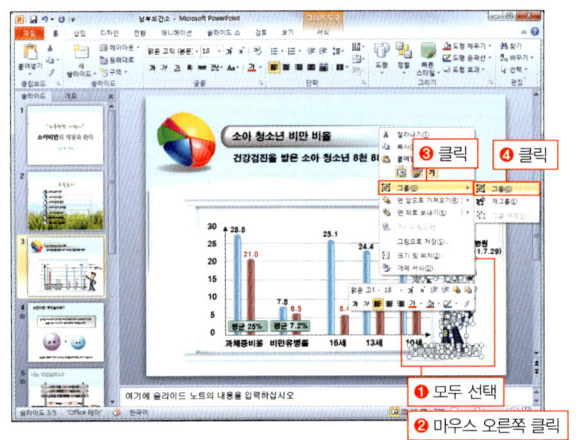

:: 클립 아트를 그림으로 저장하기

클립 아트를 그림으로 저장해 놓으면 [클립 아트] 작업 창을 통해 매번 필요한 클립 아트를 검색할 필요가 없습니다. 지금처럼 클립 아트를 편집하여 새로운 클립 아트를 만들었다면 차후 수정 작업 없이 간편하게 사용할 수 있습니다.

10_ 클립 아트를 선택한 후 마우스 오른쪽 버튼을 클릭하여 [그림으로 저장]을 선택합니다.

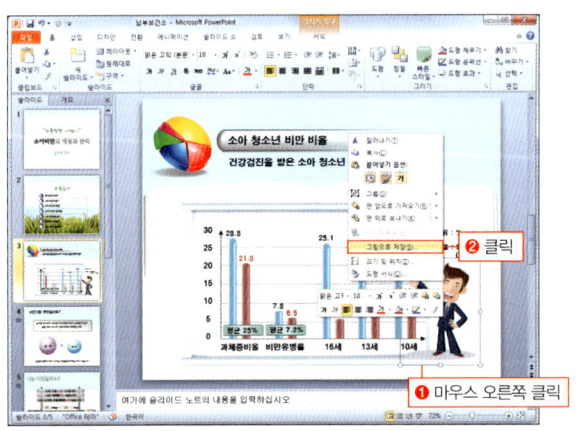

11_ [그림으로 저장] 대화 상자가 나타나면 원하는 저장 위치를 선택하고 [파일 이름]에 『차트』를 입력한 후 [저장]을 클릭합니다.

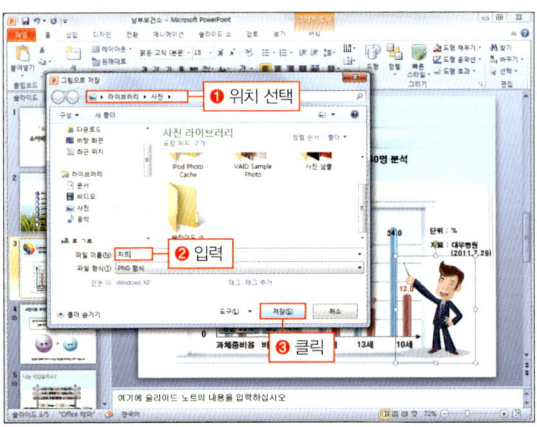

> **TIP**
> 슬라이드 작업 시 작업 시간을 단축하기 위해 자주 사용하는 클립 아트는 SkyDrive나 USB 등의 이동식 디스크에 따로 보관해 놓는 것이 좋습니다.

업그레이드!
오디오와 비디오

파워포인트 2010에서는 기존 영상 편집 프로그램에서나 가능하던 동영상 편집 기능을 제공합니다. 즉, 오디오나 비디오를 편집하여 원하는 부분만을 들려주거나 볼 수 있으며, 본인이 가지고 있지 않는 동영상도 인터넷으로 검색하여 파워포인트에서 바로 실행할 수 있습니다.

:: 동영상 삽입하고 재생하기

파워포인트에 삽입할 수 있는 동영상 파일의 확장자는 AVI, WMV, MP4 등 다양합니다. 파워포인트 2010에서는 동영상이 파워포인트 파일에 바로 삽입되기 때문에 좀 더 편리하게 동영상을 삽입하고 재생할 수 있습니다.

준비파일 Powerpoint\steve jobs.pptx

01_ 준비 파일을 불러옵니다. [삽입] 탭-[미디어] 그룹에서 [비디오] 윗부분을 클릭합니다. [비디오 삽입] 대화 상자가 나타나면 동영상 파일을 선택한 후 [삽입]을 클릭합니다.

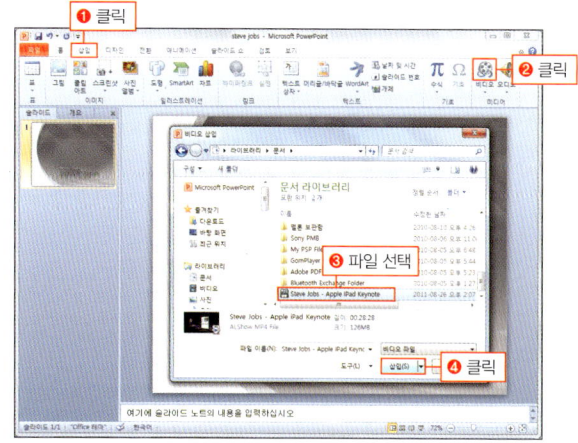

02_ 슬라이드에 동영상이 삽입되면 크기와 위치를 조절합니다. 동영상이 제대로 재생되는지 확인하기 위해 [비디오 도구]-[서식] 탭-[미리 보기] 그룹에서 [재생]을 클릭합니다.

:: 동영상을 파일에 연결하기

파워포인트 2010에서는 기본적으로 동영상 파일이 슬라이드에 포함됩니다. 용량이 큰 동영상 파일이 포함된 슬라이드 파일을 전송하거나 공유 시 많은 시간이 소요될 수 있습니다. 이럴 때에는 동영상을 포함하지 않고 파일을 연결하여 실행하는 것이 좋습니다.

03_ 파워포인트에 동영상을 삽입하지 않고 단순히 연결만 하기 위해 기존 동영상을 삭제한 후 [삽입] 탭-[미디어] 그룹에서 [비디오] 윗부분을 클릭합니다. [비디오 삽입] 대화 상자가 나타나면 동영상 파일을 선택합니다. [삽입]의 화살표를 클릭한 후 [파일에 연결]을 선택합니다.

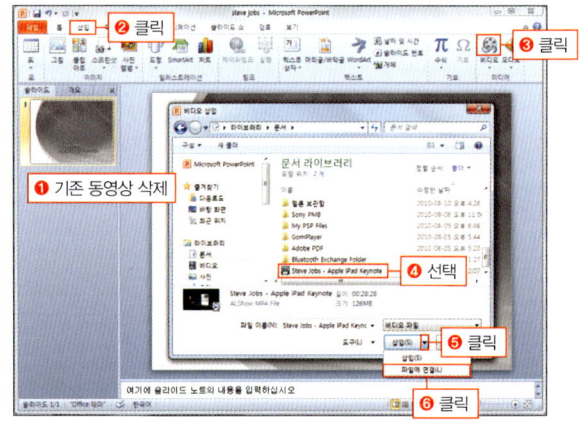

04_ 만일, 연결되어 있는 동영상 파일을 파워포인트에 다시 삽입하고 싶다면 [파일] 탭-[정보]를 클릭한 후 [연결 보기]를 클릭합니다.

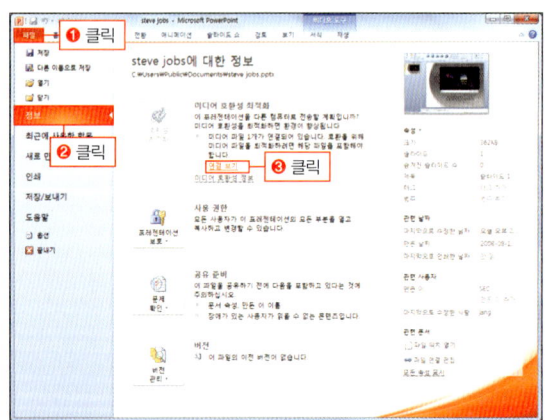

05_ [연결] 대화 상자가 나타나면 포함시킬 동영상을 선택한 후 [연결 끊기]를 클릭하고 [닫기]를 클릭합니다.

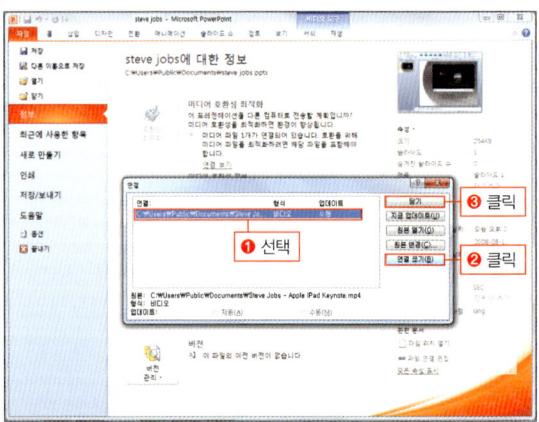

:: 동영상 중 필요한 부분만 편집하기

기존 영상 편집 프로그램에서나 가능하던 동영상 편집 기능을 파워포인트에서도 실행할 수 있습니다. 즉, 삽입한 동영상의 내용 중에서 필요한 부분만 따로 편집할 수 있습니다.

06_ 동영상을 선택한 후 [비디오 도구]-[재생] 탭-[편집] 그룹에서 [비디오 트리밍]을 클릭합니다. [비디오 맞추기] 대화 상자가 나타나면 녹색(🟢) 지점의 위치와 빨간(🔴) 지점의 위치를 조절한 후 [확인]을 클릭합니다.

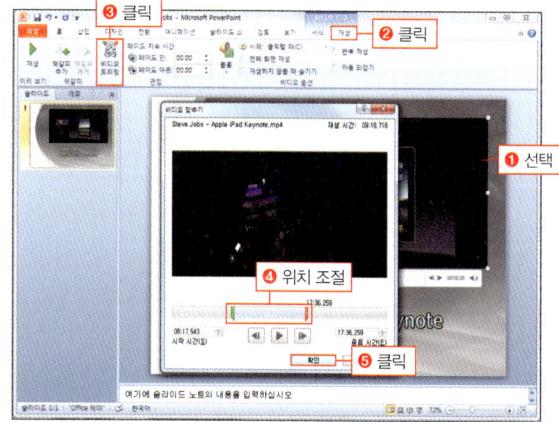

> **TIP**
>
> 녹색(🟢) 지점은 동영상의 시작 지점이고, 빨간(🔴) 지점은 동영상의 종료 지점입니다.

:: 동영상 표지 만들기

동영상을 삽입한 슬라이드에는 검정색이나 특정 화면이 나타납니다. 이럴 때에는 포스터 틀을 이용하여 동영상 표지를 만들어 주는 것이 좋습니다.

07_ 동영상을 재생한 후 표지로 사용할 부분을 선택합니다. [비디오 도구]-[서식] 탭-[조정] 그룹에서 [포스터 틀]을 클릭한 후 [현재 틀]을 선택합니다.

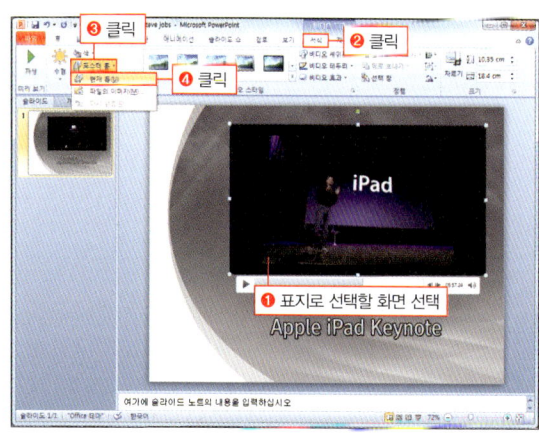

08_ 재생 바에 포스터 틀이 설정되었다는 문구가 나타 납니다.

09_ F5 를 눌러 슬라이드 쇼를 진행해 봅니다. 현재 틀이 동영상 표지로 저장됩니다.

:: 소리 파일 삽입하고 원하는 위치(책갈피) 지정하기

소리 파일 역시 동영상 파일과 마찬가지로 슬라이드에 삽입하고 필요한 부분만 편집할 수 있습니다. 참고로 소리 파일은 WAV, MID, WMA, MP3 등 다양한 파일을 삽입할 수 있습니다.

준비 파일 Powerpoint\CU Leader.pptx   완성 파일 Powerpoint\CU Leader_완성.pptx

10_ 준비 파일을 연 후 3번째 슬라이드를 선택합니다. 소리 파일을 삽입하기 위해 [삽입] 탭–[미디어] 그룹에서 [오디오] 윗부분을 클릭합니다. [오디오 삽입] 대화 상자 가 나타나면 파일을 선택한 후 [삽입]을 클릭합니다.

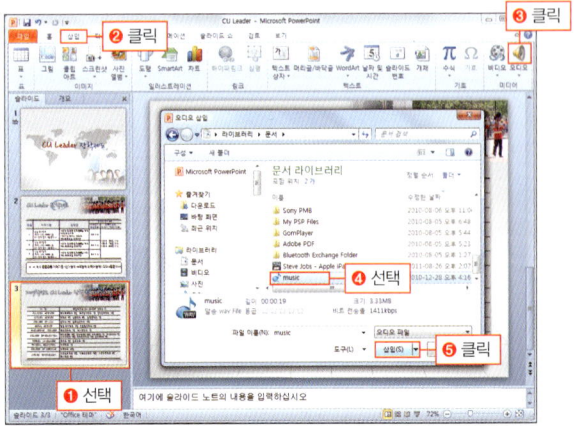

11_ [소리 아이콘](🔊)을 클릭하여 슬라이드 편집 화면의 가장자리로 이동한 후 [재생] 단추를 클릭합니다. 재생을 원하는 위치에서 [오디오 도구]−[재생] 탭−[책갈피] 그룹−[책갈피 추가]를 클릭하여 책갈피를 지정합니다.

TIP

책갈피 추가 기능은 오디오 클립의 특정 지점을 빠르게 찾기 위해 사용됩니다. 슬라이드 쇼를 진행한 다음 오디오 클립 아이콘에 마우스를 가져가면 [책갈피 추가]를 통해 지정한 책갈피가 나타납니다. 책갈피를 클릭하여 원하는 지점부터 오디오를 재생할 수 있습니다.

12_ Shift + F5 를 눌러 오디오를 재생합니다. 책갈피가 표시된 부분이 나타납니다. 책갈피 부분을 클릭하면 원하는 위치부터 오디오가 재생됩니다.

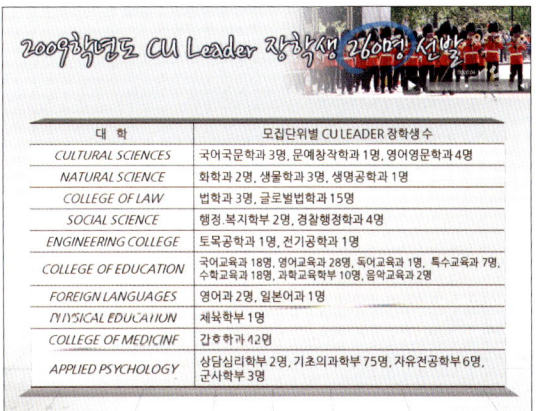

Section#
04

차트
삽입하고 편집하기

차트와 표는 수치나 항목으로 나열되는 많은 데이터를 일목요연하게 구성할 수 있어 파워포인트 작업에 자주 사용됩니다.

:: 차트 삽입하고 데이터 입력하기

차트를 작성할 때에는 파워포인트에서 지원하는 차트 종류에 따라 목적에 맞는 차트를 선택하는 것이 중요합니다.

준비파일 Powerpoint\시설계획.pptx

완성파일 Powerpoint\시설계획_완성.pptx

01_ 준비 파일을 연 후 5번째 슬라이드를 선택합니다. [삽입] 탭–[일러스트레이션] 그룹에서 [차트]를 클릭합니다. [차트 삽입] 대화 상자가 나타나면 [세로 막대형] 항목에서 [묶은 세로 막대형]을 선택한 후 [확인]을 클릭합니다.

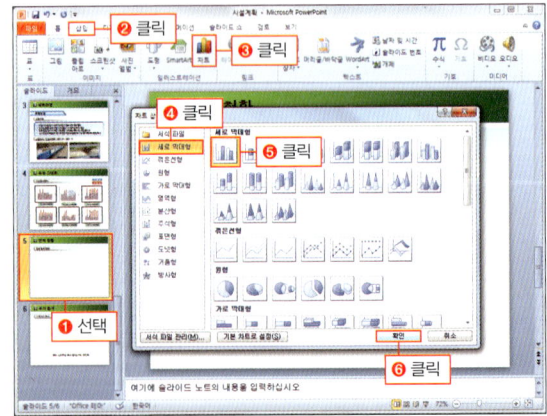

02_ 엑셀 프로그램이 실행되며 엑셀 시트가 열립니다. 기존에 입력되어 있는 데이터를 무시하고 새롭게 데이터를 입력합니다. 작업을 완료했으면 [닫기]를 클릭합니다.

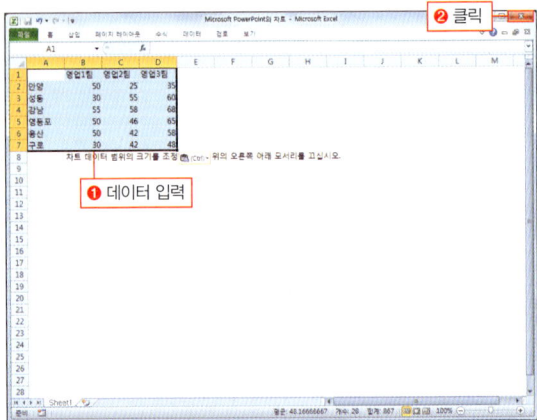

:: 스타일 및 레이아웃 설정하기

차트의 스타일과 레이아웃을 변경하면 보다 세련된 차트를 작성할 수 있습니다.

03_ 삽입된 차트의 크기와 위치를 조정한 후 [디자인] 탭-[차트 스타일] 그룹에서 [자세히]( )를 클릭합니다. 차트 스타일 갤러리가 나타나면 [스타일 34]를 선택합니다.

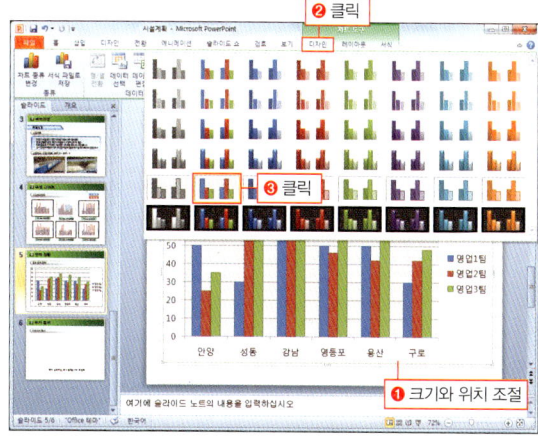

04_ [디자인] 탭-[차트 레이아웃] 그룹에서 [자세히]( )를 클릭합니다. 차트 레이아웃 갤러리가 나타나면 [레이아웃 10]을 선택합니다.

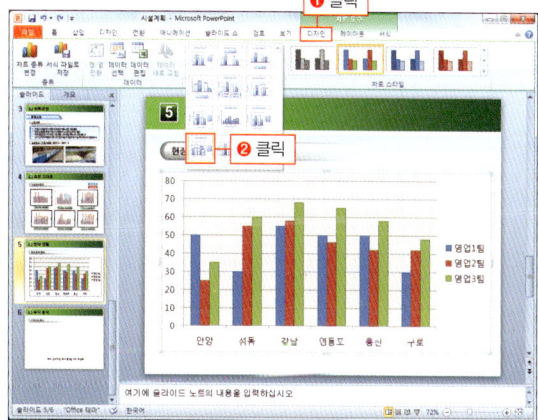

05_ 차트 제목을 삭제하기 위해 [차트 도구]-[레이아웃] 탭-[레이블] 그룹에서 [차트 제목]을 클릭한 후 [없음]을 선택합니다.

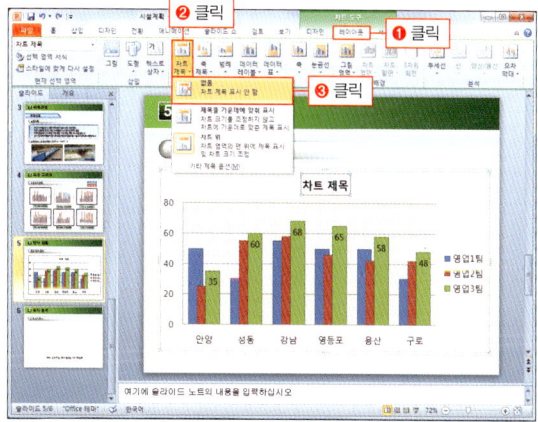

:: 차트 종류 변경하기

삽입한 차트는 간단하게 다른 종류의 차트로 변경할 수 있습니다. 특히 막대형 차트는 추세를 분석하기 위해 꺾은선형 차트로 변경하는 경우가 자주 있습니다.

06_ 데이터 레이블을 선택한 후 마우스 오른쪽 버튼을 클릭하여 [차트 종류 변경]을 선택합니다.

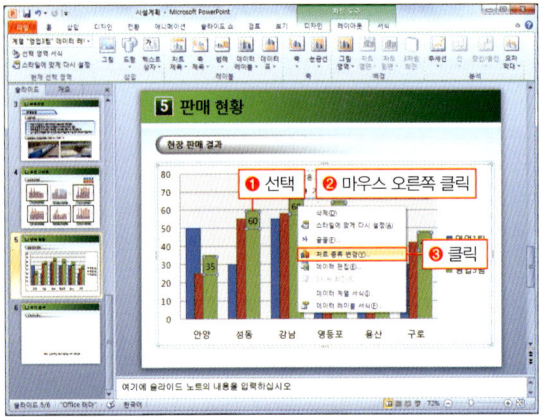

07_ [차트 종류 변경] 대화 상자가 나타나면 [꺾은선형]-[표식이 있는 꺾은선형]을 선택한 후 [확인]을 클릭합니다.

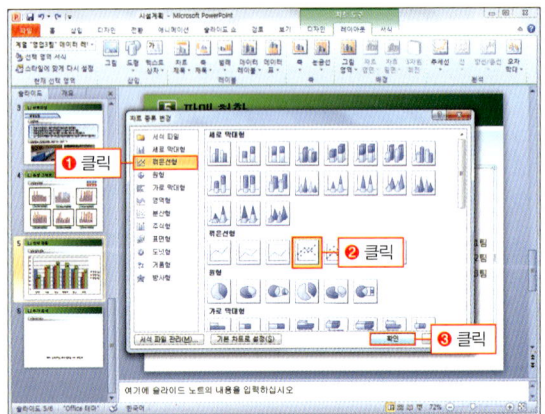

08_ 세로 막대형 차트가 표식이 있는 꺾은선형 차트로 변경됩니다.

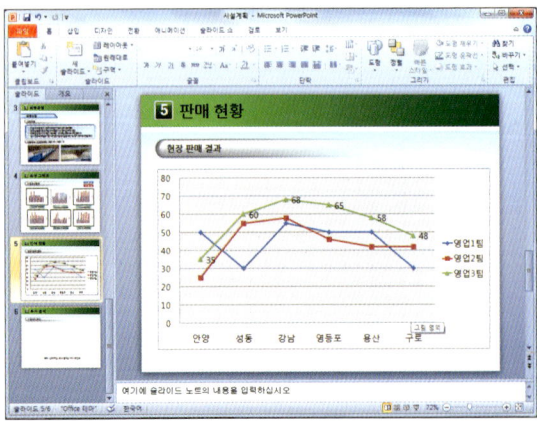

:: 3차원 원형 차트 작성하기

원형 차트는 시장 점유율이나 통계 결과 등을 나타낼 때 자주 사용되며 각 항목이 전체에서 차지하는 비율 등을 나타낼 때 가장 적합합니다.

09_ [삽입] 탭-[일러스트레이션] 그룹에서 [차트]를 클릭합니다. [차트 삽입] 대화 상자가 나타나면 [원형]-[3차원 원형]을 선택한 후 [확인]을 클릭합니다.

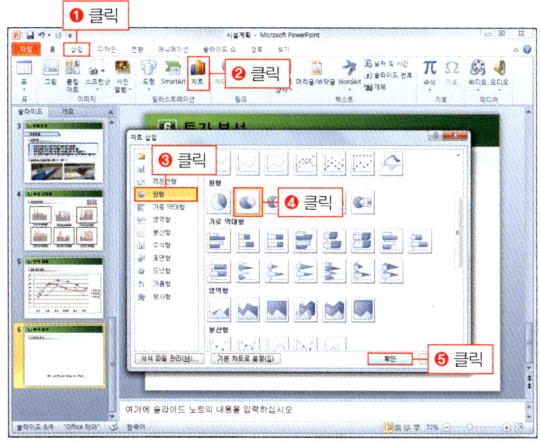

10_ 엑셀 프로그램이 실행되며 엑셀 시트가 열립니다. 데이터를 수정한 후 [닫기]를 클릭합니다.

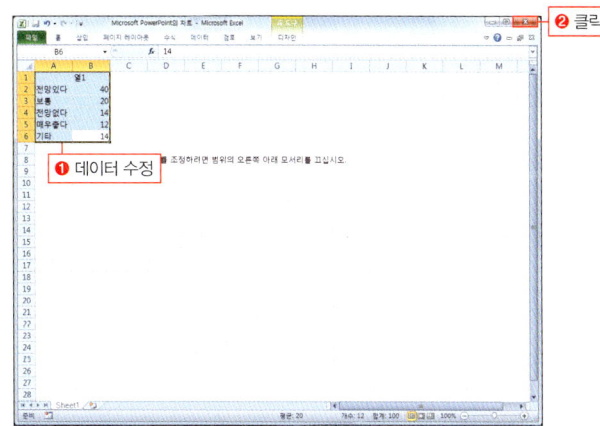

11_ 원형 차트가 삽입됩니다. 차트의 위치와 크기를 조정합니다. 데이터 레이블을 표시하기 위해 [차트 도구]-[레이아웃] 탭-[레이블] 그룹에서 [데이터 레이블]을 클릭한 후 [바깥쪽 끝에]를 선택합니다.

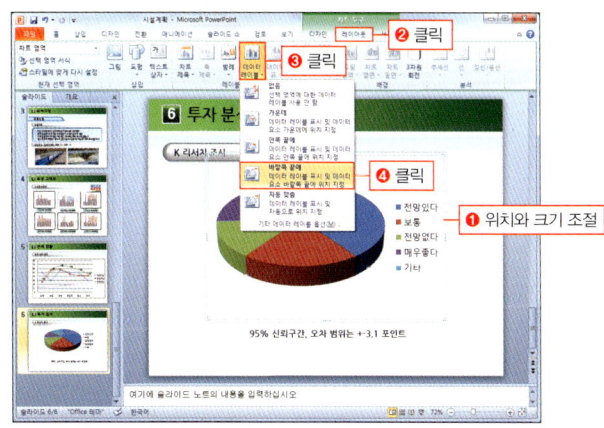

12_ 차트 영역을 선택한 다음 마우스 오른쪽 버튼을 클릭하여 [데이터 계열 서식]을 선택합니다.

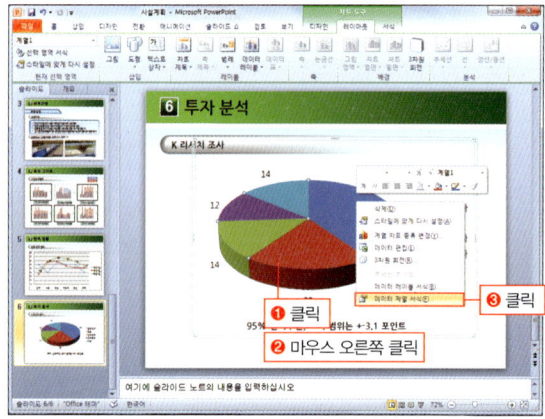

13_ [데이터 계열 서식] 대화 상자가 나타나면 왼쪽의 메뉴 중에서 [3차원 서식]을 선택합니다. 3차원 서식에서 [입체 효과]–[위쪽]–[둥글게]를 선택하고 [너비]는 『30pt』, [높이]는 『20pt』을 지정합니다. 동일한 방법으로 [입체 효과]–[아래쪽]–[둥글게]를 선택하고 [너비]는 『6pt』, [높이]는 『6pt』을 지정합니다. 그런 다음 [표면]–[재질]에서 [금속]을 선택한 후 [닫기]를 클릭합니다.

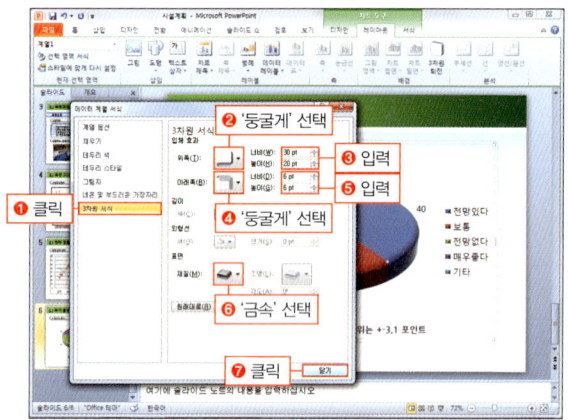

14_ 원형 차트에 3차원 입체 효과가 적용되었습니다.

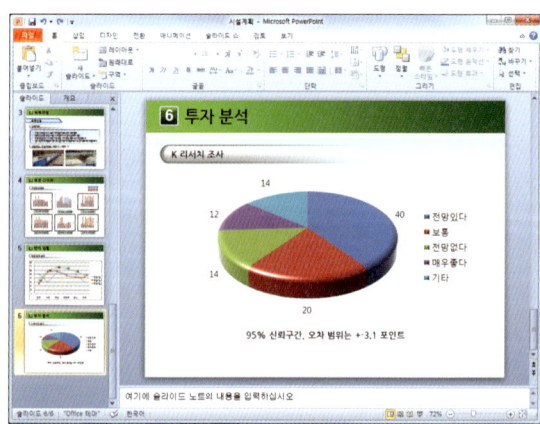

표 삽입하고
스타일 지정하기

텍스트로만 구성된 슬라이드보다 표를 이용한 슬라이드가 청중의 이해를 돕기 쉽습니다. 여기서는
표를 삽입하고 표 스타일을 지정하는 방법을 알아봅니다.

준비 파일 Powerpoint \ 모집공고.pptx   완성 파일 Powerpoint \ 모집공고_완성.pptx

01_ 표를 삽입하기 위해 [삽입] 탭-[표] 그룹에서 [표]를
클릭한 후 [표 삽입]을 선택합니다. [표 삽입] 대화 상자가
나타나면 [열 개수]에는 『6』, [행 개수]에는 『11』을 입력한
후 [확인]을 클릭합니다.

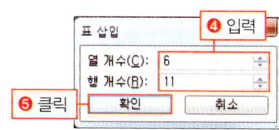

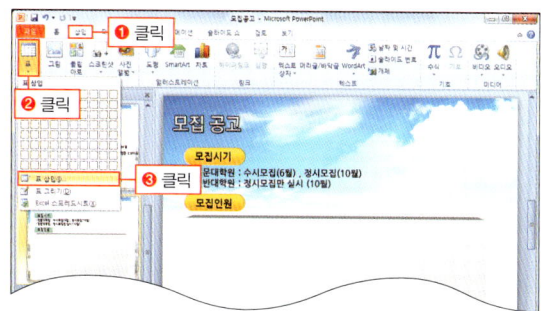

02_ 표 크기 및 위치를 조정한 후 [디자인] 탭-[표 스타
일] 그룹에서 [자세히](▼)를 클릭합니다. 디자인 갤러리가
나타나면 [밝은 스타일 1]을 선택합니다.

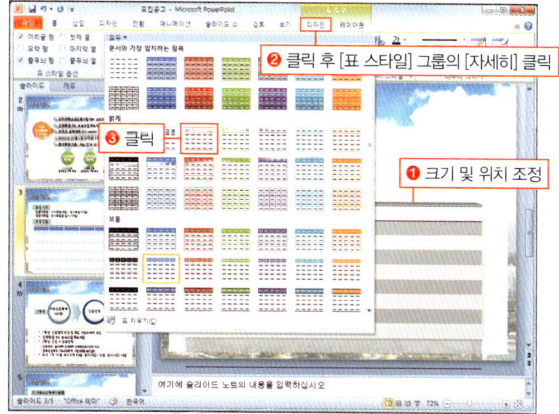

03_ 셀에 텍스트를 입력한 후 완성합니다.

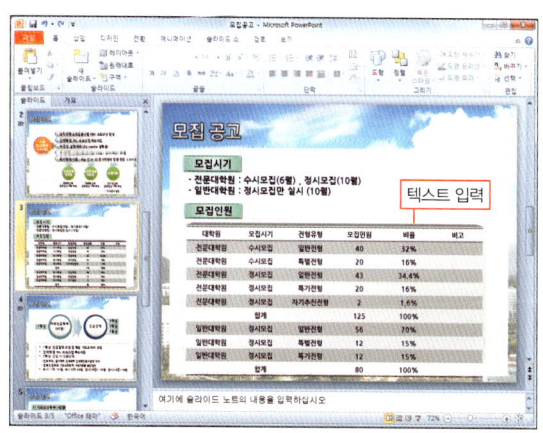

Section# 06 애니메이션 효과와 슬라이드 쇼

파워포인트는 프레젠테이션을 위한 도구입니다. 그렇기 때문에 파워포인트 버전이 업그레이드될 때마다 애니메이션 효과나 슬라이드 쇼와 같은 기능이 더욱 발전되어 왔습니다. 애니메이션 효과를 통해 중요한 부분을 강조할 수 있으며, 다이나믹한 슬라이드를 구성할 수 있습니다. 또한, 슬라이드 쇼를 통해 멋진 프레젠테이션도 진행할 수 있습니다.

:: 애니메이션 종류

애니메이션을 적용할 개체를 선택한 후 [애니메이션] 탭-[애니메이션] 그룹에서 [자세히](▼)를 클릭하면 애니메이션 갤러리를 볼 수 있습니다. 애니메이션 갤러리는 총 4개의 영역으로 표시되며, 각각의 영역마다 강조하는 애니메이션 효과가 다릅니다.

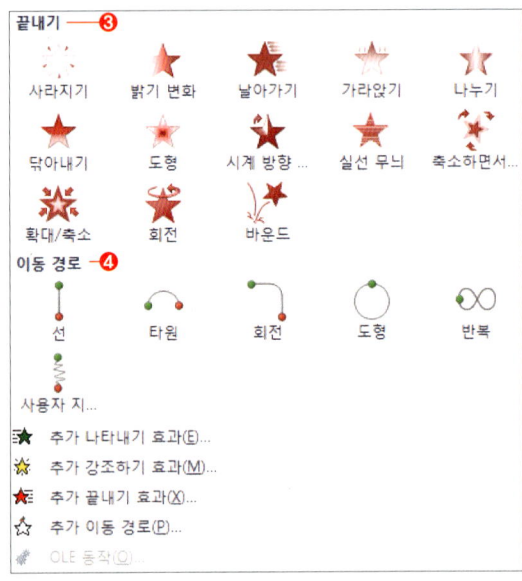

❶ **나타내기** : 가장 많이 사용되는 애니메이션으로 녹색 별 모양으로 표시됩니다. 선택한 개체가 숨겨진 상태에서 표시되는 애니메이션 효과입니다.

❷ **강조** : 노란색 별 모양으로 표시되는 강조 효과는 개체를 강조하기 위해 시선을 끌 수 있는 애니메이션 효과입니다.

❸ **끝내기** : 빨간색 별 모양으로 표시되는 끝내기 효과는 개체를 표시한 후 사라지게 할 때 사용하는 애니메이션 효과입니다.

❹ **이동 경로** : 개체를 이동 경로에 따라 움직일 때 사용하는 애니메이션 효과입니다. 타원이나 사용자가 지정하는 패스에 따라 애니메이션이 움직입니다.

:: 애니메이션 적용하기

청중의 시선을 끄는데 있어 애니메이션 효과보다 강력한 기능은 없습니다. 여기서는 개체에 애니메이션을 적용하는 방법을 알아봅니다.

준비파일 Powerpoint\애니메이션.pptx   **완성파일** Powerpoint\애니메이션_완성.pptx

01_ 애니메이션을 적용할 개체를 선택한 후 [애니메이션] 탭–[애니메이션] 그룹에서 [자세히]( )를 클릭합니다. 애니메이션 갤러리가 나타나면 [실선 무늬]를 선택합니다.

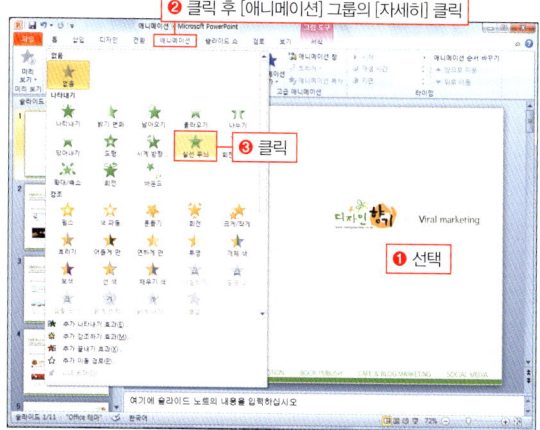

02_ 애니메이션의 속도나 방향 등을 조절하기 위해 [애니메이션] 탭–[애니메이션] 그룹에서 [효과 옵션]을 클릭한 후 [세로]를 선택합니다.

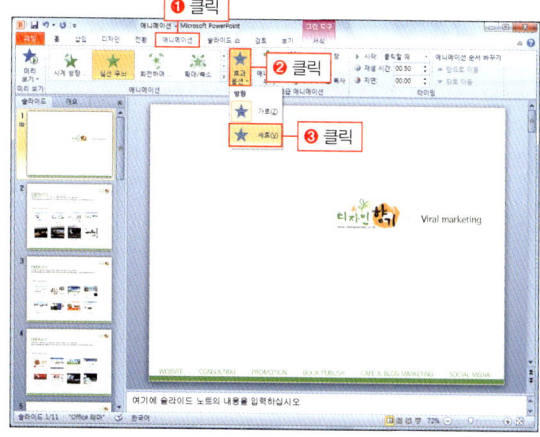

> **TIP**
> 애니메이션이 적용되면 왼쪽에 이 표시됩니다. 현재 슬라이드에서 첫 번째 애니메이션이 적용되었다는 것을 의미하며, 이 숫자에 따라 애니메이션이 진행됩니다. 애니메이션의 속도를 조정하려면 [타이밍] 그룹–[재생 시간]에서 시간을 입력하여 속도를 조정합니다.

:: 동일 개체에 애니메이션 추가하기

하나의 개체에 하나의 애니메이션만 적용할 수 있는 것은 아닙니다. 강조가 필요한 개체의 경우 여러 개의 애니메이션을 중복 적용할 수 있습니다.

03_ [애니메이션] 탭–[고급 애니메이션] 그룹에서 [애니메이션 추가]를 클릭한 후 [강조]–[펄스]를 선택합니다.

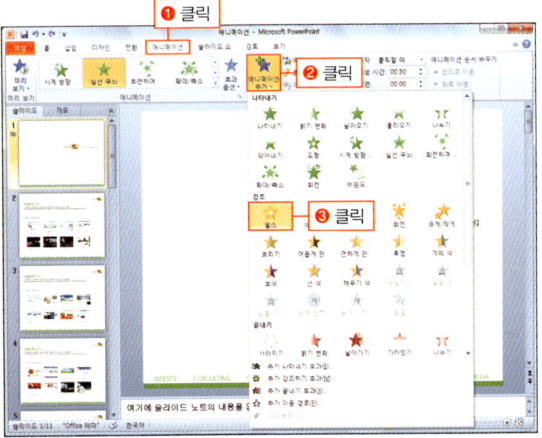

04_ 개체의 왼쪽에 ② 가 표시됩니다. 적용된 애니메이션을 확인하기 위해 [애니메이션] 탭–[미리 보기] 그룹에서 [미리 보기] 윗부분을 클릭합니다.

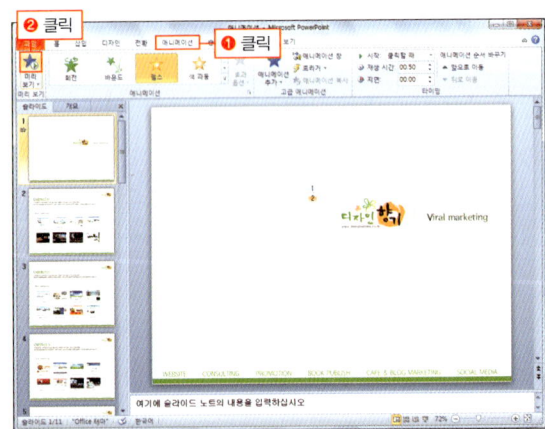

> **TIP**
> 애니메이션을 삭제하려면 적용된 개체에 삽입된 번호(①)를 클릭한 후 **Delete** 를 누릅니다.

:: 전환 효과 사용하기

전환 효과는 각각의 슬라이드 페이지에 일괄적으로 적용되는 애니메이션을 말합니다. 전환 효과를 적용하면 슬라이드의 각각의 개체에 애니메이션을 적용하지 않더라도 강력하면서도 일괄적인 애니메이션 효과를 적용할 수 있습니다.

05_ [전환] 탭-[슬라이드 화면 전환] 그룹에서 [자세히]
(▼)를 클릭합니다. 화면 전환 갤러리가 나타나면 원하는 효과를 선택합니다. 여기서는 [문]을 선택합니다.

06_ [전환] 탭-[타이밍] 그룹-[기간]에서 시간 설정을 한 후 [모두 적용]을 클릭합니다.

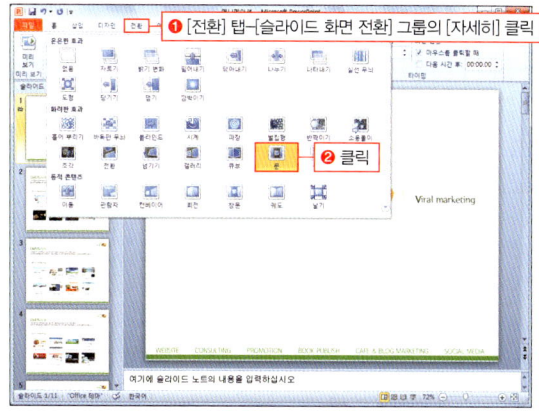

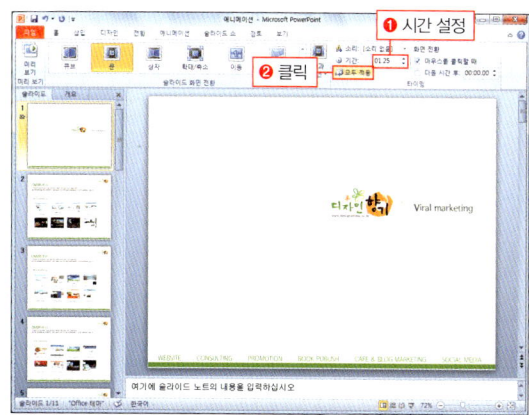

:: 슬라이드 쇼 시작하기

슬라이드 쇼는 프레젠테이션 진행을 할 때 주로 사용합니다. 슬라이드 쇼에서는 애니메이션이나 화면 전환 효과까지 모두 보여줍니다.

07_ [슬라이드 쇼] 탭-[슬라이드 쇼 시작] 그룹에서 [처음부터]를 클릭합니다.

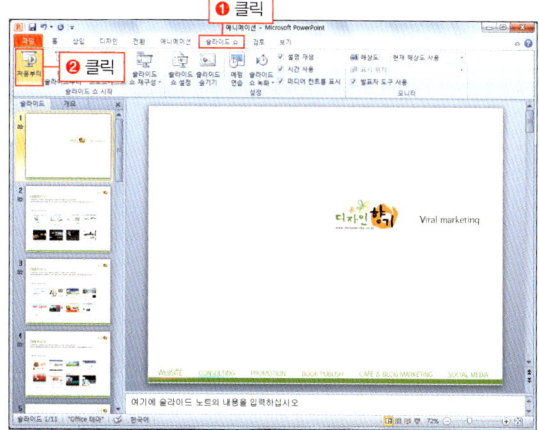

TIP
슬라이드 쇼를 종료하려면 [Esc]를 누릅니다.

:: 현재 슬라이드부터 쇼 보기

슬라이드 쇼를 진행하면 어떤 슬라이드 페이지에 있어도 첫 페이지부터 슬라이드 쇼가 진행됩니다.
현재 슬라이드부터 쇼를 진행하고 싶을 때에는 Shift + F5 를 누릅니다.

08_ 특정 슬라이드를 선택합니다. [슬라이드 쇼] 탭–[슬
라이드 쇼 시작] 그룹에서 [현재 슬라이드부터]를 클릭하
거나, Shift + F5 를 누르면 선택한 슬라이드부터 슬라이
드 쇼가 진행됩니다.

TIP

마우스로 화면을 클릭하거나 Enter 혹은 Space Bar 를 누르면 다음 페이지로 이동할 수 있습니다.

:: 포인트 옵션 적용하기

프레젠테이션을 진행할 때 화면에 직접 무언가를 그리거나 강조 표시를 하고 싶은 경우가 있습니다.
이럴 때에는 슬라이드 쇼에서 포인트 옵션을 지정하면 됩니다.

09_ 슬라이드 쇼 화면에서 마우스 오른쪽 버튼을 클릭
한 후 [포인트 옵션]–[형광펜]을 선택합니다. 다시 마우스
오른쪽 버튼을 클릭한 후 [포인트 옵션]–[잉크 색]–[강조
2]를 선택합니다.

10_ 마우스 포인터가 형광펜으로 변경됩니다. 다음과 같이 마우스를 드래그해 봅니다. 빨간색의 형광펜이 슬라이드에 그려집니다. [Esc]를 눌러 슬라이드 쇼를 마칩니다. 다시 한 번 더 [Esc]를 누르면 잉크 주석을 유지하겠냐고 묻는 메시지 창이 나타납니다. [예] 혹은 [아니요]를 클릭합니다.

:: 레이저 표시하기

프레젠테이션을 진행할 때 레이저를 활용하여 스크린의 현재 위치를 표시하곤 합니다. 파워포인트 2010에서는 이러한 레이저 기능을 제공합니다.

11_ 슬라이드 쇼 상태에서 [Ctrl]을 누른 채 마우스를 드래그합니다. 레이저가 표시됩니다.

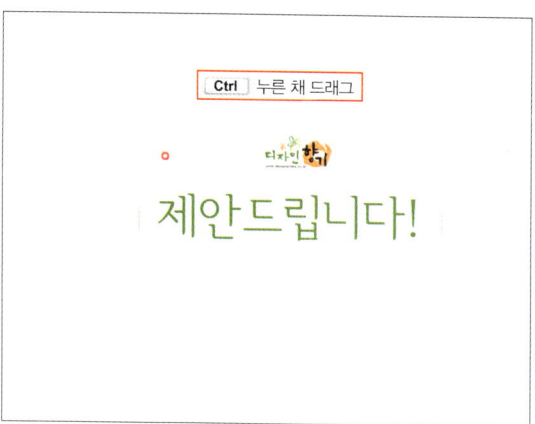

효과적 프레젠테이션 세계

파워포인트 전문가들의 공통적인 특징은 기본적인 기능에 충실하면서도 테크닉에 능하다는 점입니다. 10년 가까이 사용되어온 프로그램이다 보니 다양한 팁과 테크닉이 존재합니다. 여기서는 이런 팁과 테크닉을 바탕으로 파워포인트 실무 노하우에 대해서 살펴보도록 하겠습니다.

파워포인트 실무 노하우

드로잉 기본기
익히기

파워포인트에서 도형을 드래그하거나 개체를 그릴 때 마우스를 자주 사용하게 됩니다. 이때 Shift 와 Ctrl 을 활용한 드로잉 기본기를 알고 있으면 다양한 도형을 그리고 응용할 수 있습니다.

:: Shift 글쇠로 드로잉 익히기

Shift 를 누른 채 도형을 드래그하면 수직이나 수평 방향으로만 도형을 이동할 수 있고, 가로와 세로 비율을 그대로 유지하면서 도형의 크기를 조절할 수 있습니다. 또한 가로, 세로 비율이 1 대 1인 정사 각형, 정원과 같은 정방향의 도형을 그릴 때에도 유용하게 사용됩니다. 선을 그릴 때 Shift 를 누른 상태에서 마우스를 드래그하면 45° 간격으로 선의 각도를 조절하여 그릴 수 있고 도형을 회전할 때에도 15° 간격으로 회전시킬 수 있습니다.

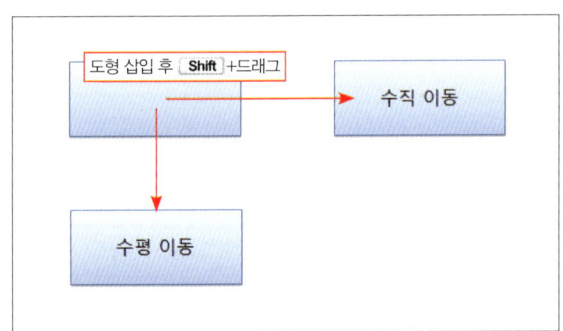

◀ Shift 를 누른 채 도형 이동 : 수직이나 수평 방향으로만 이동

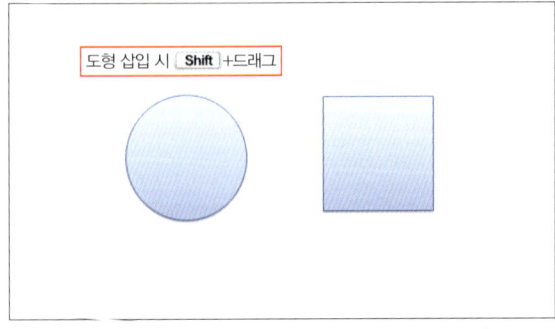

◀ 도형 삽입 시 Shift 를 누른 채 드래그 : 정방형의 도형 삽입

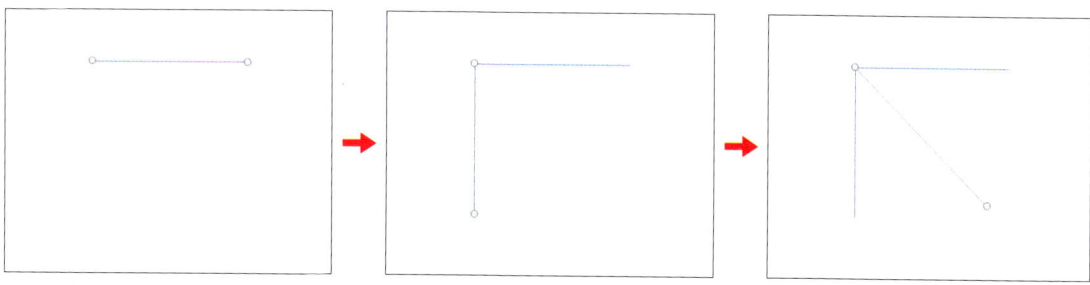

▲ Shift 를 누른 채 선 그리기 : 45° 간격으로 선 삽입

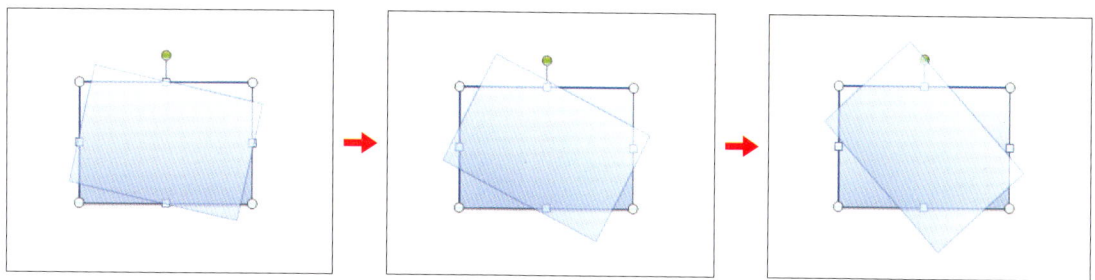

▲ Shift 를 누른 채 도형 회전 : 15° 간격으로 도형 회전

:: Ctrl 글쇠로 드로잉 익히기

Ctrl 을 누른 채 도형을 이동하면 도형이 복사되어 이동되며, 도형의 중심 위치를 고정한 채 도형의 크기를 조정할 수 있습니다. 또한, Ctrl 을 누른 채 도형을 드래그하면 보다 세밀하게 이동할 수 있습니다.

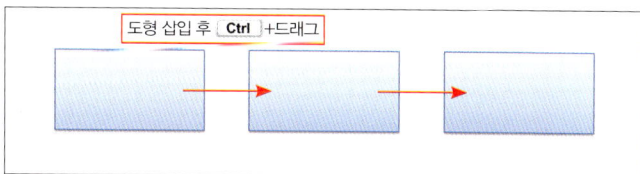

▲ Ctrl 을 누른 채 도형 드래그 : 도형 복사

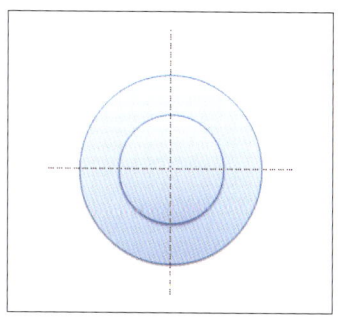
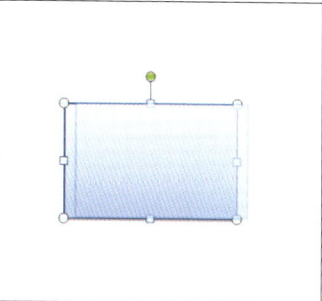

◀ Ctrl 을 누른 채 크기 조정 : 중심 위치를 고정한 채 그리기 조정
◀◀ Ctrl 을 누른 채 도형 이동 : 보다 정밀하게 도형 이동

:: 도형 크기 조정과 모양 변경하기

도형을 선택했을 때 도형의 모서리에 나타나는 흰색 원(◦)과 흰색 사각형(◻)은 [크기 조정 핸들]입니다. 이를 드래그하면 크기를 조정할 수 있습니다. 또한, 노란색 다이아몬드 도형(◆)은 [모양 조정 핸들]로 이를 드래그하면 도형의 모양을 변경할 수 있습니다.

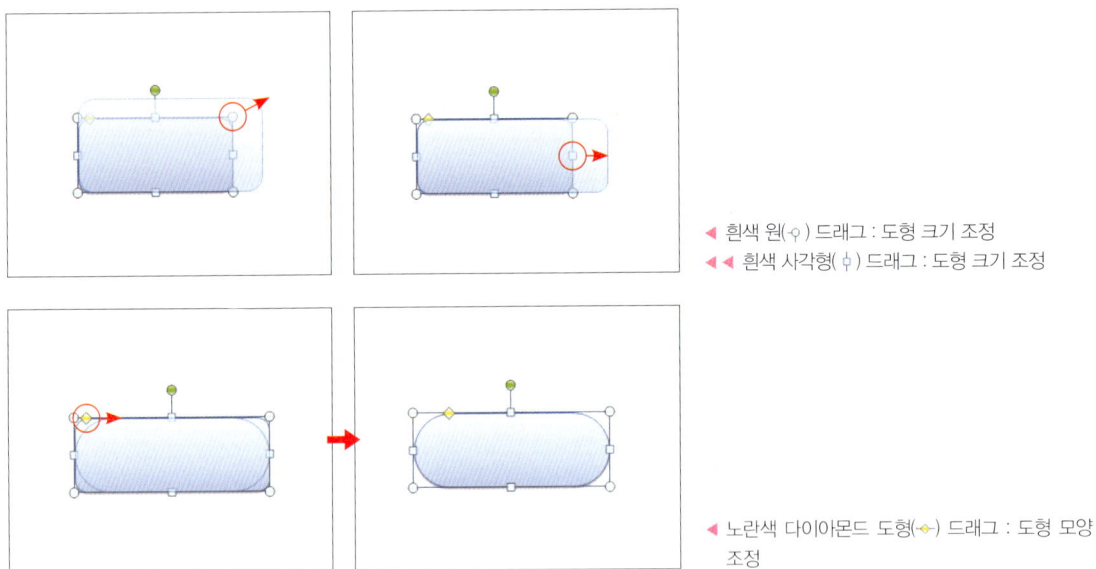

◀ 흰색 원(◦) 드래그 : 도형 크기 조정
◀◀ 흰색 사각형(◻) 드래그 : 도형 크기 조정

◀ 노란색 다이아몬드 도형(◆) 드래그 : 도형 모양 조정

:: 도형 회전하기

[회전 핸들]은 도형을 삽입했을 때 나타나는 초록색의 원(●)입니다. 이를 회전시킬 방향으로 드래그하면 도형을 회전할 수 있습니다.

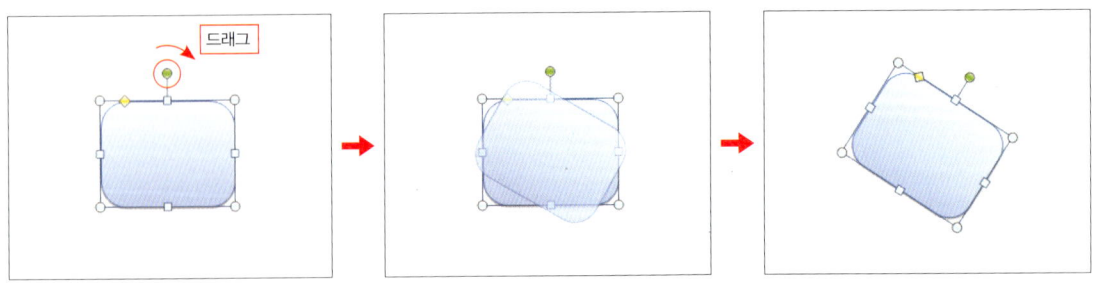

도형에 그라데이션 적용하기

그라데이션이란 한 색에서 다른 색으로 색 및 음영이 점진적으로 변화가 있는 효과를 말합니다. 그라데이션 효과를 적용하면 기본 설정 색 및 방향을 변경할 수 있으며, 중지점에 따라 색상을 변경할 수도 있습니다.

:: 그라데이션 옵션

그라데이션을 지정하기 위해서는 그라데이션 중지점이나 방향, 각도 등 다양한 옵션을 이해하고 있어야 합니다.

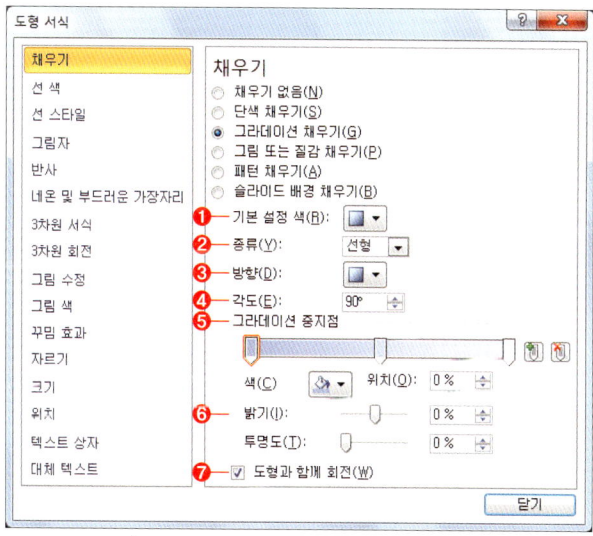

❶ **기본 설정 색** : 파워포인트에서 기본적으로 제공하는 그라데이션이 표시됩니다. 비슷한 효과를 선택한 후 다른 옵션을 변경하여 그라데이션을 지정할 수 있습니다.

❷ **종류** : 선형, 방사형, 사각형, 경로형 중에서 원하는 그라데이션 종류를 선택할 수 있습니다.

❸ **방향** : 그라데이션의 방향을 지정합니다.

❹ **각도** : 각도 입력란에 각도를 입력하여 그라데이션 방향을 지정할 수 있습니다.

❺ **그라데이션 중지점** : 기본적으로 3개의 중지점이 표시됩니다. 3개의 중지점의 위치를 드래그하여 변경하거나 오른쪽에 위치하고 있는 [추가](🔲) 및 [삭제](🔲) 단추를 이용하여 그라데이션을 변경할 수 있습니다.

❻ **색, 밝기, 투명도** : 그라데이션의 색이나 밝기, 투명도를 지정하여 다양한 그라데이션 효과를 만들 수 있습니다.

❼ **도형과 함께 회전** : 도형을 회전할 경우 그라데이션도 함께 회전됩니다.

:: 그라데이션 적용하기

파워포인트를 이용하여 포토샵 등의 그래픽 프로그램으로 만든 듯한 멋진 그라데이션 도형을 만들 수 있습니다.

준비
파일 Powerpoint\그라데이션.pptx

완성
파일 Powerpoint\그라데이션_완성.pptx

01_ 그라데이션을 적용할 도형을 선택한 후 [그리기 도구]-[서식] 탭-[도형 스타일] 그룹에서 대화 상자 표시 아이콘(🔲)을 클릭합니다. [도형 서식] 대화 상자가 나타나면 [채우기]에서 [그라데이션 채우기]를 선택합니다.

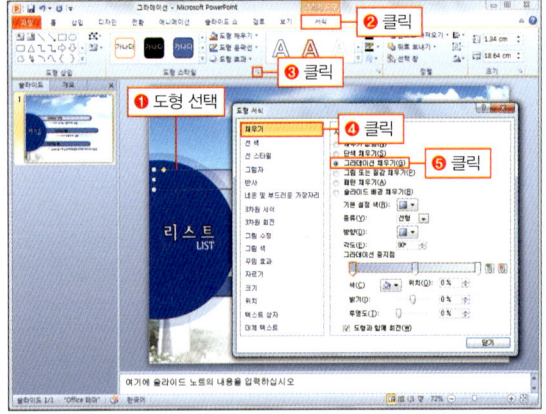

02_ [종류]는 [선형], [방향]은 [선형 오른쪽], [각도]는 [0]을 선택 및 입력합니다. [그라데이션 중지점]에서 중앙에 있는 중지점은 필요 없기 때문에 [삭제](🔲) 단추를 클릭하여 삭제합니다.

TIP

그라데이션 중지점은 기존에 설정한 만큼 표시되기 때문에 그림과 다를 수 있습니다.

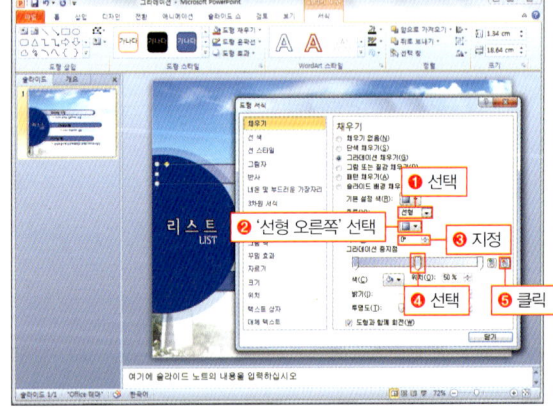

03_ 그라데이션 중지점의 왼쪽 중지점을 선택한 후 [색]-[다른 색]을 선택합니다.

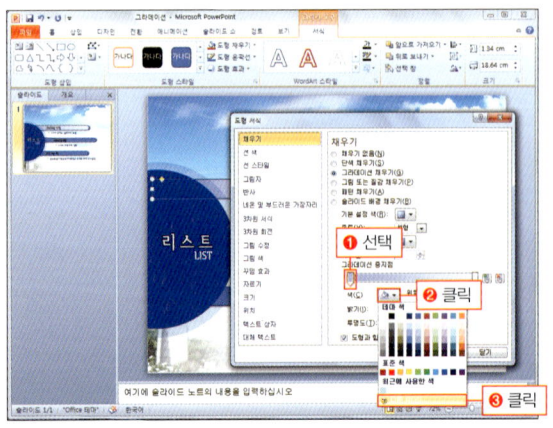

04_ [색] 대화 상자가 나타나면 [사용자 지정] 탭을 클릭한 후 R, G, B 색상 입력란에 다음과 같이 입력하고 [확인]을 클릭합니다.

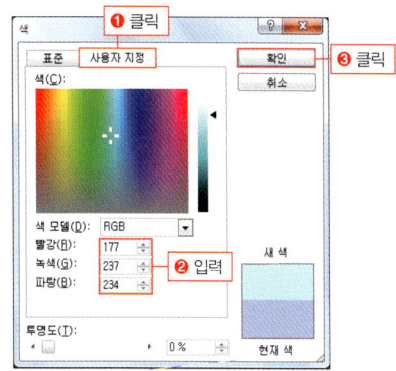

05_ 그라데이션 중지점의 오른쪽 중지점을 선택한 후 [색]→[흰색, 배경 1]을 선택하고 [닫기]를 클릭합니다.

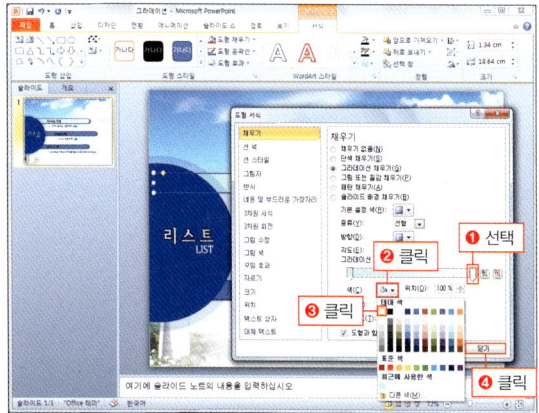

06_ 나머지 도형도 그라데이션을 적용합니다.

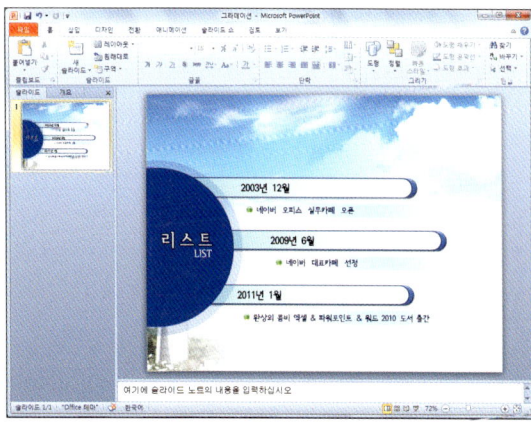

도형 복제로
작업 효율 높이기

복제 기능은 단순히 도형을 복사한다는 개념보다는 도형에 적용되어 있는 여러 서식까지도 함께 복사하는 개념입니다. 이 기능은 기존 도형의 모든 속성과 개체 사이의 간격까지도 일정하게 유지하면서 복사되기 때문에 작업 효율을 높일 수 있습니다.

준비파일 Powerpoint\국책사업설정.pptx   완성파일 Powerpoint\국책사업설정_완성.pptx

01_ 도형을 복제하기 위해 복제할 도형을 모두 선택한 후 `Ctrl` + `D` 를 누릅니다.

02_ 복제한 도형을 기존 도형에서 오른쪽으로 일정한 간격만큼 띄워놓습니다.

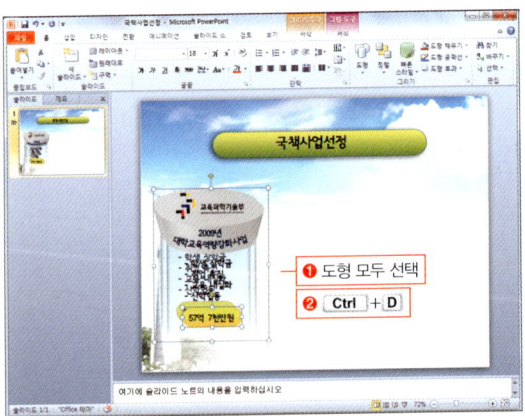

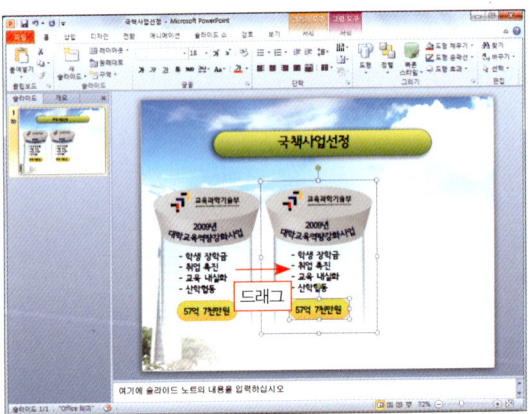

03_ `Ctrl` + `D` 를 반복해서 눌러 도형을 다시 복제합니다. 동일한 간격으로 도형이 복제되는 것을 확인할 수 있습니다. 내용을 수정하여 완성합니다.

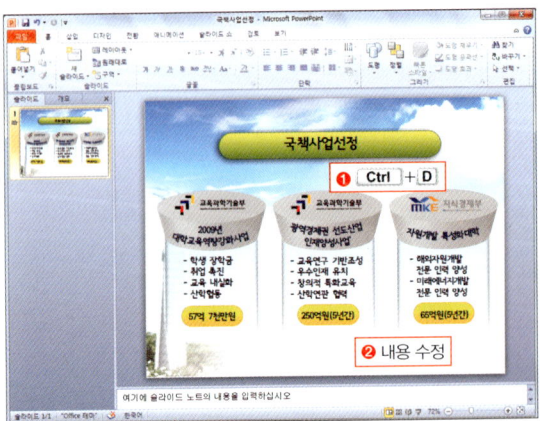

자유형 도형과
점 편집하기

기본형 도형을 자유형 도형으로 변환하거나 도형 편집을 통해 새로운 도형을 만들 수 있습니다. 여기서는 자유형 도형을 이용하여 제목 슬라이드를 꾸며봅니다.

:: 점 편집하기

파워포인트에서 기본으로 제공하는 도형도 점 편집 기능을 통해 다양한 도형으로 변경할 수 있습니다.

준비파일 Powerpoint\디자인향기.pptx   완성파일 Powerpoint\디자인향기_완성.pptx

01_ [홈] 탭-[그리기] 그룹에서 [도형]을 클릭하여 [직사각형]을 삽입합니다.

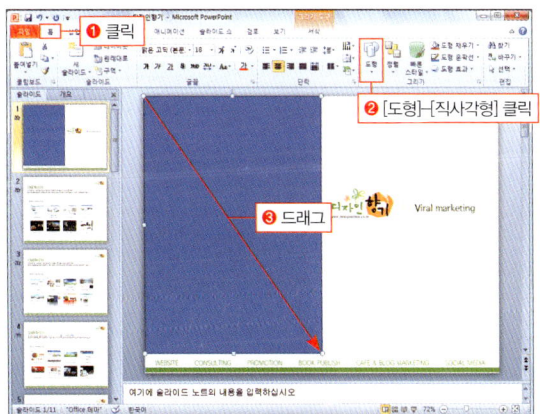

02_ [그리기 도구]-[서식] 탭-[도형 삽입] 그룹에서 [도형 편집]을 클릭하여 [점 편집]을 선택합니다.

03_ 점을 추가할 직사각형의 오른쪽 변에서 마우스 오른쪽 버튼을 클릭한 후 [점 추가]를 선택합니다.

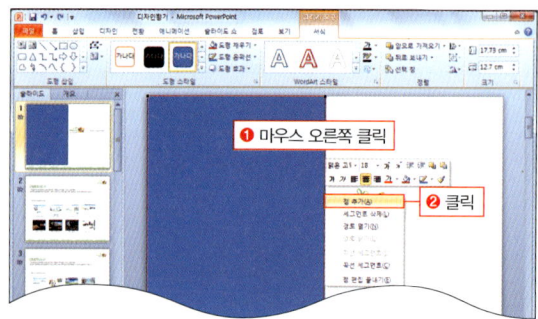

04_ 추가된 점에서 마우스 오른쪽 버튼을 클릭한 후 [부드러운 점]을 선택합니다.

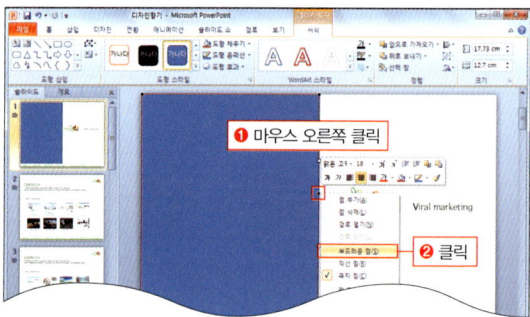

05_ 곡선 조절 단추를 드래그하여 원하는 모양으로 변경합니다.

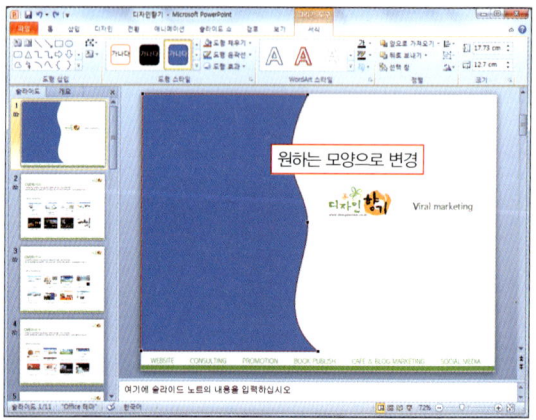

06_ [그리기 도구]-[서식] 탭-[도형 스타일] 그룹에서 [도형 채우기]를 클릭하여 [주황]을 선택합니다. [도형 윤곽선]을 클릭하여 [윤곽선 없음]을 선택합니다.

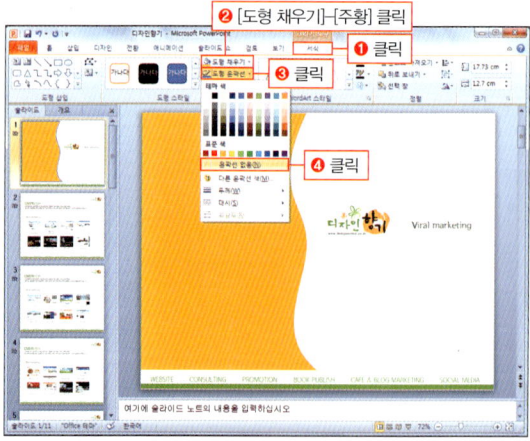

:: 라인 편집하기

점 편집을 통해 부드러운 점으로 변경한 곡선은 도형 복제 기능을 통해 전혀 다른 느낌의 라인으로 만들 수 있습니다.

07_ Ctrl + D 를 눌러 도형을 복제합니다. [그리기 도구]-[서식] 탭-[도형 스타일] 그룹에서 [도형 채우기]를 클릭하여 [흰색, 배경 1]을 선택합니다.

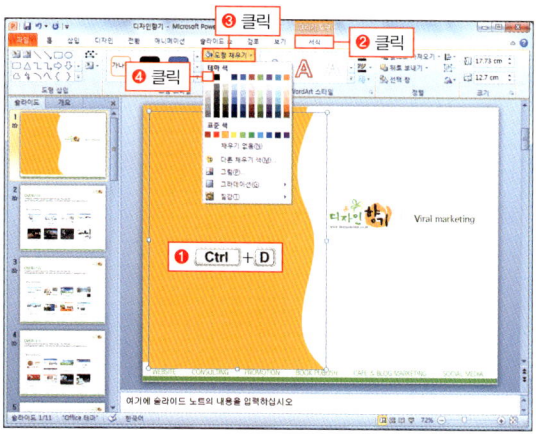

08_ 복제한 도형의 위치를 조정한 후 마우스 오른쪽 버튼을 클릭하여 [점 편집]을 선택합니다. 라인이 살아날 수 있도록 점 위치를 조절하여 완성합니다.

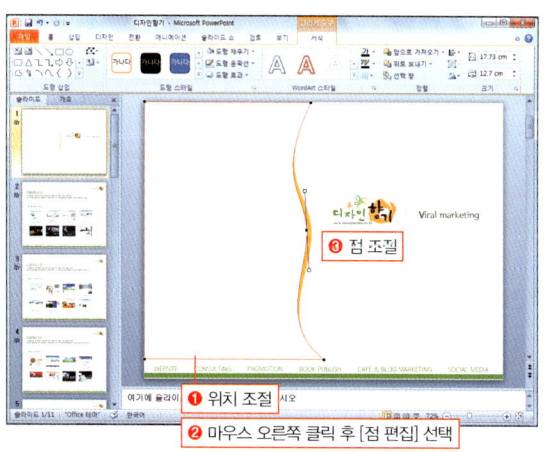

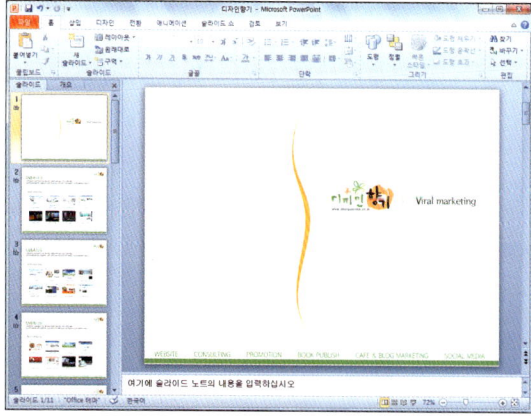

선명도, 밝기, 대비
조정하기

[조정] 그룹의 선명도, 밝기 및 대비를 이용하면 포토샵과 같은 그래픽 프로그램에서 작업하던 것처럼 다양한 그림 효과를 파워포인트에서도 적용할 수 있습니다.

준비파일 Powerpoint\갤러리.pptx

완성파일 Powerpoint\갤러리_완성.pptx

01_ 조정을 원하는 그림을 선택합니다. [그림 도구]−[서식] 탭−[조정] 그룹에서 [수정]을 클릭하여 [밝기 : +40%, 대비 : +20%]를 선택합니다.

02_ [그림 도구]−[서식] 탭−[조정] 그룹에서 [꾸밈 효과]를 클릭하여 [연필 회색조]를 선택합니다. 같은 방법으로 다양한 선명도, 밝기, 대비를 파워포인트에서 조정할 수 있습니다.

Section# 06
여러 장의 그림을 한 번에 **슬라이드에 삽입**하기

여러 장의 사진을 슬라이드에 삽입하려면 동일한 작업을 반복해야 합니다. 하지만 사진 앨범 기능을 이용하면 여러 장의 그림을 한 번에 슬라이드에 삽입할 수 있습니다.

01_ [삽입] 탭–[이미지] 그룹에서 [사진 앨범]을 클릭하여 [새 사진 앨범]을 선택합니다.

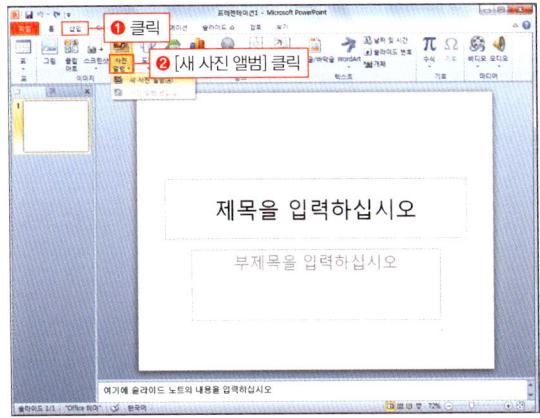

02_ [사진 앨범] 대화 상자가 나타나면 [파일/디스크]를 클릭합니다. [새 그림 삽입] 대화 상자가 나타나면 슬라이드에 삽입할 그림을 모두 선택한 후 [삽입]을 클릭합니다. 그림의 순서를 조정한 후 [앨범 레이아웃]에서 그림의 크기 및 모양을 설정하고 [만들기]를 클릭합니다.

03_ 각각의 슬라이드에 그림이 삽입됩니다.

07 유튜브 동영상 삽입하기

유튜브(YouTube)는 무료 동영상 공유 사이트입니다. 영상 클립을 업로드하거나 공유할 수 있고 프레젠테이션 작업을 진행할 때 필요한 동영상을 찾아 파워포인트에 바로 삽입할 수도 있습니다.

준비파일 | Powerpoint\유튜브.pptx   완성파일 | Powerpoint\유튜브_완성.pptx

01_ 유튜브(http://kr.youtube.com) 웹 사이트에 접속합니다. 원하는 동영상을 찾은 후 [소스 코드]를 클릭하여 동영상의 소스 코드를 Ctrl + C 를 눌러 복사합니다.

TIP

embed 태그로 이루어진 동영상의 경우 파워포인트로 가져올 수 있습니다. 유튜브 동영상을 가져올 때 embed 태그로 이루어지지 않은 동영상은 가져올 수 없기에 이럴 때에는 [이전 소스 코드 사용]에 체크 표시를 합니다.

02_ 파워포인트에서 [삽입] 탭–[미디어] 그룹–[비디오]의 화살표를 클릭한 다음 [웹 사이트의 비디오]를 선택합니다.

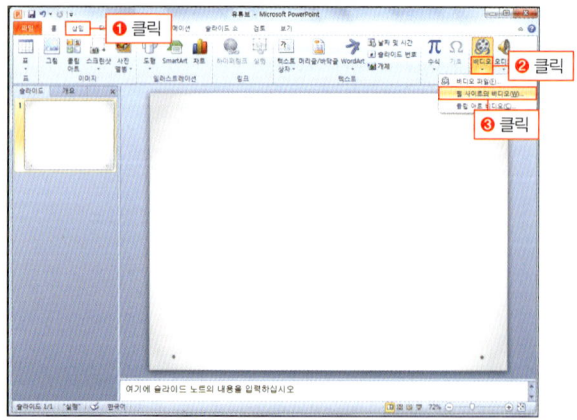

03_ [웹 사이트에서 가져온 비디오 삽입] 대화 상자가 나타나면 Ctrl + V를 눌러 소스를 붙여넣기한 후 [삽입]을 클릭합니다.

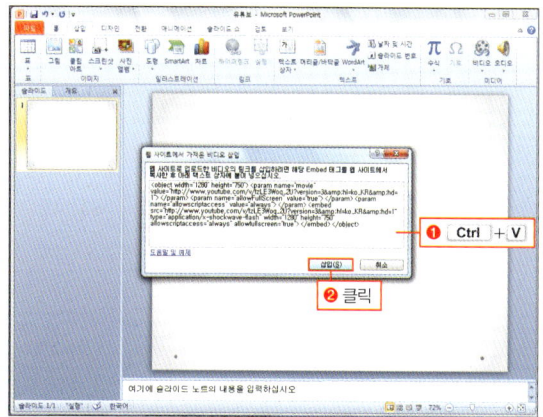

04_ 삽입된 동영상의 크기와 위치를 조정합니다. [비디오 도구]–[서식] 탭–[미리 보기] 그룹에서 [재생]을 클릭하여 동영상을 확인합니다. 유튜브에서 소스 코드로 붙여넣은 동영상이 실행됩니다.

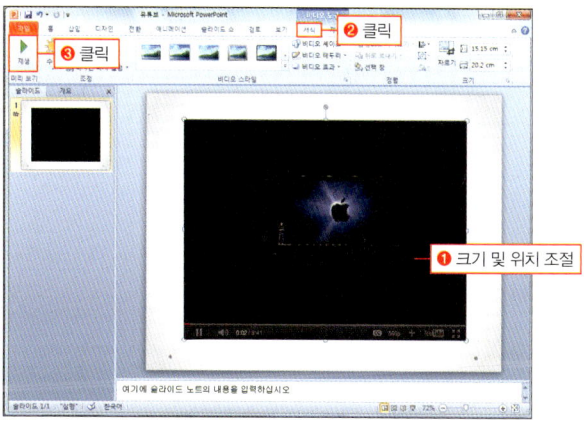

Section
08
슬라이드를
동영상 파일로 변환하기

슬라이드 파일은 고화질 동영상 파일로 변환할 수 있습니다. 동영상의 해상도를 비롯하여 각 슬라이드의 화면 전환 속도도 조정할 수 있습니다.

준비 파일 : Powerpoint \ 출판영상.pptx   완성 파일 : Powerpoint \ 출판영상.wmv

01_ [파일] 탭-[저장/보내기]를 클릭합니다. [파일 형식] 에서 [비디오 만들기]를 선택합니다. [컴퓨터 및 HD 디스 플레이]를 클릭한 후 원하는 해상도를 선택합니다.

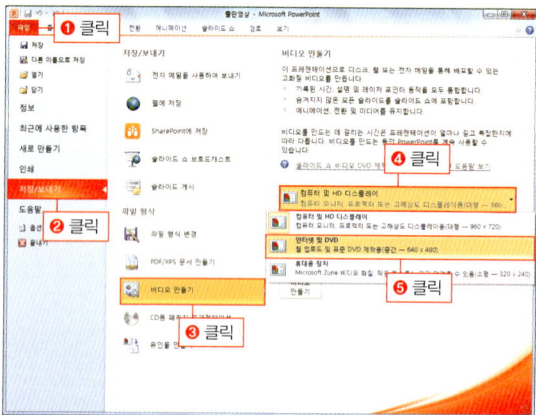

02_ [각 슬라이드에 걸리는 시간(초)]에 원하는 시간을 입력한 후 [비디오 만들기]를 클릭합니다.

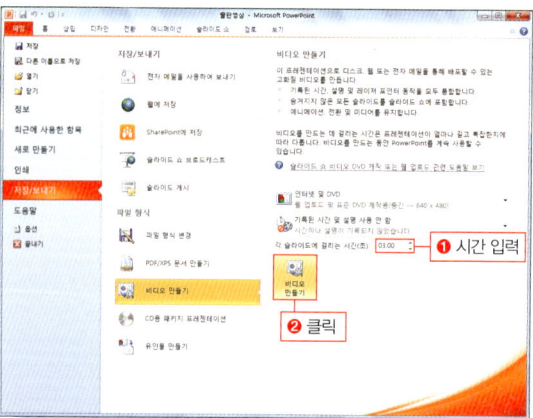

03_ [다른 이름으로 저장] 대화 상자가 나타나면 [저장 위치]를 선택하고 [파일 이름]을 입력한 후 [저장]을 클릭합니다.

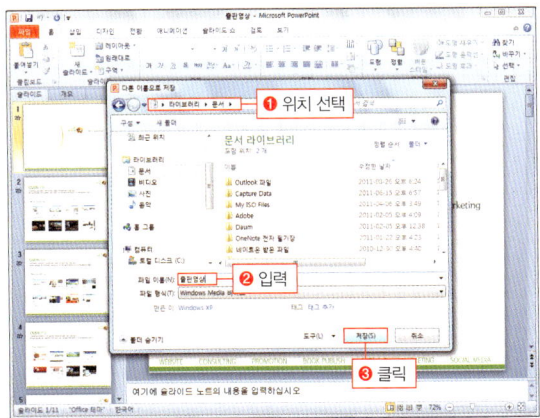

04_ 저장한 파일을 실행합니다. 슬라이드가 동영상 파일로 변환되어 재생됩니다.

파워포인트에서
동영상 압축하기

파워포인트 슬라이드에 동영상이 포함되면 파일의 크기가 커지게 됩니다. 미디어 압축을 통해 동영상 파일의 크기를 조절해 주는 것이 좋습니다.

01_ [파일] 탭−[정보]를 클릭합니다. [미디어 압축]을 클릭한 후 원하는 품질을 선택합니다.

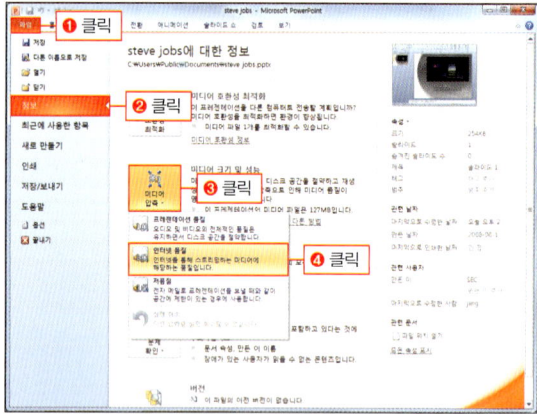

02_ [미디어 압축] 경고 창이 나타나면서 압축 과정을 볼 수 있습니다. 압축이 끝나면 [닫기]를 클릭합니다.

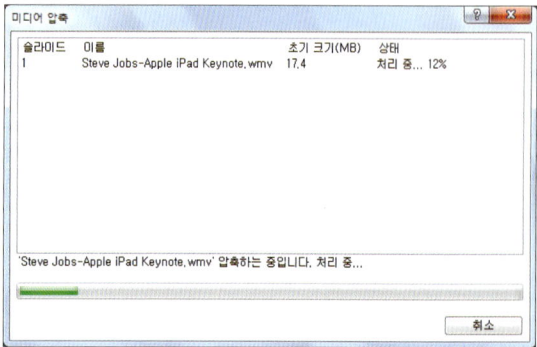

슬라이드 크기 및 가로/세로 변경하기

프레젠테이션을 슬라이드 쇼가 아닌 보고서나 출력용으로 사용할 경우 슬라이드 크기 및 방향을 변경하여 사용하는 것이 좋습니다. 여기서는 가장 많이 사용되는 A4 용지의 크기로 변경하는 방법에 대해서 알아보도록 하겠습니다.

준비파일 Powerpoint\디자인편집.pptx   완성파일 Powerpoint\디자인편집_완성.pptx

01_ [디자인] 탭-[페이지 설정] 그룹에서 [페이지 설정]을 클릭합니다.

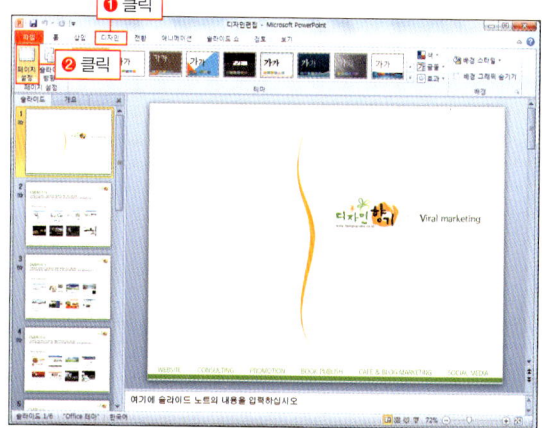

02_ [페이지 설정] 대화 상자에서 [슬라이드 크기]의 목록 단추를 클릭한 후 [A4 용지(210×297mm)]를 선택합니다. '가로'로 설정되어 있는 슬라이드 방향을 '세로'로 변경하기 위해 [방향]-[슬라이드]에서 [세로]를 선택한 후 [확인]을 클릭합니다.

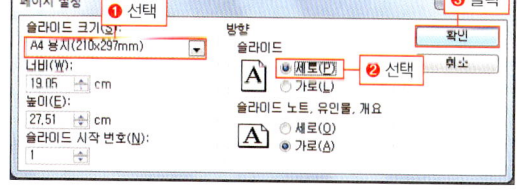

03_ 슬라이드 크기와 방향이 변경됩니다. 슬라이드에 삽입된 개체를 조정하여 슬라이드를 완성합니다.

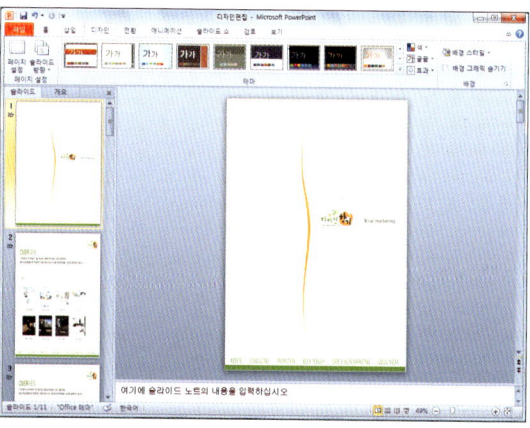

Section# 11
슬라이드에 페이지 번호 표시하기

슬라이드에 페이지 번호를 표시하면 전체 페이지 분량이나 인쇄 시 순서를 확인할 수 있어 편리합니다. 페이지 번호는 [머리글/바닥글] 대화 상자에서 적용할 수 있습니다.

:: 제목 슬라이드에는 페이지 번호 표시 안 하기

보통 제목 슬라이드는 프레젠테이션의 표지로 사용되기 때문에 페이지 번호를 잘 표시하지 않습니다. 페이지 번호를 표시하게 되면 제목 슬라이드에도 번호가 표시되기 때문에 [머리글/바닥글] 대화 상자에서 [제목 슬라이드에는 표시 안 함]에 체크 표시를 해야 합니다.

준비파일 Powerpoint\페이지번호.pptx   **완성파일** Powerpoint\페이지번호_완성.pptx

01_ [삽입] 탭-[텍스트] 그룹에서 [머리글/바닥글]을 클릭합니다.

02_ [머리글/바닥글] 대화 상자가 나타나면 [슬라이드 번호]에 체크 표시를 하고 [제목 슬라이드에는 표시 안 함]에 체크 표시를 한 후 [모두 적용]을 클릭합니다.

TIP

[제목 슬라이드에는 표시 안 함]에 체크 표시를 하면 슬라이드의 첫 페이지인 제목 슬라이드에는 페이지 번호가 표시되지 않습니다.

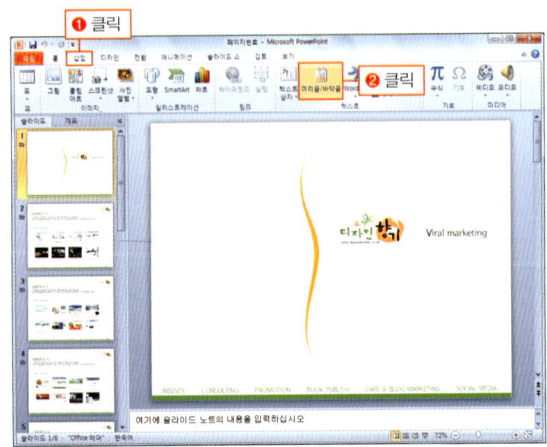

:: 슬라이드 마스터에서 번호 이동하기

페이지 번호가 표시된 곳의 위치가 마음에 들지 않으면 원하는 곳으로 페이지 번호를 이동할 수 있습니다. 이동을 위해서는 슬라이드 마스터를 이용해야 합니다.

03_ [보기] 탭–[마스터 보기] 그룹에서 [슬라이드 마스터]를 클릭합니다.

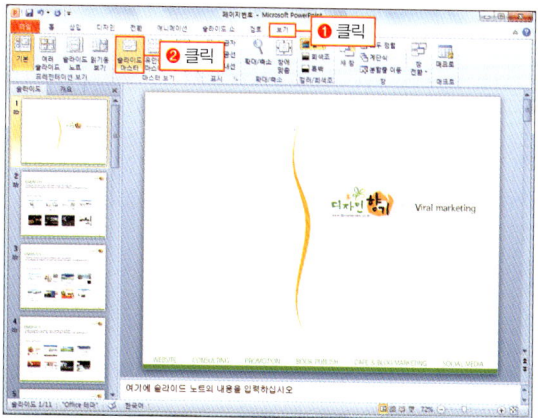

04_ [페이지 번호] 개체 틀을 마우스로 드래그하여 원하는 위치로 이동한 후 [슬라이드 마스터] 탭–[닫기] 그룹에서 [마스터 보기 닫기]를 클릭합니다.

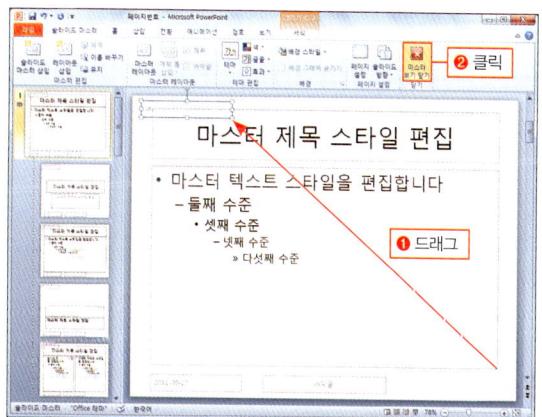

05_ 2번째 슬라이드를 선택하면 페이지 번호가 슬라이드 마스터에서 변경한 위치로 이동한 것을 확인할 수 있습니다.

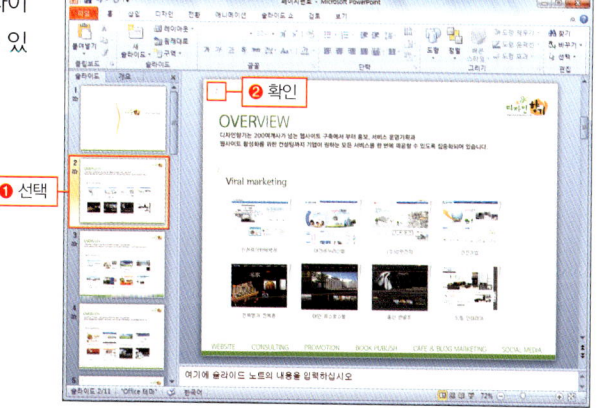

스크린샷으로
화면 캡처하기

파워포인트 2010에 새롭게 등장한 스크린샷 기능을 이용하면 화면 캡처 프로그램을 이용하지 않더라도 파워포인트에서 원하는 화면을 캡처하여 슬라이드에 삽입할 수 있습니다.

준비파일 Powerpoint \ 화면캡처.pptx   완성파일 Powerpoint \ 화면캡처_완성.pptx

01_ [삽입] 탭-[이미지] 그룹에서 [스크린샷]을 클릭하여 [화면 캡처]를 선택합니다.

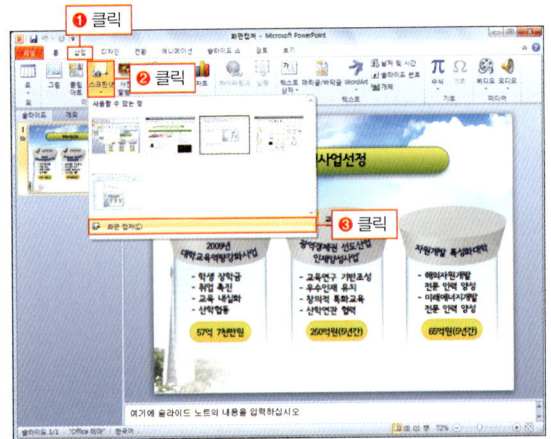

02_ 원하는 인터넷 웹 페이지를 열어 특정 부분을 마우스로 드래그하여 선택합니다.

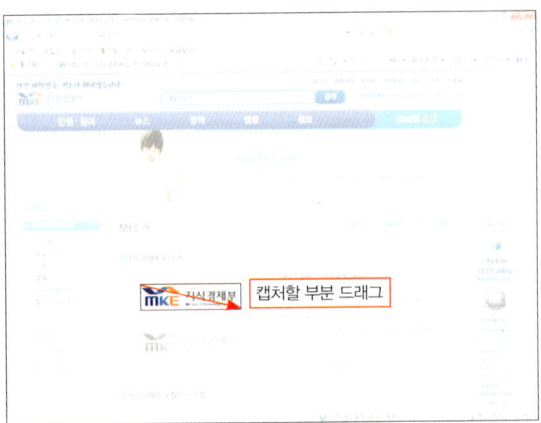

TIP

[스크린샷]을 클릭하면 현재 열려 있는 웹 화면이 갤러리 형식으로 나타납니다. 이 중 원하는 화면을 선택하거나 [화면 캡처]를 클릭하여 캡처할 부분만 드래그하여 선택할 수 있습니다.

03_ 캡처한 그림을 선택한 후 [그림 도구]-[서식] 탭-[조정] 그룹에서 [색]을 클릭하여 [투명한 색 설정]을 선택합니다.

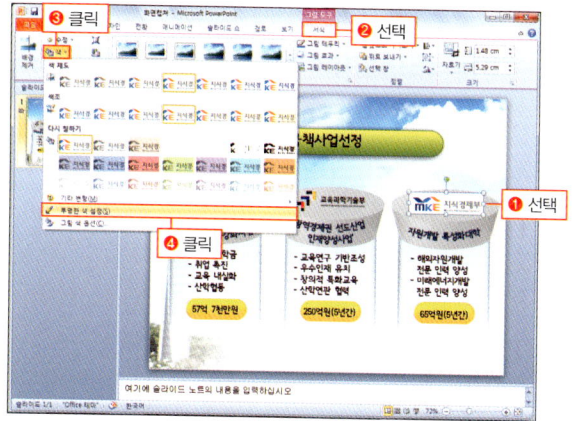

04_ 흰색 배경을 클릭하여 배경을 삭제합니다.

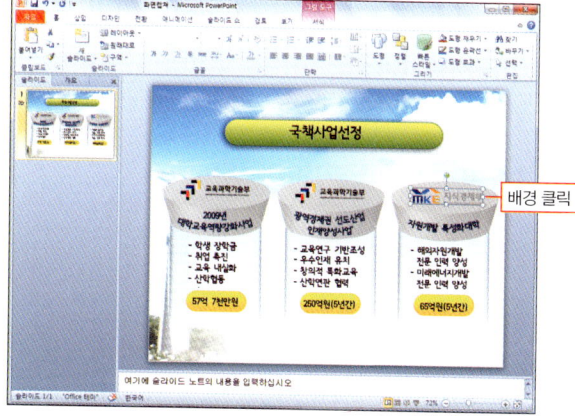

TIP

캡처한 화면은 배경이 그대로 포함되어 삽입됩니다. 따라서 [투명한 색 설정]을 통해 배경을 삭제해 주는 작업이 필요합니다.

꼭!! 알고가기 그림 배경 제거하기

[투명한 색 설정] 기능을 이용하면 그림에서 쉽게 배경 부분을 없앨 수 있다는 장점이 있지만 정밀하게 투명한 색으로 설정하지 못한다는 단점이 있습니다. 이를 보완해 주기 위해 파워포인트 2010에서 [배경 제거] 기능이 새롭게 추가되었습니다. [그림 도구]-[서식] 탭-[조정] 그룹에서 [배경 제거]를 클릭하여 그림에 영역이 표시되면 전체 그림이 포함될 수 있도록 영역을 조정하여 배경을 제거합니다.

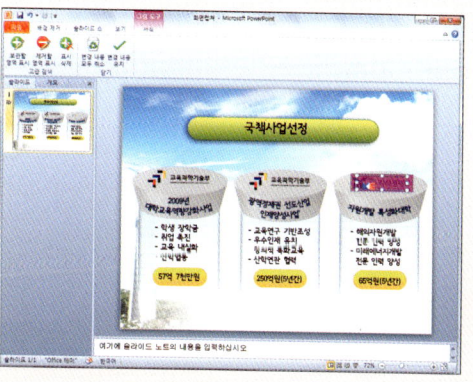

모니터 2대를 이용하여
발표자 도구 사용하기

발표자 도구를 사용하면 모니터 한 대는 슬라이드 쇼를 진행하고 또 다른 한 대는 발표자를 위한 발표자 보기를 표시할 수 있습니다. 이 기능을 사용하기 위해서는 먼저 컴퓨터에 모니터 2대가 설치되어 있거나 빔프로젝터가 설치되어 있어야 합니다.

준비파일 Powerpoint\발표자도구.pptx

완성파일 Powerpoint\발표자도구_완성.pptx

01_ [슬라이드 쇼] 탭–[모니터] 그룹에서 [발표자 도구 사용]에 체크 표시를 합니다.

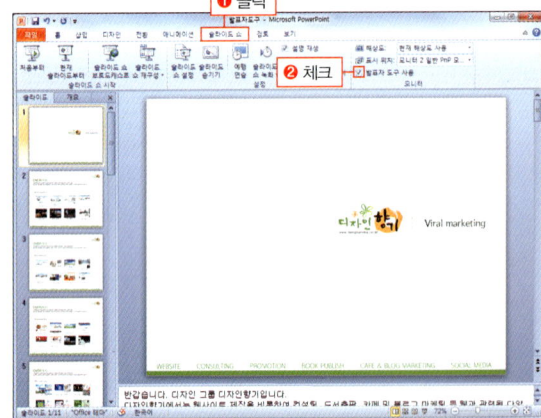

> **TIP**
> 경고 창이 나타날 수 있습니다. 경고 창은 모니터 1대를 사용하고 있을 때나 멀티 모니터 설정이 되어 있지 않을 때 나타납니다.

> **TIP**
> [제어판]의 [디스플레이 모양 변경] 창이 나타나면 [감지]를 클릭하여 다중 실행을 위한 멀티 모니터를 선택합니다. 주 모니터를 설정하기 위해 2번 모니터를 선택한 다음 [다중 디스플레이]에서 [디스플레이 확장]을 선택하고 [확인]을 클릭합니다.

02_ [슬라이드 쇼] 탭–[모니터] 그룹–[표시 위치]에서 [모니터 2 일반 PnP 모...]가 선택되어 있는지 확인합니다. [슬라이드 쇼 시작] 그룹에서 [처음부터]를 클릭합니다.

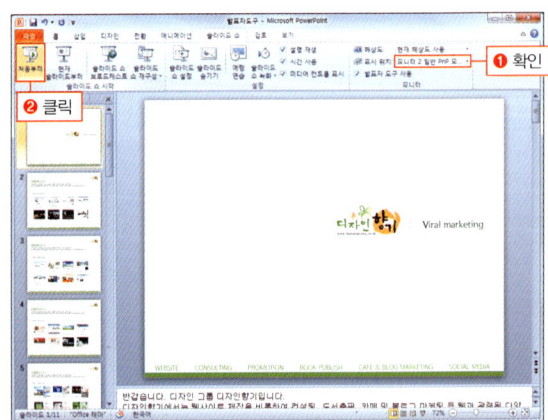

03_ [발표자 보기] 창이 나타납니다. 발표자 보기는 프레젠테이션을 진행하는 발표자만 볼 수 있으며, 실제 프레젠테이션에서는 슬라이드 쇼가 진행됩니다.

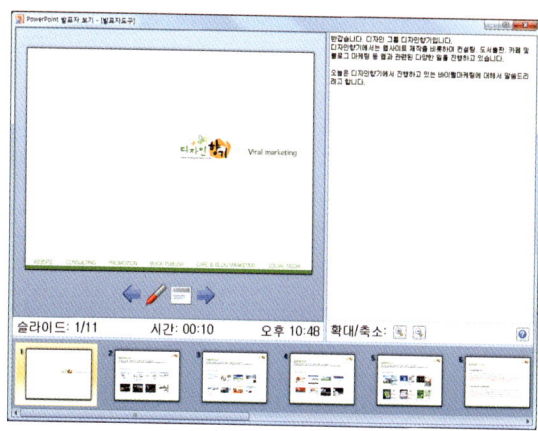

효과적
프레젠테이션
세계

파워포인트가 오랜 기간 동안 사랑을 받아온 이유는 무엇보다 폭넓은 호환성과 무료 템플릿, 그리고 손쉬운 사용법에 있다고 생각됩니다. 특히, 온라인상의 포털 사이트나 카페 등의 검색을 통해 기능을 익힐 수 있고, 템플릿이나 소스도 손쉽게 구할 수 있기에 다른 프레젠테이션 도구보다 쉽게 슬라이드를 완성할 수 있다는 장점도 있습니다. 하지만 이런 점보다도 파워포인트를 조금만 응용하면 다른 프레젠테이션 도구가 구현하지 못하는 다양한 기술을 구현할 수 있다는 점이 파워포인트가 오랜 기간 사랑받아온 이유가 아닌가 싶습니다. 여기서는 파워포인트의 다양한 기능으로 슬라이드를 제작하는 방법에 대해서 살펴보도록 하겠습니다.

CHAPTER

04

파워포인트 실무
예제 활용하기

Section# 01

신문기사로 프레지와는
다른 기업 홍보물 완성하기

파트 2에서 프레지의 캔버스 위에서 본 예제와 동일한 작업을 해 보았습니다. 여기서는 파워포인트의 슬라이드 위에서 동일한 작업을 해 보도록 하겠습니다. 본 예제와 프레지 예제를 통해 프레지와 파워포인트의 기능 사용법과 차이점을 완벽히 알아봅니다.

준비파일: Sample\Powerpoint\Section 01\신문기사.pptx

완성파일: Sample\Powerpoint\Section 01\신문기사_완성.pptx

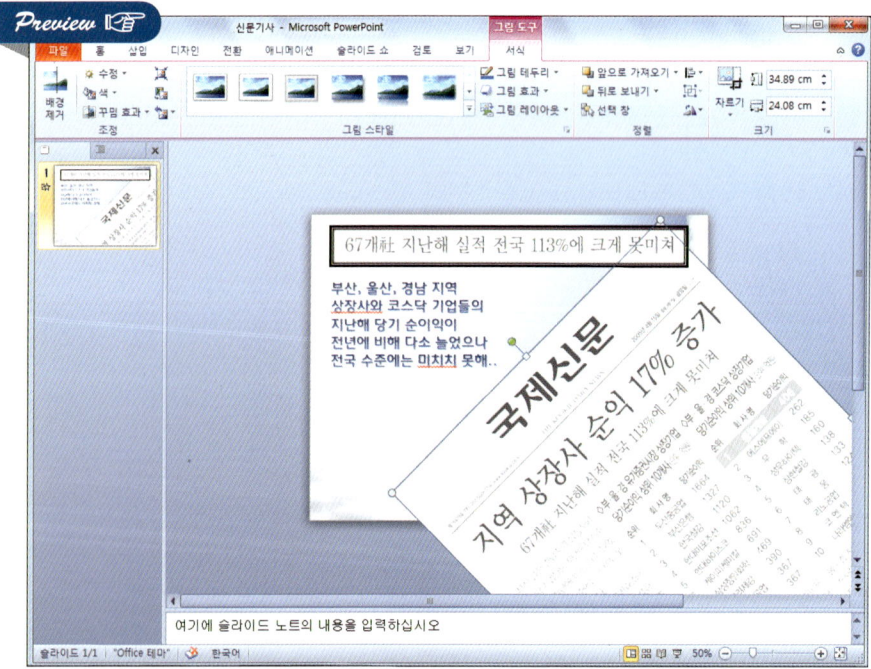

01_ 예제 파일을 불러온 후 [삽입] 탭-[이미지] 그룹에서 [그림]을 클릭합니다. [그림 삽입] 대화 상자가 나타나면 부록 CD의 [Powerpoint] 폴더에서 'news.png' 파일을 선택한 후 [삽입]을 클릭합니다.

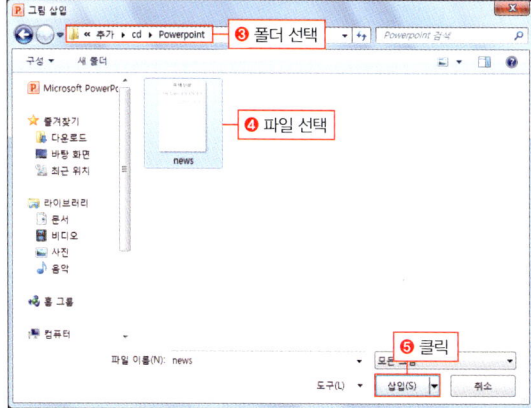

02_ 슬라이드에 이미지가 삽입됩니다. 신문 기사 중 일정 부분을 잘라 슬라이드 제목으로 활용하기 위해 Ctrl +D 를 눌러 이미지를 복제합니다.

03_ 이미지가 복제되면 복제된 이미지를 선택한 후 [그림 도구] [서식] 탭-[크기] 그룹에서 [자르기] 윗부분을 클릭합니다.

04_ 자르기 핸들이 나타나면 원하는 부분만 표시되도록 이미지의 크기를 조정합니다. [서식] 탭–[크기] 그룹에서 [자르기] 윗부분을 다시 클릭합니다.

05_ 자른 이미지를 슬라이드의 제목으로 활용하기 위해 크기 조절 핸들을 이용해 크기를 조절한 후 위치를 이동합니다.

06_ 제목으로 사용하기에는 다소 밋밋하므로 이미지에 효과를 주도록 하겠습니다. [그림 도구]–[서식] 탭–[그림 스타일] 그룹에서 [자세히]를 클릭한 후 [복합형 프레임, 검정]을 선택합니다.

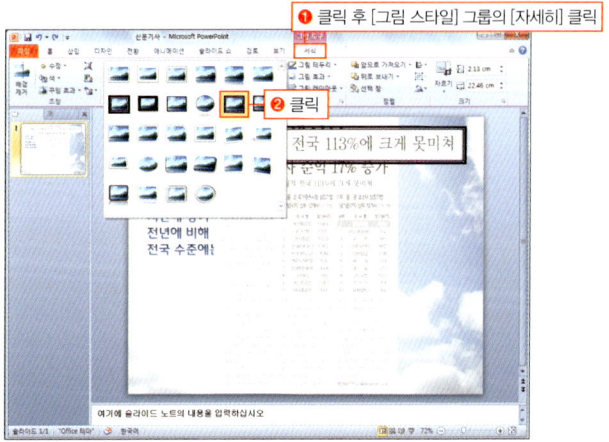

07_ 제목 이미지의 스타일이 변경됩니다. 이번에는 신문 기사를 회전하여 슬라이드를 완성해 보겠습니다. 신문 기사 이미지를 선택한 후 위치를 이동합니다.

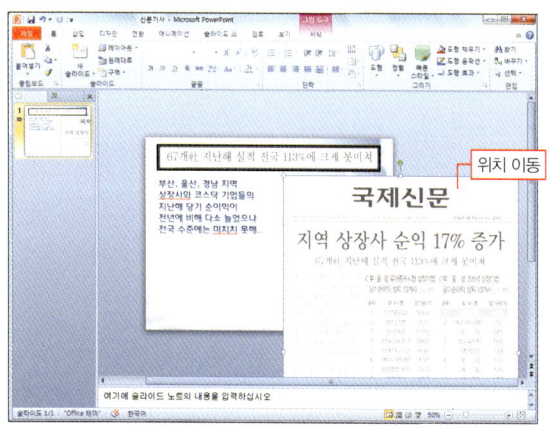

08_ 회전 핸들을 왼쪽으로 드래그하여 이미지를 회전합니다. F5 를 눌러 슬라이드를 완성합니다.

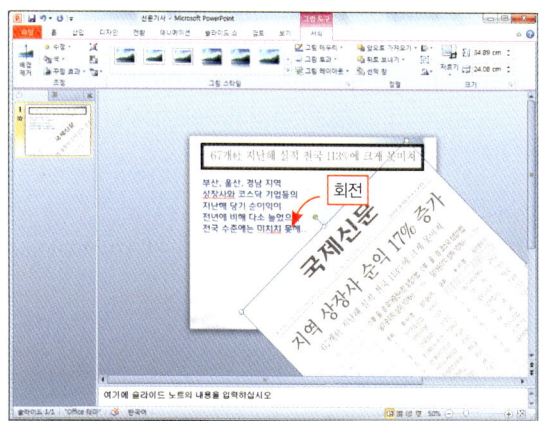

동일한 예제로 프레지와 파워포인트의 차이점 살펴보기

동일한 예세를 프레지와 파워포인트로 만들어 보면 두 프레젠테이션 도구의 차이점을 보다 명확히 알 수 있습니다. 프레지의 경우 제공되는 기능이 한정적이지만 패스 기능으로 원하는 부분만을 부각하는 등 다양한 효과를 줄 수 있다는 장점이 있습니다. 그에 반해 파워포인트는 원하는 부분만을 부각하려면 애니메이션 효과로 다소 복잡한 과정을 거쳐야 하지만 세세한 기능을 통해 원하는 효과를 빠르게 적용할 수 있다는 장점이 있습니다.

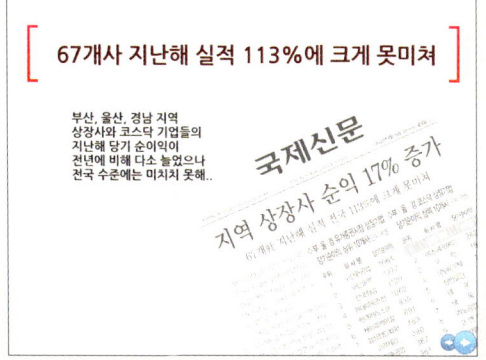

▲ 프레지로 만든 신문기사 예제

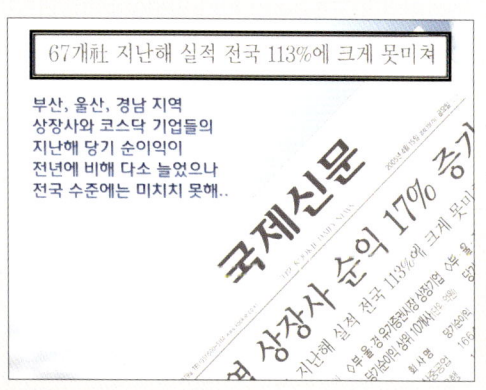

▲ 파워포인트로 만든 신문기사 예제

고품질의 무료 소스로
영업 프로세스 슬라이드 완성하기

파워포인트가 다른 프레젠테이션 도구보다 뛰어난 이유는 무엇보다 'Office.com'을 통한 무료 템플
릿이나 이미지를 사용할 수 있다는 점입니다. 지난 몇 년 동안 축적된 템플릿이나 이미지는 파워포인
트에 최적화되어 있으며 원하는 소스로 슬라이드를 보다 빠르게 완성할 수 있습니다.

준비파일 Sample\Powerpoint\Section 02\마케팅.pptx　　　**완성파일** Sample\Powerpoint\Section 02\마케팅_완성.pptx

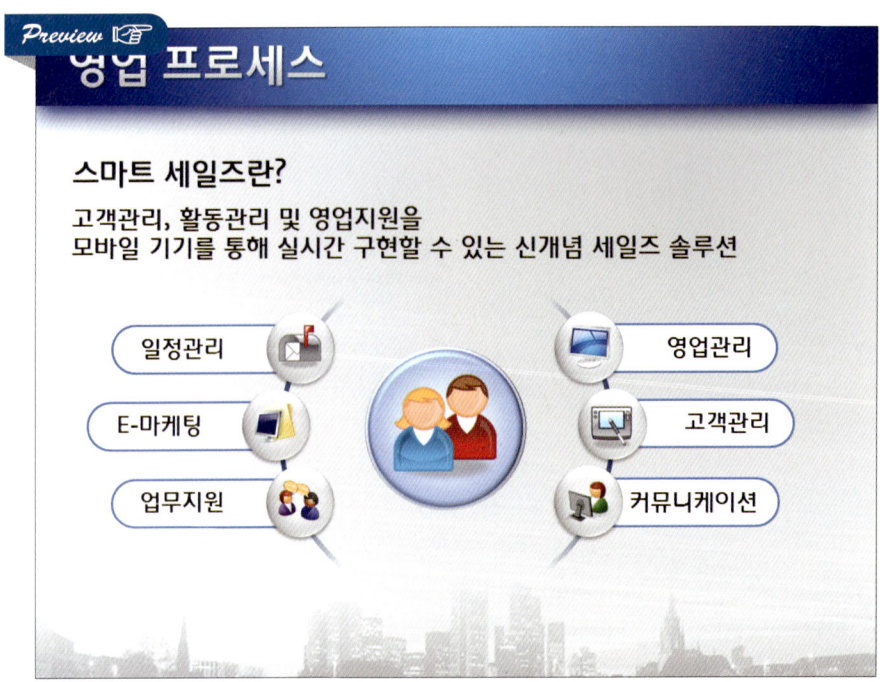

01_ 예제 파일을 불러옵니다. 미리 삽입되어 있는 각 원형에 'Office.com'에서 제공하는 고품질의 무료 소스를 삽입해 보겠습니다.

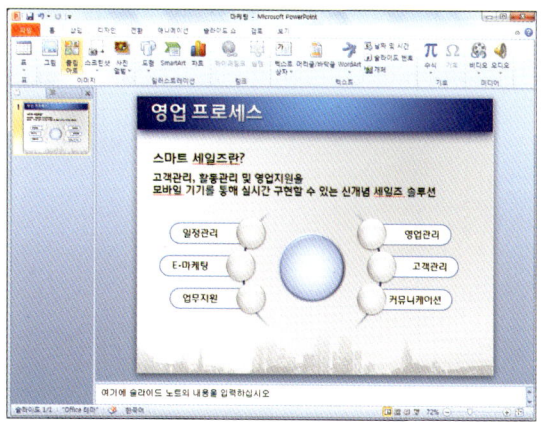

02_ [삽입] 탭-[이미지] 그룹에서 [클립아트]를 클릭합니다. [클립 아트] 작업 창이 나타나면 [Office.com에서 더 찾아보기]를 클릭합니다.

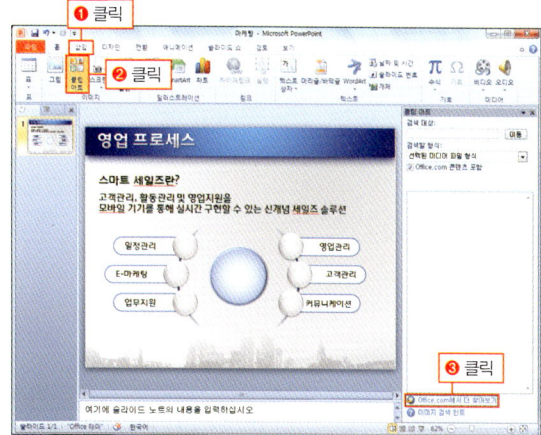

03_ 'Office.com' 사이트의 이미지 페이지로 접속됩니다. 미국 사이트로 접속하기 위해 상단의 [대한민국]을 클릭합니다.

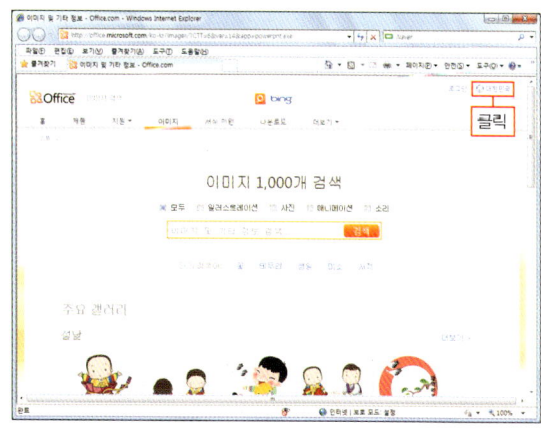

TIP

'http://www.office.com' 사이트의 [이미지] 페이지에서는 일러스트레이션, 사진, 애니메이션, 사운드 등 다양한 멀티미디어 요소를 다운로드 받을 수 있습니다. 국내에서 접속하게 되면 한글 사이트로 접속되는데 한글 사이트보다는 미국 사이트로 접속해 이미지를 검색하는 것이 훨씬 효율적이며, 검색되는 이미지 수도 더 많습니다.

04_ 다양한 국가가 나타납니다. 이 중 [United States – English]를 선택합니다.

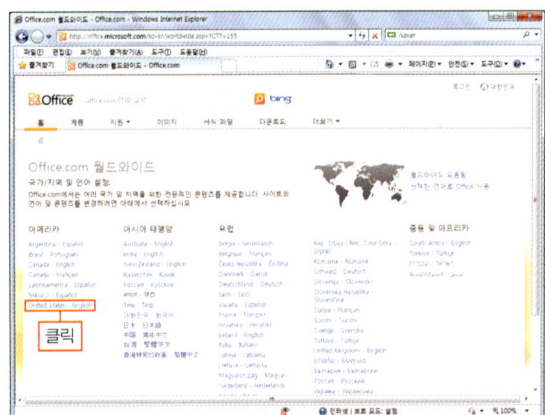

05_ 미국 사이트로 접속됩니다. [images] 페이지의 검색 검색 창에 『email』을 입력하고 [Illustrations]에 체크 표시를 한 후 [Search]를 클릭합니다.

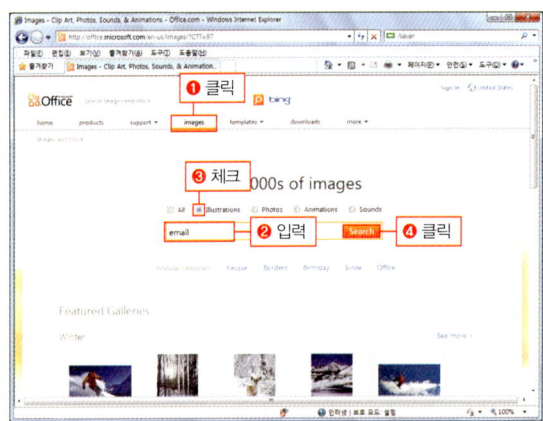

06_ 다양한 이미지 파일이 검색됩니다. 이 중 원하는 이미지를 선택한 후 [copy]를 클릭합니다.

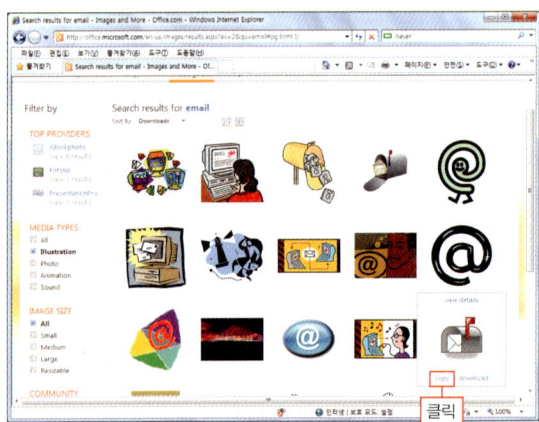

07_ 파워포인트로 돌아온 후 `Ctrl` + `V` 를 눌러 선택한 이미지 파일을 불러옵니다.

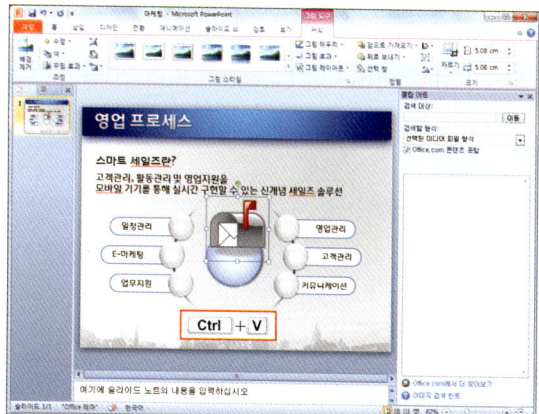

08_ '일정관리' 도형 위로 이미지를 이동한 후 크기를 조절합니다.

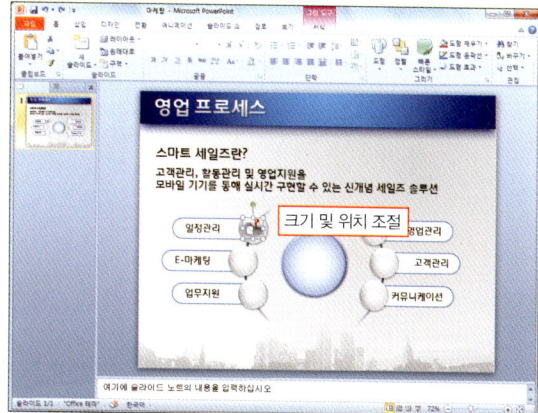

09_ 다시 'Office.com' 페이지를 열어 원하는 이미지를 검색한 후 이번에는 [copy]가 아닌 이미지를 클릭합니다.

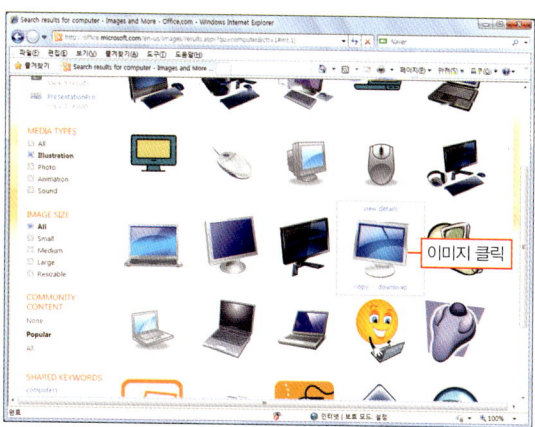

10_ 이미지 페이지가 열립니다. [Copy]를 클릭하여 이미지를 복사합니다.

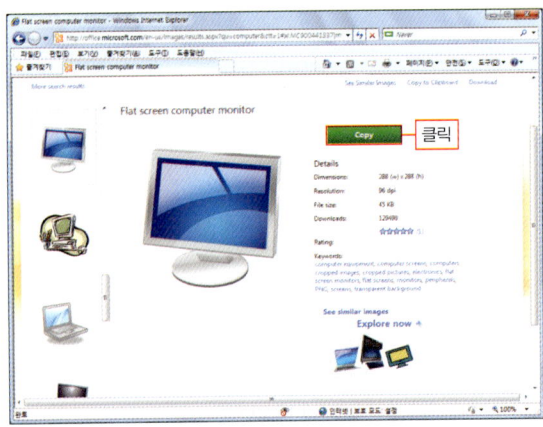

11_ 파워포인트로 돌아온 후 Ctrl + V 를 눌러 이미지를 붙여넣기한 후 크기 조절 핸들을 이용해 크기 및 위치를 조절합니다.

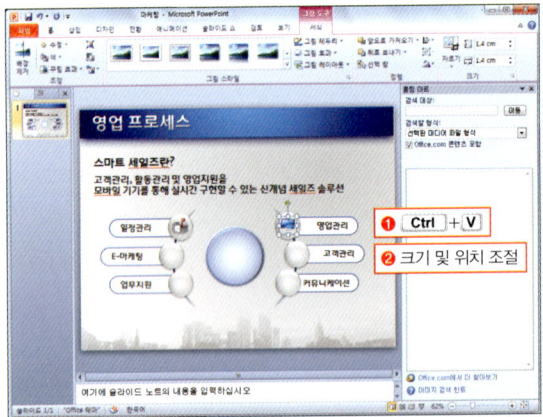

12_ 만일 유사한 이미지를 더 찾고 싶다면 이미지 페이지에서 [See similar imagse]를 클릭합니다.

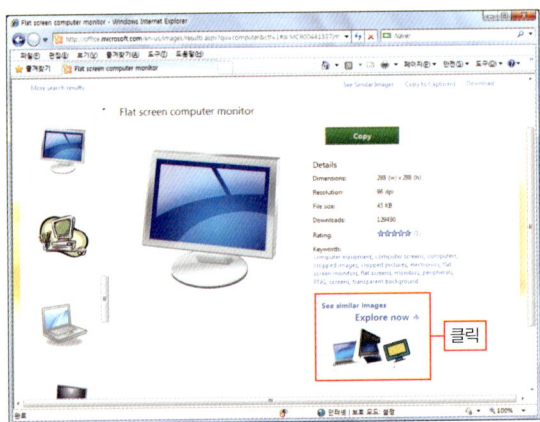

13_ 유사한 이미지가 검색됩니다. 원하는 이미지를 클릭해 파워포인트로 가져옵니다.

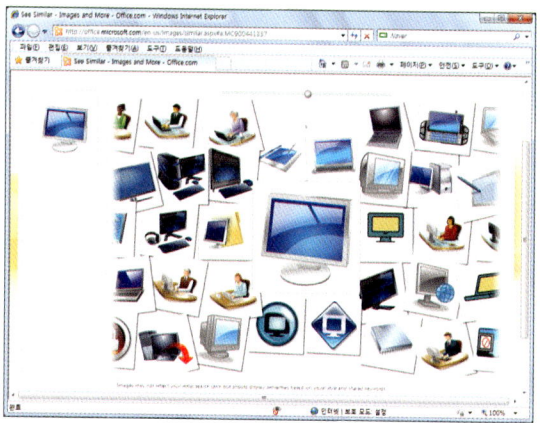

14_ 동일한 방법으로 나머지 이미지도 삽입하여 다음과 같이 슬라이드를 완성합니다.

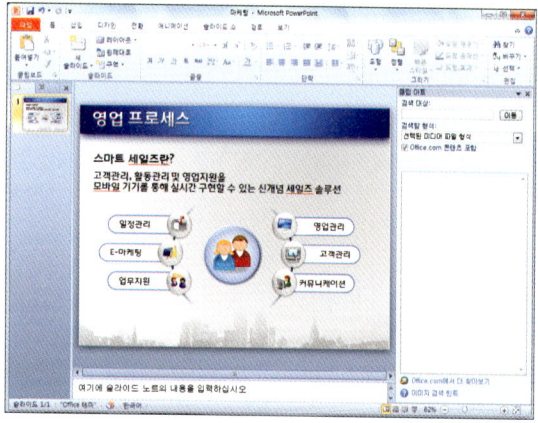

이미지의 밝기 및 대비를 변경하여
국책사업 슬라이드 완성하기

파워포인트에 삽입한 이미지는 포토샵 등의 이미지 편집 도구의 힘을 빌리지 않더라도 파워포인트에서 쉽게 밝기 및 대비를 비롯한 채도와 색조를 변경할 수 있습니다. 이번 예제에서는 삽입한 이미지의 색상을 변경해 보고, 밝기와 대비를 변경해 국책사업 슬라이드를 완성해 보도록 하겠습니다.

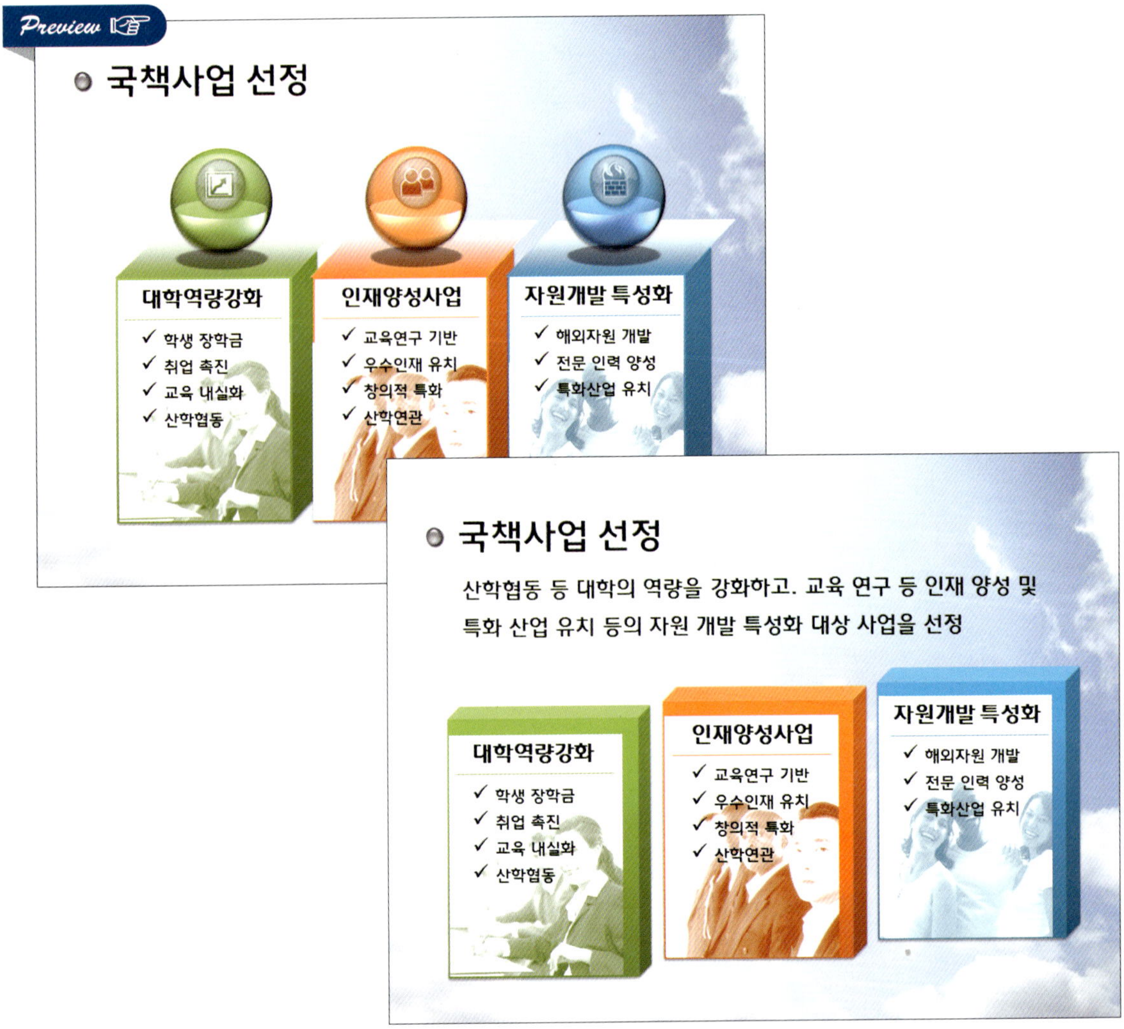

01_ 예제 파일을 불러옵니다. 본 예제에서는 완성된 슬라이드에 이미지를 삽입한 후 색상, 밝기, 대비를 변경하여 보다 세련되게 만들어 보도록 하겠습니다.

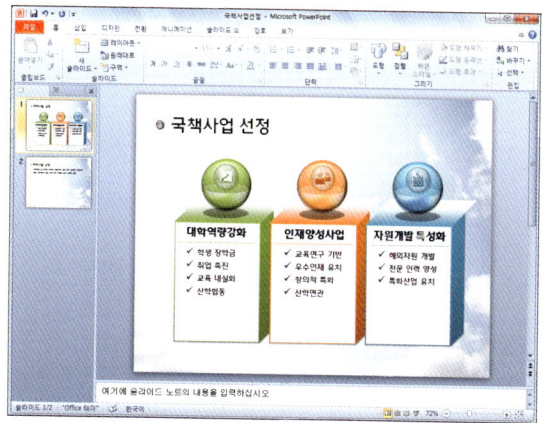

02_ 'Office.com'에 접속한 후 [image]를 클릭합니다. 검색 창에 『business』를 입력하고 [Photos]에 체크 표시를 한 후 [Search]를 클릭합니다.

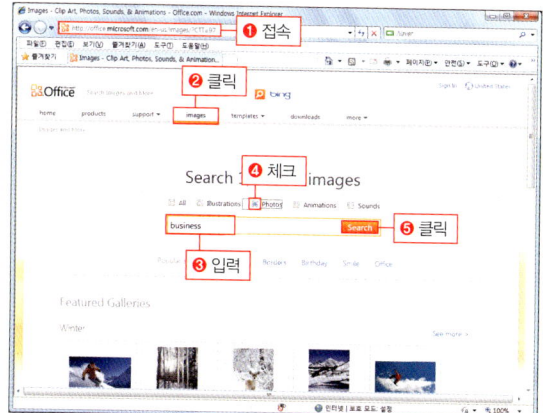

03_ 다양한 이미지가 검색되면 원하는 이미지에 마우스를 올려 [copy]를 클릭합니다.

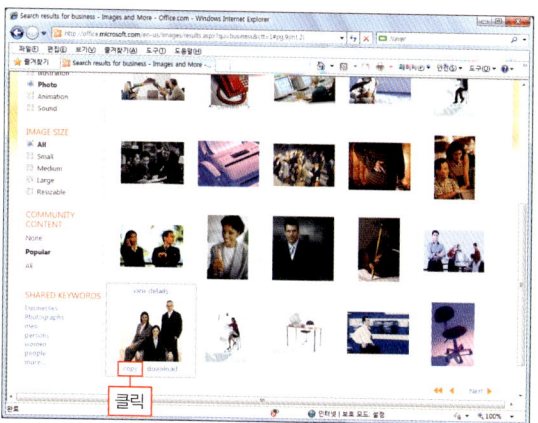

04_ 파워포인트에서 Ctrl + V 를 눌러 이미지를 붙여 넣습니다.

05_ [그림 도구]-[서식] 탭-[크기] 그룹에서 세로 및 가로 크기에 『6』을 입력한 후 위치를 조절합니다. [조정] 그룹에서 [색]을 클릭한 후 [황록색, 밝은 강조색 3]을 선택합니다.

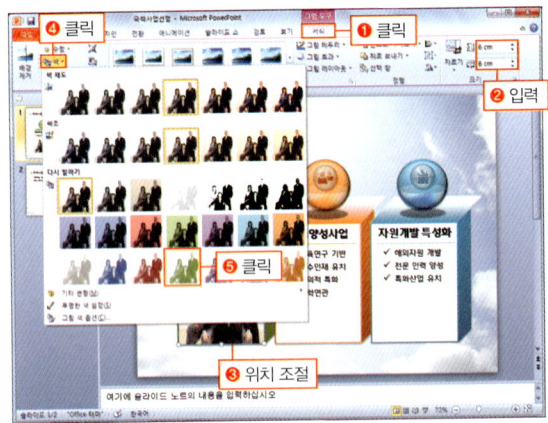

06_ 이미지를 선택한 상태에서 마우스 오른쪽 버튼을 클릭해 [맨 뒤로 보내기]-[뒤로 보내기]를 여러 번 지정합니다.

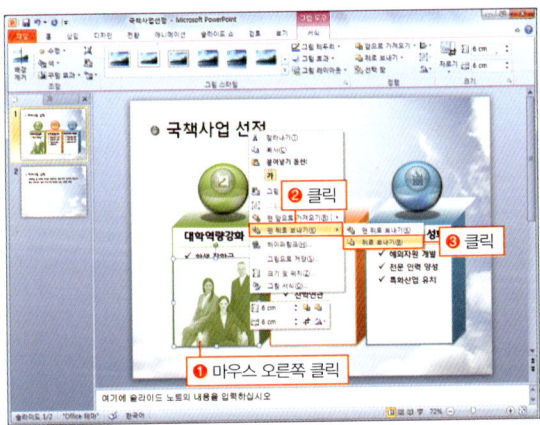

07_ 이미지가 텍스트 뒤로 이동되면 나머지 두 개의 도형에도 이미지를 삽입한 후 크기를 조절합니다.

08_ 두 번째 이미지를 선택한 후 [그림 도구]–[서식] 탭–[조정] 그룹에서 [색]을 클릭한 후 [주황, 밝은 강조색 6]을 선택합니다.

09_ 세 번째 이미지를 선택한 후 [그림 도구]–[서식] 탭–[조정] 그룹에서 [색]을 클릭한 후 [바다색, 밝은 강조색 5]를 선택합니다.

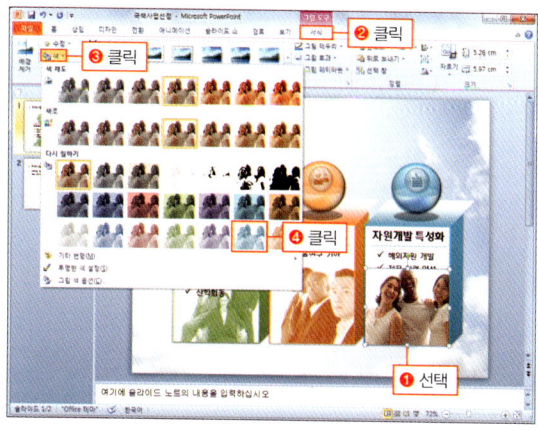

10_ 두 번째와 세 번째 이미지를 선택한 상태에서 마우스 오른쪽 버튼을 클릭해 [맨 뒤로 보내기]–[뒤로 보내기]를 여러 번 지정합니다.

11_ 밝기 및 대비를 변경하기 위해 3개의 이미지를 모두 선택합니다. [그림 도구]–[서식] 탭–[조정] 그룹에서 [수정]을 클릭한 후 [밝기 및 대비]–[밝기 : +40% 대비 : 0% (표준)]을 선택합니다.

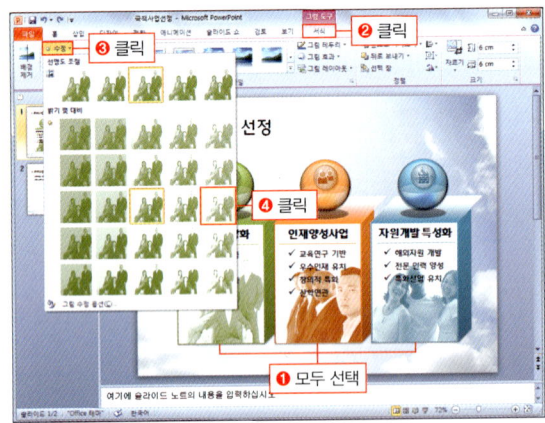

12_ 슬라이드가 완성됩니다. 이번에는 국책사업 선정 슬라이드를 조금 응용해 다른 모양의 슬라이드를 만들어 보겠습니다.

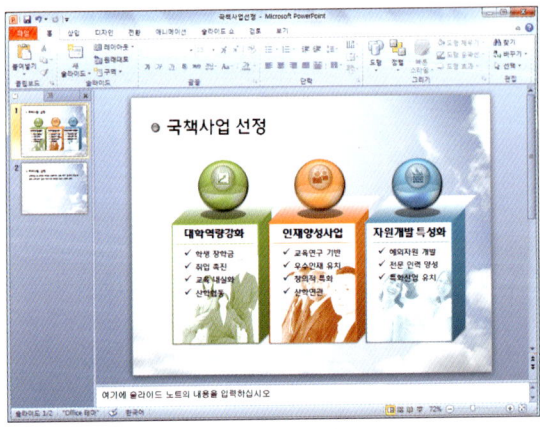

13_ '대학역량강화' 부분에 해당하는 내용 및 이미지를 모두 선택한 후 Ctrl + C 를 눌러 복사합니다.

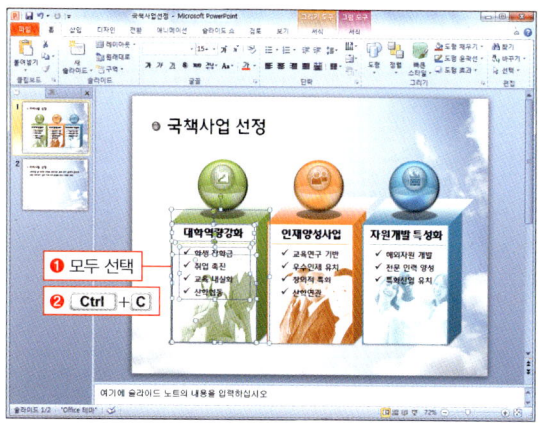

14_ 두 번째 슬라이드를 선택한 후 Ctrl + V 를 눌러 붙여넣기합니다.

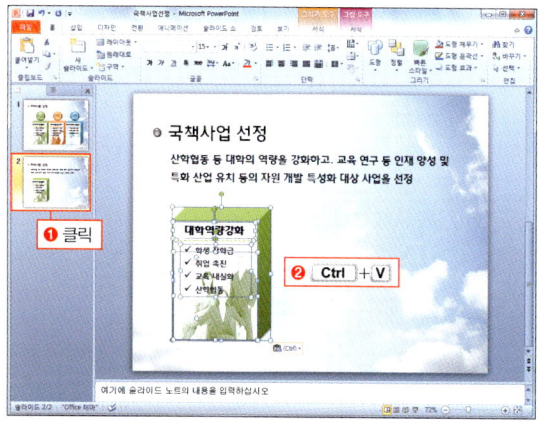

15_ 도형만 선택한 후 모양 조절 핸들을 드래그하여 모양을 조절합니다.

16_ 도형의 모양이 변경됩니다.

17_ 첫 번째 슬라이드의 나머지 도형도 복사하여 다음과 같이 슬라이드를 완성합니다.

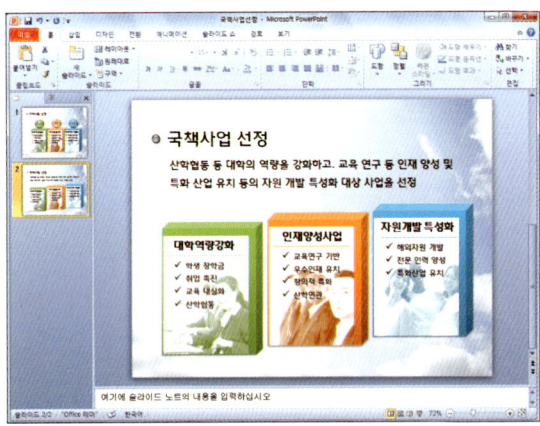

꼭!! 알고가기

파워포인트와 키노트의 도형 서식 비교하기

파워포인트는 여러 가지 핸들을 이용해 모양을 조절하거나 [도형 서식] 대화 상자로 다양한 도형 서식을 설정할 수 있습니다. 도형의 모서리에 나타나는 흰색 원(○)과 흰색 사각형(□)을 통해 도형의 크기를 변경할 수 있으며, 노란색의 다이아몬드 도형(◇)을 드래그하여 도형의 모양을 변경할 수 있습니다. 키노트는 포인트를 활용해 모서리 수를 조절하거나 [속성] 윈도우를 활용해 도형 서식을 변경할 수 있습니다.

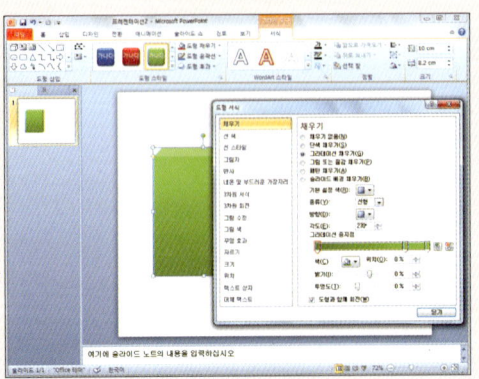

▲ 파워포인트의 [도형 서식] 대화 상자로 도형 모양 변경하기

▲ 키노트의 [속성] 윈도우로 도형 모양 변경하기

Section# 04

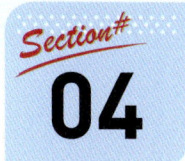

3차원 도형을 응용해 정보화시스템 슬라이드 완성하기

파워포인트에서 3차원 도형을 만드는 방법은 키노트에서 3차원 도형을 만드는 방법보다 다소 복잡하지만 몇 차례 응용해 보면 키노트보다 훨씬 다양하면서도 세련되게 도형을 만들 수 있습니다. 이번에는 파워포인트에서 3차원 도형을 만드는 방법에 대해서 살펴보도록 하겠습니다.

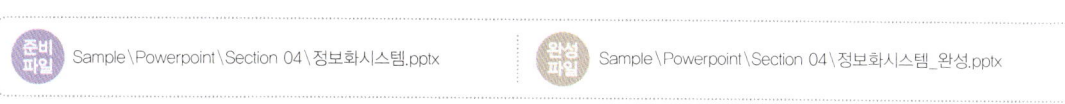

준비파일 Sample\Powerpoint\Section 04\정보화시스템.pptx

완성파일 Sample\Powerpoint\Section 04\정보화시스템_완성.pptx

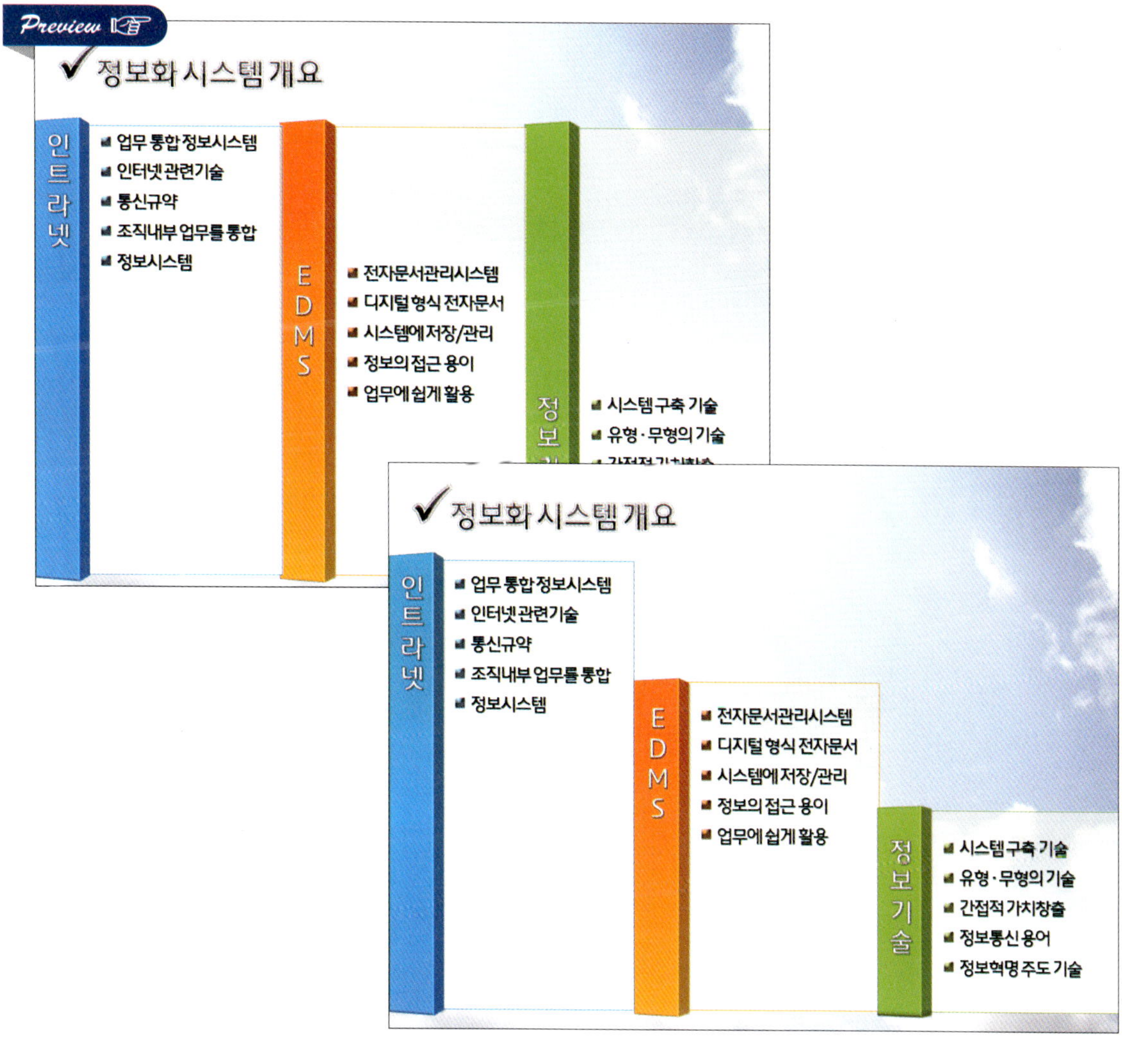

01_ 예제 파일을 불러옵니다. 먼저 인트라넷 항목부터 3차원 도형을 작성하여 완성해 보도록 하겠습니다.

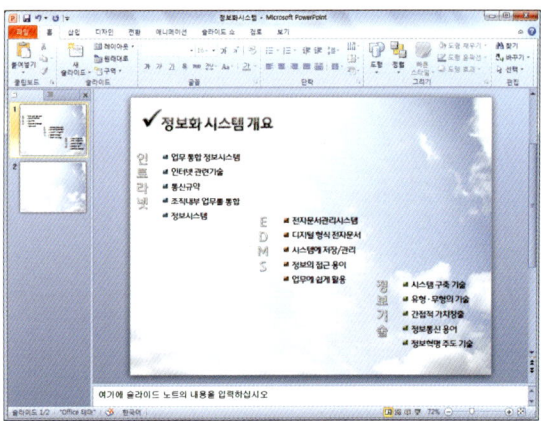

02_ [홈] 탭–[그리기] 그룹에서 [도형]을 클릭한 후 [직사각형]을 선택합니다.

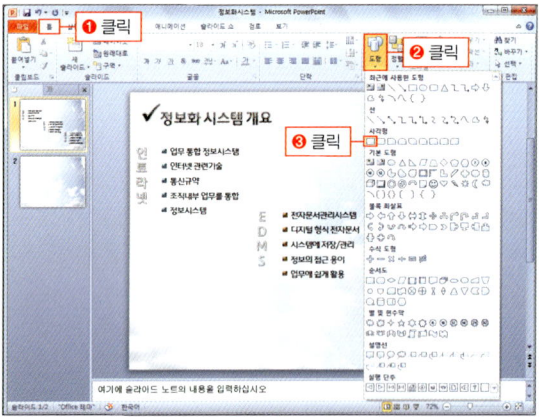

03_ 도형을 삽입한 후 [그리기 도구]–[서식] 탭–[도형 스타일] 그룹에서 대화 상자 표시 아이콘(⬚)을 클릭합니다. [도형 서식] 대화 상자가 나타나면 [선 색]–[선 없음]을 선택합니다.

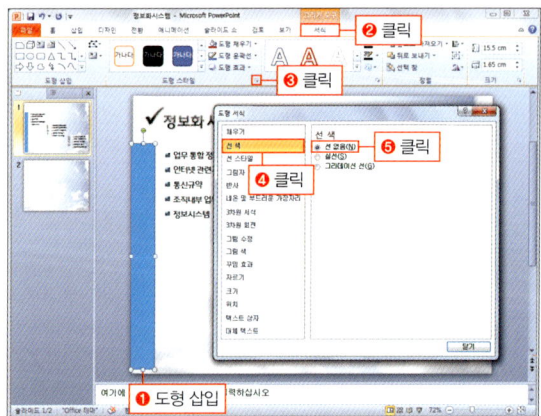

04_ [채우기]를 클릭한 후 [그라데이션 채우기]를 선택합니다. [그라데이션 중지점]의 왼쪽 중지점을 선택한 후 [색]을 클릭합니다. [표준 색]-[연한 파랑]을 선택합니다.

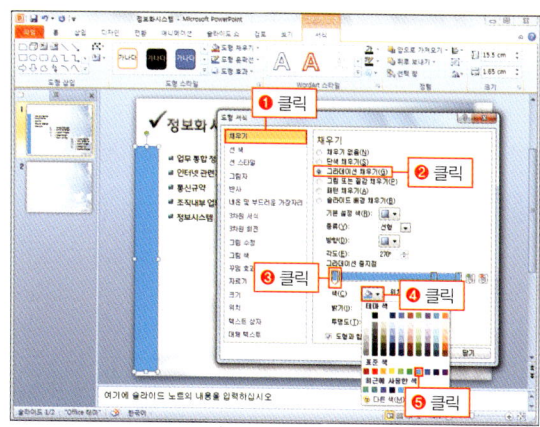

TIP

그라데이션은 기본적으로 3개의 중지점이 표시됩니다. 3개의 중지점의 위치를 드래그하여 변경하거나 오른쪽에 위치하고 있는 [추가(圖)] 및 [삭제(圖)] 단추를 이용하여 그라데이션을 변경할 수 있습니다.

05_ 중앙 중지점을 클릭한 후 [색]-[연한 파랑]을 선택합니다. [위치]에 『80』을 입력한 후 [밝기], [투명도]에 각각 『0』을 입력합니다.

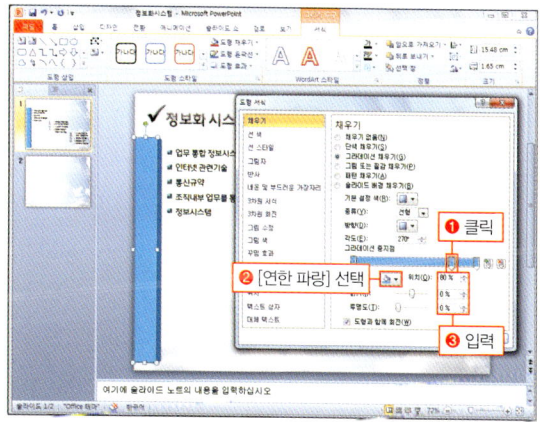

06_ 오른쪽 중지점을 클릭한 후 [색]-[연한 파링]을 선택합니다. [위치]에 『100』을 입력한 후 [밝기], [투명도]에 각각 『0』을 입력합니다.

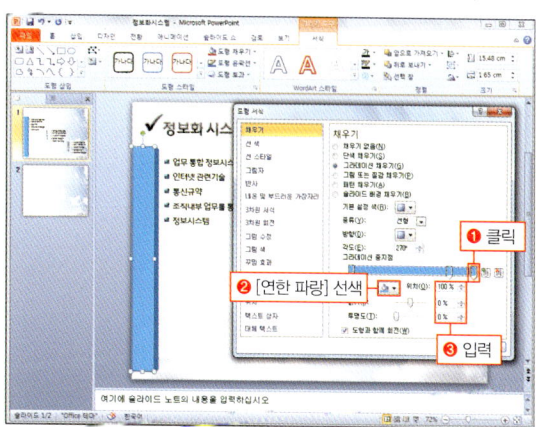

07_ [3차원 서식]을 클릭한 후 [입체 효과]–[위쪽]을 클릭하여 [둥글게]를 선택합니다.

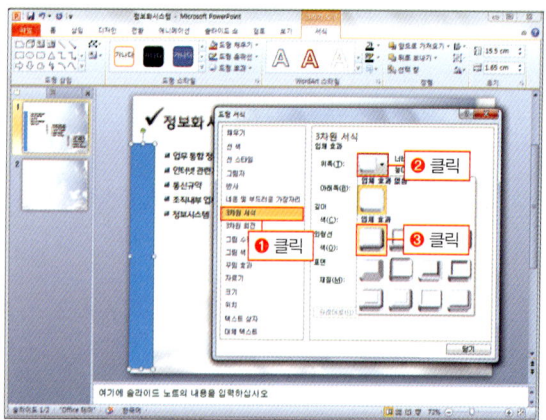

08_ [위쪽]의 [너비]와 [높이]에 각각 『2』를 입력하고, [깊이]에 『30』을 입력합니다. [표면]–[재질]에 [플라스틱], [조명]에 [세 점]을 선택한 후 [각도]에 『90』을 입력합니다.

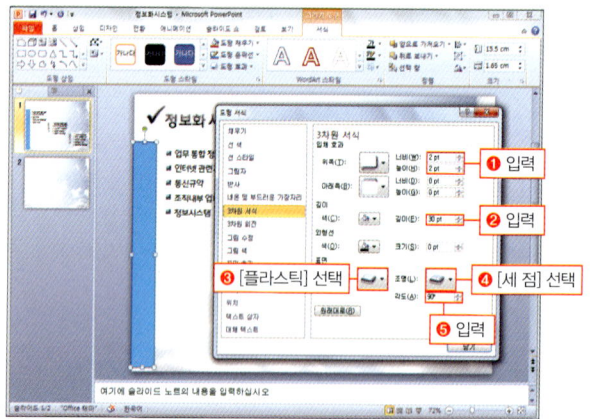

09_ [3차원 회전]을 클릭한 후 [미리 설정]을 클릭하여 [원근감]–[원근감(왼쪽)]을 선택합니다.

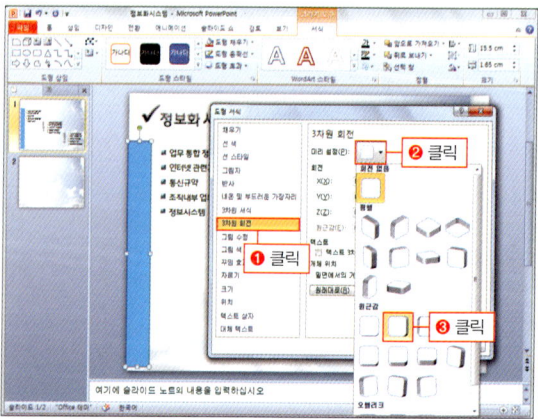

10_ [회전]의 [X(X)]에 『20』을 입력하고 [원근감]에 『49』를 입력한 후 [닫기]를 클릭합니다.

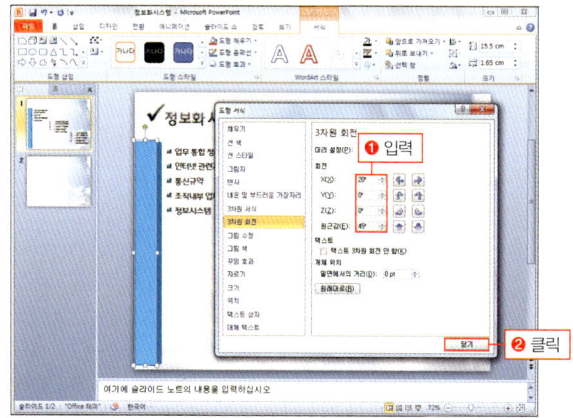

11_ 직사각형 도형을 삽입한 후 [그리기 도구]–[서식] 탭–[도형 스타일] 그룹에서 대화 상자 표시 아이콘(▣)을 클릭합니다.

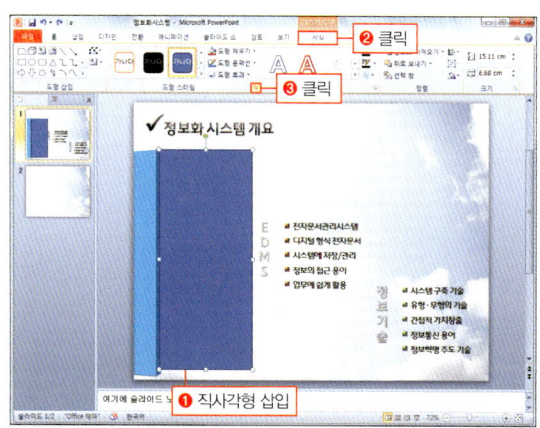

12_ [채우기]를 클릭한 후 [그라데이션 채우기]를 선택합니다. [그라데이션 중지점]에서 중앙의 중지점은 삭제합니다. 왼쪽 중지점을 클릭한 후 [색]–[황갈색, 배경 2]를 선택하고 [투명도]에 『40』을 입력합니다. 오른쪽 중지점을 클릭한 후 [색]–[흰색]을 선택하고 투명도에 『0』을 입력합니다.

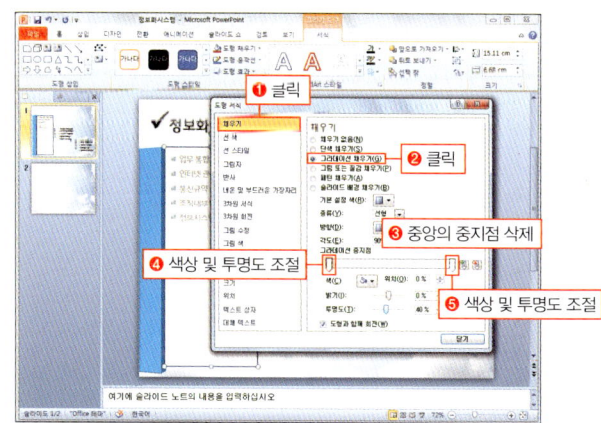

13_ [선 색]을 클릭한 후 [실선]을 선택합니다. [색]을 클릭해 [연한 파랑]을 선택합니다.

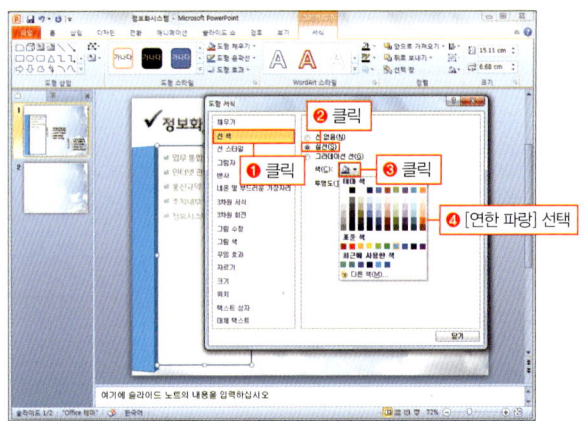

14_ [선 스타일]을 클릭한 후 [너비]에 『0.5』를 입력합니다. [닫기]를 클릭합니다.

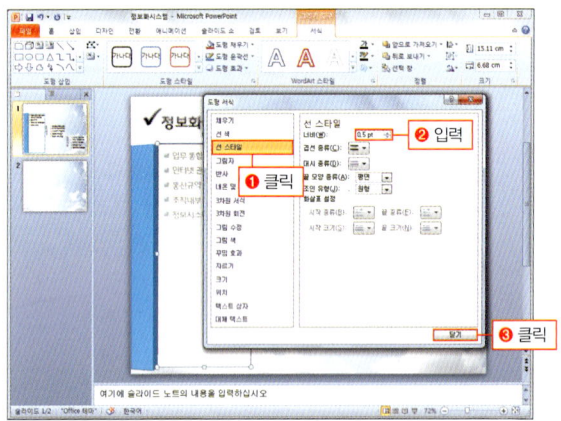

15_ 삽입한 도형 두 개를 모두 선택한 후 마우스 오른쪽 버튼을 클릭해 [맨 뒤로 보내기]–[맨 뒤로 보내기]를 선택합니다.

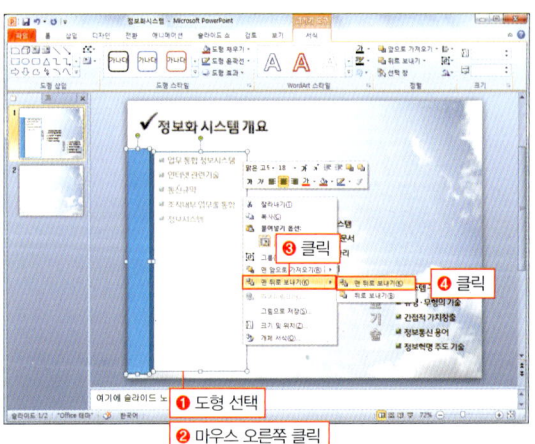

16_ 다음과 같이 첫 번째 인트라넷 항목이 완성됩니다.

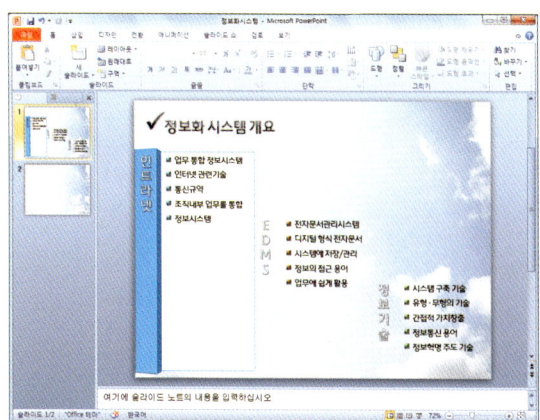

17_ 두 번째 EDMS 항목을 완성하기 위해 인트라넷에서 지정한 도형을 복사합니다. [그리기 도구]-[서식] 탭-[도형 스타일] 그룹에서 대화 상자 표시 아이콘(⬜)을 클릭합니다. [도형 서식] 대화 상자가 나타나면 [채우기]-[그라데이션 채우기]를 선택합니다. [그라데이션 중지점]의 왼쪽 중지점을 클릭한 후 [색]을 클릭하여 [표준 색]-[주황]을 선택합니다.

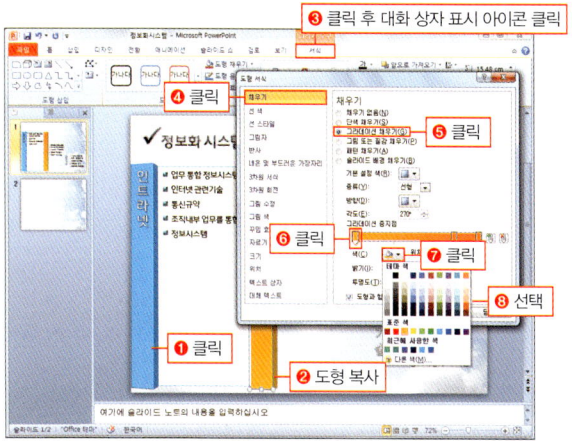

18_ 계속해서 중앙 중지점을 클릭한 후 [위치], [밝기]의 수치를 『80』, 『0』으로 각각 입력합니다. [색]-[다른 색]을 클릭합니다.

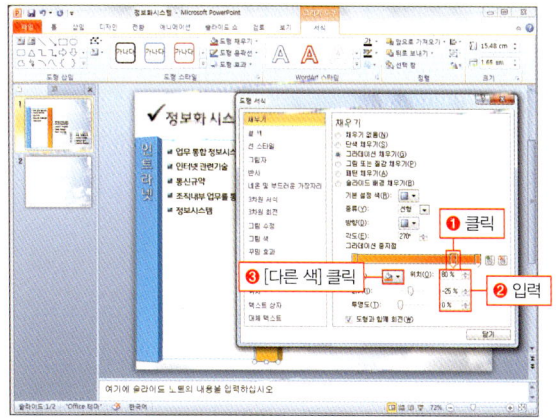

19_ [색] 대화 상자가 나타나면 R, G, B 값에 『228』, 『108』, 『10』 수치를 입력한 후 [확인]을 클릭합니다.

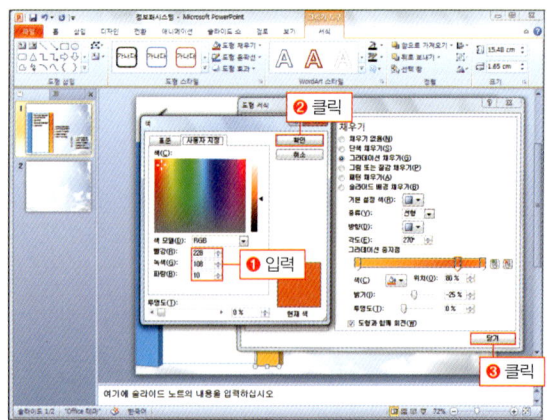

20_ EDMS 항목의 내용에 해당하는 도형도 삽입한 후 크기와 색상을 조절합니다. 두 개의 도형을 선택한 후 마우스 오른쪽 버튼을 클릭해 [맨 뒤로 보내기]–[맨 뒤로 보내기]를 선택합니다.

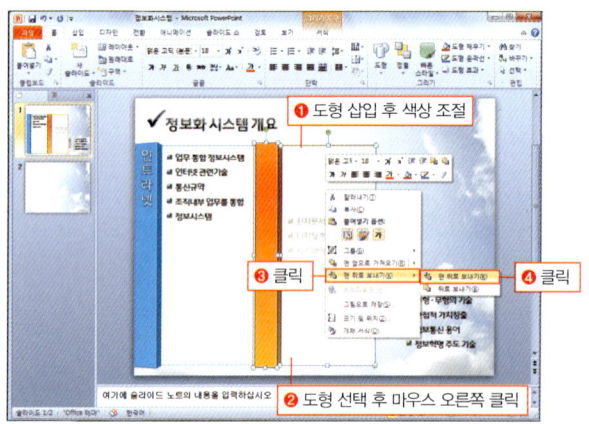

21_ 세 번째 정보기술 항목을 완성하기 위해 인트라넷에서 지정한 도형을 복사합니다. [그리기 도구]–[서식] 탭–[도형 스타일] 그룹에서 대화 상자 표시 아이콘(⬚)을 클릭합니다. [도형 서식] 대화 상자가 나타나면 [채우기]–[그라데이션 채우기]를 선택합니다. [그라데이션 중지점]의 왼쪽 중지점을 클릭한 후 [색]을 클릭하여 [표준색]–[연한 녹색]을 선택합니다.

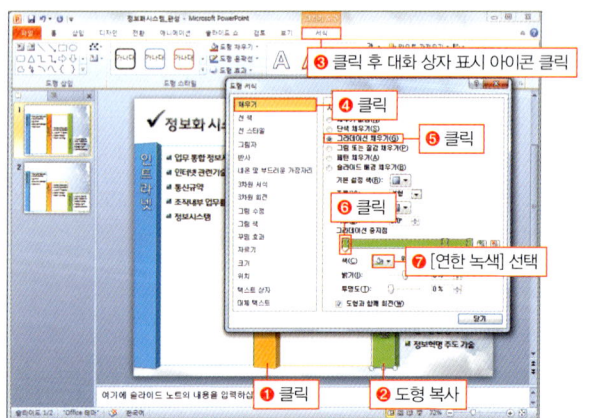

22_ 중앙 중지점을 클릭한 후 [위치], [밝기]를 『80』, 『0』 으로 각각 입력합니다. [색]-[다른 색]을 클릭하여 [색] 대 화 상자가 나타나면 R, G, B 값에 『155』, 『195』, 『72』 수치 를 입력한 후 [확인]을 클릭합니다.

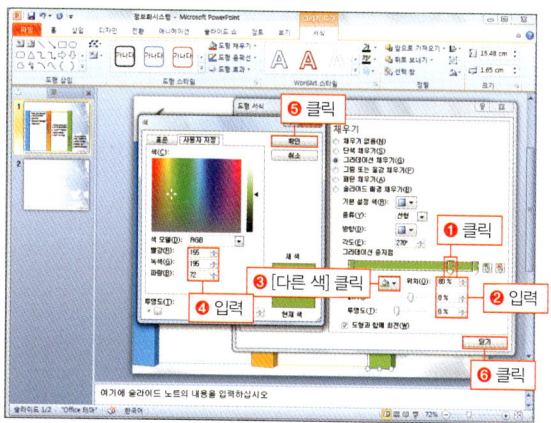

23_ 정보기술 항목의 내용에 해당하는 도형도 삽입한 후 크기와 색상을 조절합니다. 마우스 오른쪽 버튼을 클 릭해 [맨 뒤로 보내기]-[맨 뒤로 보내기]를 선택합니다.

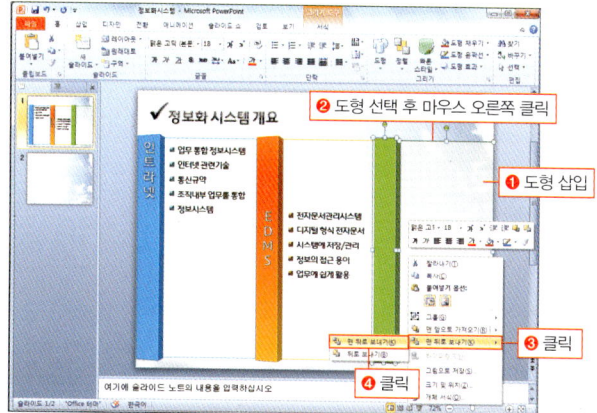

24_ 정보화 시스템 내용을 복사해 두 번째 슬라이드에 붙여넣습니다. 각각의 도형 모양을 조절하면 다른 느낌의 슬라이드를 만들 수 있습니다.

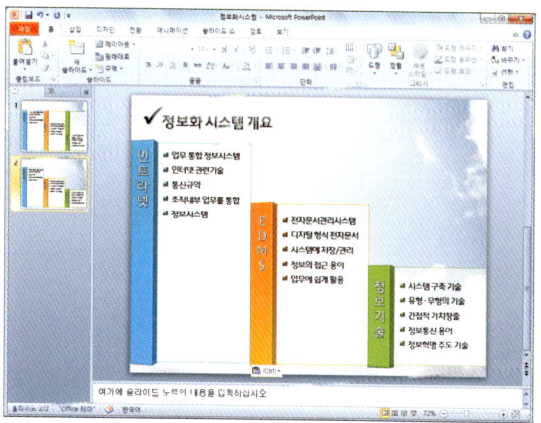

자유형 도형과 애니메이션으로 홍보 슬라이드 완성하기

자유형 도형을 이용하면 원하는 형식의 슬라이드를 디자인할 수 있으며, 도형을 자유롭게 만들 수 있습니다. 자유형 도형은 직사각형이나 원형 도형만큼이나 자주 사용되는데 여기서는 자유형 도형으로 사진 액자를 만들어 홍보 슬라이드를 완성해 보도록 하겠습니다. 더불어 절제된 애니메이션 효과로 효과적인 슬라이드를 구성해 보도록 하겠습니다.

준비
파일   Sample\Powerpoint\Section 05\버킹엄궁전.pptx

완성
파일   Sample\Powerpoint\Section 05\버킹엄궁전_완성.pptx

Preview 👉

01_ 예제 파일을 불러옵니다. [홈] 탭-[그리기] 그룹에서 [도형]을 클릭한 후 [선]-[자유형]을 선택합니다.

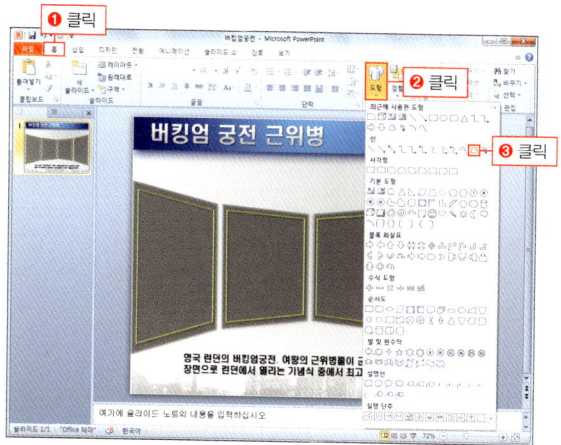

02_ 마우스로 원하는 모양의 도형을 드래그하여 만듭니다.

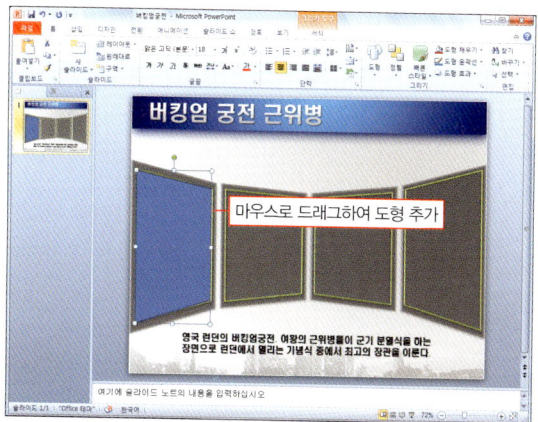

03_ [그리기 도구]-[서식] 탭-[도형 스타일] 그룹에서 대화 상자 표시 아이콘(⬚)을 클릭합니다. [그림 서식] 대화 상자가 나타나면 [채우기]-[그림 또는 질감 채우기]를 선택한 후 [파일]을 클릭합니다.

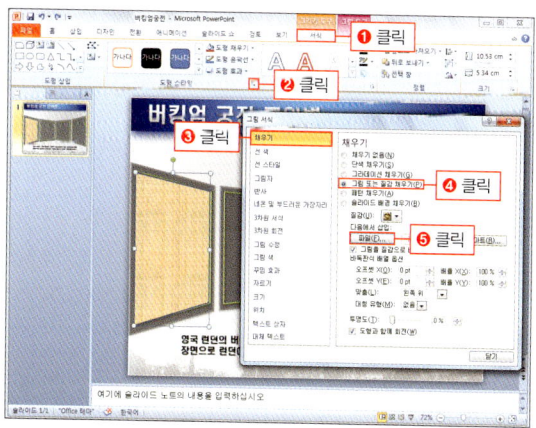

04_ [그림 삽입] 대화 상자가 나타나면 부록 CD의 [Powerpoint] 폴더에서 'pic_01.jpg' 파일을 선택한 후 [삽입]을 클릭합니다.

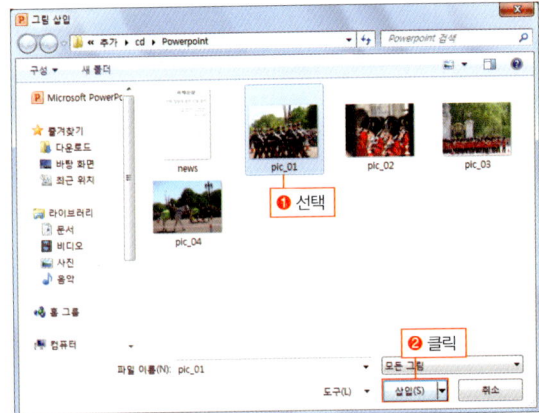

05_ [선 색]을 클릭한 후 [선 없음]을 선택합니다. [닫기]를 클릭합니다

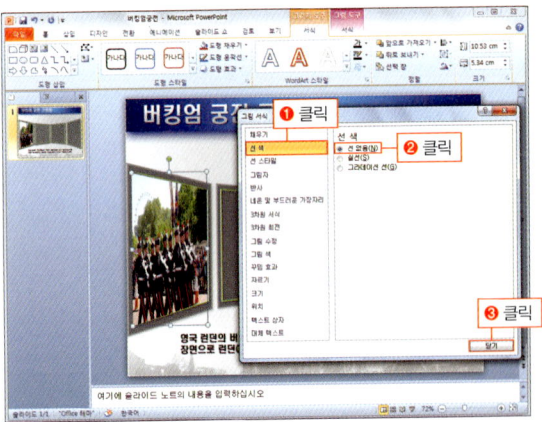

06_ 자유형 도형에 그림이 삽입됩니다.

07_ 같은 방법으로 나머지에도 자유형을 이용해 도형을 그려주고 그림을 삽입하여 슬라이드를 완성합니다.

08_ 기존에 삽입되어 있던 도형과 자유형으로 그려넣은 도형을 모두 선택한 후 마우스 오른쪽 버튼을 클릭해 [그룹]-[그룹]을 선택합니다.

09_ 그룹으로 지정됩니다. 이제 애니메이션 효과로 슬라이드를 꾸며보도록 하겠습니다.

10_ [애니메이션] 탭–[애니메이션] 그룹에서 [자세히]를 클릭합니다. 다양한 애니메이션 갤러리가 나타나면 [나타내기]–[올라오기]를 클릭합니다.

11_ 같은 도형이더라도 애니메이션을 중복해서 적용할 수 있습니다. [고급 애니메이션] 그룹에서 [애니메이션 추가]를 클릭합니다. [강조]–[펄스]를 클릭합니다.

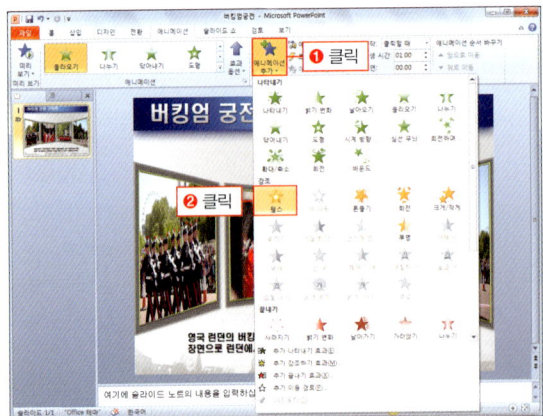

12_ F5 를 눌러 애니메이션이 적용된 슬라이드를 확인합니다.

포토샵을 활용해
인포그래픽 효과의 슬라이드 완성하기

정보나 자료 혹은 지식을 시각적으로 표현해주는 인포그래픽을 활용하면 보다 알기 쉽게 슬라이드를 디자인할 수 있습니다. 여기서는 포토샵을 활용해 사람 모양의 이미지를 만들고 이를 파워포인트에서 복사해 슬라이드를 완성해 보도록 하겠습니다.

 Sample\Powerpoint\Section 06\소셜미디어.pptx

 Sample\Powerpoint\Section 06\소셜미디어_완성.pptx

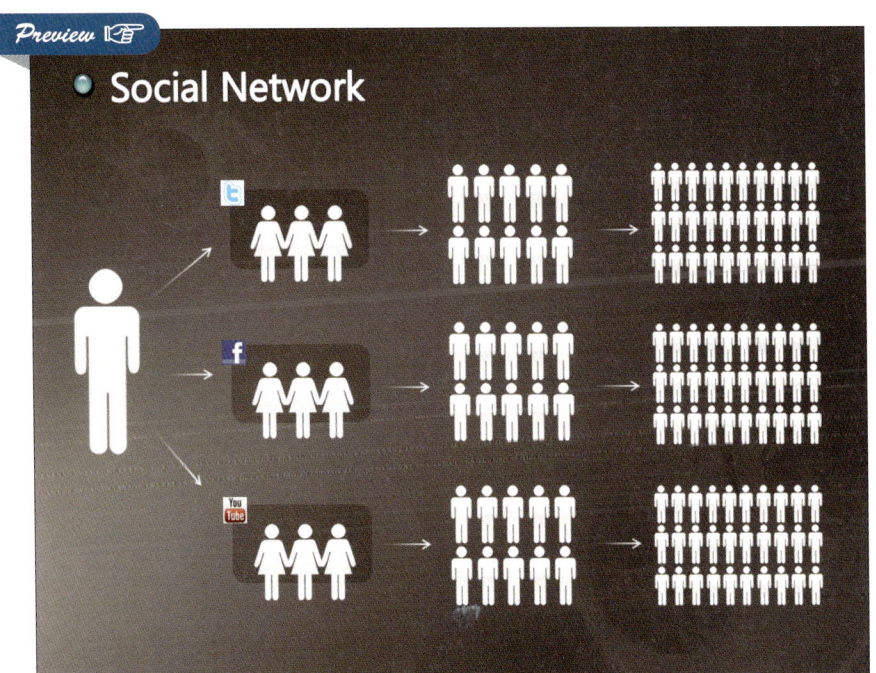

01_ 예제 파일을 불러옵니다. 예제 파일에는 미리 한 장의 슬라이드를 완성해 놓았습니다. 여기에 포토샵으로 사람 모양의 이미지를 만들어 가져와 보겠습니다.

02_ 포토샵을 실행한 다음 ⎡Ctrl⎤+⎡N⎤을 눌러 [New] 대화 상자를 불러옵니다. [Width]와 [Hight]에 『100』, 『200』을 입력한 후 [OK]를 클릭합니다.

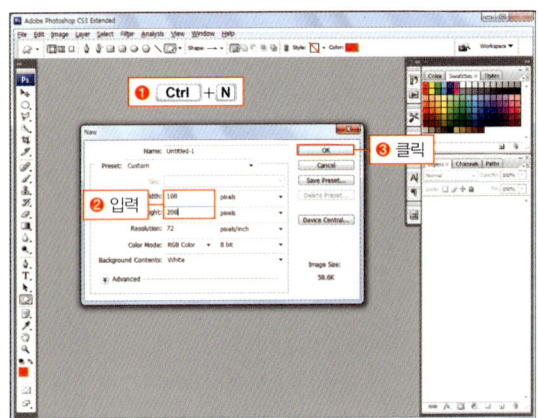

03_ [Custom Shape Tool]을 선택한 후 [Shape]의 자세히 단추를 클릭해 [All]을 선택합니다.

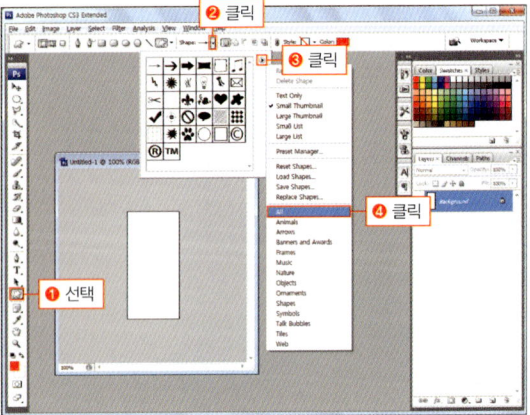

04_ 경고 창이 나타나면 [OK]를 클릭합니다.

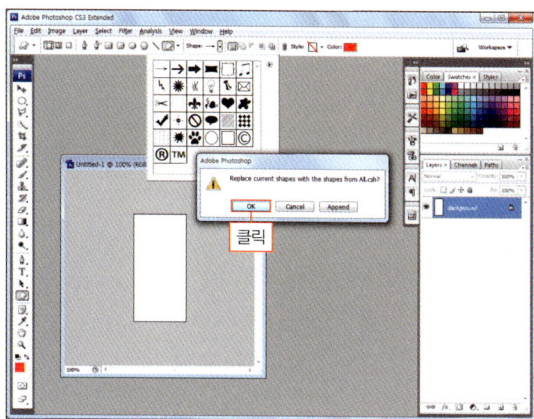

05_ 다양한 도형이 나타나면 이 중 사람 모양의 도형을 선택합니다.

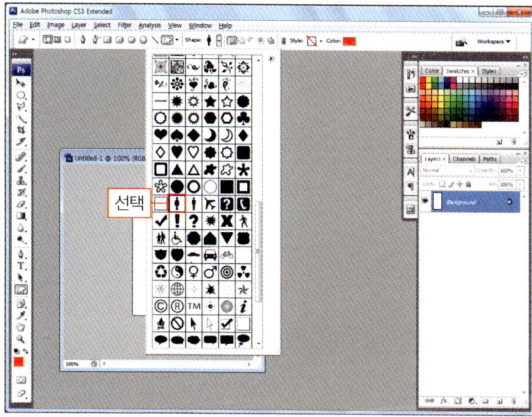

06_ 도큐먼트에 마우스로 드래그하여 사람 모양을 그려 넣습니다.

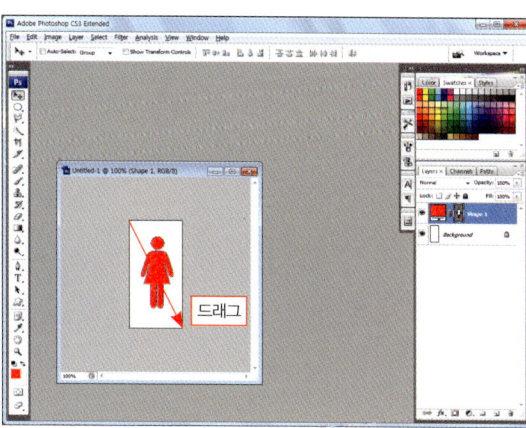

07_ 색상을 변경하기 위해 [Shape 1] 레이어의 [Layer thumbnail]을 더블 클릭합니다. [Pick a solid color] 대화상자가 나타나면 R, G, B 값에 『220』을 각각 입력한 후 [OK]를 클릭합니다.

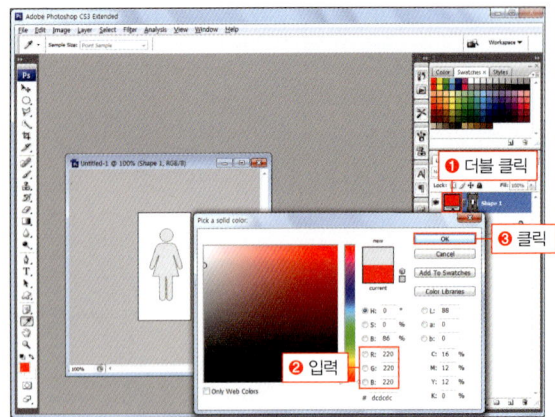

08_ 색상이 변경되면 배경은 저장되지 않도록 [Background] 레이어의 [Indicates layer visibility]를 클릭해 레이어를 감춰줍니다.

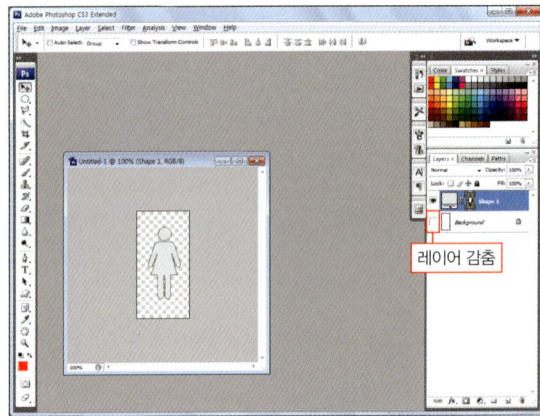

09_ 저장하기 위해 [File]–[Save for Web & Devices...]를 클릭합니다.

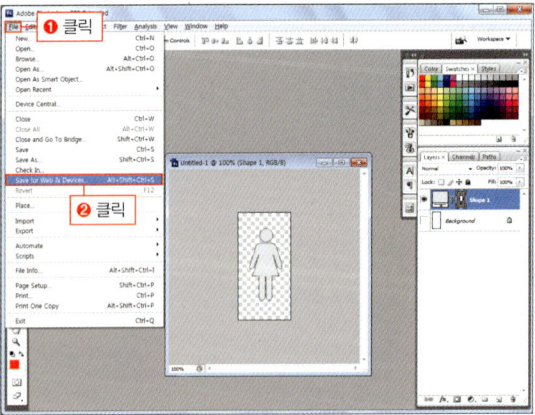

10_ [Save For Web & Devices] 창이 나타나면 [PNG-24]를 선택한 후 [Save]를 클릭합니다.

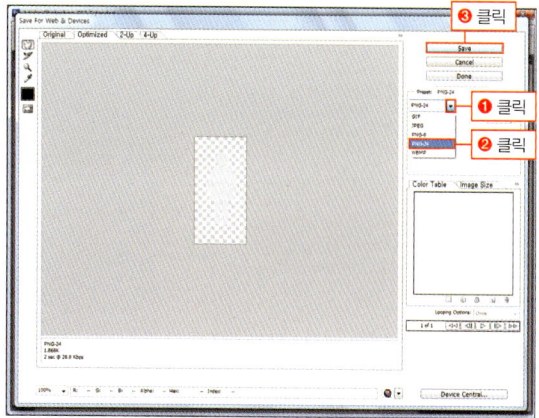

11_ [Save Optimized As] 대화 상자가 나타나면 [파일 이름]에 『woman.png』을 입력한 후 [저장]을 클릭합니다.

12_ 포토샵에서 그려넣은 그림을 파워포인트에 가져와 보겠습니다. 파워포인트에서 [삽입] 탭-[이미지] 그룹-[그림]을 클릭합니다. [그림 삽입] 대화 상자가 나타나면 'woman.png' 파일을 선택한 후 [삽입]을 클릭합니다.

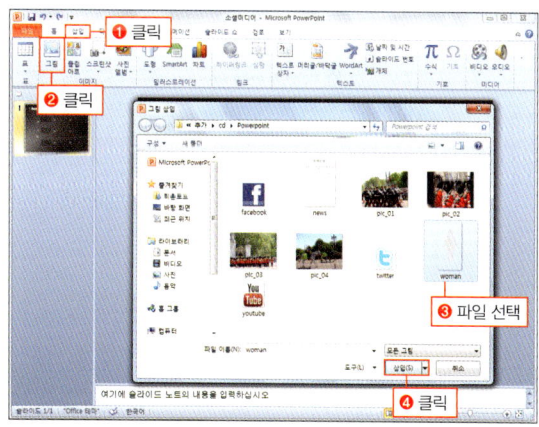

부록 CD의 [Powerpoint] 폴더에서 'wonam.png' 파일을 선택해도 됩니다.

13_ 사람 모양의 이미지가 삽입됩니다.

14_ Ctrl + D 를 두 번 눌러 복제한 후 정렬합니다.

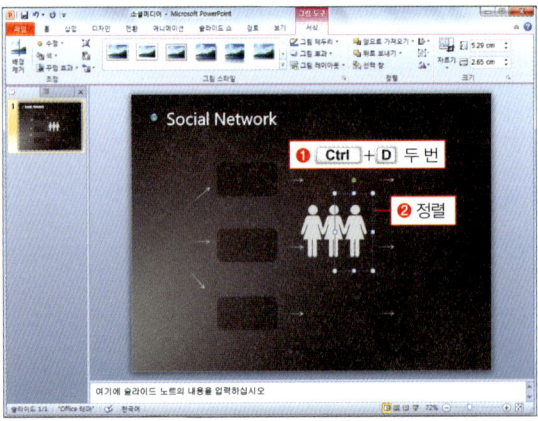

15_ 크기 및 위치를 조절합니다. 같은 방법으로 남성 이미지를 비롯하여 여러 이미지를 삽입하여 슬라이드를 완성합니다.

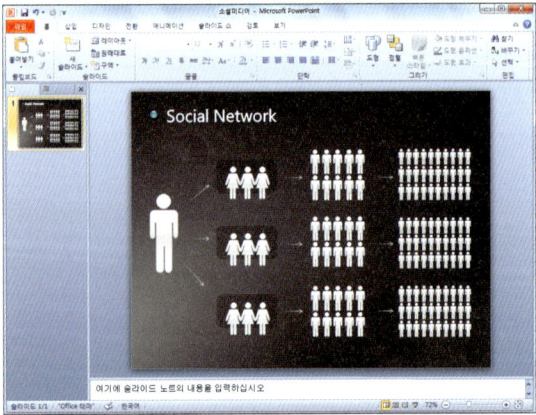

16_ 인포그래픽 슬라이드에는 시각적인 도구가 효과적입니다. [삽입] 탭-[이미지] 그룹에서 [그림]을 클릭합니다. [그림 삽입] 대화 상자가 나타나면 부록 CD의 [Powerpoint] 폴더에서 'twitter.png' 파일을 선택한 후 [삽입]을 클릭합니다.

17_ 슬라이드에 그림이 삽입됩니다. 크기 및 위치를 조절합니다.

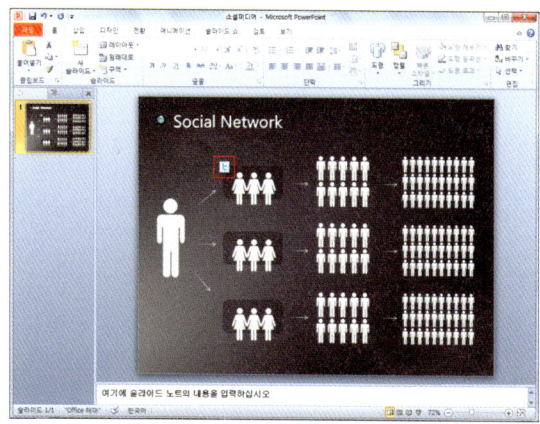

18_ 부록 CD의 [Powerpoint] 폴더에서 'facebook.png', 'youtube.png'를 불러와 다음과 같이 슬라이드를 완성합니다.

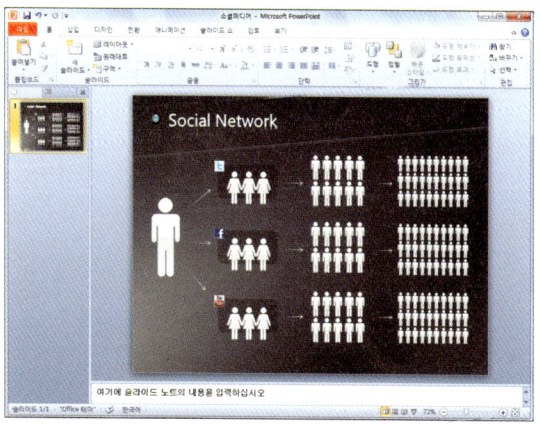

막대형 차트 모양으로
분양가 비교 슬라이드 완성하기

파워포인트에는 차트라는 강력한 기능이 존재합니다. 하지만 이를 그대로 사용하기 보다는 도형을 활용해 차트를 만들어 사용하는 것이 훨씬 효과적입니다. 여기서는 도형에 3차원 효과를 적용해 분양가 비교 슬라이드를 완성해 보도록 하겠습니다.

 준비 파일 Sample\Powerpoint\Section 07\분양가.pptx

 완성 파일 Sample\Powerpoint\Section 07\분양가_완성.pptx

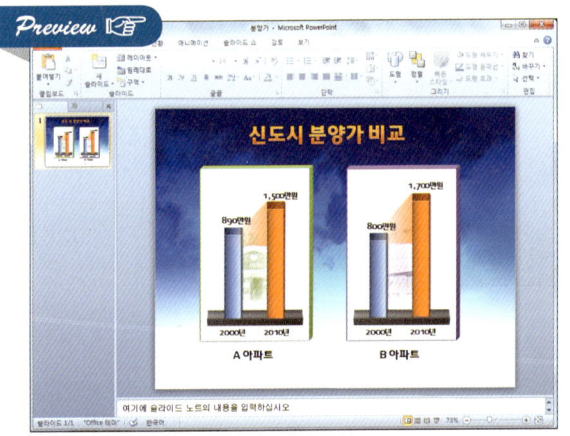

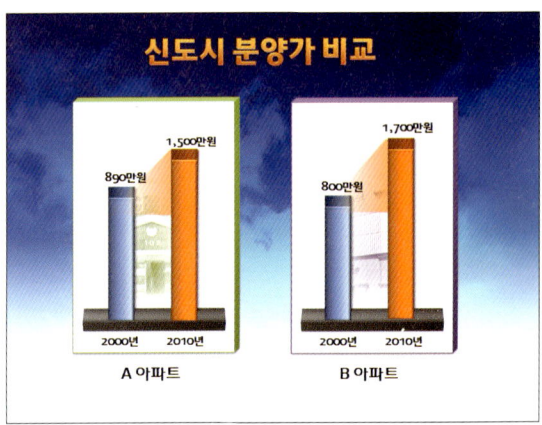

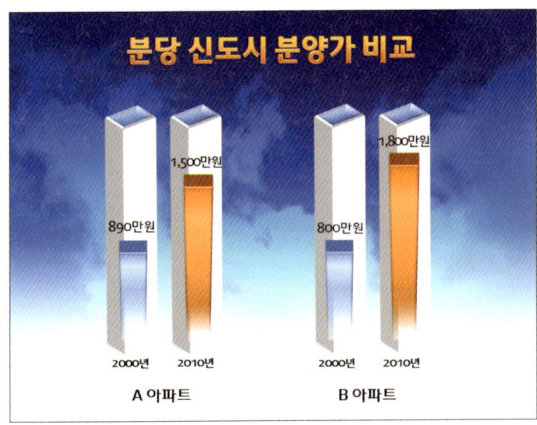

01_ 예제 파일을 불러온 후 직사각형 도형을 삽입합니다. [그리기 도구]─[서식] 탭─[도형 스타일] 그룹에서 대화 상자 표시 아이콘(⬜)을 클릭합니다.

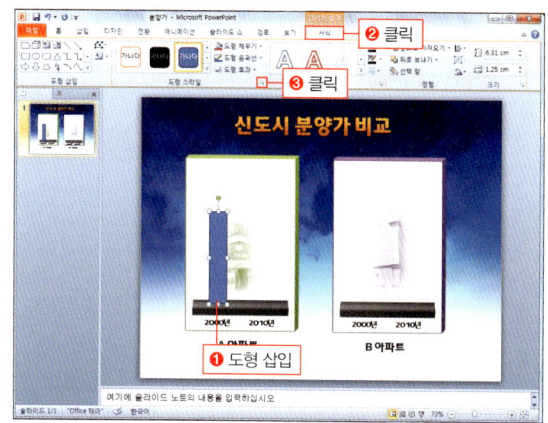

02_ [도형 서식] 대화 상자가 나타나면 [채우기]─[그라데이션 채우기]를 선택한 후 [그라데이션 중지점]을 4개 만들어 위치를 다음과 같이 조절합니다. 첫 번째 중지점을 선택한 후 [색]을 클릭해 [진한 파랑, 텍스트 2, 25% 더 어둡게]를 선택합니다.

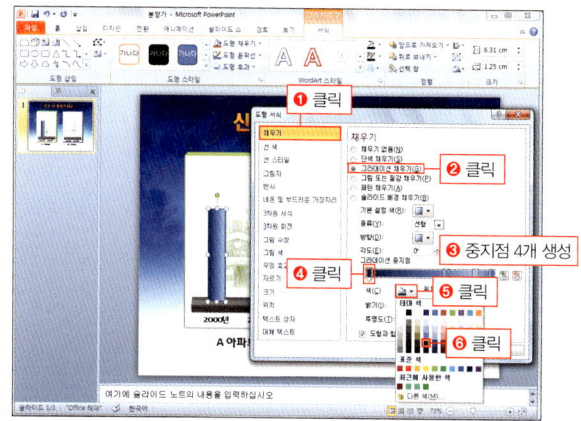

03_ 두 번째 중지점을 선택한 후 [색]을 클릭하여 [진한 파랑, 텍스트 2, 40% 더 밝게]를 선택합니다.

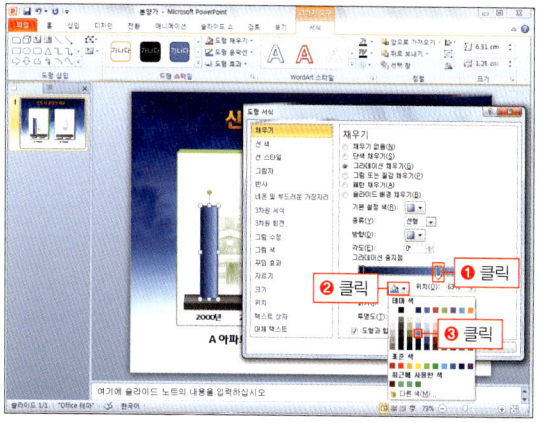

04_ 세 번째 중지점을 선택한 후 [색]을 클릭하여 [파랑, 강조 1, 40% 더 밝게]를 선택합니다.

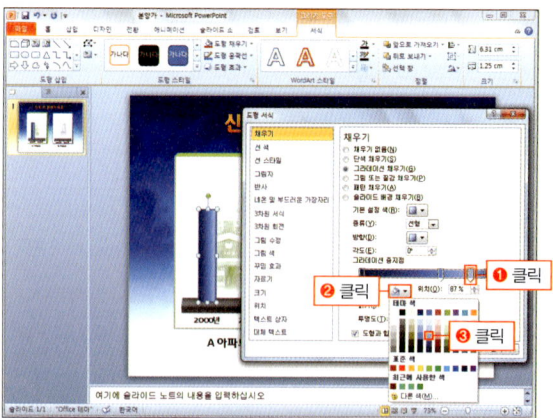

05_ 네 번째 중지점을 선택한 후 [색]을 클릭하여 [진한 파랑, 텍스트 2, 25% 더 어둡게]를 선택합니다.

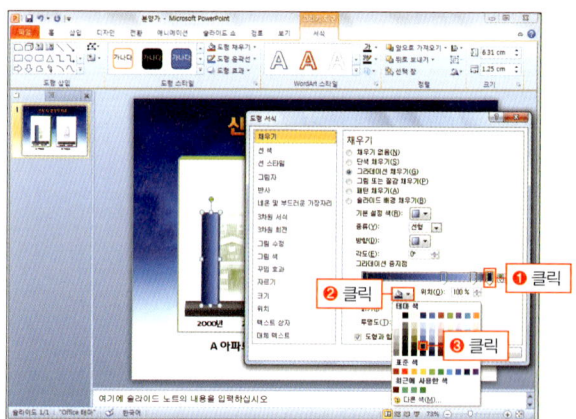

06_ [선 색]을 클릭한 후 [선 없음]을 선택합니다.

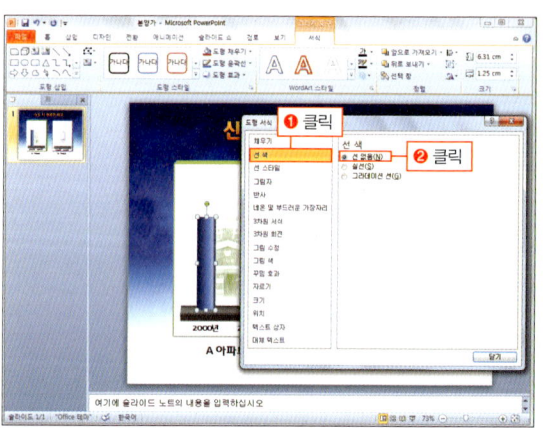

07_ [그림자]를 클릭한 후 [미리 설정]을 클릭해 [바깥쪽]-[오프셋 대각선 오른쪽 아래]를 선택합니다.

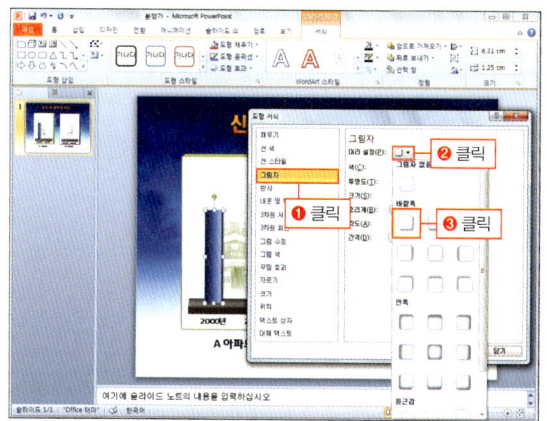

08_ [3차원 서식]을 클릭한 후 [입체 효과]-[위쪽]-[둥글게]를 선택합니다. [너비]와 [높이]에 『5』, 『2』를 각각 입력합니다. [깊이]에 『20』을 입력합니다. [표면]-[재질]을 클릭한 후 [부드러운 무광택]을 선택하고, [조명]을 클릭해 [세 점]을 선택합니다. [각도]에 『20』을 입력합니다.

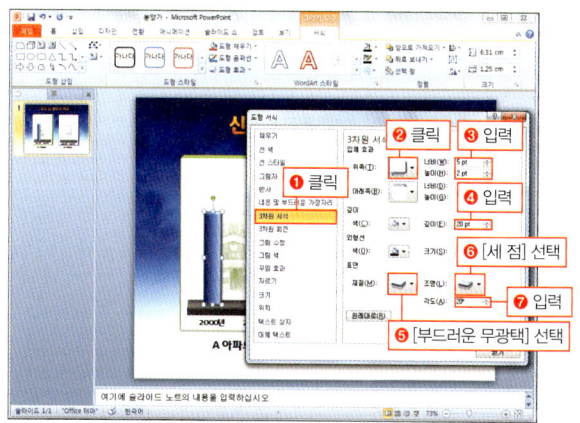

09_ [3차원 회전]을 클릭한 후 [회전]-[Y(Y)]에 『45』를 입력하고 [닫기]를 클릭합니다.

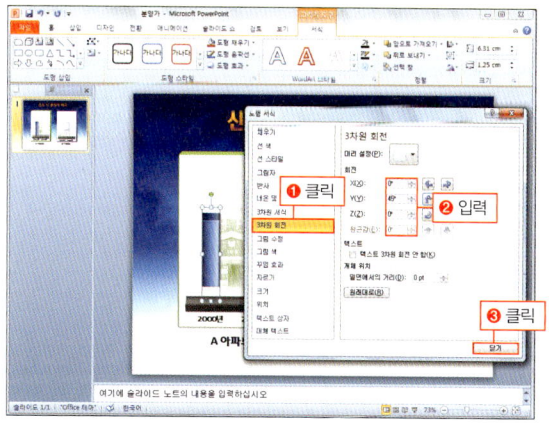

10_ 3차원 도형이 그려지면 크기와 위치를 적절히 조절합니다.

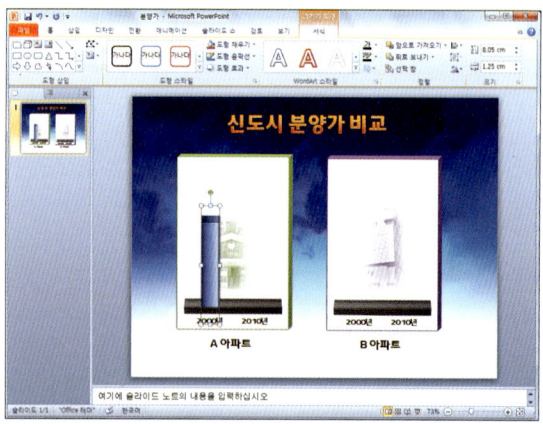

11_ [Ctrl] + [D]를 눌러 도형을 복제합니다.

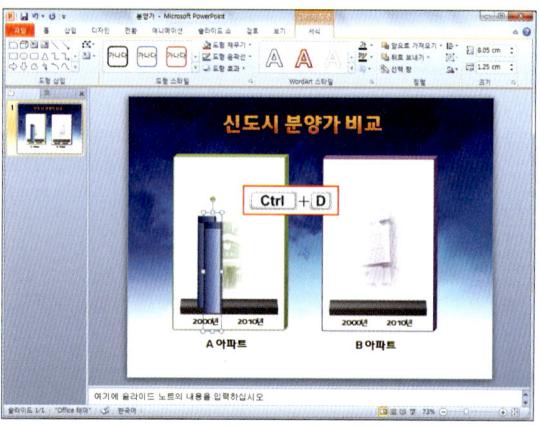

12_ 도형의 위치를 이동한 후 색상을 변경하기 위해 [그리기 도구]-[서식] 탭-[도형 스타일] 그룹에서 대화 상자 표시 아이콘(□)을 클릭합니다. [도형 서식] 대화 상자가 나타나면 [채우기]-[그라데이션 채우기]의 중지점 4개에 다음과 같은 색상을 지정합니다.

- **첫 번째 중지점** : 주황, 강조 6, 50% 더 어둡게
- **두 번째 중지점** : 주황, 강조 6, 25% 더 어둡게
- **세 번째 중지점** : 주황, 강조 6, 25% 더 어둡게
- **네 번째 중지점** : 주황, 강조 6, 50% 더 어둡게

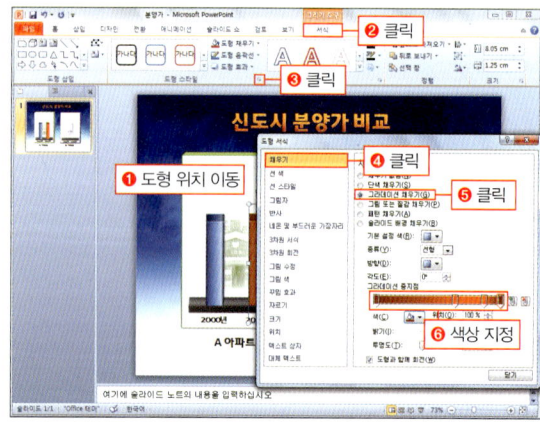

13_ 색상이 변경되면 크기와 위치를 적절히 조절하여 막대 도형을 완성합니다.

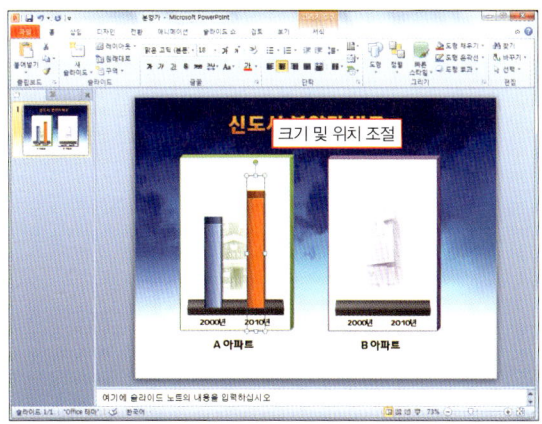

14_ 분양가 비교가 명확히 될 수 있도록 자유형 도형으로 차트를 비교해 보겠습니다. [홈] 탭-[그리기] 그룹에서 [도형]-[자유형]을 클릭합니다.

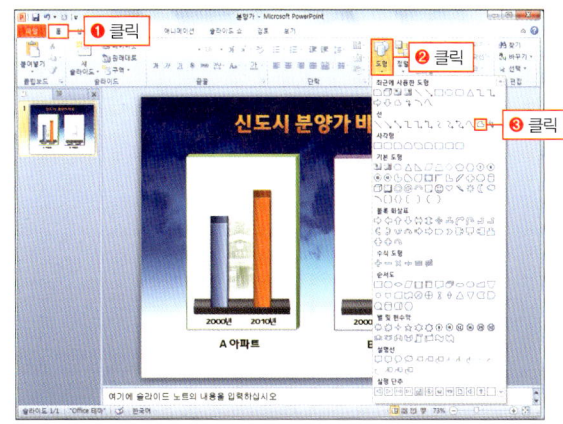

15_ 다음과 같이 마우스를 클릭해 자유형으로 도형을 그려넣습니다.

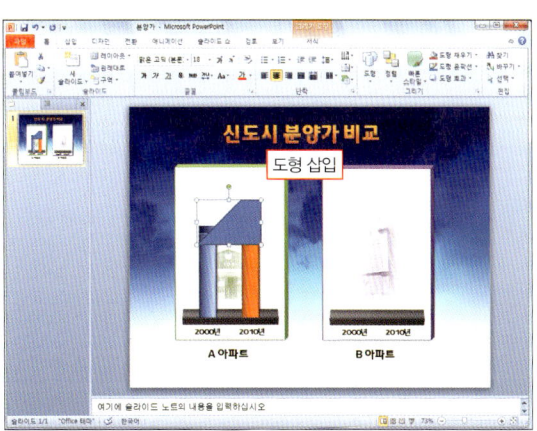

16_ 그라데이션 효과를 주기 위해 [그리기 도구]–[서식] 탭–[도형 스타일] 그룹에서 대화 상자 표시 아이콘(⬚)을 클릭합니다. [도형 서식] 대화 상자가 나타나면 [채우기]–[그라데이션 채우기]를 선택한 후 그라데이션 중지점을 2개만 남겨놓고 나머지는 삭제합니다.

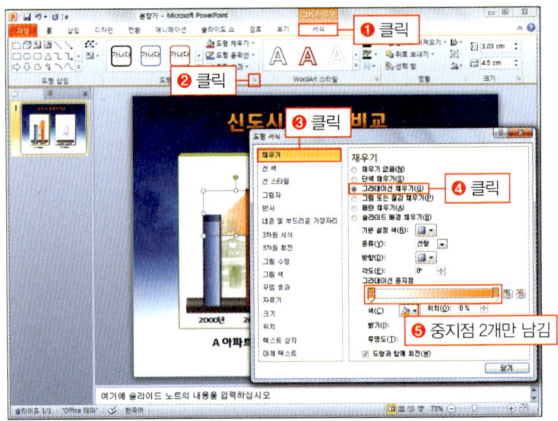

17_ 첫 번째 중지점과 두 번째 중지점의 색상과 밝기, 투명도를 다음과 같이 조절합니다.

첫 번째 중지점	두 번째 중지점
• 색 : 주황, 강조 6	• 색 : 주황, 강조 6
• 밝기 : 0%	• 밝기 : 0%
• 투명도 : 100%	• 투명도 : 0%

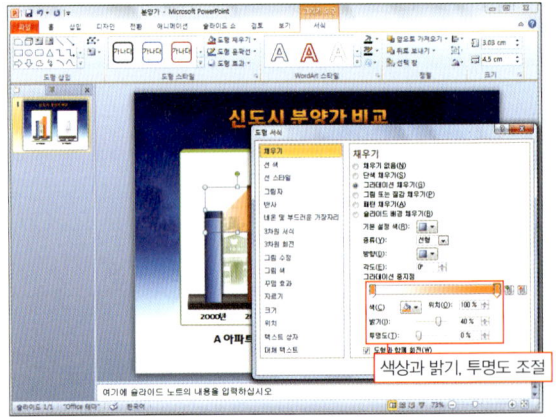

18_ 자유형 도형을 선택한 후 마우스 오른쪽 버튼을 클릭해 [맨 뒤로 보내기]–[뒤로 보내기]를 선택합니다.

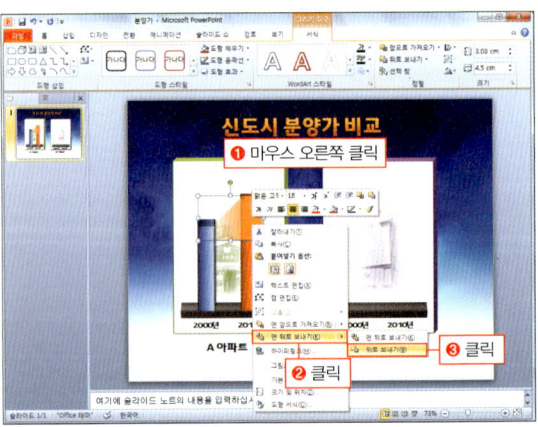

19_ 텍스트를 입력해 첫 번째 항목의 차트를 완성합니다.

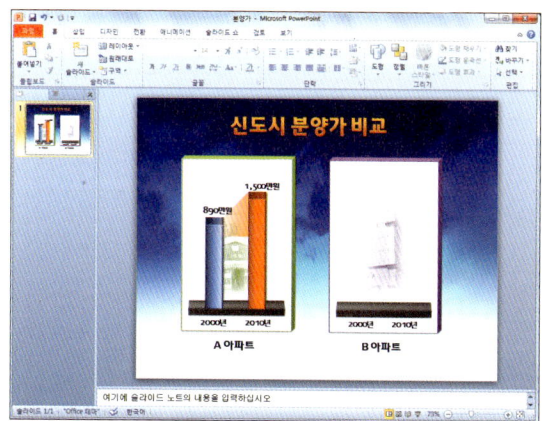

20_ 같은 방법으로 나머지 차트도 완성합니다.

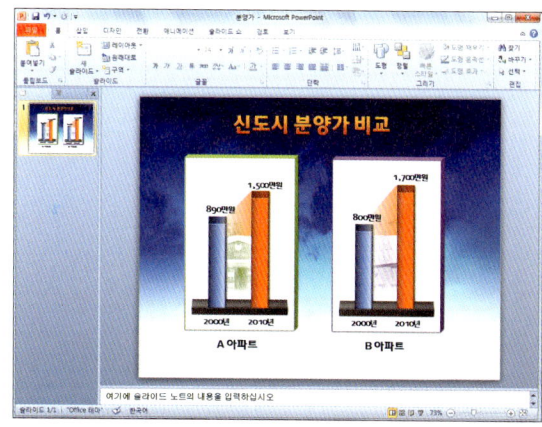

21_ [도형 서식] 대화 상자의 3차원 서식과 회전을 활용하면 보다 다양한 차트를 완성할 수 있습니다.

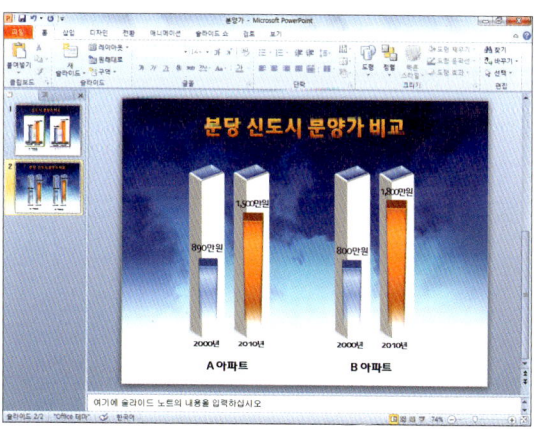

Index

Index

다 가져라! 세상의 모든 프레젠테이션

프레지 & 키노트 & 파워포인트 2010

1판 1쇄 발행   2012년 3월 23일
1판 2쇄 발행   2012년 8월 16일

저　　자 | 장경호
발 행 인 | 김길수
발 행 처 | 영진닷컴
주　　소 | (우)153-803 서울특별시 금천구 가산동 664번지
　　　　　　 대륭테크노타운 13차 10층
대표전화 | 1588-0789
대표팩스 | (02) 2105-2200
등　　록 | 2007. 4. 27. 제16-4189

가격 18,000원
(부록 CD-ROM 보함)

© 2012, (주)영진닷컴
ISBN　978-89-314-4240-3

도서문의처 | http://www.youngjin.com